U0835680

丛书主编：缪树权

刑法常见罪名立案追诉标准与疑难指导丛书

破坏金融管理秩序罪·金融诈骗罪

立案追诉标准与疑难指导

国家检察官学院职务犯罪研究所 编

李 哲 著

中国法制出版社
CHINA LEGAL PUBLISHING HOUSE

“刑法常见罪名立案追诉标准与疑难指导”丛书

总 序

2020年11月16日至17日，中央全面依法治国工作会议在北京召开。这次会议的一个重要成果，就是首次提出了习近平法治思想。习近平法治思想内涵丰富、论述深刻、逻辑严密、系统完备，深刻回答了新时代为什么实行全面依法治国、怎样实行全面依法治国等一系列重大问题，是全面依法治国的根本遵循和行动指南。当前，国际形势发生了复杂深刻的变化，我国经济发展进入新常态，社会结构发生新变化，违法犯罪也表现出一些新形式、新特点，政法工作面临许多前所未有的新情况、新问题，给政法队伍提出新的时代课题、赋予新的历史使命。面对形势任务新变化、党和人民新要求，政法队伍建设面临许多亟待解决的问题。习近平总书记强调，全面推进依法治国，建设一支德才兼备的高素质法治队伍至关重要。[①] 坚持建设德才兼备的高素质法治队伍是习近平法治思想的重要内容。为深入学习贯彻习近平法治思想、引导司法实务人员正确理解《中华人民共和国刑法》（以下简称刑法）和相关规定的真实内涵、分析解答司法实务人员在适用刑法当中遇到的疑难问题、提升司法实务人员办案的能力和素质，同时为了激发专家学者及司法实务人员对刑法理论和实务的研究热情、为广大读者提供学习参考，我们组织了相关领域兼具理论造诣和实践经验的专家和学者编写了这套“刑法常见罪名立案追诉标准与疑难指导”丛书。

本套丛书的设计和撰写着力体现三个特点：

一是聚焦刑法常见罪名，重点解决疑难问题。根据司法办案实际，本丛书重

---

① 习近平：《加快建设社会主义法治国家》，载《求是》2015年第1期。

点选择了近些年来司法实践中多发、高发、新增的罪名为研究对象，使丛书的研究更具针对性和实用性。同时，丛书坚持以问题为导向，全面梳理刑事案件在司法认定中常见的争议和疑难问题，分析观点要义、解读办案依据、提出解决方案或倾向性意见，切实提升司法实务人员办理疑难案件的能力和水平、开拓刑法学理论研究的深度和广度。

二是反映刑事立法的新发展，全面梳理各罪办案依据。丛书紧跟新时代刑事立法和司法工作的发展，结合新颁布的刑法修正案、司法解释、最高人民法院指导性案例、最高人民检察院指导性案例和其他司法文件编写，并将这些办案依据按罪名进行了全面、集中的梳理和列举，方便司法实务人员和法学研究人员查询参考，是很实用的桌边工具书。

三是注重理论实践密切结合，呈现刑法研究新成果。本丛书既不同于一般的教材讲义，也不同于法律法规汇编。丛书在阐明各罪一般理论、梳理办案依据的同时，将解决司法疑难问题作为写作的重点和亮点；在强调解决司法实务问题的同时，又着力进行刑事政策、刑法理论的分析解读，从而全面提升办案人员的政治素养、理论素养、业务能力，也使刑法研究更加贴近实务、有的放矢。

我们希望通过编写、出版本丛书，与广大司法实务人员和法学研究人员一道，促进对习近平法治思想的学习理解和贯彻落实，不断提升办案和研究能力，助力高素质法治队伍的建设，切实履行好维护国家安全、社会安定、人民安宁的重大责任，让人民群众切实感受到公平正义就在身边，为建设更高水平的平安中国、法治中国做出积极贡献。

缪树权

2022年7月

目　录

Contents

第二编　金融诈骗罪

第一编 破坏金融管理秩序罪

第一章 伪造货币罪

【立案追诉标准】

伪造货币案（刑法[①]第170条）

伪造货币，涉嫌下列情形之一的，应予立案追诉：

（一）总面额在二千元以上或者币量在二百张（枚）以上的；

（二）总面额在一千元以上或者币量在一百张（枚）以上，二年内因伪造货币受过行政处罚，又伪造货币的；

（三）制造货币版样或者为他人伪造货币提供版样的；

（四）其他伪造货币应予追究刑事责任的情形。

《最高人民检察院、公安部关于公安机关管辖的刑事案件立案追诉标准的规定（二）》（2022年4月6日）[②]

【犯罪构成及刑事责任】

伪造货币罪是指，仿照货币的图案、形状、色彩等，使用各种方法，非法制造足以使普通人误认的正在流通或兑换的人民币或者境外货币，冒充真货币，并意图进入流通的行为。构成本罪需要具备以下四个要件：

---

① 《中华人民共和国刑法》简称为刑法，以下不再标注。

② 此处列明作者梳理立案追诉标准的主要依据，所涉条文参见“办案依据”部分，以下不再标注。

1. 客体要件。本罪侵犯的客体是国家的货币管理制度。国家的货币管理制度是国家财政金融制度的重要组成部分，包括人民币管理制度和外币管理制度。本罪的犯罪对象是货币，是指可在国内市场流通或者兑换的人民币和境外货币。

2. 客观要件。客观方面表现为违反国家货币管理法规，伪造货币的行为。

3. 主体要件。本罪主体是一般主体，任何达到刑事责任年龄且具备刑事责任能力的自然人均可以构成。

4. 主观要件。本罪在主观方面是直接故意，即明知自己伪造货币的行为会发生侵犯货币的公共信用和货币发行权的危害结果，而希望这种结果的发生。间接故意和过失不构成本罪。

根据刑法第170条的规定，犯本罪的，处3年以上10年以下有期徒刑，并处罚金；有下列情形之一的，处10年以上有期徒刑或者无期徒刑，并处罚金或者没收财产：（1）伪造货币集团的首要分子；（2）伪造货币数额特别巨大的；（3）有其他特别严重情节的。

【疑难指导】

一、伪造行为的理解和认定

（一）是否以真币存在为前提

对于伪造是否以真币存在为前提，理论上存在不同看法。肯定说认为，作为本罪犯罪对象的伪造的货币，必须以被模拟的真币存在为必要，如果没有真币的存在，一般人不致误信伪币的信用。否定说认为，无论被模拟的真币的事实存在与否，只要足以使人误认为是真币，就应属于伪造的货币。笔者认为，伪造货币罪之所以为世界各国刑事立法所严惩，其原因在于各国均认为这种行为严重破坏了货币的公共信用，如果不以真实的货币为样本，仅凭行为人自己的主观臆想而制造出来的“货币”，由于国家根本没有发行过这种货币，因而不存在破坏国家货币的公共信用的可能。根据《最高人民法院关于审理伪造货币等案件具体应用法律若干问题的解释（二）》的规定，所伪造的货币与真实存在的货币至少应当有一定的相当性，凭空画一张假币或者拿一张冥币，即便有人相信是真币，也难言是伪造货币，因为此种情形下只可能欺骗个别人，而不可能欺骗社会公众，其主要侵犯的不是货币流通秩序，以诈骗罪处理更为妥当。也就是说，伪造货币罪应以真币存在为前提，对于制造本不存在的“货币”冒充真币欺诈对方出售、使用骗取他人钱财的行为，是虚构事实、隐瞒真相的诈骗行为，应当以诈骗罪定罪处罚。

（二）是否在外观上足以使一般人误认为是真币

伪造的货币是仿照真币的外观采用翻拍、印刷、图绘、影印等方法制造的假币，由于技术、设备、材料等主客观条件的差异，伪造货币的逼真度参差不齐，有的足以乱真，甚至可通过普通验钞机具，有的则制作粗糙，质量低劣，与真币差别较大。对于成立伪造货币罪是否应在外观上足以使一般人误认为是真币，存在不同观点。肯定意见认为，伪造的货币必须在外观上与法定货币极为近似，使一般人依照通常收受货币的习惯，不易辨别，而当作真币收受，才能认定为伪造货币罪。如果行为人制造出来的假币没有达到使普通人误认为是真币的程度，甚至完全不可能被认为是货币的，由于假币无法进入流通领域，不能认定为伪造货币罪。否定意见认为，假币逼真度的高低不影响本罪构成，只要行为人实施了伪造货币行为，即可构成本罪，不要求假币与真币完全同一。笔者认为，伪造货币属于行为犯，只要行为人实施了伪造货币行为即可构成犯罪。另外，是否足以使一般人信以为真在实践中很难判断，无论是采取客观标准还是主观标准，具体到个案处理中都将可能存在争议。因而，伪造的货币不以在外观上足以使一般人误认为是真币为必要。

（三）是否包括真伪拼凑的行为

由于伪造的货币与真币相比往往存在较大出入，不易流入市场，犯罪分子通过对伪造的货币与真币进行拼凑加工的方式，达到以假乱真的效果。我国刑法规定了伪造假币和变造假币犯罪，非法制造真伪拼凑货币是以变造货币还是伪造货币处理存在争议。在以往的司法实践中，多数将制造真伪拼凑货币的行为认定为变造货币行为，但《最高人民法院关于审理伪造货币等案件具体应用法律若干问题的解释（二）》明确，同时采用伪造和变造手段，制造真伪拼凑货币的行为，依照刑法第 170 条的规定，以伪造货币罪定罪处罚。

二、“货币”的理解和认定

（一）是否包括国内不可兑换的境外货币

根据2000年《最高人民法院关于审理伪造货币等案件具体应用法律若干问题的解释》第7条的规定，“货币”是指可在国内市场流通或者兑换的人民币和境外货币。根据这一假币犯罪对象范围的界定，以往司法实践对于伪造国内不可兑换的境外货币行为的一般做法是，如果伪造后使用的，按诈骗罪追究行为人的刑事责任；如果只是伪造，尚未使用的，则不作为犯罪处理。但这越来越难以满足打击假币犯罪的现实需要，因而2001年《全国法院审理金融犯罪案件工作座谈会纪要》规定，对于伪造台币的，应当以伪造货币罪定罪处罚；出售伪造的台币的，应当以出售假币罪定罪处罚。2010年《最高人民法院关于审理伪造货币等案件具体应用法律若干问题的解释（二）》第3条第1款对“货币”的规定进行了修改，规定“以正在流通的境外货币为对象的假币犯罪，依照刑法第一百七十条至第一百七十三条的规定定罪处罚”。

因此，不论在我国境内是否可以兑换，只要是现行流通的境外货币均属于假币犯罪的对象。

（二）是否包括贵金属纪念币

《最高人民法院关于审理伪造货币等案件具体应用法律若干问题的解释（二）》第4条第1款规定，以中国人民银行发行的普通纪念币和贵金属纪念币为对象的假币犯罪，依照刑法第170条至第173条的规定定罪处罚。因此，假贵金属纪念币虽不具有流通功能，但是对制售假贵金属纪念币的行为也以假币犯罪处理。

（三）是否包括停止流通的货币

《最高人民法院关于审理伪造货币等案件具体应用法律若干问题的解释（二）》第5条规定：“以使用为目的，伪造停止流通的货币，或者使用伪造的停止流通的货币的，依照刑法第二百六十六条的规定，以诈骗罪定罪处罚”。已经停止流通的货币即成为历史货币，不再具有货币属性，不能成为伪造货币罪的行为对象。伪造停止流通的货币，符合诈骗罪的构成要件，但也应注意以下几点：一是不以使用为目的的伪造停止流通币的行为不构成诈骗罪，只有以使用为目的才构成诈骗罪。使用目的是指意图流入市场，进而骗取他人财物。二是以使用为目的伪造停止流通币，但尚未使用的，不影响诈骗罪的定罪。三是已经公告决定停止流通但尚未至停止流通之日，因货币仍具流通功能，故其间实施的犯罪应以假币犯罪论处。以已届停止流通之日但仍可兑换的货币为对象实施的犯罪，因货币不再具有流通功能，故应以诈骗罪论处。

三、行为人的主观目的

伪造货币罪的主观方面必须出于故意，在理论界基本无争议。存在争议的是，成立本罪是否要求行为人在主观上具有特定的目的以及是何特定目的。对此，理论上存在以下三种不同观点：第一种观点认为，本罪是目的犯，主观上必须具有营利或牟取非法利益的目的，如果不是出于牟取非法利益的目的，仅是为供个人欣赏或者赠送他人留作纪念而制作假币，均不能认定是犯罪；[①] 第二种观点认为，本罪是目的犯，但不能以营利目的作为要件，而应以意图流通或意图使之进入流通领域为目的，这是目前刑法理论界大多数学者的观点；[②] 第三种观点认为，本罪不是目的犯，存在主观故意即可构成本罪，是否具有目的、出于什么目的不影响伪造货币罪的认定，主要理由是，国外刑法一般规定本罪以行使为目的，如果从刑事立法学的角度来看，或许要求以实用为目的较为合适，但我国刑法鉴于伪造货币行为的严重社会危害性，没有作出类似要求，对仅伪造货币并不使用伪造货币的行为，也应以本罪论处，事实上也可能出现不是为了流通而伪造货币的情况。[③]

笔者赞同多数学者的主张，认为本罪是目的犯，主观上应以意图流通或意图使之进入流通领域为目的。冒充真币是仿照真币这一前提条件的延伸，冒充真币与仿照真币共同构成伪造货币行为的两个方面，明确冒充真币要件，实际上间接说明了伪造货币应以意图流通或者使用为其目的要件。据此，伪造后不以“真币”

---

① 苏惠渔主编：《刑法学（修订版）》，中国政法大学出版社 1997 年版，第 506 页。

② 马克昌主编：《经济犯罪新论——破坏社会主义市场经济秩序罪研究》，武汉大学出版社 1998 年版，第 236 页；陈兴良：《刑法疏议》，中国人民公安大学出版社 1997 年版，第 304 页；王新：《金融刑法导论》，北京大学出版社 1998 年版，第 105 页；陈正云：《金融欺诈及其防治》，法律出版社 1998 年版，第 41 页。

③ 张明楷：《刑法学》，法律出版社 1997 年版，第 626 页。

使用为目的，为炫耀画技或者供鉴赏、教学、科研使用而不进入流通领域的，不属于伪造货币行为。

四、犯罪数额的认定

犯罪数额直接关系到伪造货币罪的定罪量刑。实践中伪造货币数额的计算较为复杂，具体情况不同，计算方式不同。

1. 对于尚未完成全部印制工序的伪造货币，根据《全国法院审理金融犯罪案件工作座谈会纪要》的有关规定，伪造货币的，只要实施了伪造行为，不论是否完成全部印制工序，即构成伪造货币罪；对于尚未制造出成品，无法计算伪造、销售假币面额的，不认定犯罪数额，依据犯罪情节决定刑罚。

2. 对于伪造境外货币的，《最高人民法院关于审理伪造货币等案件具体应用法律若干问题的解释》第7条第2款规定："货币面额应当以人民币计算，其他币种以案发时国家外汇管理机关公布的外汇牌价折算成人民币。"但由于该司法解释将货币犯罪中的"货币"限定为可在国内市场流通或者兑换的人民币和境外货币，未能对国内不可兑换的境外货币的换算问题予以说明。《最高人民法院关于审理伪造货币等案件具体应用法律若干问题的解释（二）》第3条第2款对此作出修改和完善，规定假境外货币犯罪的数额，按照案发当日中国外汇交易中心或者中国人民银行授权机构公布的人民币对该货币的中间价折合成人民币计算。中国外汇交易中心或者中国人民银行授权机构未公布汇率中间价的境外货币，按照案发当日境内银行人民币对该货币的中间价折算成人民币，或者该货币在境内银行、国际外汇市场对美元汇率，与人民币对美元汇率中间价进行套算。

3. 伪造假纪念币特别是假贵金属纪念币犯罪的数额计算，是实践中争议较大的问题。对于假贵金属纪念币犯罪的数额计算认定标准有三种不同意见，分别是币面金额、初始发售价格和市场价格。《最高人民法院关于审理伪造货币等案件具体应用法律若干问题的解释（二）》采取了初始发售价格的计算标准，规定"假贵金属纪念币犯罪的数额，以贵金属纪念币的初始发售价格计算"。就发行而言，普通纪念币等值兑换；就流通性这一货币基本功能而言，普通纪念币与一般人民币完全一样；就市场行情而言，普通纪念币有涨有跌，以票面金额计算，可以确保普通纪念币作为人民币的严肃性和确定性。

4. 对于制造、提供货币版样的数额认定，《全国法院审理金融犯罪案件工作座谈会纪要》规定，制造、销售用于伪造货币的版样的，不认定犯罪数额，依据犯罪情节决定刑罚。实践中适用该规定时需要注意区分行为人事前是否与伪造货币的犯罪分子通谋。对于事前与伪造货币的犯罪分子通谋的，应以伪造货币罪的共犯论处，并根据伪造货币的数额、情节确定其刑事责任；对于事前没有通谋的，则不认定犯罪数额，依据犯罪情节决定刑罚。

【办案依据】

一、刑法规定

第一百七十条　伪造货币的，处三年以上十年以下有期徒刑，并处罚金；有下列情形之一的，处十年以上有期徒刑或者无期徒刑，并处罚金或者没收财产：

（一）伪造货币集团的首要分子；

（二）伪造货币数额特别巨大的；

（三）有其他特别严重情节的。

二、司法解释

（一）《最高人民法院关于审理伪造货币等案件具体应用法律若干问题的解释（二）》（2010年11月3日　法释〔2010〕14号）

第一条　仿照真货币的图案、形状、色彩等特征非法制造假币，冒充真币的行为，应当认定为刑法第一百七十条规定的“伪造货币”。

对真货币采用剪贴、挖补、揭层、涂改、移位、重印等方法加工处理，改变真币形态、价值的行为，应当认定为刑法第一百七十三条规定的“变造货币”。

第二条　同时采用伪造和变造手段，制造真伪拼凑货币的行为，依照刑法第一百七十条的规定，以伪造货币罪定罪处罚。

第三条　以正在流通的境外货币为对象的假币犯罪，依照刑法第一百七十条至第一百七十三条的规定定罪处罚。

假境外货币犯罪的数额，按照案发当日中国外汇交易中心或者中国人民银行授权机构公布的人民币对该货币的中间价折合成人民币计算。中国外汇交易中心或者中国人民银行授权机构未公布汇率中间价的境外货币，按照案发当日境内银行人民币对该货币的中间价折算成人民币，或者该货币在境内银行、国际外汇市场对美元汇率，与人民币对美元汇率中间价进行套算。

第四条 以中国人民银行发行的普通纪念币和贵金属纪念币为对象的假币犯罪，依照刑法第一百七十条至第一百七十三条的规定定罪处罚。

假普通纪念币犯罪的数额，以面额计算；假贵金属纪念币犯罪的数额，以贵金属纪念币的初始发售价格计算。

第五条 以使用为目的，伪造停止流通的货币，或者使用伪造的停止流通的货币的，依照刑法第二百六十六条的规定，以诈骗罪定罪处罚。

第六条 此前发布的司法解释与本解释不一致的，以本解释为准。

（二）《最高人民法院关于审理伪造货币等案件具体应用法律若干问题的解释》（2000年9月14日　法释〔2000〕26号）

第一条 伪造货币的总面额在2000元以上不满3万元或者币量在200张（枚）以上不足3000张（枚）的，依照刑法第一百七十条的规定，处3年以上10年以下有期徒刑，并处5万元以上50万元以下罚金。

伪造货币的总面额在3万元以上的，属于“伪造货币数额特别巨大”。

行为人制造货币版样或者与他人事前通谋，为他人伪造货币提供版样的，依照刑法第一百七十条的规定定罪处罚。

第七条 本解释所称“货币”是指可在国内市场流通或者兑换的人民币和境外货币。

货币面额应当以人民币计算，其他币种以案发时国家外汇管理机关公布的外汇牌价折算成人民币。

三、司法文件

《最高人民检察院、公安部关于公安机关管辖的刑事案件立案追诉标准的规定（二）》（2022年4月6日）

第十四条 **【伪造货币案（刑法第一百七十条）】** 伪造货币，涉嫌下列情形之一的，应予立案追诉：

（一）总面额在二千元以上或者币量在二百张（枚）以上的；

（二）总面额在一千元以上或者币量在一百张（枚）以上，二年内因伪造货币受过行政处罚，又伪造货币的；

（三）制造货币版样或者为他人伪造货币提供版样的；

（四）其他伪造货币应予追究刑事责任的情形。

四、会议纪要

《全国法院审理金融犯罪案件工作座谈会纪要》（2001年1月21日 法〔2001〕8号）

假币犯罪的认定。假币犯罪是一种严重破坏金融管理秩序的犯罪。只要有证据证明行为人实施了出售、购买、运输、使用假币行为，且数额较大，就构成犯罪。伪造货币的，只要实施了伪造行为，不论是否完成全部印制工序，即构成伪造货币罪；对于尚未制造出成品，无法计算伪造、销售假币面额的，或者制造、销售用于伪造货币的版样的，不认定犯罪数额，依据犯罪情节决定刑罚。明知是伪造的货币而持有，数额较大，根据现有证据不能认定行为人是为了进行其他假币犯罪的，以持有假币罪定罪处罚；如果有证据证明其持有的假币已构成其他假币犯罪的，应当以其他假币犯罪定罪处罚。

假币犯罪罪名的确定。假币犯罪案件中犯罪分子实施数个相关行为的，在确定罪名时应把握以下原则：

（1）对同一宗假币实施了法律规定为选择性罪名的行为，应根据行为人所实施的数个行为，按相关罪名刑法规定的排列顺序并列确定罪名，数额不累计计算，不实行数罪并罚。

（2）对不同宗假币实施法律规定为选择性罪名的行为，并列确定罪名，数额按全部假币面额累计计算，不实行数罪并罚。

（3）对同一宗假币实施了刑法没有规定为选择性罪名的数个犯罪行为，择一重罪从重处罚。如伪造货币或者购买假币后使用的，以伪造货币罪或购买假币罪定罪，从重处罚。

（4）对不同宗假币实施了刑法没有规定为选择性罪名的数个犯罪行为，分别定罪，数罪并罚。

出售假币被查获部分的处理。在出售假币时被抓获的，除现场查获的假币应认定为出售假币的犯罪数额外，现场之外在行为人住所或者其他藏匿地查获的假币，亦应认定为出售假币的犯罪数额。但有证据证实后者是行为人有实施其他假币犯罪的除外。

制造或者出售伪造的台币行为的处理。对于伪造台币的，应当以伪造货币罪定罪处罚；出售伪造的台币的，应当以出售假币罪定罪处罚。

五、其他法规

《中华人民共和国中国人民银行法》（2003年12月27日，中华人民共和国主席令第12号）

第十八条 人民币由中国人民银行统一印制、发行。

中国人民银行发行新版人民币，应当将发行时间、面额、图案、式样、规格予以公告。

第十九条 禁止伪造、变造人民币。禁止出售、购买伪造、变造的人民币。禁止运输、持有、使用伪造、变造的人民币。禁止故意毁损人民币。禁止在宣传品、出版物或者其他商品上非法使用人民币图样。

第四十二条 伪造、变造人民币，出售伪造、变造的人民币，或者明知是伪造、变造的人民币而运输，构成犯罪的，依法追究刑事责任；尚不构成犯罪的，由公安机关处十五日以下拘留、一万元以下罚款。

第二章　出售、购买、运输假币罪

【立案追诉标准】

出售、购买、运输假币案（刑法第171条第1款）

出售、购买伪造的货币或者明知是伪造的货币而运输，涉嫌下列情形之一的，应予立案追诉：

（一）总面额在四千元以上或者币量在四百张（枚）以上的；

（二）总面额在二千元以上或者币量在二百张（枚）以上，二年内因出售、购买、运输假币受过行政处罚，又出售、购买、运输假币的；

（三）其他出售、购买、运输假币应予追究刑事责任的情形。

在出售假币时被抓获的，除现场查获的假币应认定为出售假币的数额外，现场之外在行为人住所或者其他藏匿地查获的假币，也应认定为出售假币的数额。

《最高人民检察院、公安部关于公安机关管辖的刑事案件立案追诉标准的规定（二）》（2022年4月6日）

【犯罪构成及刑事责任】

出售、购买、运输假币罪是指出售、购买伪造的货币，或者明知是伪造的货币而运输，数额较大的行为。构成本罪需要具备以下四个要件：

1. 客体要件。本罪侵犯的客体是国家的货币管理制度，犯罪对象是伪造的货币。

2. 客观要件。客观方面表现为出售、购买、运输伪造的货币，数额较大的行为。本罪的行为方式有三种，即出售、购买、运输，这三种行为方式属于选择性罪名，只要实施了其中一种行为，就构成本罪。出售伪造的货币是指以营利为目的，以各种方式，通过各种途径以一定价格卖出伪造的货币的行为；购买伪造的货币是指以一定的价格用货币换取伪造的货币的行为；运输伪造的货币是指明知是伪造的货币，而使用汽车、航空器、火车、轮船等交通工具或者以其他方式将伪造的货币从甲地携带至乙地的行为。上述行为只有在数额较大时才构成犯罪。

3. 主体要件。本罪主体是一般主体，任何达到法定刑事责任年龄且具备刑事责任能力的自然人均可构成本罪，但不包括金融机构工作人员，因为金融机构工作人员购买假币的，构成金融机构工作人员购买假币罪。

4. 主观要件。本罪在主观方面是故意，即明知是伪造的货币而出售、购买或运输。

根据刑法第 171 条第 1 款的规定，出售、购买伪造的货币或者明知是伪造的货币而运输，数额较大的，处 3 年以下有期徒刑或者拘役，并处 2 万元以上 20 万元以下罚金；数额巨大的，处 3 年以上 10 年以下有期徒刑，并处 5 万元以上 50 万元以下罚金；数额特别巨大的，处 10 年以上有期徒刑或者无期徒刑，并处 5 万元以上 50 万元以下罚金或者没收财产。

【疑难指导】

一、行为人主观明知的认定

出售、购买、运输假币罪的三种行为均以行为人主观上明知为构成要件。刑法第 171 条对本罪罪状的表述是“出售、购买伪造的货币或者明知是伪造的货币而运输”，看起来不要求出售、购买行为以明知为前提，但根据刑法总则关于故意犯罪的规定，出售、购买、运输假币罪理当以明知为前提，无须作出特别规定。

司法实践中判断行为人明知，包括两种情形：一是明确知道，如他人已明确告知行为人是假币。二是明知可能，即行为人明知可能是假币。

二、罪名的选择

出售、购买、运输假币罪作为选择性罪名，从司法实践来看，行为人不论实施的是全部三种行为，还是其中任意两种或一种，都不实行数罪并罚，仅以其实际实施的行为认定罪名和判处刑罚。若行为人出售、购买、运输行为所针对的均是同一宗假币，由于其行为之间具有延续性，根据其实际实施的行为确定罪名，并以行为人购买的假币总数作为其出售、购买、运输假币犯罪的数额，即不因其购买假币后又运输、出售同一宗假币而重复计算该宗假币的数额。

（一）行为人购买假币后又使用的罪名认定

为了自己使用而购买假币的行为，不宜认定为购买假币罪，否则，会造成法定刑的不协调。为了自己使用而购买假币且已使用的，认定为使用假币罪；没有使用的，可以认定为持有假币罪。行为人购买假币后的使用假币行为是一种牵连关系，以购买假币罪从重处罚。但如果购买的假币和使用的假币并非同一宗假币，则应以购买假币罪和使用假币罪数罪并罚。

行为人出售、运输假币构成犯罪，同时有使用假币行为的，依照刑法第 171 条、第 172 条的规定，实行数罪并罚。出售、运输假币和使用假币之间由于不存在包容或者牵连关系，因此不论出售、运输假币和使用假币是否为同一宗假币，均应数罪并罚。

（二）行为人伪造货币，同时又实施出售、运输行为的罪名认定

伪造货币并出售或者运输同一宗伪造的货币的，只定伪造货币罪一个罪，在刑法第 170 条的法定刑幅度内，从重处罚，不实行数罪并罚。

对于伪造货币，同时又另外购买、运输或者销售非自己伪造的货币的，则应当以伪造货币罪与出售、购买、运输假币罪，依法实行数罪并罚。

三、数额的认定

若行为人出售、购买、运输行为所针对的均是同一宗假币，由于其行为之间具有延续性，根据其实际实施的行为确定罪名，并以行为人购买的假币总数作为其出售、购买、运输假币犯罪的数额，即不因其购买假币后又运输、出售同一宗假币而重复计算该宗假币的数额。

行为人出售、购买、运输行为所针对的不是同一宗假币的，根据其实际实施的行为确定罪名，认定数额时，将不同宗的假币数额累计计算。例如，行为人向他人出售假币 2 万元，又购买假币 4 万元后，帮助其朋友运输假币 1 万元，则以出

售、购买、运输假币罪论处，犯罪数额为7万元。

四、既遂标准的认定

如何界定出售、购买假币罪的犯罪既遂，是刑法理论和司法实务中争议较大的问题。主要有三种观点：第一种观点认为，出售、购买假币罪的既遂应以买卖双方达成意思一致为标准。[①] 第二种观点认为，既遂应以出售和购买的核心行为交付假币和受领假币行为的完成为标准，无须考虑交付假币后有无实际取得钱款以及受领假币后有无实际支付了钱款。[②] 第三种观点认为，出售和购买假币是一个过程，其既遂标准应当是出售和购买假币的交易行为实施完毕。即购买者交付钱款和出售者交付假币均已实施完毕，任何一方未完成的都不能算交易完成，因而不能构成既遂。[③]

出售、购买假币罪作为侵害国家货币公共信用的抽象危险犯，其出售和购买行为本身是一种对法益可能造成侵害的抽象危险。因此，对于出售、购买假币罪的既遂标准问题，可以借鉴同为抽象危险犯的贩卖毒品罪的既未遂标准，只要行为人将假币现实地带入了交易环节，如出售假币者已将假币带到购买者面前着手交易，不论是否完成交易行为，均应以出售、购买假币罪的既遂论处。也就是说，购买、出售假币的既遂并不以实际交付为界限，不要求买方交付钱款并实际领取假币，也不要求卖方实际获取约定的款项。

对于运输假币行为，应以假币起运为既遂标准。只要开始运输，无论行为人所运输的假币是否到达目的地，或者在开始起运后又因为各种原因转运回出发地，对运输既遂均无影响。

【办案依据】

一、刑法规定

第一百七十一条第一款 出售、购买伪造的货币或者明知是伪造的货币而运输，数额较大的，处三年以下有期徒刑或者拘役，并处二万元以上二十万元以下

① 张军主编：《破坏金融管理秩序罪》，中国人民公安大学出版社2003年版，第89页。
② 郑丽萍：《货币犯罪研究》，中国方正出版社2004年版，第234页。
③ 孙国祥、魏昌东：《经济刑法研究》，法律出版社2005年版，第308页。

罚金；数额巨大的，处三年以上十年以下有期徒刑，并处五万元以上五十万元以下罚金；数额特别巨大的，处十年以上有期徒刑或者无期徒刑，并处五万元以上五十万元以下罚金或者没收财产。

第三款　伪造货币并出售或者运输伪造的货币的，依照本法第一百七十条的规定定罪从重处罚。

二、司法解释

《最高人民法院关于审理伪造货币等案件具体应用法律若干问题的解释》（2000年9月14日　法释〔2000〕26号）

第二条　行为人购买假币后使用，构成犯罪的，依照刑法第一百七十一条的规定，以购买假币罪定罪，从重处罚。

行为人出售、运输假币构成犯罪，同时有使用假币行为的，依照刑法第一百七十一条、第一百七十二条的规定，实行数罪并罚。

第三条　出售、购买假币或者明知是假币而运输，总面额在4000元以上不满5万元的，属于"数额较大"；总面额在5万元以上不满20万元的，属于"数额巨大"；总面额在20万元以上的，属于"数额特别巨大"，依照刑法第一百七十一条第一款的规定定罪处罚。

三、司法文件

《最高人民检察院、公安部关于公安机关管辖的刑事案件立案追诉标准的规定（二）》（2022年4月6日）

第十五条　【出售、购买、运输假币案（刑法第一百七十一条第一款）】出售、购买伪造的货币或者明知是伪造的货币而运输，涉嫌下列情形之一的，应予立案追诉：

（一）总面额在四千元以上或者币量在四百张（枚）以上的；

（二）总面额在二千元以上或者币量在二百张（枚）以上，二年内因出售、购买、运输假币受过行政处罚，又出售、购买、运输假币的；

（三）其他出售、购买、运输假币应予追究刑事责任的情形。

在出售假币时被抓获的，除现场查获的假币应认定为出售假币的数额外，现场之外在行为人住所或者其他藏匿地查获的假币，也应认定为出售假币的数额。

四、会议纪要

《全国法院审理金融犯罪案件工作座谈会纪要》（2001年1月21日　法〔2001〕8号）

假币犯罪的认定。假币犯罪是一种严重破坏金融管理秩序的犯罪。只要有证据证明行为人实施了出售、购买、运输、使用假币行为，且数额较大，就构成犯罪。伪造货币的，只要实施了伪造行为，不论是否完成全部印制工序，即构成伪造货币罪；对于尚未制造出成品，无法计算伪造、销售假币面额的，或者制造、销售用于伪造货币的版样的，不认定犯罪数额，依据犯罪情节决定刑罚。明知是伪造的货币而持有，数额较大，根据现有证据不能认定行为人是为了进行其他假币犯罪的，以持有假币罪定罪处罚；如果有证据证明其持有的假币已构成其他假币犯罪的，应当以其他假币犯罪定罪处罚。

假币犯罪罪名的确定。假币犯罪案件中犯罪分子实施数个相关行为的，在确定罪名时应把握以下原则：

（1）对同一宗假币实施了法律规定为选择性罪名的行为，应根据行为人所实施的数个行为，按相关罪名刑法规定的排列顺序并列确定罪名，数额不累计计算，不实行数罪并罚。

（2）对不同宗假币实施法律规定为选择性罪名的行为，并列确定罪名，数额按全部假币面额累计计算，不实行数罪并罚。

（3）对同一宗假币实施了刑法没有规定为选择性罪名的数个犯罪行为，择一重罪从重处罚。如伪造货币或者购买假币后使用的，以伪造货币罪或购买假币罪定罪，从重处罚。

（4）对不同宗假币实施了刑法没有规定为选择性罪名的数个犯罪行为，分别定罪，数罪并罚。

出售假币被查获部分的处理。在出售假币时被抓获的，除现场查获的假币应认定为出售假币的犯罪数额外，现场之外在行为人住所或者其他藏匿地查获的假币，亦应认定为出售假币的犯罪数额。但有证据证实后者是行为人有实施其他假币犯罪的除外。

制造或者出售伪造的台币行为的处理。对于伪造台币的，应当以伪造货币罪定罪处罚；出售伪造的台币的，应当以出售假币罪定罪处罚。

第三章　金融工作人员购买假币、以假币换取货币罪

【立案追诉标准】

金融工作人员购买假币、以假币换取货币案（刑法第 171 条第 2 款）

银行或者其他金融机构的工作人员购买伪造的货币或者利用职务上的便利，以伪造的货币换取货币，总面额在二千元以上或者币量在二百张（枚）以上的，应予立案追诉。

《最高人民检察院、公安部关于公安机关管辖的刑事案件立案追诉标准的规定（二）》（2022 年 4 月 6 日）

【犯罪构成及刑事责任】

金融工作人员购买假币、以假币换取货币罪是指银行或者其他金融机构的工作人员购买伪造的货币或者利用职务上的便利，以伪造的货币换取货币，数额较大的行为。构成本罪需要具备以下四个要件：

1. 客体要件。本罪侵犯的客体是国家的货币管理制度。金融机构工作人员利用职务便利换取货币的行为同时侵犯了金融机构的正常活动，具有一定的渎职性。本罪的犯罪对象是假币，即伪造的货币，而非变造的货币。

2. 客观要件。客观方面表现为银行或者其他金融机构工作人员购买伪造的货币，或者利用职务上的便利以伪造的货币换取货币的行为。

3. 主体要件。本罪主体是特殊主体，只有金融机构的工作人员才能构成。

4. 主观要件。本罪在主观方面必须是故意，即明知是伪造的货币而予以购买

或者利用职务之便利换取货币。如果行为人在工作中误将假币支付给他人，不能视为利用职务便利以假币换取真币。

根据刑法第171条第2款的规定，银行或者其他金融机构的工作人员购买伪造的货币或者利用职务上的便利，以伪造的货币换取货币的，处3年以上10年以下有期徒刑，并处2万元以上20万元以下罚金；数额巨大或者有其他严重情节的，处10年以上有期徒刑或者无期徒刑，并处2万元以上20万元以下罚金或者没收财产；情节较轻的，处3年以下有期徒刑或者拘役，并处或者单处1万元以上10万元以下罚金。

【疑难指导】

一、“银行或者其他金融机构”的理解

对于本罪中的“银行或者其他金融机构”，刑法并没有规定其所有制形式和组织形式，因此不管是国有的还是民营的，本国的还是国外的，经营性的还是非经营性的银行和其他金融机构，均涵盖在内。其中，“银行”包括中国人民银行、商业银行、政策性银行以及在我国设立的中外合资和外资银行。“其他金融机构”是指除银行外的金融机构，主要包括以下几类：一是经营保险业务的金融机构，如中国人民保险公司、太平洋保险公司等；二是经营信托投资的有关机构，如中国国际信托投资公司、中国光大国际信托投资公司等；三是经营证券业务的机构，如上海证券交易所、深圳证券交易所，各地设立的各类证券公司等；四是经营外汇、融资租赁、期货等其他金融业务机构。①

二、“利用职务上的便利”的理解

本罪在客观方面表现为两种情形：一是购买伪造的货币；二是利用职务上的便利，以伪造的货币换取货币。利用职务上的便利是金融工作人员以假币换取货币行为构成本罪的必要条件。一般认为，“利用职务上的便利”是指利用管理金库、出纳现金、吸收付出存款等便利条件②，或者表述为“利用本人因职务而经

---

① 张军主编：《破坏金融管理秩序罪》，中国人民公安大学出版社2003年版，第101页。

② 张明楷：《刑法学》，法律出版社2007年版，第628页。

手、管理货币上的便利条件”[①]。何谓利用职务上的便利，利用职务上的便利是否包括利用工作上的便利，对这些问题的认识直接决定着对金融工作人员以假币换取货币行为的性质界定。司法实务中一般认为不包括利用工作上的便利，主要是利用工作便利这一概念缺乏内涵、外延的确定性、明确性。“工作”并非仅指公务活动，而且利用工作便利，既可以被理解为利用执行职务所产生的权力制约作用，也可以被理解为利用从事某种工作的时机、对工作环境的熟悉、在工作过程中建立的人际关系、在工作单位偶然获得的某种信息等，很不确定。如果把利用与工作关系而产生的一切方便条件，都看成利用职务上的便利，就背离了刑法规定“利用职务上的便利”的限定性意图。因此，本罪中利用职务上的便利主要是指利用自己直接经手、管理货币的便利条件，也包括利用与职权有关的便利条件，比如银行某领导利用自己的领导职务，指示下属银行职员以假币换取货币。[②]

如果金融工作人员本人并不直接经手、保管货币，而是趁经手、保管货币的工作人员不注意以假币换取货币，这种情况不构成本罪。对于这种情况应以何罪论处，理论界主要有两种观点：第一种观点认为，这种行为难以在现行刑法中找到依据，从犯罪行为的特征看，客观方面近似于盗窃罪或诈骗罪，但又不是单纯的侵犯财产性犯罪，因为从客体上看，这种行为除侵犯银行的财产所有权外，还侵犯了国家的货币管理制度，具有使用伪造货币罪的特征，但是按照使用伪造的货币罪定罪，又处罚太轻，因而以盗窃罪定罪为宜，并把使用伪造货币行为作为从重处罚情节在量刑时予以考量。[③] 第二种观点认为，应根据行为的具体情况认定构成出售假币罪或使用假币罪。[④]

对于前述情况，笔者认为应构成使用假币罪。首先，以盗窃罪论处不当。盗窃罪是以秘密窃取的方式非法占有公私财物的行为。金融工作人员趁经手、保管货币的工作人员不注意而以假币换取货币，虽然采取了与盗窃罪相似的自以为不

---

① 马克昌主编：《经济犯罪——破坏社会主义市场经济秩序罪研究》，武汉大学出版社 1998 年版，第 243 页。

② 张军主编：《破坏金融管理秩序罪》，中国人民公安大学出版社 2003 年版，第 99 页。

③ 周振想主编：《金融犯罪的理论与实务》，中国人民公安大学出版社 1998 年版，第 198 页。

④ 张明楷：《刑法学》，法律出版社 2007 年版，第 628 页。

被他人知道的秘密手段，但与盗窃罪不同的是，盗窃罪是不付任何代价占有，而行为人以假币换取货币是以一定的替代品取得财物，这种手段和行为方式更多具有欺诈性质，因此，不能以盗窃罪论。其次，以出售假币罪论处不妥。出售假币是将本人持有的伪造的货币卖给或者有偿转让给他人，购买与出售是对应性的行为，有出售才有购买，二者相互依存，没有出售假币行为就没有购买假币行为。而在金融工作人员趁经手、保管货币的工作人员不注意以假币换取货币的行为中，并没有相对应的购买假币一方，自然也谈不上所谓出售假币问题。最后，使用假币是指行为人将假币当真币加以流通使用。使用的方式多种多样，可以是用假币购买商品、清偿债务、行贿，将假币当赌资，将假币存入银行等。使用假币必须以对方不知道是假币为条件，行为既带有欺诈性质，也带有类似于盗窃罪中自以为不被他人知道的秘密手段性质。因此，对金融工作人员趁经手、保管货币的工作人员不注意以假币换取货币的行为，以使用假币罪论处更符合该行为的本质特点。

三、对犯罪特殊形态的认定

（一）犯罪既遂与未遂的认定

本罪是行为犯，包括购买假币和以假币换取货币两种行为，受各自行为特点决定，两种行为既遂与未遂的标准不尽相同。对于金融工作人员购买假币的行为来说，其既遂与未遂的认定标准与普通公民购买假币犯罪的认定标准一致。而对于金融工作人员以假币换取货币的行为来说，其核心行为是换取，既遂的标准是已将伪造的货币换成货币。换取行为由放入假币、取出真币构成，在这两者中“取”是关键，只要行为人取得了真币，将真币与其他公款分离置于自己的控制之下，就为犯罪既遂。而行为人正将假币放入真币之中，或者已将假币混入真币当中，但由于意志以外的原因尚未将真币取出，则为犯罪未遂。在司法实践中，有的犯罪分子可能先将假币混入真币当中，然后再实施取出真币行为，即“先放后取”，而有的犯罪分子可能先实施取出真币行为，而后再将假币混入真币当中，即“先取后放”，行为的先后顺序对行为人的行为是犯罪既遂还是犯罪未遂将有影响。对于“先放后取”来说，即使行为人已将假币混入真币当中，但由于意志以外的原因尚未来得及取出真币，也是犯罪未遂。对于“先取后放”来说，只要行为人取出了真币，即使由于意志以外的原因尚未将假币混入真币当中，也是犯罪既遂。换取是本罪的实行行为，在实行行为之前行为人将假币带入工作场所的行为是本罪的预备行为，应按预备犯的处罚原则进行处罚。①

（二）共同犯罪的认定

1. 金融工作人员和非金融工作人员共同购买假币

我国刑法对于购买假币的行为，分别规定了购买假币罪和金融工作人员购买假币罪，两罪的区别在于行为人是否具有金融工作人员的身份。由于金融工作人员购买假币罪并未利用职务上的便利，因而对于金融工作人员与非金融工作人员共同购买假币行为的定性值得研究。有学者认为，行为人的主体身份虽有不同，但犯罪行为的实施并未借助特别主体的身份进行，特别主体的身份并不能对一般主体所实施行为的性质产生影响，因此应分别认定金融工作人员购买假币罪与购买假币罪。② 笔者认为，对此应该具体案件具体分析，不能一概按照金融工作人员购买假币罪共同犯罪认定，也不能一概分别认定为金融工作人员购买假币罪和购买假币罪。司法实践中可以分为以下几种情况区别对待：一是对于金融工作人员教唆、帮助非金融工作人员购买假币，金融工作人员实施的教唆、帮助行为，购买假币的行为主要是非金融工作人员实施的，二者均应按照购买假币罪定罪，其中金融工作人员是教唆犯或从犯（帮助犯），非金融工作人员是主犯；二是对于非金融工作人员教唆、帮助金融工作人员购买假币，非金融工作人员只是实施了教唆或帮助行为，而购买假币的行为主要是由具有特定身份的金融工作人员实施，因此二者均应按照金融工作人员购买假币罪定罪，其中非金融工作人员是教唆犯或从犯（帮助犯），金融工作人员是主犯；三是对于金融工作人员与非金融工作人员共同购买假币，购买假币的行为是由二者共同实施，且刑法中并没有对金融工作人员购买假币罪规定利用职务上的便利，因此应当分别定罪。

2. 金融工作人员和非金融工作人员共同以假币换取货币

我国刑法对金融工作人员以假币换取货币罪明确规定了必须以“利用职务上

① 郑丽萍：《金融工作人员购买假币、以假币换取货币罪疑难问题研究》，载《法学评论》2004 年第 1 期。

② 黄京平主编：《破坏市场经济秩序罪研究》，中国人民大学出版社 1999 年版，第 345 页。

的便利”为要件，而对于非金融工作人员以假币换取货币的行为，则以使用假币罪定罪。对于二者共同以假币换取货币，有学者认为，犯罪行为的进行利用了特殊主体之身份带来的便利条件，其是否能够得以完成取决于该便利条件的运用，因而特殊主体的身份影响到一般主体行为的性质，二者均应认定为金融工作人员以假币换取货币罪。[①] 笔者认为，不能一概按照金融工作人员以假币换取货币罪定罪，而应根据刑法中关于共同犯罪的主要实行犯行为的性质确定。司法实践中可以分为以下几种情况区别对待：一是在共同犯罪中，主要实行行为是在金融工作人员利用职务便利的情况下实施的，对此犯罪行为主要利用了特殊主体之身份带来的职务上的便利条件，以假币换取货币的行为能否得以完成取决于该职务上便利条件的运用，因此对于二者均应按照金融工作人员以假币换取货币罪定罪；二是在共同犯罪中，主要犯罪行为并没有利用金融工作人员职务上的便利条件，二者可以分别定罪，对于非金融工作人员认定为使用假币罪，对于金融工作人员，由于同时触犯了使用假币罪和金融工作人员以假币换取货币罪，属于想象竞合犯，应择一重罪处罚，即以金融工作人员以假币换取货币罪定罪处罚；三是在共同犯罪中，二者均为实行犯，在这一犯罪过程中，共同犯罪行为利用了金融工作人员职务上的便利，因此二者均以金融工作人员以假币换取货币罪定罪处罚。

（三）罪数的认定

对于金融工作人员有多种实行行为的罪数的认定，应当根据具体情况区别对待：一是金融工作人员自己伪造货币后，又利用职务上的便利将自己伪造的货币换成货币的，属于牵连犯，应按照重罪，即伪造货币罪一罪定罪并从重处罚；二是金融工作人员先购买伪造的货币，然后利用职务上的便利，将购买的同宗假币换为货币的，形态上属于牵连犯，但本罪是选择性罪名，因此应以金融工作人员购买假币、以假币换取货币罪定罪；三是金融工作人员购买伪造的货币，又实施以伪造的货币换取假币，但换取货币的假币与购买的假币不是同宗假币，因为两种行为是相互独立的，所以应以金融工作人员购买假币罪和金融工作人员以假币换取货币罪数罪并罚；四是金融工作人员接受贿赂，利用职务上的便利，将请托

① 黄京平主编：《破坏市场经济秩序罪研究》，中国人民大学出版社1999年版，第345页。

人伪造的货币换成货币的，此时要区分金融工作人员是否系国有金融机构，若为国有金融机构工作人员，接受他人贿赂数额较大，则行为人同时构成受贿罪和金融工作人员以假币换取货币罪，是牵连犯，应择一重罪从重处罚，如受贿数额较少不构成犯罪，则不构成牵连犯，对行为人以金融工作人员以假币换取货币罪定罪处罚；若为非国有金融机构工作人员，受贿数额较大，在构成牵连犯的情况下，应以公司、企业人员受贿罪和金融工作人员以假币换取货币罪择一重罪从重处罚，如受贿数额较少不构成犯罪，对行为人以金融工作人员以假币换取货币罪定罪处罚。

【办案依据】

一、刑法规定

第一百七十一条第二款 银行或者其他金融机构的工作人员购买伪造的货币或者利用职务上的便利，以伪造的货币换取货币的，处三年以上十年以下有期徒刑，并处二万元以上二十万元以下罚金；数额巨大或者有其他严重情节的，处十年以上有期徒刑或者无期徒刑，并处二万元以上二十万元以下罚金或者没收财产；情节较轻的，处三年以下有期徒刑或者拘役，并处或者单处一万元以上十万元以下罚金。

二、司法解释

《最高人民法院关于审理伪造货币等案件具体应用法律若干问题的解释》（2000年9月14日 法释〔2000〕26号）

第四条 银行或者其他金融机构的工作人员购买假币或者利用职务上的便利，以假币换取货币，总面额在4000元以上不满5万元或者币量在400张（枚）以上不足5000张（枚）的，处3年以上10年以下有期徒刑，并处2万元以上20万元以下罚金；总面额在5万元以上或者币量在5000张（枚）以上或者有其他严重情节的，处10年以上有期徒刑或者无期徒刑，并处2万元以上20万元以下罚金或者没收财产；总面额不满人民币4000元或者币量不足400张（枚）或者具有其他情节较轻情形的，处3年以下有期徒刑或者拘役，并处或者单处1万元以上10万元以下罚金。

三、司法文件

《最高人民检察院、公安部关于公安机关管辖的刑事案件立案追诉标准的规定（二）》（2022年4月6日）

第十六条　【金融工作人员购买假币、以假币换取货币案（刑法第一百七十一条第二款）】银行或者其他金融机构的工作人员购买伪造的货币或者利用职务上的便利，以伪造的货币换取货币，总面额在二千元以上或者币量在二百张（枚）以上的，应予立案追诉。

第四章　持有、使用假币罪

【立案追诉标准】

持有、使用假币案（刑法第 172 条）

明知是伪造的货币而持有、使用，涉嫌下列情形之一的，应予立案追诉：

（一）总面额在四千元以上或者币量在四百张（枚）以上的；

（二）总面额在二千元以上或者币量在二百张（枚）以上，二年内因持有、使用假币受过行政处罚，又持有、使用假币的；

（三）其他持有、使用假币应予追究刑事责任的情形。

《最高人民检察院、公安部关于公安机关管辖的刑事案件立案追诉标准的规定（二）》（2022 年 4 月 6 日）

【犯罪构成及刑事责任】

持有、使用假币罪是指明知是伪造的货币而持有、使用，数额较大的行为。构成本罪需要具备以下四个要件：

1. 客体要件。本罪侵犯的客体是国家的货币管理制度。

2. 客观要件。客观方面包括两项内容：一是持有伪造的货币；二是使用伪造的货币，持有、使用的假币达到数额较大为构成犯罪的必备要件。持有是指拥有，它表现为主体与某一特定之物的占有状态，也就是说，只要伪造的货币为行为人所占有，即实际处于行为人的支配和控制中就可以视为持有。使用是指将伪造的货币冒充通用货币，以通用货币之通常用法，加以使用，使不具备通用力的假币，得以充当真币而流通。[①]

3. 主体要件。本罪主体是一般主体，任何达到法定刑事责任年龄且具备刑事责任能力的自然人均可构成本罪。

4. 主观要件。本罪在主观方面是故意，即行为人明知是伪造的货币而持有、使用。

根据刑法第 172 条的规定，明知是伪造的货币而持有、使用，数额较大的，处 3 年以下有期徒刑或者拘役，并处或者单处 1 万元以上 10 万元以下罚金；数额巨大的，处 3 年以上 10 年以下有期徒刑，并处 2 万元以上 20 万元以下罚金；数额特别巨大的，处 10 年以上有期徒刑，并处 5 万元以上 50 万元以下罚金或者没收财产。

【疑难指导】

一、对“持有”行为的认定

持有是指行为人将伪造的货币实际置于自己的支配或控制之下的一种持续性状态的行为，并非以所有为判定标准，一般表现为携带于身或藏于某处或委托别人保管。有学者指出，这里所说的持有含义极广，不仅仅是指行为人随身携带伪造的货币，而且包括行为人在自己家中、亲属、朋友处保存伪造的货币，自己或通过他人传递伪造的货币等行为。[②]

对于持有行为的认定，需要注意以下两点：一是行为人对伪造的货币的持有在时间上有持续性，即在一定时间内相对稳定地控制和支配；若时间过短，不足以说明行为人事实上控制和支配伪造的货币的，则不能认定为持有，如甲将假币转给乙保管时，丙从甲手中接过看了看即交给乙，此时丙的行为不构成持有。[③] 二是行为人与伪造的货币在空间上的距离不影响持有行为的构成，即持有并非一定随身携带或放在家里，只要行为人对伪造的货币具有控制和支配权即为持有。

---

① 张军主编：《破坏金融管理秩序罪》，中国人民公安大学出版社 2003 年版，第 109 页。

② 周振想主编：《金融犯罪的理论与实务》，中国人民公安大学出版社 1998 年版，第 190 页。

③ 张军主编：《破坏金融管理秩序罪》，中国人民公安大学出版社 2003 年版，第 109 页。

二、假币来源对持有、使用假币罪认定的影响

作为持有伪造货币的行为对象的假币，其来源确实会对认定持有假币罪产生影响，若有证据证明伪造的货币的来源和去向的性质属于其他危害货币管理制度的犯罪时，就不能认定为持有假币罪。《全国法院审理金融犯罪案件工作座谈会纪要》指出，明知是伪造的货币而持有，数额较大，根据现有证据不能认定行为人是为了进行其他假币犯罪的，以持有假币罪定罪处罚；如果有证据证明其持有的假币已构成其他假币犯罪的，应当以其他假币犯罪定罪处罚。如伪造货币后而持有，则构成伪造货币罪；又如为出售假币而持有，则以出售假币罪论处。

上述座谈会纪要仅对持有假币是为进行其他危害货币管理制度犯罪的情形作出规定，并没有对行为人实施抢劫、抢夺、盗窃等非危害货币管理制度的上游犯罪而持有假币的行为作出规定，对此是否以上游犯罪论处，存在争议。有学者认为，因盗窃、抢劫等而获得并持有，假币是犯罪所得的赃物，非法持有的状态是上述犯罪的当然结果，法理上属于事后不可罚行为，没有再独立评价的必要，即只论其已经构成的犯罪而对于持有假币应不再单独论罪和处罚。[①] 笔者认为，应具体情况具体分析。

对于行为人误将假币当作真币而抢劫、抢夺、盗窃的，属于对象不能犯，可以按照抢劫、抢夺、盗窃罪未遂处理。但是行为人在发现其抢劫、抢夺、盗窃所得为假币后，仍不上交国家而故意持有的，其主观上产生了另外一个犯罪故意，即在误将假币当作真币抢劫、抢夺、盗窃时，其主观目的是获取真币，这一主观犯意的变化导致抢劫、抢夺、盗窃行为和持有行为的分离，在这种情况下行为人在抢劫、抢夺、盗窃后的持有假币行为不再是不可罚的附随行为，不能采用吸收犯的原理将其吸收，而应以抢劫、抢夺、盗窃未遂行为和持有假币行为实行数罪并罚。

对于明知是假币而实施抢劫、抢夺、盗窃的行为，由于假币本身并无财产价值，不能体现刑法规定的侵犯财产犯罪中的客体，不能构成抢劫、抢夺、盗窃罪，但由于行为人明知是假币还实施抢劫、抢夺、盗窃，说明其实际存在利用假币进行其他犯罪活动的意图，如为出售假币而先实施抢劫、抢夺、盗窃假币，抢劫、

---

① 林亚刚：《论持有、使用假币罪的若干问题》，载《中国刑事法杂志》2001年第2期。

抢夺、盗窃是出售假币的准备行为，如果没有出售就案发，应以出售假币罪的预备犯论处。但在司法实践中，行为人实施货币犯罪的目的很难确定，对此应以持有假币罪论处。

另外，对于误收假币而持有的行为，由于刑法规定持有假币罪的目的是打击实践当中那些持有大量可能是伪造的货币或者出售、购买或者运输的假币，但却拒不交代其来源和去向，司法机关也查不清其来源和去向的行为，因误收假币而持有，行为人虽然没有按照有关规定将假币上交，有一定的过错，但主观恶性没有达到犯罪所要求的程度，不构成犯罪。对于误收假币后并没有发觉而将假币当作真币使用的行为，由于其主观上对假币并不明知，当然不构成犯罪。对于误收假币后，明知是假币不但不按规定上交，相反为了避免经济上受损失而将假币当真币使用，欺骗他人，行为人的主观恶性已达到了一定程度，行为也危害了货币的正常流通，便具备可罚性。因此，误收假币而使用数额较大的，应以犯罪论处。

三、出售、购买、运输假币并使用的罪数认定

在司法实践中，行为人出售、购买、运输假币的同时，又使用假币的案件比较常见。对于此种情况，《最高人民法院关于审理伪造货币等案件具体应用法律若干问题的解释》第2条规定，行为人购买假币后使用，构成犯罪的，依照刑法第171条的规定，以购买假币罪定罪，从重处罚。行为人出售、运输假币构成犯罪，同时有使用假币行为的，依照刑法第171条、第172条的规定，实行数罪并罚。上述司法解释的规定，对购买假币和出售、运输假币作出了不同规定：若购买假币后使用构成犯罪的，以购买假币罪一罪定罪；若出售、运输假币同时有使用假币行为构成犯罪的，需以出售、运输假币罪和使用假币罪数罪并罚。

对于购买假币后使用的，行为人使用假币的行为是购买假币犯罪的当然结果，按照牵连犯的原理，对行为人择一重罪从重处罚合情合理。对于出售、运输假币后又使用的，实行数罪并罚有待商榷：如果行为人出售、运输的假币与使用的假币不是同一宗假币，行为人既实施了出售、运输行为，也实施了使用行为，对行为人的出售、运输行为和使用行为数罪并罚符合刑法基本原理；但是如果行为人运输的假币和使用的假币是同一宗假币，在这种情况下，行为人的行为针对同一对象，行为之间具有延续性，如果实行数罪并罚，不尽符合刑法基本原理。尽管如此，司法实践依然应遵从司法解释规定，行为人购买假币后使用构成犯罪的，以购买假币罪定罪并从重处罚，行为人出售、运输假币构成犯罪同时有使用假币行为的，实行数罪并罚。

【办案依据】

一、刑法规定

第一百七十二条　明知是伪造的货币而持有、使用，数额较大的，处三年以下有期徒刑或者拘役，并处或者单处一万元以上十万元以下罚金；数额巨大的，处三年以上十年以下有期徒刑，并处二万元以上二十万元以下罚金；数额特别巨大的，处十年以上有期徒刑，并处五万元以上五十万元以下罚金或者没收财产。

二、司法解释

《最高人民法院关于审理伪造货币等案件具体应用法律若干问题的解释》（2000年9月14日　法释〔2000〕26号）

第二条　行为人购买假币后使用，构成犯罪的，依照刑法第一百七十一条的规定，以购买假币罪定罪，从重处罚。

行为人出售、运输假币构成犯罪，同时有使用假币行为的，依照刑法第一百七十一条、第一百七十二条的规定，实行数罪并罚。

第五条　明知是假币而持有、使用，总面额在4000元以上不满5万元的，属于"数额较大"；总面额在5万元以上不满20万元的，属于"数额巨大"；总面额在20万元以上的，属于"数额特别巨大"，依照刑法第一百七十二条的规定定罪处罚。

三、司法文件

《最高人民检察院、公安部关于公安机关管辖的刑事案件立案追诉标准的规定（二）》（2022年4月6日）

第十七条　【持有、使用假币案（刑法第一百七十二条）】明知是伪造的货币而持有、使用，涉嫌下列情形之一的，应予立案追诉：

（一）总面额在四千元以上或者币量在四百张（枚）以上的；

（二）总面额在二千元以上或者币量在二百张（枚）以上，二年内因持有、使用假币受过行政处罚，又持有、使用假币的；

（三）其他持有、使用假币应予追究刑事责任的情形。

四、会议纪要

《全国法院审理金融犯罪案件工作座谈会纪要》（2001年1月21日　法〔2001〕8号）

明知是伪造的货币而持有，数额较大，根据现有证据不能认定行为人是为了进行其他假币犯罪的，以持有假币罪定罪处罚；如果有证据证明其持有的假币已构成其他假币犯罪的，应当以其他假币犯罪定罪处罚。

第五章　变造货币罪

【立案追诉标准】

变造货币案（刑法第 173 条）

变造货币，涉嫌下列情形之一的，应予立案追诉：

（一）总面额在二千元以上或者币量在二百张（枚）以上的；

（二）总面额在一千元以上或者币量在一百张（枚）以上，二年内因变造货币受过行政处罚，又变造货币的；

（三）其他变造货币应予追究刑事责任的情形。

《最高人民检察院、公安部关于公安机关管辖的刑事案件立案追诉标准的规定（二）》（2022 年 4 月 6 日）

【犯罪构成及刑事责任】

变造货币罪是指对货币采用剪贴、挖补、揭层、涂改、拼接等方法加工处理，以增加货币面值或增大货币数量，数额较大的行为。构成本罪需要具备以下四个要件：

1. 客体要件。本罪侵犯的客体是国家货币管理制度。

2. 客观要件。客观方面表现为行为人在真币的基础上，以真币为基本的材料，通过对其剪贴、挖补、拼凑、揭层、涂改等方法加工处理，致使原有的货币改变形态、数量、面值造成原货币升值，数额较大的行为。

3. 主体要件。本罪主体是一般主体，任何达到法定刑事责任年龄且具备刑事责任能力的自然人均可构成本罪。

4. 主观要件。本罪在主观方面须由故意构成，即行为人必须明知是货币并进行变造以增大面值或增多币量的，才能构成本罪。

根据刑法第173条的规定，变造货币，数额较大的，处3年以下有期徒刑或者拘役，并处或者单处1万元以上10万元以下罚金；数额巨大的，处3年以上10年以下有期徒刑，并处2万元以上20万元以下罚金。

【疑难指导】

一、变造货币的行为方式

变造货币的行为方式，可以采用拼凑方法，将小额货币拼成大额货币，也可以采用揭层或挖补等方法，形式多样、千奇百怪。变造货币行为的性质决定变造的货币无论是数量增多还是面额增加，最终都体现为数额增加，从行为人采取的方式看，有的是通过增加数量来增大数额，如采用揭层的方法，使1张100元人民币变为2张100元人民币；有的是通过增加面额的方式来增大数额，如通过涂改票面金额的方法，使小额货币变为大额货币。

概括起来，变造货币的行为方式可以分为以下几种：一是涂改变造。通过涂改票面金额变造是变造货币最为原始的做法。即以同颜色、同图案、同票幅而不同面额的真币或者以异色、异图、异票幅的真币为目标，在票面金额上做手脚，而以色调、票幅、图案作为辅助作用。二是挖补变造。以针对票面局部图案采取挖补手法变造货币，是对涂改金额形式变造货币的翻版。挖补货币的挖点定位于变造货币自身，补点系从他币偷来。三是拼凑变造。拼凑变造是采取在相对程度上毁损真币的手段得以实现。拼凑变造的实质首先是得以保留真币的原值，然后再一点点升值。根据《中国人民银行残缺污损人民币兑换办法》的规定，能辨别面额，票面剩余四分之三（含四分之三）以上，其图案、文字能按原样连接的残缺、污损人民币，金融机构应向持有人按原面额全额兑换；可以分清有二分之一以上票面实物形态的可兑换半额。行为人利用上述规定，以真币在保障其原有价值不变动的基础上，令其变态再升值。而要保留货币原有的价值，真币毁损时即只能裁剪下不多于四分之一的票面，若多了，原有的货币即不能再兑换原值。所以，变造货币一般均是由大约五个五分之一的真币组成。拼凑变造假币的变态升值量，一般仅为原币票面值的20%~25%。四是揭层变造。揭层变造是剪裁粘贴拼凑货币的特殊形态，可以也只能在真币基础上增加一倍金额。五是重印变造。重印变造是对真币局部或者全部图案的脱胎换骨，其纸张质地是真的，水印、安全线等主要主动防伪特征是真的，但金额乃至图案却是假的。六是移位变造。移位变造的关键点在于“质”，它是将真币关键性的多个部位移至假币中，从而假币的该部位都是真的，而真币的多个该部位可能被换成了假的，或者形成空缺。[①]

二、变造货币罪与伪造货币罪的界限

变造货币罪与伪造货币罪有不少相似之处，如两罪侵犯的客体都是国家的货币管理制度，犯罪对象都是货币，犯罪主体都是一般主体，主观上都是故意，都有意图流通之目的等。由于经过变造的货币已不再是原金融机构发行的货币，而是一种以假充真的假币，虽然伪造货币利用的一般都是先进的技术设备，而变造行为则主要依靠一些手工所为，但是随着科技的发展，变造也可以利用伪造的技术，从广义而言，变造货币应包含在伪造货币含义之内，因而有论者认为变造货币罪应纳入伪造货币罪范畴不再单列罪名。[②] 但是，变造货币与伪造货币在本质上是不同的，变造货币是在货币的基础上进行加工处理，采用剪贴、挖补、拼凑等方法，使货币的数量增多或面值增大，而伪造货币是指没有货币制造发行权的人，模仿真实货币的外观制造出使一般人误以为是真币的假币。变造货币是在真币的基础上进行加工改造，使货币由少变多，受其行为方式的限制，变造货币的数额一般远远小于伪造货币的数额，牟取的非法利益往往小于伪造货币的非法所得；而伪造货币是以真币为模拟对象以假充真，从无到有，是成批、大量地“生产货币”，其社会危害性相对于变造货币要大得多。因而，不应将变造货币罪纳入伪造货币罪范畴。

两罪的主要区别在于行为方式不同，伪造是指模仿真币，制造假币的行为；

---

① 喻海松：《变造货币罪之司法适用探析》，载《广州市公安管理干部学院学报》2006年第3期。

② 蒋毅：《变造货币罪应纳入伪造货币罪范畴》，载《重庆文理学院学报（社会科学版）》2011年第4期。

而变造则是指行为人采取各种非法方法如剪贴、挖补、拼凑、揭层、修描、覆盖等，对真货币进行加工改造，以增加货币数量或增大票面面值的行为。就此而言，变造货币与伪造货币最大的区别在于是否有真实货币存在，但严格来说，并非只要有真实货币存在就一定是变造货币而非伪造货币。西方学者用是否伤害真实货币同一性的限度为标准来区分伪造与变造。[①] 我国学者一般也认为，在对真实货币进行加工的情况下，如果没有损害真实货币自身的统一性，即经过加工的假币与真实货币仍保持在同一限度的范围内，即为变造，如将一张 100 元的人民币撕开正反两面，变成 200 元人民币，认定为变造。如果使其丧失了同一性，则成立伪造，如行为人大量收集低面额硬币并将其熔化，从而制造高面额硬币，尽管整个行为过程中确实存在真实货币，但当行为人将真实货币熔化后真实货币即不存在，这使原来的真实货币丧失了同一性，因而属于伪造，而不是变造。因此，对于变造货币和伪造货币而言，区别的关键应该是相关的制造行为是不是在“失去货币同一性”的物体基础上进行。

两罪对“数额较大”的要求不同，法律明确规定要求变造货币必须达到“数额较大”才能构成犯罪，伪造货币罪法律则无“数额较大”的要求。此外，两罪法定最高刑也不同，由于受到行为方式的限制，变造货币的数额一般远远小于伪造货币的数额，变造货币罪社会危害性相对较低，因而刑法对变造货币罪规定的刑罚要轻于伪造货币罪，伪造货币罪法定最高刑为死刑，而变造货币罪法定最高刑为 10 年有期徒刑。

三、犯罪特殊形态的认定

（一）既遂与未遂的认定

变造货币罪是结果犯，使真币价值增加即为其危害结果。构成本罪虽然要求行为人在主观上必须具有意图流通的目的，但确定本罪的既遂与未遂不能以行为人这一目的是否达到为标准。对于区分本罪既遂与未遂的标准，学界主要有两种代表性观点。第一种观点认为，同伪造货币罪一样，变造货币罪不仅要求行为人在原真币的基础上将假币变造出来，而且达到足以使一般人误认为是本来真货币

---

① 甘雨沛、何鹏：《外国刑法（下）》，北京大学出版社 1985 年版，第 853 页。

的程度，且变造的货币还应大部分保留原有真币的图案、形状和质地，如果行为人意图将变造的货币流通，相信自己变造水平很高，但变造出来的货币使一般人一看就不是真币，这种情况下行为人的行为属于不能犯而构成未遂，但从法的实质性限定上，由于这种行为不具有现实危险性，从而不具有可罚性。[①] 第二种观点认为，由于刑法规定变造货币数额较大的，才构成犯罪，因此区分本罪的既遂与未遂需要考虑两个因素：一是数额因素；二是假币的制成与否。首先，在某些情况下，不存在既遂与未遂的问题。例如，在行为人意图变造数额较小的货币的情形下，因整个变造行为不构成犯罪，自然不发生既遂与未遂的问题。其次，在行为人企图变造数额较大的货币的情况下，区分既遂与未遂的标准就在于数额较大的伪币是否制成。也就是说，在某些情况下不发生犯罪未遂问题，如在变造货币数额较小的场合下，整个变造行为不构成犯罪，自然也不发生未遂问题；在证明行为人企图变造货币数额较大或数额巨大时存在未遂问题。[②]

犯罪未遂的成立意味着行为人的行为已经成立犯罪，不成立犯罪的行为无所谓未遂与否，因此笔者认为第二种观点根据数额和假币制成与否判断是否存在未遂更为合理。但达到何种程度才算制成意见不一，如行为人变造货币时，自认为尚差最后一道工序伪币才能做好，其所制作的伪币与真币相比略有差异，因被人举报而被捕，该行为是否构成既遂存在两种不同的观点：一种观点认为该行为应属未遂，理由是伪币必须在外观上与真币一致，使一般人甚至货币专家也难以鉴别，才能算作既遂，而行为人所制作的假币还未达到这一程度，故只能算作未遂；另一种观点则认为该行为应属既遂，因为变造货币只要能使一般人误认为是真币即可。我国台湾地区学者林山田认为，行为人着手变造行为，若其变造之伪币已具通用真币之外形，而可持之冒充真币行使之阶段，即为本罪之既遂。也就是说，区分本罪的既遂与未遂，关键要看假币是否制成，而制成与否的标准就是要看所制伪币是否已具备真币的外形，且可以其冒充真币。[③]

---

① 张军主编：《破坏金融管理秩序罪》，中国人民公安大学出版社 2003 年版，第 129 页。
② 吴占英：《变造货币罪研究》，载《武汉冶金管理干部学院学报》2001 年第 3 期。
③ 吴占英：《变造货币罪研究》，载《武汉冶金管理干部学院学报》2001 年第 3 期。

（二）罪数的认定

犯罪分子变造货币通常是为了出售或使用，以获取非法经济利益，因此犯罪分子在变造货币之后，往往还实施出售、使用、运输等行为。由于法律并没有规定出售、使用、运输变造的货币可以构成犯罪，行为人变造货币并出售、使用或运输的，应依照变造货币罪定罪。行为人多次实施变造货币行为的，只构成一个变造货币罪，不实行数罪并罚；一次变造多种货币的，也只构成一罪，不实行数罪并罚。

对于行为人既实施了伪造货币行为，又实施了变造货币行为的，构成数罪，实行数罪并罚。

【办案依据】

一、刑法规定

第一百七十三条 变造货币，数额较大的，处三年以下有期徒刑或者拘役，并处或者单处一万元以上十万元以下罚金；数额巨大的，处三年以上十年以下有期徒刑，并处二万元以上二十万元以下罚金。

二、司法解释

（一）《最高人民法院关于审理伪造货币等案件具体应用法律若干问题的解释（二）》（2010年11月3日　法释〔2010〕14号）

第一条第二款 对真货币采用剪贴、挖补、揭层、涂改、移位、重印等方法加工处理，改变真币形态、价值的行为，应当认定为刑法第一百七十三条规定的“变造货币”。

（二）《最高人民法院关于审理伪造货币等案件具体应用法律若干问题的解释》（2000年9月14日　法释〔2000〕26号）

第六条 变造货币的总面额在2000元以上不满3万元的，属于“数额较大”；总面额在3万元以上的，属于“数额巨大”，依照刑法第一百七十三条的规定定罪处罚。

三、司法文件

《最高人民检察院、公安部关于公安机关管辖的刑事案件立案追诉标准的规定（二）》（2022年4月6日）

第十八条　【变造货币案（刑法第一百七十三条）】变造货币，涉嫌下列情形之一的，应予立案追诉：

（一）总面额在二千元以上或者币量在二百张（枚）以上的；

（二）总面额在一千元以上或者币量在一百张（枚）以上，二年内因变造货币受过行政处罚，又变造货币的；

（三）其他变造货币应予追究刑事责任的情形。

第六章　擅自设立金融机构罪

【立案追诉标准】

擅自设立金融机构案（刑法第 174 条第 1 款）

未经国家有关主管部门批准，擅自设立金融机构，涉嫌下列情形之一的，应予立案追诉：

（一）擅自设立商业银行、证券交易所、期货交易所、证券公司、期货公司、保险公司或者其他金融机构的；

（二）擅自设立金融机构筹备组织的。

《最高人民检察院、公安部关于公安机关管辖的刑事案件立案追诉标准的规定（二）》（2022 年 4 月 6 日）

【犯罪构成及刑事责任】

擅自设立金融机构罪是指未经国家有关主管部门批准，擅自设立商业银行、证券交易所、期货交易所、证券公司、期货经纪公司、保险公司或者其他金融机构的行为。构成本罪需要具备以下四个要件：

1. 客体要件。本罪侵犯的客体是国家金融机构的管理制度。

2. 客观要件。客观方面表现为未经国家有关主管部门批准，擅自设立商业银行、证券交易所、期货交易所、证券公司、期货经纪公司、保险公司或者其他金融机构。

3. 主体要件。本罪主体是一般主体，任何达到法定刑事责任年龄且具备刑事责任能力的自然人均可构成本罪，单位也可以成为本罪的主体。

4. 主观要件。本罪在主观方面是故意，即行为人明知设立商业银行或者其他金融机构应当符合法定条件，并向国家有关主管部门申请并由其批准，但为了经营金融业务，违反金融法律法规，实施擅自设立商业银行或其他金融机构的行为。

根据刑法第174条第1款的规定，未经国家有关主管部门批准，擅自设立商业银行、证券交易所、期货交易所、证券公司、期货经纪公司、保险公司或者其他金融机构的，处3年以下有期徒刑或者拘役，并处或者单处2万元以上20万元以下罚金；情节严重的，处3年以上10年以下有期徒刑，并处5万元以上50万元以下罚金。

【疑难指导】

一、“未经国家有关主管部门批准”的理解

根据我国法律规定，设立商业银行和其他金融机构，必须由国家有关主管部门批准，须符合法定条件，并履行严格的申请和审批手续。例如，商业银行法第11条规定，设立商业银行，应当经国务院银行业监督管理机构审查批准。未经国务院银行业监督管理机构批准，任何单位和个人不得从事吸收公众存款等商业银行业务，任何单位不得在名称中使用“银行”字样。证券法第118条规定，设立证券公司，必须经国务院证券监督管理机构审查批准。未经国务院证券监督管理机构批准，任何单位和个人不得经营证券业务。保险法第67条规定，设立保险公司应当经国务院保险监督管理机构批准。国务院保险监督管理机构审查保险公司的设立申请时，应当考虑保险业的发展和公平竞争的需要。“未经批准”包括两种情形：一是行为人未按照有关法律法规的规定，向有关主管部门提交设立申请；二是行为人虽向有关主管部门提交设立申请，但因不符合设立条件等原因未获批准。

二、“擅自设立”行为的认定

“擅自设立”是指未经合法批准而以商业银行或其他金融机构名义开展金融活动。对于“擅自设立”行为的认定，理论界和实务界主要有三种不同观点：第一种观点认为，擅自设立行为通常有两种表现形式，包括未经批准冒用已经成立的

商业银行或者其他金融机构的名称进行有关金融活动和不符合法定设立条件，也没有履行申请和审批程序擅自设立一个不存在的商业银行或者其他金融机构。[①] 第二种观点认为，擅自设立行为有两种表现形式，包括未向国家有关主管部门提出申请而设立金融机构和虽然已经向有关主管部门提出申请，但在经审查未获批准的情况下而设立金融机构。[②] 第三种观点认为，擅自设立行为有三种表现形式，包括未提出申请而设立，虽然提出过申请但在经审查未获批准的情况下而设立，虽经批准设立但在未办理登记、领取营业执照的情况下即予开业。具备这三种情形之一的，即属于擅自设立。[③]

第一种观点认为，擅自设立的两种行为方式其实是一种行为，即未经批准而设立，之所以说是两种方式，只是设立的具体手段不同，一种是冒用已有金融机构的名称，另一种是虚构不存在的金融机构，从事相关金融活动。第三种观点对于擅自设立作这种解释是不恰当的。根据我国刑法的规定，擅自设立金融机构罪成立的关键在于设立金融机构的行为未经国家相关主管部门的批准，这意味着如果没有按照有关规定履行审批程序而设立金融机构的才是犯罪行为，如果设立金融机构经过国家主管部门批准，那么这种行为就不构成擅自设立金融机构罪。金融机构设立的标志应当是行为人获得金融机构经营许可证，主管部门不是工商行政部门，审批程序当然不是指到工商行政管理部门登记，而是指没有经过中国人民银行等有关部门批准。因而其未办理工商登记、未领取营业执照，属于获得经营资质以后的行为，系违反了工商经营管理法规，而非违反金融机构设立的行政管理法规，不应将该种行为纳入本罪擅自设立的范畴中。

因此，本罪的“擅自设立”是以作为的方式，通常表现为两种形式：一是未向国家有关主管部门提出申请，未经任何申报、审批手续而设立；二是虽然已经向有关主管部门提出申请，但在未获批准的情况下而设立金融机构。对于设立的理解，不应局限于狭义层面的从无到有这一含义，而应该着眼于设立行为是否需

① 张军主编：《破坏金融管理秩序罪》，中国人民公安大学出版社 2003 年版，第 135 页。

② 刘宪权：《金融犯罪刑法学新论》，上海人民出版社 2014 年版，第 191 页。

③ 马克昌主编：《经济犯罪新论——破坏社会主义经济秩序罪研究》，武汉大学出版社 1998 年版，第 253 页。

要国家相关主管部门审查批准。换言之，无论是新设、合并设立，还是分立设立，无论是成立一个名称全新的金融机构，还是冒用已有金融机构名称另行成立，抑或私自恢复已被撤销的金融机构，只要该设立行为应当经国家有关主管部门审查批准而未经审查批准，那么该种设立行为就是本罪中的擅自设立行为。[①] 司法实践中，还有一些问题值得探讨。

（一）合法的金融机构擅自设立分支机构或代表机构是否属于“擅自设立”

第一种观点认为，一些金融机构为了扩展业务，不向主管机关申报，擅自扩建、增设网点，或者虽向主管机关申报，但在主管机关批准前就擅自设立分支机构、网点进行业务活动的，这些行为都属违法。但是这种商业银行或者其他金融机构擅自设立金融机构分支机构的行为与其他单位个人擅自设立金融机构行为性质上是不同的。因此，对商业银行或其他金融机构擅自设立金融机构分支机构的行为，不宜作为犯罪处理。[②]

第二种观点认为，商业银行或其他金融机构擅自设立自己的分支机构也属于擅自设立金融机构，应追究刑事责任。如有学者认为，商业银行法第 19 条明确规定，设立分支机构必须经国务院银行业监督管理机构审查批准。该法同时规定了分支机构所必需具备的条件。显然商业银行不能自作主张设立分支机构，同时本罪的主体为一般主体，理应包括金融机构。设立金融机构的表现形式多种多样，可以是未经批准成立一个名称全新的金融机构，也可以是未经批准成立已有金融机构的分支机构，如私自设立工商银行某分行。[③] 还有学者认为，分支机构与金融机构本身虽然存在差异，但是分支机构的非法设立在客观上具有危害性，分支机构也可以具体从事金融业务，非法设立分支机构与金融本身在实际经营业务中的作用是一致的。从其他法律的规定看，金融机构设立分支机构也必须经国务院银行业监督管理机构批准，擅自设立也要承担相应责任。1999 年 2 月发布的《金融违法行为处罚办法》第 5 条也对此予以明确规定。该条虽未规定刑事责任，但严

---

① 张建、俞小海：《擅自设立金融机构罪的司法认定》，载《中国检察官》2017 年第 20 期。

② 胡康生、李福成主编：《中华人民共和国刑法释义》，法律出版社 1997 年版，第 221 页。

③ 黄庭生、于前军、周胜蛟：《擅自设立金融机构罪的几个问题》，载《新千年刑法热点问题研究与适用（下）》，中国检察出版社 2001 年版，第 773~774 页。

重危害社会的，也应追究刑事责任。[①]

根据我国刑法的规定，构成擅自设立金融机构罪的关键是设立金融机构是否经过国家有关主管机关的批准，经过批准设立的属于合法行为，没有经过批准设立的则可能构成犯罪。因而，对于合法的金融机构擅自设立分支机构或代表机构是否属于“擅自设立”构成犯罪应区分不同情况：一是对于合法的金融机构为了进行非法金融业务，未经国家有关主管部门批准而另行设立非法金融组织或者金融机构，可以构成本罪。二是合法的金融机构擅自设立分支机构是否构成本罪，应根据法律法规规定，判断该分支机构的设立是否需要国家有关主管部门的审查批准以及行政法律法规中是否对于该种擅自设立分支机构的行为规定了刑事罚则。商业银行法第19条规定，商业银行根据业务需要可以在中华人民共和国境内外设立分支机构。设立分支机构必须经国务院银行业监督管理委员会审查批准。同时该法第74条规定，未经批准设立分支机构的，由国务院银行业监督管理机构责令改正，有违法所得的，没收违法所得，违法所得50万元以上的，并处违法所得1倍以上5倍以下罚款；没有违法所得或者违法所得不足50万元的，处50万元以上200万元以下罚款；情节特别严重或者逾期不改正的，可以责令停业整顿或者吊销其经营许可证；构成犯罪的，依法追究刑事责任。因此，合法设立的商业银行擅自设立分支机构，也存在构成擅自设立金融机构罪的可能。三是如果合法的金融机构出于自身扩大业务的需要，未经有关部门批准设立服务网点、代表机构或者营业部，依据相关规定给予行政处罚即可，不应依照刑法第174条的规定追究刑事责任。

（二）私设钱庄等地下金融组织是否属于“擅自设立”

对于私设钱庄等地下金融组织是否属于“擅自设立”，学界有不同看法。

第一种观点认为，有的地方存在个人或者多人合伙设立的所谓钱庄，经营放贷、融资等货币业务，如果规模较大，数额巨大的，即属擅自设立金融机构，应按本罪处罚。民间有的地方组织的所谓“邀会”（或称“标会”），群众以几百元、几千元、上万元入会，以达到筹集大宗货币互帮互助目的，虽属违法应予取

---

① 薛瑞麟主编：《金融犯罪研究》，中国政法大学出版社2000年版，第37页。

缔，但不宜按犯罪处理。如果邀会达到很大规模，经制止而继续运转，危害大或者已经造成严重后果的，对“会首”等组织者应当依照本罪或者根据其具体行为依法追究其刑事责任，对于一些在赌场放高利贷的所谓“大耳窿”，有的虽然亦有上万元甚至十几万元的借贷规模，但是只涉及极少数人的行为，不会由此造成严重的危害金融秩序的后果，虽应取缔但不宜按照本罪处罚。[①] 还有学者持相同观点，认为在实践中擅自设立金融机构行为的表现方式多种多样，有的表现为确定的名称、固定的场所、一定设施、相当数量的人员以及完整的组织机构和一定数量的资金，俨然是一个真正的金融机构，有的则可能表现为根本没有资金，也没有场所、机构、人员等条件，只是利用虚拟的金融机构名称或者假借真正金融机构的名称开展相应的金融业务。[②]

第二种观点认为，行为人自创的用来进行金融活动的组织不具备法定金融机构的形式，一般不认定构成擅自设立金融机构罪。金融机构是专门从事金融业务的法定机构，其形式、名称都有明确的规定，如果行为人设立一个人们根本不承认或未曾见过的机构，意图进行金融活动，由于公众对金融机构的名称、形式都有比较固定的认识，这样自创的金融机构并不会被公众视为金融机构，其从事金融活动就相当困难，可信度也不高。为此必须大量对外宣传，否则就发挥不了一个机构所起的作用，其从事的非法金融活动的范围和影响就相当有限。法律上，按其从事的非法经营活动定罪即可，而无须定擅自设立金融机构罪。这种情况是由其不具备金融机构的外部特征决定的。[③]

上述两种观点分歧的焦点在于擅自设立金融组织，是应以组织机构所从事的业务活动为标准，还是以组织机构的结构形式为标准。第一种观点实际上是实质性标准，即使设立的金融组织或机构没有名称、人员、场所、资金、组织结构等形式，但只要其从事的是金融业务活动即为擅自设立金融组织，也可以认定为擅自设立金融机构罪。第二种观点是形式性标准，即认定本罪的擅自设立，必须要

---

① 周道鸾、张军主编：《刑法罪名精释（上）（第四版）》，人民法院出版社 2013 年版，第 310 页。

② 黄京平主编：《破坏市场经济秩序罪研究》，中国人民大学出版社 1999 年版，第 364~365 页。

③ 蒋勇主编：《破坏社会主义市场经济秩序罪》，法律出版社 2000 年版，第 250 页。

设立起与合法的金融机构相仿的金融组织或机构，如具有一定的名称、相当数量的人员、场所、资金、组织结构等，如果不具备这些形式条件，则不是擅自设立金融机构，如果从事了非法吸收公众存款等金融业务活动，可按非法吸收公众存款罪、非法经营罪或者集资诈骗罪处理。

根据《全国法院审理金融犯罪案件工作座谈会纪要》之规定，上述非法从事金融活动的机构和组织只要在实施方案规定期限之前停止非法金融业务活动的，对有关单位和责任人员，不应以擅自设立金融机构罪处理；对其以前从事的非法金融活动，一般也不作犯罪处理；这些机构和组织的人员利用职务实施的个人犯罪，如贪污罪、职务侵占罪、挪用公款罪、挪用资金罪等，应当根据具体案情分别依法定罪处罚。对此笔者认为金融犯罪案件座谈会纪要作出这种规定，一方面是充分考虑到基金会、互助会、储金会等产生的时代背景，多依据地方政府或有关部门文件而设立；另一方面也给将整顿期限之外的基金会、互助会、储金会等地下金融组织认定为非法金融机构留下了解释空间。因此，将从事或主要从事金融业务的地下钱庄等地下金融组织认定为非法金融机构，并不存在法理上的障碍。①

三、“商业银行和其他金融机构”的范围

本罪的犯罪对象是商业银行和其他金融机构。关于商业银行，商业银行法第2条已有明确规定，是指依照商业银行法和公司法设立的吸收公众存款、发放贷款、办理结算等业务的企业法人。按照性质商业银行可分为四类：一是国有股份制商业银行，原为国有独资商业银行，经改制后上市成为公众公司的股份制商业银行，主要有中国工商银行、中国农业银行、中国银行和中国建设银行；二是股份制商业银行，是指从成立时就是股份制的综合性商业银行，主要有交通银行、招商银行、中信银行、兴业银行、华夏银行、中国光大银行、深圳发展银行、上海浦东发展银行等；三是合作银行，包括城市合作银行和农村合作银行等，目前在很多城市都成立了城市合作银行和农村合作银行；四是外资银行、中外合资银行和外国银行分行等。

① 张建、俞小海：《擅自设立金融机构罪的司法认定》，载《中国检察官》2017年第20期。

商业银行之外的其他金融机构，又称非银行金融机构，是指银行以外的从事货币信用业务和金融服务业务的金融机构。刑法修正案（一）列明的除商业银行外的金融机构有六种：一是证券交易所，是指提供证券集中竞价交易场所的不以营利为目的的法人；二是期货交易所，是指提供期货集中竞价交易场所的法人；三是证券公司，是指依照公司法、证券法之规定，经国务院证券监督管理机构批准从事证券经营业务的有限责任公司或股份有限公司；四是期货经纪公司，是指经国家有关主管部门批准成立的从事期货经营业务的公司法人；五是保险公司，是指经国家保险监督管理部门批准成立的从事保险业务的有限责任公司或者股份有限公司；六是其他金融机构，即除商业银行、证券交易所、期货交易所、证券公司、期货经纪公司、保险公司外的金融机构。对于其他金融机构的范围存在一定争议，有学者认为，“其他金融机构”除上述六种类型外，还包括融资租赁公司、农村信用合作社、城市信用合作社、企业集团财务公司、侨资外资在我国境内设立的金融机构等。[①] 有学者则认为，“其他金融机构”除上述六种类型外，还包括城市信用社、农村信用社、邮政储蓄机构、财务公司、金融租赁公司、融资公司、融资中心、金融期货公司、信用担保公司、典当行、信用卡公司等中国人民银行认定的其他从事金融业务的机构。[②] 根据《中国银保监会非银行金融机构行政许可事项实施办法》之规定，非银行金融机构包括经银保监会批准设立的金融资产管理公司、企业集团财务公司、金融租赁公司、汽车金融公司、货币经纪公司、消费金融公司、境外非银行金融机构驻华代表处等机构。另外，根据《最高人民检察院、公安部关于公安机关管辖的刑事案件立案追诉标准的规定（二）》第19条之规定，擅自设立商业银行、证券交易所、期货交易所、证券公司、期货公司、保险公司或者其他金融机构筹备组织的，应予立案追诉。因此，作为本罪犯罪对象的金融机构，还包括金融机构的筹备组织。

总而言之，对于本罪中商业银行和其他金融机构的认定，应当把握两点：一是本罪中设立的金融机构并非法律意义上的金融机构，而是类似金融机构的机构

---

① 刘德法：《我国银行运营中的犯罪研究》，郑州大学出版社2004年版，第247页。

② 刘宪权：《金融犯罪刑法理论与实践》，北京大学出版社2008年版，第259页。

或组织，其组织形式表现多种多样，既可以是法人也可以是非法人，只要行为人设立的组织或机构足以使他人相信是金融组织或机构，就可以认定为本罪中的金融机构；二是组织或机构设立的目的或者其所从事的行为，是金融活动或金融相关业务。

四、主观罪过的认定

本罪的主观方面为故意，即行为人明知设立商业银行或其他金融机构应当符合法定条件并由国家有关主管部门审批，但为了经营金融业务，违反法律规定擅自设立商业银行或其他金融机构。其主观方面包括两个认识因素：一是明知设立金融机构应依法获得国家有关主管部门批准；二是明知成立金融机构的行为是擅自设立。

对于本罪的故意是否包括间接故意，存在争议。第一种观点认为，本罪的故意形式不排除间接故意，如有学者表述为"一般表现为直接故意"①；还有学者表述为明知设立金融机构必须依法获得国家有关主管部门批准，明知擅自设立金融机构的行为会发生扰乱金融秩序的危害结果，并且希望或放任这种结果的发生，即明确表明本罪的主观方面包括间接故意。② 第二种观点认为，本罪的主观方面包括间接故意是不妥的，因为行为人对于擅自设立金融机构是积极追求的，而不是听之任之的，非法设立金融机构后是否会发生扰乱金融秩序的危害结果，并非本罪的必要条件。③

笔者认为，第二种观点的结论是正确的，即本罪的主观方面并不包括间接故意。但第二种观点中的部分论述有待商榷，即在擅自设立金融机构罪中，抽象的危害结果是破坏了金融管理秩序，并不一定扰乱金融秩序，其从扰乱金融秩序不是本罪的规范要素角度论证本罪的罪过形式，立足点并不恰当。实际上，行为人明知设立金融机构必须经国家有关主管部门批准，否则设立行为违法，而行为人

---

① 陈泽宪主编：《新刑法单位犯罪的认定与处理——法人犯罪新论》，中国检察出版社 1997 年版，第 243 页。

② 张明楷：《刑法学》，法律出版社 1997 年版，第 631 页。

③ 曾宪义总主编：《中国民法·刑法案例案例与学理研究：中国刑法案例与学理研究（分则篇）（二）》，法律出版社 2001 年版，第 259 页。

不顾法律规定擅自设立金融机构，其对自己行为的后果是积极追求，并不存在明知行为的性质却又对行为的后果是听之任之的态度的可能。同时，只要擅自设立金融机构即破坏了金融管理秩序，行为人对于擅自设立金融机构是积极追求的态度，那么对于破坏金融管理秩序也只能是积极追求的态度。因此，本罪只能由直接故意构成。

此外，对于行为人主张缺乏违法性认识不能否定其存在犯罪故意。本罪是对“未经国家有关主管部门批准，不得擅自设立金融机构”这一禁止性规定的违反，作为公民和组织，有义务知道这一禁止性规定。特别是对于从事金融业务的单位和个人，其要设立金融机构，应当具有基本的金融知识，知晓法律的强制性规定，对其行为是否具有违法性认识错误完全可以避免，因而对于行为人主张缺乏违法性认识不能否定其存在犯罪故意。

五、犯罪特殊形态的认定

（一）犯罪停止形态的认定

关于本罪停止形态的问题，主要有两种观点。第一种观点认为，行为人必须有擅自成立商业银行或其他金融机构的行为结果，方可构成本罪。[①] 如果行为人擅自设立金融机构还处于预谋阶段，或者由于某种原因使行为人意图设立的商业银行或其他金融机构并未实际成立则行为人不构成本罪。[②] 第二种观点认为，只要行为人实施了未经国家有关主管部门批准、擅自设立金融机构的行为即构成本罪。[③] 上述两种观点的根本性差异主要在于对本罪是结果犯还是行为犯的认定，持第一种观点的主张本罪是结果犯，持第二种观点的主张本罪是行为犯，司法实践中倾向于行为犯的观点，主要理由有两点：一是从本罪的犯罪构成客观方面分析，法条中表述“擅自设立”即行为，而“商业银行和其他金融机构”是行为对象，因此金融机构是否成立以及是否造成社会危害在罪状中未予体现，不符合结果犯的基本特征，即法定犯罪结果的发生在罪状中未予明示；二是从设立本罪的立法原

① 徐汉明等编著：《经济刑法新论》，中国检察出版社 1996 年版，第 229 页。

② 郎胜主编：《〈关于惩治破坏金融秩序犯罪决定〉释义》，中国计划出版社 1995 年版，第 40 页。

③ 舒慧明主编：《中国金融刑法学》，中国人民公安大学出版社 1997 年版，第 238 页。

意看，立法者意图惩罚的即擅自设立金融机构的行为，并以此作为处罚犯罪的依据，显然擅自设立金融机构的行为本身即对金融秩序造成现实的危险，具有严重的社会危害性。至于非法金融机构是否被现实地予以设立乃至运营，是量刑应予考虑的问题。①

笔者赞同该罪为行为犯的观点，立法设立本罪的目的在于打击擅自设立金融机构的行为，而擅自设立是一个复杂的行为过程，包括一系列行为动作，只要行为人在未经国家有关主管部门批准的情况下，实施擅自设立一系列行为中的一种，就可以认定是着手实施擅自设立金融机构的行为。犯罪着手是界定犯罪预备阶段和实行阶段的标志，如果行为人本不准备提出申请批准而擅自设立金融机构，则以其成立组织开始筹备设立金融机构时为实行行为的着手；如果行为人向国家有关主管部门申请，但未获批准就意图设立非法金融机构的，则以国家有关主管部门不予批准决定作出后行为人继续实施筹备组建行为为实行行为的着手。实行行为着手以前的行为是犯罪预备行为，预备行为主要包括行为人之间进行犯意沟通和联络等活动，在此阶段被查获构成犯罪预备。

（二）既遂与未遂的认定

关于本罪既遂未遂的标准，也存在两种不同观点，第一种观点认为，本罪的既遂以擅自设立金融机构为标志，而不以擅自设立的金融机构已经开始营业为标志。② 第二种观点认为，是否开展相应的业务，是判断是否设立了金融机构的根本性标准，开展商业银行或其他金融机构相应的业务，是据以认定擅自设立金融机构的标准。本罪既遂的成立不仅要求行为人实施了擅自设立金融机构的行为，而且要求必须发生设立金融机构并开展业务的结果，如果行为人实施了擅自设立金融机构的行为，但是未能设立金融机构并开展业务的为未遂。③ 上述分歧的焦点仍然是对于本罪是结果犯还是行为犯的认定。如前所述，笔者赞同本罪是行为犯的观点，因此，本罪的既遂以擅自设立金融机构为标志，而不以擅自设立的金融机

---

① 张军主编：《破坏金融管理秩序罪》，中国人民公安大学出版社 2003 年版，第 143 页。

② 马克昌主编：《经济犯罪新论——破坏社会主义经济秩序罪研究》，武汉大学出版社 1998 年版，第 253 页。

③ 薛瑞麟主编：《金融犯罪研究》，中国政法大学出版社 2000 年版，第 37 页。

构已经开始营业为标志。只要行为人完成设立金融机构的行为，就具备了擅自设立金融机构罪的全部构成要件，就应当认定为犯罪既遂。同时，对设立的金融机构要作抽象的判断，即只要社会上公开以某种金融机构的名义存在，也为公众所认可，并开设必要的金融业务，即具备开业条件，这时的设立行为事实已处于完成形态，故构成犯罪既遂。如果行为人已经着手实行擅自设立金融机构的行为，由于其意志以外的原因而使得金融机构未成立，就属于本罪犯罪未遂。

（三）罪数的认定

在实践中，行为人为了擅自设立金融机构，往往要伪造大量的公文、证件、印章和金融经营许可证等以此蒙骗公众；也有的犯罪分子在金融机构设立后，又实施非法吸收公众存款或者诈骗等行为，由此符合擅自设立金融机构罪，伪造国家机关公文、证件、印章罪或者伪造公司、企业、事业单位、人民团体印章罪，伪造、变造金融机构经营许可证罪，以及非法吸收公众存款罪和诈骗罪等犯罪。对于上述行为罪数的认定，存在不同观点。一种观点认为，应当数罪并罚；另一种观点认为，上述情况符合牵连犯的特征，应当按照牵连犯的理论从一重罪处断。笔者认为，应该区分不同情况，对于伪造公文、证件、印章或者伪造、变造金融机构经营许可证、批准文件后，利用上述伪造、变造的公文、证件、印章、经营许可证、批准文件设立金融机构的，如果行为人伪造、变造金融机构经营许可证、批准文件后自己又利用该伪造的或者变造的金融机构经营许可证、批准文件设立金融机构的，行为人构成伪造、变造金融机构经营许可证、批准文件罪，同时构成擅自设立金融机构罪。由于行为人在伪造、变造该许可证或者批准文件时就有擅自设立金融机构的目的，因此成立牵连犯，应按从一重罪处断的原则处理。但是，根据刑法的规定；如果行为人伪造、变造经营许可证或者批准文件后提供给他人或者将自己的许可证、批准文件转让给他人，他人又利用该许可证或批准文件设立金融机构的，在排除双方存在共同犯罪故意的情况下，行为人构成伪造、变造、转让金融机构经营许可证、批准文件罪。

对于擅自设立金融机构后非法从事金融业务又触犯其他犯罪的，基本的判断原则是，如果属于两个独立的构成要件的行为，则应数罪并罚；如果行为人擅自设立金融机构的目的仅在于从事非法活动，两个构成要件的行为具有手段与目的关系，符合牵连犯的特征，按照从一重罪处断的原则。具体到擅自设立金融机构后占有所吸纳资金的行为，如果行为人擅自设立金融机构时并没有非法占有的目的，只是在开展非法金融业务的过程中，又产生了非法占有所吸纳资金的意图并实施占有行为的，由于符合数罪的特征，应依擅自设立金融机构罪和诈骗罪两罪并罚；如果行为人从一开始就以设立金融机构为名而行诈骗之实并且在吸纳公众存款之后予以占有的，由于符合牵连犯的特征，应依牵连犯的处理原则处理。具体到行为人擅自设立金融机构后吸收公众存款的，其行为同时构成擅自设立金融机构罪和非法吸收公众存款罪，是数罪并罚还是从一重罪处断，还是要根据行为人吸收公众存款犯意产生的前后认定。如果行为人为了非法吸收公众存款而擅自设立金融机构的，擅自设立金融机构行为是非法吸收公众存款行为的手段行为，按照牵连犯从一重罪处断的原则处理，如果行为人在擅自设立金融机构后才发生非法吸收公众存款的犯罪的，则应数罪并罚。

【办案依据】

一、刑法规定

第一百七十四条第一款　未经国家有关主管部门批准，擅自设立商业银行、证券交易所、期货交易所、证券公司、期货经纪公司、保险公司或者其他金融机构的，处三年以下有期徒刑或者拘役，并处或者单处二万元以上二十万元以下罚金；情节严重的，处三年以上十年以下有期徒刑，并处五万元以上五十万元以下罚金。

二、司法文件

《最高人民检察院、公安部关于公安机关管辖的刑事案件立案追诉标准的规定（二）》（2022年4月6日）

第十九条　【擅自设立金融机构案（刑法第一百七十四条第一款）】未经国家有关主管部门批准，擅自设立金融机构，涉嫌下列情形之一的，应予立案追诉：

（一）擅自设立商业银行、证券交易所、期货交易所、证券公司、期货公司、保险公司或者其他金融机构的；

（二）擅自设立金融机构筹备组织的。

第七章　伪造、变造、转让金融机构经营许可证、批准文件罪

【立案追诉标准】

伪造、变造、转让金融机构经营许可证、批准文件案（刑法第174条第2款）

伪造、变造、转让商业银行、证券交易所、期货交易所、证券公司、期货公司、保险公司或者其他金融机构的经营许可证或者批准文件的，应予立案追诉。

《最高人民检察院、公安部关于公安机关管辖的刑事案件立案追诉标准的规定（二）》（2022年4月6日）

【犯罪构成及刑事责任】

伪造、变造、转让金融机构经营许可证、批准文件罪是指伪造、变造、转让商业银行、证券交易所、期货交易所、证券公司、期货经纪公司、保险公司或者其他金融机构的经营许可证或者批准文件的行为。构成本罪需要具备以下四个要件：

1. 客体要件。本罪侵犯的客体是国家的金融管理制度。

2. 客观要件。客观方面表现为伪造、变造、转让商业银行、证券交易所、期货交易所、证券公司、期货经纪公司、保险公司或者其他金融机构的经营许可证

或者批准文件的行为。

3. 主体要件。本罪主体是达到法定刑事责任年龄且具备刑事责任能力的自然人和单位。

4. 主观要件。本罪在主观方面是故意，即行为人在明知其行为是法律禁止的情况下，明知其行为性质是伪造、变造、转让金融机构经营许可证、批准文件的行为仍然予以实施。

根据刑法第 174 条第 2 款的规定，伪造、变造、转让商业银行、证券交易所、期货交易所、证券公司、期货经纪公司、保险公司或者其他金融机构的经营许可证或者批准文件的，依照前款的规定处罚（处 3 年以下有期徒刑或者拘役，并处或者单处 2 万元以上 20 万元以下罚金；情节严重的，处 3 年以上 10 年以下有期徒刑，并处 5 万元以上 50 万元以下罚金）。

【疑难指导】

一、伪造、变造、转让的认定

伪造金融机构经营许可证、批准文件是指没有金融机构经营许可证或者批准文件制作权，而仿照金融机构经营许可证的形状、特征、色彩、样式，或者正式的批准文件的样式进行伪造的行为。伪造的方法多种多样，包括机器印刷、复印、拓印、影印和手绘等。

变造金融机构经营许可证、批准文件是指在真的许可证或批准文件的基础上改造，从而改变原有内容，以形成与原许可证或批准文件的内容不一致的虚假内容的行为，如改变单位的名称、业务范围、注册资本或者营运资金数额等内容。变造的方法也很多，如剪贴、挖补、拼接、涂改、覆盖、填充、抹擦等。

转让金融机构经营许可证、批准文件是指行为人将自己的金融机构经营许可证或者批准文件通过出售、出租、出借、赠与等方式，有偿或无偿转让给其他机构或者个人使用的行为。在出售、出租等有偿转让的情况下，行为人谋取了一定的经济利益，在赠与等无偿转让的情况下，行为人并没有谋取经济利益，因而转让金融机构经营许可证、批准文件并不一定谋取经济利益。出售和赠与的情况下，行为人转让许可证后不再收回，其欲转让的是“处分权”，而在出租和出借的情况下，行为人转让许可证后还将收回许可证。总之，不论是有偿转让，还是无偿转让，不论是否转让“处分权”，转让的对象是金融机构，还是其他单位和个人，都不影响转让行为的成立。[①]

在司法实践中，对于伪造、变造、转让的认定，应注意以下几个问题：一是伪造、变造假的金融机构经营许可证、批准文件并不要求与真的金融机构经营许可证、批准文件完全一致，只要能够达到以假乱真的效果即可；二是伪造、变造无印章的许可证或批准文件文本的，因其还不能成为金融机构经营许可证或者批准文件，因而不构成犯罪；三是制造不存在的金融机构经营许可证或者批准文件，也可以认定为伪造。对此，笔者认为，即使行为人制作的是完全不存在的金融机构经营许可证或者批准文件，只要给公众造成其所制作的许可证或者批准文件属于国家批准的合法金融机构的经营许可证或者批准文件的假象，就严重危害了国家对金融机构设立的管理秩序，可以认定为伪造。

二、与伪造、变造、买卖国家机关公文、证件、印章罪的界限

伪造、变造、买卖国家机关公文、证件、印章罪是指故意伪造、变造、买卖国家机关公文、证件、印章，扰乱公共秩序的行为。其侵犯的客体是国家机关的正常管理活动和信誉，客观方面表现为伪造、变造、买卖国家机关公文、证件、印章。可以说，伪造、变造、转让金融机构经营许可证、批准文件罪与伪造、变造、买卖国家机关公文、证件、印章罪存在很多相似之处，但在犯罪行为和犯罪对象方面存在一些不同之处。

从犯罪行为方面看，如前所述，伪造、变造、转让金融机构经营许可证、批准文件罪中的转让行为，可以是有偿转让，如买卖、出租，也可以是无偿转让，如赠予，行为人是否获取经济利益在所不问；同时可以是转让“处分权”的行为，如买卖、赠予，也可以是不转让“处分权”的行为，如出租、出借，行为人事后是否收回经营许可证、批准文件均可成立转让。而伪造、变造、买卖国家机关公文、证件、印章罪中的买卖行为，需存在经济利益或者其他物质利益的交换关系，

---

① 郎胜主编：《〈关于惩治破坏金融秩序犯罪决定〉释义》，中国计划出版社1995年版，第42页。

如果赠予国家机关证件的，则不构成本罪。

从犯罪对象看，伪造、变造、转让金融机构经营许可证、批准文件罪的犯罪对象仅包括金融机构经营许可证和批准文件，而伪造、变造、买卖国家机关公文、证件、印章罪的犯罪对象包括国家机关公文、证件和印章等，对象更为广泛。

三、对犯罪特殊形态的认定

（一）停止形态的认定

通说认为，本罪是行为犯。[1] 因而，对于本罪的既遂形态，可以认为只要实施了伪造、变造、转让金融机构经营许可证、批准文件的行为，并达到一定的程度就构成犯罪的既遂。具体而言，就是行为人只要把金融机构经营许可证、批准文件伪造或变造出来，或者转让金融机构经营许可证、批准文件的行为实施完成，证件易手，即可认为伪造、变造、转让金融机构经营许可证、批准文件的行为完成，构成本罪既遂。

本罪是行为犯，判断本罪的着手，也是以行为人开始实施本罪构成要件的行为时起。伪造金融机构许可证、批准文件的行为，应以实施可能导致假许可证、批准文件被制作出来的行为时为着手，例如机器印刷就应以制造模板时为着手，而之前的准备材料、寻找地点等行为都是预备行为。变造金融机构许可证、批准文件的行为，应以在真许可证、批准文件上进行改造时起算。转让金融机构许可证、批准文件的行为，应以行为人实施将许可证、批准文件交付的行为时为着手，例如以邮寄的方式转让，即应以投入信箱或交付邮局时为着手，而之前的商洽行为是预备行为。[2]

（二）罪数的认定

在司法实践中，伪造、变造金融机构经营许可证、批准文件的行为经常和擅自设立金融机构行为、非法吸收公众存款、集资诈骗等行为交织在一起。其处断原则如本书第六章所述，根据刑法理论，对于符合牵连犯特征的，按照牵连犯理论从一重罪处断。如以伪造、变造、转让金融机构经营许可证或者批准文件行为

---

① 郎胜主编：《〈关于惩治破坏金融秩序犯罪决定〉释义》，中国计划出版社 1995 年版，第 44 页。

② 张军主编：《破坏金融管理秩序罪》，中国人民公安大学出版社 2003 年版，第 155 页。

和擅自设立金融机构的行为发生交织的情形为例，如果行为人伪造、变造金融机构经营许可证、批准文件的目的是擅自设立金融机构，则两种行为之间是牵连关系，应按照牵连犯的理论与处罚原则对行为人定罪量刑；如果行为人明知他人具有擅自设立金融机构的目的，而伪造、变造、转让金融机构经营许可证、批准文件，对于行为人应以擅自设立金融机构罪的帮助犯论处，同时其又触犯本罪，两罪是想象竞合关系，则按照想象竞合犯的处断原则以擅自设立金融机构罪论处；如果行为人对他人擅自设立金融机构的意图没有认识，则不构成想象竞合，仅以本罪论处。[①]

本罪是选择性罪名，只要行为人实施了伪造、变造或转让中的任何一个行为，即构成犯罪，但在确定罪名时，应根据行为人所实施的行为特征进行选择，如行为人仅实施了变造金融机构经营许可证、批准文件的，应定变造金融机构经营许可证、批准文件罪，如果行为人实施了三种行为中的任意两种或三种行为的，且数行为之间具有连续关系的，只构成一罪，而不数罪并罚，如行为人伪造金融机构许可证、批准文件后出卖的，应以伪造、转让金融机构经营许可证、批准文件罪论处。另外，如果数行为之间没有连续关系，则形成数罪。对于实施同种性质的行为，如果两个无连续关系的伪造行为，构成同种数罪毫无疑问，但两个无连续关系的不同行为，如伪造行为和变造行为，对此是否构成同种数罪？笔者认为，本罪三种行为在同一法条当中，行为本质相同，以同种数罪对待无连续关系的伪造、变造和转让行为是可以的。对于同种数罪，司法实践中并不实行并罚，一般在一罪的法定刑量刑幅度内作为从重或者加重情节。

四、与金融机构经营许可证、批准文件有关的其他行为的定性

对于买卖金融机构经营许可证、批准文件的行为，如果行为只是购买他人伪造、变造或者转让的金融机构许可证或批准文件，没有实施其他违法犯罪行为的，这种单纯的购买行为不能以本罪论处；如果行为人购买后实施了转让行为的，则可以转让金融机构经营许可证、批准文件罪定罪量刑；如果行为人购买后意图出卖，但在出卖前被抓获的，则应以转让金融机构经营许可证、批准文件（预备）

① 张军主编：《破坏金融管理秩序罪》，中国人民公安大学出版社2003年版，第154页。

论处；在出卖中并在出让前被抓获的，则以未遂论。

对于盗窃、抢夺、毁灭金融机构经营许可证、批准文件的行为，如果行为人的目的在于盗窃、抢夺、毁灭金融机构经营许可证、批准文件的，应以盗窃、抢夺、毁灭国家机关证件罪论处；如果行为人的目的在于盗窃、抢夺其他财物，但盗窃、抢夺得手的是金融机构经营许可证、批准文件的，则应以盗窃罪（未遂）论处，若此后行为人产生新的犯意，实施转让行为的，则以盗窃罪（未遂）和转让金融机构经营许可证、批准文件罪数罪并罚。

对于借入金融机构经营许可证、批准文件的行为，如果仅有该行为则不构成犯罪。但在实践中，行为人借入金融机构经营许可证或批准文件，一般是欲擅自设立金融机构或者实施非法吸收公众存款、集资诈骗等犯罪行为，对此应以行为人行为实际触犯的罪名论处。

【办案依据】

一、刑法规定

第一百七十四条第二款 伪造、变造、转让商业银行、证券交易所、期货交易所、证券公司、期货经纪公司、保险公司或者其他金融机构的经营许可证或者批准文件的，依照前款的规定处罚。

二、司法文件

《最高人民检察院、公安部关于公安机关管辖的刑事案件立案追诉标准的规定（二）》（2022年4月6日）

第二十条 【伪造、变造、转让金融机构经营许可证、批准文件案（刑法第一百七十四条第二款）】 伪造、变造、转让商业银行、证券交易所、期货交易所、证券公司、期货公司、保险公司或者其他金融机构的经营许可证或者批准文件的，应予立案追诉。

三、其他法规

《银行保险机构许可证管理办法》（2021年4月28日，中国银行保险监督管理委员会令2021年第3号）

第二条 本办法所称许可证是指中国银行保险监督管理委员会（以下简称银

保监会）依法颁发的特许银行保险机构经营金融业务的法律文件。

许可证的颁发、换发、收缴等由银保监会及其授权的派出机构依法行使，其他任何单位和个人不得行使上述职权。

第四条　本办法所称许可证包括下列几种类型：

（一）金融许可证；

（二）保险许可证；

（三）保险中介许可证。

金融许可证适用于政策性银行、大型银行、股份制银行、城市商业银行、民营银行、外资银行、农村中小银行机构等银行机构及其分支机构，以及金融资产管理公司、信托公司、企业集团财务公司、金融租赁公司、汽车金融公司、货币经纪公司、消费金融公司、银行理财公司、金融资产投资公司等非银行金融机构及其分支机构。

保险许可证适用于保险集团（控股）公司、保险公司、保险资产管理公司等保险机构及其分支机构。

保险中介许可证适用于保险代理集团（控股）公司、保险经纪集团（控股）公司、保险专业代理公司、保险经纪公司、保险兼业代理机构等保险中介机构。

第八章　高利转贷罪

【立案追诉标准】

高利转贷案（刑法第175条）

以转贷牟利为目的，套取金融机构信贷资金高利转贷他人，违法所得数额在五十万元以上的，应予立案追诉。

《最高人民检察院、公安部关于公安机关管辖的刑事案件立案追诉标准的规定（二）》（2022年4月6日）

【犯罪构成及刑事责任】

高利转贷罪是指以转贷牟利为目的，套取金融机构信贷资金高利转贷他人，违法所得数额较大的行为。构成本罪需要具备以下四个要件：

1. 客体要件。本罪侵犯的客体是国家对金融信贷资金的管理，信贷资金是指通过银行或非银行金融机构聚集起来的、以偿还为条件、专供借贷使用的货币资金。

2. 客观要件。客观方面表现为套取金融机构信贷资金高利转贷他人，违法所得数额较大的行为。

3. 主体要件。本罪主体是达到法定刑事责任年龄且具备刑事责任能力的自然人和单位。

4. 主观要件。本罪在主观方面是故意，而且只能是直接故意，间接故意和过失都不能构成犯罪。

根据刑法第175条的规定，以转贷牟利为目的，套取金融机构信贷资金高利转贷他人，违法所得数额较大的，处3年以下有期徒刑或者拘役，并处违法所得1倍以上5倍以下罚金；数额巨大的，处3年以上7年以下有期徒刑，并处违法所得1倍以上5倍以下罚金。单位犯前款罪的，对单位判处罚金，并对其直接负责的主管人员和其他直接责任人员，处3年以下有期徒刑或者拘役。

【疑难指导】

一、"套取金融机构信贷资金"的认定

"套取金融机构信贷资金"是高利转贷罪的构成要件之一，如何认定"套取"行为存在一定争议。有学者认为，套取是指变造某种正当理由，从金融机构骗取贷款。[①] 也有学者认为，套取金融机构信贷资金是指行为人不符合贷款的条件，以虚假的贷款理由或贷款条件，向金融机构申请贷款，并且获取由正常程序无法得到的贷款。[②] 还有学者从文理解释角度认为，"套"在字典中解释为"以计骗取"之义，套取就应是施以某种计谋骗取。根据文字含义，套取金融机构信贷资金应理解为行为人虚构事实，伪造理由如谎报借款用途，采取担保贷款或者信用贷款的方式，向金融机构贷出人民币或外汇。也就是说，行为人以自己的名义编造借款理由向金融机构申请贷款，但不打算将贷款用于借款合同上所载明的用途，而是非法高利转贷给他人，表现出行为人贷款理由的虚假性和贷款行为的欺骗性。[③]

笔者认为，行为人套取金融机构信贷资金后的实际用途是判断"套取"性质的关键。借款人在申请贷款时应当在还本付息、资产负债率等方面具备相应的条件，也应当按照借款合同约定用途使用贷款。也就是说，行为人申请贷款应符合相应的条件，并履行相应的义务。如行为人以虚假的贷款理由和条件申请贷款，或者不按照合同约定的贷款用途使用贷款，即有可能违法或者构成犯罪。由于"套取"行为是高利转贷行为的逻辑前提，因此认定行为人的行为是否具有"套

---

① 高铭暄、马克昌主编：《刑法学》，北京大学出版社、高等教育出版社2011年版，第447页。

② 王新：《金融刑法导论》，北京大学出版社1998年版，第126页。

③ 张惠芳：《高利转贷罪有关问题浅析》，载《河北法学》2000年第1期。

取”的性质，关键在于行为人申请贷款后的实际用途。实施本罪的行为人是以牟利为目的向银行贷款，并在贷款后将信贷资金转贷给他人，因而行为人在贷款前主观上没有将贷款为自己所用的意图，至于行为人是否有贷款的正当理由，在所不问。如行为人获取贷款后，未按照贷款合同的约定用途使用贷款，而是转贷给他人，则行为人申请贷款的行为就具备“套取”的性质。反之，即便行为人以虚假的贷款理由和条件申请贷款，但行为人未将贷款用于高利转贷他人，也不能认定行为人申请贷款的行为是高利转贷罪的“套取”。

此外，对于何谓“金融机构信贷资金”也存在一些比较难认定的问题。这里的金融机构是指具有贷款业务经营权的商业银行等，除商业银行外，还包括城市信用社、农村信用社、信托投资公司、财务公司、典当行（限于质押贷款）等。由于证券公司、保险公司等金融机构的经营范围不包括贷款，其资金不能形成信贷资金，因此行为人套取这类金融机构的资金高利转贷给他人的，不能以本罪论处。司法实践也通过典型案例对此形成了明确的裁判要旨：一是以转贷牟利为目的，编造虚假交易关系并出具虚假购销合同取得银行承兑汇票的，属于刑法第175条规定的“套取金融机构信贷资金”的行为。虽然银行承兑汇票与银行贷款表现形式不同，借贷关系与票据关系在法律上也有不同之处，但银行承兑汇票是纳入信贷科目管理的，在银行内部的管理模式和性质上是相同的，银行承兑汇票贴现时使用的资金属于银行的信贷资金，票据贴现也是银行借出信贷资金的一种表现形式，因此套取银行承兑汇票然后转让他人进行贴现实质上属于套取银行的信贷资金。[①] 二是小额贷款公司是依法经营小额贷款金融业务的主体，是经银行业监督管理机构授权、省级政府主管部门批准设立和主管的其他金融机构，依法取得中国人民银行赋予的金融机构编码，是否取得金融许可证并不影响小额贷款公司金融机构性质的认定。小额贷款公司依法从事金融业务，行为人有转贷牟利的主观故意，客观上实施了转贷收息的行为，符合高利转贷的构成要件。三是住房公积金系单位及其在职职工缴存的长期住房储金，该储金由住房公积金管理中心存入

---

① 最高人民法院刑事审判第一、二、三、四、五庭主编：《刑事审判参考》（第3集，总第62集），法律出版社2008年版，第487号姚某高利转贷案。

银行开设的专户，住房公积金管理中心委托银行办理公积金贷款业务，但由住房公积金管理中心自己承担公积金贷款风险。住房公积金个人贷款业务属银行表外业务，住房公积金不属于金融机构信贷资金。住房公积金转借获利并没有侵犯国家对信贷资金的发放和利率管理秩序，未侵犯国家的信贷管理制度，故行为人获得住房公积金贷款后转借给他人获利的，不构成高利转贷罪。

二、“高利转贷他人”的认定

本罪的客观方面是套取金融机构信贷资金后高利转贷他人，如果行为人套取信贷资金后的转贷利率不是“高利”，则不构成本罪。因而本罪对于“高利转贷他人”的认定非常重要，理论上存在一定争议。第一种观点认为，“高利”要以高出金融机构贷款利率的相当大比例，如有学者认为，“高利”是指以高出金融机构贷款利率的较大比例转贷给他人。也有学者认为，“高利”是指行为人将套取的金融机构信贷资金转贷他人所定利率远远高于其从银行或其他金融机构所套取的信贷资金利率。在确定高利的标准时，可参照相关司法解释进行。[①] 第二种观点认为，“高利”指将银行信贷资金以高于银行贷款的利率转贷他人，具体高出银行贷款利率多少，不影响本罪的成立。[②]

笔者认为，第二种观点较为合理。首先，刑法第 175 条并没有指出本罪必须以行为人以高出金融机构贷款利率较多的利率转贷给他人才构成，而只是指出高利转贷他人就可能构成犯罪。《最高人民法院关于审理民间借贷案件适用法律若干问题的规定》中关于高于一年期贷款市场报价利率 4 倍的规定对于“高利”的认定虽然有参照意义，但本罪中的“高利”与民间所称的“高利贷”的具体要求不同。因为民间高利贷的资金是不属于金融机构的，而本罪的资金是属于金融机构的；民间高利贷的高利贷者是不负责资金使用的，而本罪的资金本应该是专款专用的，行为人擅自改变资金的用途，侵犯了资金的使用管理制度；民间高利贷侵犯的仅仅是利率方面的管理制度，而本罪不仅侵犯了利率方面的管理制度，而且还侵犯了贷款的发放和使用管理制度，故不能简单以民间高利贷中“高利贷”标

---

① 黄京平主编：《破坏市场经济秩序罪研究》，中国人民大学出版社 1999 年版，第 373 页。
② 周道鸾、张军主编：《刑法罪名精释》，人民法院出版社 1998 年版，第 265 页。

准为本罪的“高利”标准。其次，根据刑法第 175 条的规定，只要“高利转贷他人”且违法所得数额较大，就构成高利转贷罪，《最高人民检察院、公安部关于公安机关管辖的刑事案件立案追诉标准的规定（二）》关于该罪追诉标准，也仅强调了违法所得的数额，并未对“高利”作出特别要求，这表明该罪中“高利”认定标准并非必须达到银行贷款的利率一定倍数，即无论高于贷款利率多少，只要违法所得达到标准就可构成犯罪。因而目前司法实践中对“高利”普遍采用高于银行贷款利率的观点。

三、“以转贷牟利为目的”的认定

本罪要求行为人在套取金融机构信贷资金高利转贷他人时具有转贷牟利的目的，属于刑法理论中的目的犯。行为人只有在这种目的支配下实施的转贷牟利行为才能构成犯罪，如果行为人虽有转贷行为，但并非出于牟利目的，如其所贷款项因为不能按照其申请用途开支，为了避免损失，以不高于银行利率的水平转贷给他人，又如为帮助他人摆脱资金困境，将自己在金融机构的信贷资金以不高于银行利率的水平转贷给他人，这些行为因为缺乏牟利目的而不构成本罪。

学界对“以转贷牟利为目的”的产生时间是否会对本罪的成立产生实质性影响争论不休，并形成了“肯定说”与“否定说”两种截然不同的观点。“肯定说”认为，“以转贷牟利为目的”的产生时间会对高利转贷罪的成立产生实质性影响，即“以转贷牟利为目的”若产生于套取金融机构信贷资金之前，就可以认定行为符合高利转贷罪的主观构成要件；若产生于套取信贷资金之后，则行为不符合高利转贷罪的刑法规定，不能成立高利转贷罪。如有论者认为，本罪要求明确转贷的目的是产生于哪一行为前，如果产生于套取信贷机构资金之前，则符合本罪的特征，可以构成本罪。如产生于套取信贷机构资金之后，高利转贷之前，虽然在行为表现方式上与有明确的转贷牟利目的后实施套取资金转贷牟利相同，但其实施转贷牟利的犯罪目的并不及于套取资金行为。这种目的是一种事后故意，在我国理论和实践中都不承认事后故意的效力。因而，这种事后故意不能改变套取资金行为的性质，使其作为本罪构成要件之一与高利转贷行为相结合构成本罪客观方面之行为。[①] 还有论者指出，行为人主观上的故意必须是实施本罪中的故意，而不是事前故意或者事后故意。若行为人套取信贷资金前有转贷牟利的目的，而获取贷款后用于自己的生产、经营活动，则属于事前故意，不以犯罪追究；若行为人在申请贷款时并没有转贷牟利的目的，且符合贷款条件，但获取贷款后为牟利而将贷款转手出贷，则属于事后故意，不符合高利转贷罪的犯罪构成，不以该罪论处。[②]

“否定说”认为，“以转贷牟利为目的”的产生时间并不影响高利转贷罪的犯罪构成，即不管行为人是在套取金融机构信贷资金前就有转贷牟利目的，还是在套取金融机构资金后才产生转贷牟利目的，都可以构成高利转贷罪。如有论者指出，行为人转贷牟利目的产生的时间不应该成为影响本罪构成的因素。即如果行为人在套取金融机构信贷资金前就产生转贷牟利目的，自然可以构成本罪；如果行为人在套取金融机构信贷资金后产生转贷牟利目的，同样也可以构成本罪。这是因为，首先，行为人转贷牟利目的产生的时间其实很难加以确认。如果强调在套取金融机构信贷资金后产生牟利目的，就不构成本罪，会导致行为人以此为借口而逃脱刑法的制裁。特别是在司法实践中，要准确证实行为人转贷牟利目的产生的时间，不仅会徒增司法成本，且实际也无法做到。其次，转贷牟利目的产生的先后，对于套取金融机构信贷资金行为的认定并不会产生实质的影响。正如前述，所谓套取金融机构信贷资金，是指行为人在不符合贷款条件的前提下，以虚假的贷款理由或者贷款条件，向金融机构申请贷款，并且获取由正常程序无法获得的贷款。由于高利转贷行为本质上属于滥用贷款的一种行为，行为人在获取贷款后产生转贷牟利目的，实际上就证明了其获取金融机构贷款的行为就是一种套取，因为将贷款用于转贷牟利绝对不可能成为行为人向金融机构申请获得贷款的理由。最后，本罪中行为人是否有套取的行为，在很大程度上是由行为人对贷款的实际用途决定的。行为人在获取贷款后又加以转贷，足以说明其之前获取贷款

① 薛瑞麟、陈吉双：《高利转贷罪认定中的几个问题》，载《国家检察官学院学报》2000年第2期。

② 张军主编：《破坏金融管理秩序罪》，中国人民公安大学出版社2003年版，第164页。

理由的虚假性，从而说明行为人实施了套取金融机构贷款行为。[1]

笔者认为，行为人以转贷牟利为目的产生的时间不影响本罪的构成。其一，从客观违法层面来看，本罪对“以转贷牟利为目的”的产生时间进行严格限制，不具有实际意义。不管行为人“以转贷牟利为目的”是产生于套取金融机构资金行为之前，还是产生于套取金融机构资金行为之后，只要行为人实施了“套取”金融机构资金的行为，就侵犯了国家的信贷管理制度。其二，从主观违法层面来看，本罪中的“以转贷牟利为目的”与诈骗罪中的“以非法占有为目的”均系主观的违法性要素。“以转贷牟利为目的”在客观方面表现为两个行为，即套取和转贷，二者紧密结合才构成高利转贷的犯罪行为方式，缺一不可。高利转贷犯罪并非套取之后就已结束，如果没有后续的转贷行为，仅仅一个套取还不足以用本罪来规制。在诈骗类犯罪中，“以非法占有为目的”在客观上也表现为两个行为，即欺诈和获取，二者也是紧密结合才构成诈骗的犯罪行为方式，缺一不可。因此，在合同诈骗罪中“以非法占有为目的”可以产生于使用欺诈手段签订合同后，而作为本罪的“以转贷牟利为目的”也可能存在于套取行为之后。[2] 其三，从司法实践角度来看，“以转贷牟利为目的”的产生时间难以进行精确认定。在司法实践中，基本没有被告人会主动承认自己在套取金融机构资金时就具有“以转贷牟利为目的”，若将“以转贷牟利为目的”的产生时间限于套取金融机构资金之时，既增加司法成本，也导致被告人逃脱法律制裁。因此，笔者认为，行为人“以转贷牟利为目的”产生的时间不影响本罪的成立。

四、有关行为的定性

（一）利用自有资金高利放贷行为的定性

如果行为人利用自有资金高利放贷给他人，属于正常借贷或拆借行为，当然不应构成本罪。而一些效益、信誉、关系较好的企业，比较容易从金融机构获得贷款，其中个别企业利用这一优势，一方面从金融机构贷款用于生产经营，另一

---

① 刘宪权：《高利转贷罪疑难问题的司法认定》，载《华东政法大学学报》2008 年第 3 期。

② 胡昊、梅佳：《转牟利目的产生时间不影响高利转贷罪构成》，载《检察日报》2012 年 10 月 8 日。

方面将自有资金转贷给他人牟取利益，对于这种行为如何认定，存在两种不同观点。一种观点认为，这种行为应认定为高利转贷罪。主要理由是：其一，行为人向金融机构贷款行为与其实施的放贷行为是一种相向行为，无论在行为人的主观上，还是在资金的实际走向上，均是不一致的。按照一般常识，行为人向金融机构贷款是在自有资金不足的情况下才会发生的，即既然有自有资金放贷给他人，行为人就不需要也不应该向金融机构申请贷款。除非其中存在利益问题，否则行为人不会实施这些思路不一致的行为。其二，上述行为实际上只是在资金上做了一定的处理，但在本质上与高利转贷的行为并无不同。分析上述行为，我们不难发现，无论行为人是将自有资金高利转贷他人牟取利益，而后套取金融机构信贷资金弥补自身资金不足，还是套取金融机构信贷资金后，将该笔资金注入流动资金或者其他用途，而将自有资金抽出高利转贷他人，其行为都是在以转贷牟利为目的的主观意志支配下实施的，由于资金本身属于种类物，实际上很难具体分清放贷给他人的资金与从金融机构中获取的贷款是不是同一笔资金。因此，上述行为实质与套取信贷资金后直接高利转贷他人并没有区别，同样会给金融机构的信贷安全带来危害。其三，如果对于上述行为不以高利转贷罪处理，完全可能引导行为人利用这种具有很大隐蔽性和欺骗性的手段，实施高利转贷的行为，并规避法律的制裁。这种显失公平的做法，必然导致刑法有关高利转贷罪的条文形同虚设。①

另一种观点认为，这种情况不宜认定为犯罪，其主要理由是：其一，从贷入款的使用上看，确实按借款合同的约定用途和数量使用，行为人用以高利放贷的资金确是自有资金。其二，行为人按贷款合同的规定使用信贷资金，从宏观上看，不会破坏国家的信贷政策，造成信贷资金投向上的偏差；从微观上看，不会影响对贷款的偿还能力。贷款发放时一般除对资信状况予以分析外，关键是看申请贷款项目的收益性及前景，如果把资金投入贷款项目上，虽然高利贷出自有资金，但一般不会增加贷款风险。而高利贷出的行为对金融秩序的破坏和一般纯属用自有资金而同时不从金融机构贷款的非法拆借行为没有实质差别，所以不

① 刘宪权：《高利转贷罪疑难问题的司法认定》，载《华东政法大学学报》2008 年第 3 期。

应构成犯罪。[①]

笔者认为，对于上述行为应当区分不同情况。如果行为人事先就有套取信贷资金以便利用自有资金放贷的打算，尽管是按照约定的用途使用了信贷资金，也是一种变相的套取行为，应当以高利转贷定罪处罚。如果行为人在向金融机构申请贷款时，并没有套取贷款后用自有资金放贷的故意，并且能够把信贷资金与自有资金进行区分，并按照约定的用途使用，其行为并未对信贷资金的使用权构成侵犯，不应当以本罪论处。因为不论行为人是先将自有资金高利转贷他人牟取非法利益，而后套取金融机构信贷资金弥补自身资金不足，还是套取金融机构信贷资金后，将该笔资金注入流动资金或者其他用途，而将自有资金抽出高利转贷他人，都是在其以转贷牟利为目的的主观意志支配下实施的规避法律、打时间差的行为，其实质与套取信贷资金后直接高利转贷他人的性质无异，且更具有隐蔽性和欺骗性。对这种行为不予以严厉打击显系有失公平。但是，这种情形下认定行为人构成本罪，应注意避免客观归罪的现象，即不能只要行为人转贷获利达到有关司法解释的追诉标准，就以高利转贷罪论处。公诉机关在此类案件中负有证明行为人最起码具有高利转贷目的的概括故意的证明责任，行为人则只要提供相反证据即可。如果能够证实行为人在获取金融机构贷款时即具有转贷牟利的目的，认定其行为构成高利转贷罪是毫无疑问的。如果不能证明行为人在获取金融机构贷款时具有转贷牟利的目的，则不应认定构成本罪。[②]

（二）将贷款余额高利转贷他人牟取非法利益行为的定性

司法实践中，对于行为人在贷款使用过程中，将贷款余额高利转贷他人牟取非法利益的行为如何定性，存在不同观点。有论者认为，这种情况是否构成本罪，关键看行为人主观方面的内容。如果行为人确实高利转贷了，在认定上还要结合主观分析方面有无套取信贷资金的行为。如果行为人在申请贷款时，对申请贷款的项目需用资金量有明确的认识，故意借机多报致使申请数额超过实

---

① 薛瑞麟、陈吉双：《高利转贷罪认定中的几个问题》，载《国家检察官学院学报》2000年第2期。

② 丁天球主编：《破坏社会主义市场经济秩序罪重点疑点难点问题判解研究》，人民法院出版社2005年版，第202页。

用资金量，而又有将多余资金用于放贷意图，则符合套取信贷资金的构成条件，是套取信贷资金行为，之后又高利转贷的，可构成本罪。如果行为人在申请贷款时，按实际资金使用量如实申报，取得贷款后，由于情况发生变化，实际使用资金远远少于申请额，利用多余资金高利转贷的，由于不具有以转贷牟利为目的套取金融机构资金的行为，所以虽是高利转贷行为，但不构成本罪，可按一般违法处理。[①] 也有论者认为，只要行为人产生转贷牟利的目的，并将贷款余额用于高利转贷，达到犯罪程度，均可以高利转贷罪定性处罚。因为行为人转贷牟利目的产生时间的先后，并不应该成为影响行为人是否具有套取金融机构贷款行为认定的因素。对于行为人是否实际实施了套取金融机构贷款的行为，在很大程度上取决于行为人是否产生转贷牟利的目的，以及是否实施了高利转贷的行为。据此分析，即使行为人在向金融机构申请贷款时具有正当的理由，或按实际资金使用量如实申报，取得贷款后又将贷款高利转贷出去，只要行为人产生了转贷牟利的目的，并实施高利转贷行为，即可认为行为人之前获取金融机构贷款的行为是套取行为，只要违法数额或者违法次数达到构成犯罪程度，即可以高利转贷罪定罪处罚。[②]

笔者认为，行为人产生转贷牟利目的，将贷款余额高利转贷他人牟取非法利益，违法数额较大的，可以高利转贷罪定罪处罚。如前所述，行为人"以转贷牟利为目的"产生的时间并不影响本罪的成立，因而即使行为人在申请贷款时，是按实际资金使用量如实申报的，取得贷款后，由于情况发生变化，实际使用资金远远少于申请额，遂产生转贷牟利目的，利用多余资金高利转贷的，也可构成高利转贷罪。

（三）内外勾结高利转贷牟利行为的定性

高利转贷犯罪之所以能够实施，一方面需要行为人编造各种理由骗取金融机构的信任，另一方面取决于金融机构对信贷资金的审查把关。司法实践中，经常发生借款人与金融机构工作人员勾结，利用金融机构工作人员的职务之便，为借

---

① 薛瑞麟、陈吉双：《高利转贷罪认定中的几个问题》，载《国家检察官学院学报》2000 年第 2 期。

② 刘宪权：《高利转贷罪疑难问题的司法认定》，载《华东政法大学学报》2008 年第 3 期。

款人获取低息贷款，并高利转贷给他人的案件，对于这种内外勾结的行为应该如何定性存在一定争议。有论者认为，金融机构工作人员与借款人应构成高利转贷共同犯罪。因为他们在主观上具有套取金融机构信贷资金高利转贷牟取暴利的共同故意，并在共同故意的支配下内外勾结一方申请、一方放贷，共同实施套取无息或低息的金融机构信贷资金，再高利转贷牟利的犯罪行为，从而形成了共同犯罪行为。因此，金融机构工作人员和借款人共同构成高利转贷罪。然而，由于金融机构工作人员的身份特殊，在这类案件中，又表现为利用职务之便以贷款的合法形式掩盖其挪用公款（或挪用资金）进行转贷牟利非法活动的性质，其行为同时触犯挪用公款（或挪用资金）罪，是想象竞合犯，应“从一重罪”处断，判定挪用公款（或挪用资金）罪，所以，对这类案件，应认定为共同犯罪，但由于犯罪主体的身份不同，在罪名上有所不同，对借款人定高利转贷罪，对金融机构工作人员定挪用公款（或挪用资金）罪。[①]

笔者认为，对于内外勾结套取金融机构贷款并高利转贷的行为，应根据不同情况具体分析。如果借款人利用金融机构工作人员的职务之便（金融工作人员收受借款人贿赂）套取金融机构贷款，实施高利转贷行为，若金融机构工作人员并未参与转贷行为，对于金融机构工作人员应以受贿罪（或非国家工作人员受贿罪）论处，对于借款人则应以高利转贷罪追究刑事责任。若借款人与金融机构工作人员事先通谋，利用金融机构工作人员的职务之便，共同套取贷款并转贷牟利，对于金融机构工作人员及借款人均应以高利转贷罪定罪处罚。

（四）高利转贷尚未实际获利行为的定性

对于高利转贷尚未实际获利行为的定性，实质上是该罪犯罪既遂和未遂的认定标准问题。有观点认为，由于本罪的客观方面由套取行为和转贷行为两个阶段构成，具有行为犯的特征，判断既遂主要看转贷行为是否完成，就转贷过程分析，从事实上可以划分为寻找借款人、与借款人协议和订约、将资金转入借款人账户、借款人使用、借款人还款、行为人获取高利。只要行为人将资金现实地划归借款人所控制就应当视为转贷行为完成，而借款人如何使用、何时归还都与构成本罪

---

① 张惠芳：《高利转贷有关问题浅析》，载《河北法学》2000 年第 1 期。

无关，至于行为人是否获取高利，是否现实地获得了违法所得，是转贷行为的后果，判断本罪既遂不应达到这个层次。[①] 笔者并不赞同上述观点。本罪的违法所得既包括实际取得的非法利益，也包括约定取得的非法利益，未实际获利虽不影响犯罪构成，但是犯罪目的并未得逞。因此，套取金融机构信贷资金高利转贷，实际取得非法利益的是犯罪既遂，约定取得数额较大的非法利益，但由于意志以外的原因未得逞的是犯罪未遂，可以比照既遂犯从轻处罚。

（五）以转贷牟利为目的套取信贷资金后未用于转贷的定性

行为人以转贷牟利为目的从金融机构套取信贷资金后，由于某些原因，原有转贷牟利的犯罪意图发生改变，而未将资金用于转贷行为的定性，有观点认为这种行为属于事前故意，行为人在套取信贷资金前有转贷牟利的目的，但获取贷款后用于自己的生产、经营活动的，属于事前故意，不以犯罪追究。[②] 笔者并不赞同上述观点。判断本罪的着手应以套取行为的开始为基点，而不能以转手出贷行为的开始为基点，因而行为人开始实施套取行为，即为犯罪的实行阶段。因此，行为人以转贷牟利为目的，从金融机构套取了信贷资金，其高利转贷行为已经着手实施，由于主客观原因未转贷他人的，应当是犯罪未遂或中止。

【办案依据】

一、刑法规定

第一百七十五条　以转贷牟利为目的，套取金融机构信贷资金高利转贷他人，违法所得数额较大的，处三年以下有期徒刑或者拘役，并处违法所得一倍以上五倍以下罚金；数额巨大的，处三年以上七年以下有期徒刑，并处违法所得一倍以上五倍以下罚金。

单位犯前款罪的，对单位判处罚金，并对其直接负责的主管人员和其他直接责任人员，处三年以下有期徒刑或者拘役。

---

① 张军主编：《破坏金融管理秩序罪》，中国人民公安大学出版社2003年版，第168页。

② 王玉珏、杨坚研：《对高利转贷的刑法分析》，载《上海商业》2002年第11期。

二、司法解释

《最高人民法院关于审理民间借贷案件适用法律若干问题的规定》（2020年12月29日　法释〔2020〕17号）

第十四条　具有下列情形之一的，人民法院应当认定民间借贷合同无效：

（一）套取金融机构贷款转贷的；

（二）以向其他营利法人借贷、向本单位职工集资，或者以向公众非法吸收存款等方式取得的资金转贷的；

（三）未依法取得放贷资格的出借人，以营利为目的向社会不特定对象提供借款的；

（四）出借人事先知道或者应当知道借款人借款用于违法犯罪活动仍然提供借款的；

（五）违反法律、行政法规强制性规定的；

（六）违背公序良俗的。

第二十六条　出借人请求借款人按照合同约定利率支付利息的，人民法院应予支持，但是双方约定的利率超过合同成立时一年期贷款市场报价利率四倍的除外。

前款所称“一年期贷款市场报价利率”，是指中国人民银行授权全国银行间同业拆借中心自2019年8月20日起每月发布的一年期贷款市场报价利率。

三、司法文件

《最高人民检察院、公安部关于公安机关管辖的刑事案件立案追诉标准的规定（二）》（2022年4月6日）

第二十一条　**【高利转贷案（刑法第一百七十五条）】**以转贷牟利为目的，套取金融机构信贷资金高利转贷他人，违法所得数额在五十万元以上的，应予立案追诉。

第九章 骗取贷款、票据承兑、金融票证罪

【立案追诉标准】

骗取贷款、票据承兑、金融票证案（刑法第 175 条之一）

以欺骗手段取得银行或者其他金融机构贷款、票据承兑、信用证、保函等，给银行或者其他金融机构造成直接经济损失数额在五十万元以上的，应予立案追诉。

《最高人民检察院、公安部关于公安机关管辖的刑事案件立案追诉标准的规定（二）》（2022 年 4 月 6 日）

【犯罪构成及刑事责任】

骗取贷款、票据承兑、金融票证罪是指以欺骗手段取得银行或者其他金融机构贷款、票据承兑、信用证、保函等，给银行或者其他金融机构造成重大损失的行为。构成本罪需要具备以下四个要件：

1. 客体要件。本罪侵犯的客体是国家的金融管理秩序和银行或其他金融机构的贷款、票据承兑、信用证、保函等的安全。

2. 客观要件。客观方面表现为以欺骗手段取得银行或者其他金融机构贷款、票据承兑、信用证、保函等，给银行或者其他金融机构造成重大损失的行为。

3. 主体要件。本罪主体是达到法定刑事责任年龄且具备刑事责任能力的自然人和单位。

4. 主观要件。本罪在主观方面是故意。

根据刑法第175条之一的规定，以欺骗手段取得银行或者其他金融机构贷款、票据承兑、信用证、保函等，给银行或者其他金融机构造成重大损失的，处3年以下有期徒刑或者拘役，并处或者单处罚金；给银行或者其他金融机构造成特别重大损失或者有其他特别严重情节的，处3年以上7年以下有期徒刑，并处罚金。单位犯前款罪的，对单位判处罚金，并对其直接负责的主管人员和其他直接责任人员，依照前款的规定处罚。

【疑难指导】

一、欺骗手段的认定

构成本罪要求行为人必须采取了欺骗手段。欺骗手段是指行为人在取得银行或者其他金融机构的贷款、票据承兑、信用证、保函等信贷资金、信用时，采用虚构事实、隐瞒真相等手段，掩盖客观事实，骗取银行或者其他金融机构信任的行为。对于欺骗手段的理解，有学者认为，骗取贷款罪附在高利转贷罪后，那么从社会危害性角度来讲，骗取贷款罪的社会危害性是不可能超过高利转贷罪的。两个条文用“套取”和“欺骗手段”两种不同的表达方式，实际上是基于动宾搭配的语言表达需要。因为在骗取贷款罪的条文中除骗取贷款行为外同时还有票据承兑、保函等其他的宾语，如果用“套取”一词来表述会与其他行为会存在动宾搭配不当的问题。因此，骗取贷款罪中以欺骗手段取得的含义跟高利转贷罪中的“套取”应该是一致的，而不应该跟贷款诈骗罪当中的骗取贷款一致。[①]

应当强调的是，并非所有的欺骗手段都要纳入本罪的规制范围。以骗取贷款罪为例，立法机关有关同志指出，骗取金融机构信用与贷款，使金融资产运行处于可能无法收回的巨大风险之中，有必要规定为犯罪。[②] 也就是说，骗取贷款罪设立的本意是保护银行信贷资金安全，防范贷款风险，而不是要惩罚一切不合规范的贷款行为。而在银行商业贷款中，贷款人需要提供的贷款资料名目繁多，有些

---

① 刘宪权、逄政、李长坤、罗造祉：《骗取贷款罪的新变化与司法应对》，载“上海检察”公众号，https：//mp. weixin. qq. com/s/lyBeL-wVKdMr6GyCd6XTuA，2021年8月15日访问。

② 黄太云：《刑法修正案解读全编——根据刑法修正案（八）全新阐释》，人民法院出版社2011年版，第194页。

贷款资料并不是为了控制贷款风险，而是基于贷款行政管理（如统计）等需要提供的，对贷款风险的形成不起实质性的作用。实践中借款人为获得贷款，对公司企业财务报表、经营流水、可行性分析报告、项目策划书等进行美化，一定程度上夸大公司经营实力的情况较为常见，如果这些美化和夸大并不是银行发放贷款的决定性因素时，"一刀切"地认为是欺骗手段，则不当扩大了本罪的规制范围。另外，商业贷款是平等民事主体之间的民事法律行为，在民商法的相关规定能够妥善解决金融机构与贷款者之间的纠纷时，应当通过民事途径解决，不必动用刑法手段。如果不区分骗取贷款手段的严重程度，将一些手段明显轻微的欺诈行为纳入刑法打击的范围，将导致打击面过大，浪费刑事司法资源。

因此，对于本罪中"欺骗手段"的理解不能过于宽泛，对"欺骗手段"不但要作形式判断，更需要实质把握："欺骗手段"应当是严重影响银行对借款人资信状况、还款能力判断的实质性事项，属于银行等金融机构一旦知晓真实情况就会基于风险控制不会为其融资的事项。如行为人编造虚假的资信证明、资金用途、抵押物价值等虚假材料，导致银行或者其他金融机构高估其资信现状的，可以认定为使用"欺骗手段"。[①] 行为人虽然提供的资料有瑕疵，但该资料对金融资产的运行没有形成风险的，不应认定为本罪中的"欺骗手段"。

对于骗取贷款罪的欺骗手段应达到何种严重程度，实践中有不同观点：一种观点认为，应达到使金融机构陷入错误认识，并实施相应放贷行为的程度；另一种观点认为，应达到使金融资产处于无法收回的高度风险或者严重损失的程度。[②] 这两种观点各有疏漏，前一种观点只强调欺骗手段使金融机构陷入错误认识而放贷，缺乏放贷所导致的金融资产处于无法收回的高度风险，后一种观点则只强调欺骗手段应达到的后果，而未包括欺骗手段使金融机构陷入错误认识而放贷。因而这两种观点都将不当扩大处罚范围。例如，行为人虽然虚构贷款用途使金融机构陷入错误认识并发放贷款，但其同时提供了真实足额的担保，不会造成银行重大损失，那么行为人将不构成犯罪。再如，若行为人采取的欺骗手段被金融机构

---

① 许永安主编：《刑法修正案（十一）解读》，中国法制出版社2021年版，第104页。

② 彭志娟、胡向远：《全面把握骗取贷款罪中欺骗手段的严重程度》，载《检察日报》2016年5月9日。

识破，但金融机构基于完成指标、谋取利益等原因仍旧发放贷款，那么即使该贷款处于无法收回的高度风险之中，行为人的欺骗手段也不在骗取贷款罪的规制范围内。笔者认为，欺骗手段的严重程度应同时满足两个条件：一是应达到使金融机构陷入错误认识，并实施相应放贷行为的程度；二是应达到使金融资产处于无法收回的高度风险或者严重损失的程度。欺骗手段只有同时具备这两个条件，使金融机构陷入错误认识而放贷，并威胁到金融信用体系和资金安全，才达到刑法规制的程度。

当然这里还涉及另外一个问题，即被欺骗的对象——金融机构和金融机构工作人员能否分开。涉案被告人或者其辩护人经常提出的辩护理由是金融机构工作人员在贷款审查过程中清楚借款人提供的不实资料，甚至相关的不实资料是在金融机构工作人员的指导下完成的，因此金融机构并没有受骗，行为人不构成骗取贷款罪。如果这一辩解有相应证据支持，是否阻却犯罪成立，司法实践中不同的案件作出了不同的认定。如有的案件认定金融机构工作人员的过错不影响对被告人的定罪量刑，完全不考虑金融机构工作人员受骗，一概认定不阻却定罪量刑。有的案件认定金融机构工作人员不等于金融机构，金融机构工作人员明知借款资料存在虚假的情形是否阻却犯罪成立，关键要看该工作人员是否具有发放贷款的决定权，如果具有决定权的工作人员明知借款资料存在虚假而仍决定发放贷款，那么行为人的行为不构成该罪。如果不具有决定权的银行工作人员明知借款人提供的是不实借款资料，而发放贷款的最终决定者并不了解真相，决策者是在陷入错误认识的情况下作出放贷决定的，那么借款人成立骗取贷款罪。有的案件不区分金融机构决策人员与非决策人员，此种情况下均阻却犯罪成立。笔者认为，对于完全不考虑金融机构工作人员受骗，一概认定不阻却定罪量刑的模式，颠覆了欺诈类犯罪构成的基本逻辑结构，是不妥当的。至于金融机构工作人员是否具有放贷决定权的问题，贷款人往往并不知道其是否有放贷决定权，如果工作人员具体指导贷款人实施了骗取贷款行为，此时贷款人可以认为工作人员代表了单位的意志，在银行工作人员没有被骗的情况下，表明金融机构没有被欺骗。银行为了通过贷款谋取自身的利益继续向行为人发放贷款，即丧失刑法对其保护的必要性，即使日后造成损失，也属于刑法中被害人自我答责的范围，阻却犯罪的成立。因此，在这种情况下借款人的行为不应构成骗取贷款罪。

当然，在借款人事先与金融机构个别工作人员串通、提供虚假资料给银行以欺骗相关的决策人员发放贷款的情况下，此时，实际上是一个内外勾结的共同欺骗行为，个别工作人员站在借款人的立场上，其行为实际上已经不再代表银行，这种情况借款人应构成骗取贷款罪。

二、其他金融机构的范围

本罪的犯罪对象是银行或者其他金融机构的贷款、票据承兑、信用证、保函等。这里所说的“银行”，包括中国人民银行和各类商业银行。“其他金融机构”，是指除银行外的各种开展金融业务的机构，如证券、保险、期货、外汇、融资租赁、信托投资公司等。对于“其他金融机构”的理解实践中有不同的观点：一种观点认为包括经银保监会等中央金融监管部门批准并持牌经营的法人或者非法人组织；还有一种观点认为应对金融机构作宽泛理解，将授权给省级政府主管部门批准设立和主管的从事金融业务的机构也纳入其中，即“7+4”类机构，具体包括小额贷款公司、融资担保公司、区域性股权市场、典当行、融资租赁公司、商业保理公司、地方资产管理公司等金融机构和投资公司、农民专业合作社、社会众筹机构、地方各类交易所等。

在刑法中，不同罪名涉及的相同概念，存在包含内容不一样的情况，“金融机构”的概念就是如此。如擅自设立金融机构罪中的“金融机构”应做严格控制，因为该罪是从设立金融机构制度角度对制度本身进行保护，所以如果实际从事金融业务而形式上不符合金融机构的，不能按照擅自设立金融机构罪来认定。而骗取贷款罪中的金融机构是从贷款安全角度提出的，应该以机构实际从事金融业务与否为判断的主要依据。对于“7+4”类机构，如小额贷款公司，是合法设立的经营小额贷款业务的有限责任公司或股份有限公司，其虽然不吸收公众存款，但从事的是贷款金融业务，而且其资金来源组成复杂，可以向不超过两个的银行业金融机构融资。如果小额贷款公司的贷款逾期或者形成了坏账呆账，也可能造成区域性金融风险，确有规制的必要。另外，最高人民法院的相关批复已不再将小额贷款公司贷款视为民间借贷，不适用民间借贷司法解释的规制。因此根据刑法和相关金融法律法规规定，结合个案具体情况，可以将小额贷款公司等“7+4”类机构认定为其他金融机构。

三、重大损失的认定

为保障银行等金融机构的信誉体系和资金安全，刑法修正案（六）设立本罪，规定在刑法第175条后增加一条，作为第175条之一："以欺骗手段取得银行或者其他金融机构贷款、票据承兑、信用证、保函等，给银行或者其他金融机构造成重大损失或者有其他严重情节的，处三年以下有期徒刑或者拘役，并处或者单处罚金；给银行或者其他金融机构造成特别重大损失或者有其他特别严重情节的，处三年以上七年以下有期徒刑，并处罚金。单位犯前款罪的，对单位判处罚金，并对其直接负责的主管人员和其他直接责任人员，依照前款的规定处罚。"这对保护银行等金融机构信贷资金的安全发挥了重要作用。但在适用中也出现了一些不当适用、扩大适用的情况。有的人提出，本罪规定的"其他严重情节"的门槛低，按照有关司法解释的规定，融资数额超过100万元或者多次骗贷的即构成犯罪，导致入罪范围过宽，涉及很多民营企业，不利于破解融资难等问题；有的人提出，本罪并非诈骗银行资金，具有诈骗目的应当认定为刑法另外规定的贷款诈骗罪、票据诈骗罪、信用证诈骗罪、金融凭证诈骗罪等，本罪主要是从融资程序环节更好地保护银行资金安全和信用作出的规定，对此应当通盘考虑融资环境的实际和当前信用体系制度建设的实际情况；有的提出，对由于"融资门槛高""融资难"等原因，民营企业因生产经营需要，在融资过程中虽然有一些违规行为，但并没有诈骗目的，最后未给银行造成重大损失的，一般可不作为犯罪处理；有的人反映，造成"骗贷"的原因和情况复杂，银行在融资中处于"强势"地位，适用格式条款，融资条件严格，借款人对资金需求大，有的很难完全符合贷款条件要求，有的人在一些材料上存在虚假提供的情况，从实践情况看甚至有的人提供了真实的担保，因存在欺骗手段和涉及数额较大，也面临刑事案件风险；有的"骗取"行为是在银行人员授意、指导、帮助下进行的；有的"骗贷"案件由于竞争对手打压、股东斗争等被举报，个别执法力量借此不当介入民营经济活动，使本罪成为民营企业家涉嫌较多的罪名，成为民营企业生产经营过程中的一个刑事风险点。根据各方面意见，刑法修正案（十一）对本罪入罪门槛作了适当调整，将给银行或者其他金融机构"造成重大损失或者有其他严重情节"修改为"造成重大损失”，删去了“其他严重情节”的规定。[①] 这一修改不但解决了前述提到的适用中的诸多问题，也解决了司法实务中不同部门之间的理解争议，减少“同案不同判”的情况。

给银行或者其他金融机构造成重大损失是本罪的入罪门槛，重大损失是客观标准，指的是骗取行为直接造成的经济损失，如贷款无法追回，银行由于出具的信用所承担的还款或者付款等实际经济损失。2010 年《最高人民检察院、公安部关于公安机关管辖的刑事案件立案追诉标准的规定（二）》第 27 条第 2 项对修改前本条的“造成重大损失”作了规定，“以欺骗手段取得贷款、票据承兑、信用证、保函等，给银行或者其他金融机构造成直接经济损失数额在二十万元以上的”，应予立案追诉。“直接经济损失”是指侦查机关立案时逾期未偿还银行或者其他金融机构的信贷资金。对于直接经济损失是否计入利息有不同观点。笔者认为，不管是从司法实践还是从体系解释角度，所有的侵财类犯罪中利息都是不计入损失范围的。如 2018 年《最高人民法院、最高人民检察院关于办理妨害信用卡管理刑事案件具体应用法律若干问题的解释》中明确，信用卡诈骗犯罪中恶意透支的数额是指尚未归还的实际透支的本金数额，不包括利息、复利、滞纳金、手续费等发卡银行收取的费用。在其他财产犯罪当中，利息也是不计入犯罪数额的。

本罪规定了两档刑，其中第一档是给银行或者其他金融机构造成重大损失的，处三年以下有期徒刑或者拘役，并处或者单处罚金；第二档是给银行或者其他金融机构造成特别重大损失或者有其他特别严重情节的，处三年以上七年以下有期徒刑，并处罚金。刑法修正案（十一）在第一档刑中删掉了“其他严重情节”的规定，但在第二档刑中却没有删掉“特别严重情节”的规定。对于保留第二档刑中情节犯的规定，相关立法机关给出的解释是，对特别重大的骗取融资行为，如有的案件特别重大，损失一时无法认定，或者给国家金融安全、银行资金安全造成特别重大风险，或者骗取手段极其恶劣，或者骗开数额特别巨大信用证等，可依法适用本罪，目的是维护重大金融安全和信用安全。这种立法体例在刑法其他

---

① 许永安主编：《刑法修正案（十一）解读》，中国法制出版社 2021 年版，第 101~103 页。

条文规定中也是有的，如诈骗罪、贷款诈骗罪等。“其他特别严重情节”一般也应当以“造成重大损失”为条件，如果具有欺骗手段特别严重或者涉嫌数额极其巨大，给国家金融安全造成特别重大风险的，也可依法追究刑事责任。[①]

四、共同犯罪的认定

（一）金融机构人员明知他人实施骗取贷款等行为，仍为其提供帮助或者合谋、指导行为的认定

金融机构人员明知他人实施骗取贷款等行为，仍为其提供帮助或者合谋、指导的行为一般不构成共同犯罪。对于贷款人与银行等金融机构工作人员内外勾结的情况骗取贷款的行为，如果行为人有不同的利益追求，贷款人是为了实现将贷款借进来予以使用的利益，而金融机构工作人员是从单位的角度，为了实现发展贷款业务而将贷款贷出去的利益，这种情况下一般不认定为共同犯罪。发放贷款方按照违法发放贷款罪来认定，贷款人以欺骗手段取得贷款的按照骗取贷款罪来认定。因为违法发放贷款罪和骗取贷款罪是两个不同的罪，立法将两罪分开来规定又涉及对合问题，在这种情况下即使欺骗的手段中有共同内容，如果各自利益是分开的，应当分别认定。这种观点得到了立法机关的确认，在常委会审议和调研过程中，有意见提出，在本罪中增加“银行或者其他金融机构人员明知行为人采取欺骗手段，仍为其贷款、票据承兑、开具信用证保函等，依照前款处罚”的规定。刑法第186规定了违法发放贷款罪；第188条规定了违规出具金融票证罪；第189条规定了对违法票据承兑、付款、保证罪等，银行等金融机构工作人员构成上述犯罪的，应依法追究刑事责任。[②]

（二）担保人明知他人实施骗取贷款、票据承兑、金融票证行为而为其提供虚假担保行为的认定

担保人明知他人实施骗取贷款、票据承兑、金融票证行为而为其提供虚假担保，不履行担保责任，给银行等金融机构造成损失的，可以按照共同犯罪处理。保证人明知他人有采取欺骗手段骗取贷款等行为，仍为其担保的，甚至担保人为

① 许永安主编：《刑法修正案（十一）解读》，中国法制出版社2021年版，第106页。
② 许永安主编：《刑法修正案（十一）解读》，中国法制出版社2021年版，第108页。

免除其担保责任而故意举报行为人骗取贷款的，并不必然免除其担保责任，担保合同、担保责任是否有效依照民法有关规定处理。

【办案依据】

一、刑法规定

第一百七十五条之一　以欺骗手段取得银行或者其他金融机构贷款、票据承兑、信用证、保函等，给银行或者其他金融机构造成重大损失的，处三年以下有期徒刑或者拘役，并处或者单处罚金；给银行或者其他金融机构造成特别重大损失或者有其他特别严重情节的，处三年以上七年以下有期徒刑，并处罚金。

单位犯前款罪的，对单位判处罚金，并对其直接负责的主管人员和其他直接责任人员，依照前款的规定处罚。

二、司法文件

《最高人民检察院、公安部关于公安机关管辖的刑事案件立案追诉标准的规定（二）》（2022年4月6日）

第二十二条　【骗取贷款、票据承兑、金融票证案（刑法第一百七十五条之一）】以欺骗手段取得银行或者其他金融机构贷款、票据承兑、信用证、保函等，给银行或者其他金融机构造成直接经济损失数额在五十万元以上的，应予立案追诉。

第十章　非法吸收公众存款罪

【立案追诉标准】

非法吸收公众存款案（刑法第 176 条）

非法吸收公众存款或者变相吸收公众存款，扰乱金融秩序，涉嫌下列情形之一的，应予立案追诉：

（一）非法吸收或者变相吸收公众存款数额在一百万元以上的；

（二）非法吸收或者变相吸收公众存款对象一百五十人以上的；

（三）非法吸收或者变相吸收公众存款，给集资参与人造成直接经济损失数额在五十万元以上的；

非法吸收或者变相吸收公众存款数额在五十万元以上或者给集资参与人造成直接经济损失数额在二十五万元以上，同时涉嫌下列情形之一的，应予立案追诉：

（一）因非法集资受过刑事追究的；

（二）二年内因非法集资受过行政处罚的；

（三）造成恶劣社会影响或者其他严重后果的。

《最高人民检察院、公安部关于公安机关管辖的刑事案件立案追诉标准的规定（二）》（2022 年 4 月 6 日）

【犯罪构成及刑事责任】

非法吸收公众存款罪是指违反国家法律、法规的规定，非法吸收公众存款或者变相吸收公众存款，扰乱金融秩序的行为。构成本罪需要具备以下四个要件：

1. 客体要件。本罪侵犯的客体是国家的金融信贷秩序。

2. 客观要件。客观方面表现为非法吸收公众存款或者变相吸收公众存款，扰乱金融秩序的行为。

3. 主体要件。本罪主体是达到法定刑事责任年龄且具备刑事责任能力的自然人和单位。

4. 主观要件。本罪在主观方面是故意，而且只能是直接故意，即行为人明知其吸收公众存款或变相吸收公众存款的行为违反了国家法律、法规，扰乱了金融秩序，仍执意实施该行为。

根据刑法第 176 条的规定，非法吸收公众存款或者变相吸收公众存款，扰乱金融秩序的，处 3 年以下有期徒刑或者拘役，并处或者单处罚金；数额巨大或者有其他严重情节的，处 3 年以上 10 年以下有期徒刑，并处罚金；数额特别巨大或者有其他特别严重情节的，处 10 年以上有期徒刑，并处罚金。单位犯前款罪的，对单位判处罚金，并对其直接负责的主管人员和其他直接责任人员，依照前款的规定处罚。有前两款行为，在提起公诉前积极退赃退赔，减少损害结果发生的，可以从轻或者减轻处罚。

【疑难指导】

一、“非法性、公开性、利诱性和社会性”的认定

2010 年颁布、2022 年修正的《最高人民法院关于审理非法集资刑事案件具体应用法律若干问题的解释》（以下简称《非法集资案件解释》）第 1 条规定，违反国家金融管理法律规定，向社会公众（包括单位和个人）吸收资金的行为，同时具备非法性、公开性、利诱性和社会性的，除刑法另有规定的外，应当认定为刑法第 176 条规定的“非法吸收公众存款或者变相吸收公众存款”。非法性、公开性、利诱性和社会性这“四性”是界定非法吸收公众存款罪和正常的民间融资活动的重要标准，因此对于“四性”的认定尤为重要。

（一）“非法性”的认定

所谓非法性，是指违反国家金融管理法律规定吸收资金。“非法性”是非法吸

收公众存款罪的本质特征，也是区分合法融资与违法犯罪活动的界限。但“非法性”具有高度的抽象性，适用时往往不能准确把握其内涵。为了明确“非法性”在司法适用中的尺度，最高人民法院、最高人民检察院、公安部 2014 年颁布的《关于办理非法集资刑事案件适用法律若干问题的意见》（以下简称 2014 年《意见》）和 2019 年《关于办理非法集资刑事案件若干问题的意见》（以下简称 2019 年《意见》），都涉及了“非法性”的认定问题。对于“非法性”的认定标准，《非法集资案件解释》在继续沿袭形式认定标准的基础上，还规定了“借用合法经营的形式吸收资金”这一实质认定标准，形成“非法性”认定的二元标准。

1. “未经有关部门依法许可”的形式认定标准

根据《非法集资案件解释》，非法性特征的具体表现形式为未经有关部门依法许可吸收资金和借用合法经营的形式吸收资金。从司法实践看，“未经有关部门依法许可”的形式认定标准，契合我国对吸收公众存款实行审批制的法律规定，认定标准比较清晰，主要表现为四种情形：一是未经有关部门批准；二是骗取批准欺诈发行；三是具有主体资格，但具体业务未经批准；四是具有主体资格，但经营行为违法等。

2. “借用合法经营的形式吸收资金”的实质认定标准

对于“借用合法经营的形式吸收资金”的实质认定标准，具体表现形式多样，其虽然弥补了形式认定标准的不足，但在司法实践中适用的弹性和空间很大，导致在无法以形式标准认定“非法性”时，以该实质标准作为入罪标准，不当扩大打击非法集资范围。因此应当结合《非法集资案件解释》第 2 条以及中国人民银行《关于进一步打击非法集资等活动的通知》等关于非法集资行为方式的规定，结合非法集资行为实质进行具体认定。《非法集资案件解释》第 2 条列举了 11 种变相非吸行为，包括：不具有房产销售的真实内容或者不以房产销售为主要目的，以返本销售、售后包租、约定回购、销售房产份额等方式非法吸收资金的；以转让林权并代为管护等方式非法吸收资金的；以代种植（养殖）、租种植（养殖）、联合种植（养殖）等方式非法吸收资金的；不具有销售商品、提供服务的真实内容或者不以销售商品、提供服务为主要目的，以商品回购、寄存代售等方式非法吸收资金的；不具有发行股票、债券的真实内容，以虚假转让股权、发售虚构债券等方式非法吸收资金的；不具有募集基金的真实内容，以假借境外基金、发售虚构基金等方式非法吸收资金的；不具有销售保险的真实内容，以假冒保险公司、伪造保险单据等方式非法吸收资金的；以网络借贷、投资入股、虚拟币交易等方式非法吸收资金的；以委托理财、融资租赁等方式非法吸收资金的；以提供“养老服务”、投资“养老项目”、销售“老年产品”等方式非法吸收资金的；利用民间“会”“社”等组织非法吸收资金的。并设置了兜底条款，即其他非法吸收资金的行为。司法实践中，采用合法形式进行规避的主要手段如下：

（1）投资项目“借款协议”型集资模式。采用投资模式常用的手段是向投资人宣称有相关项目，其中以外贸销售、互联网产品为主。这种生产类投资是一种常见而传统的集资模式，近年来，行为人为规避法律，掩盖非法集资行为的本质，在签订合同时采用签订“借款协议”的方式，即与每名投资者签订借款协议，在合同文本中规避投资事项，使合同从形式上看是一种民间的借贷关系，而非投资关系。

（2）投资项目“P2P”型集资模式。采用股权、债权投资模式也是传统的集资手段，有些线下的股权、债权融资模式也开始采取类似于 P2P 模式进行。此类案件的经营模式是找客户到公司来办理抵押投资，这些客户把固定资产抵押给公司，公司收取客户高额利息贷款给客户使用，然后公司再把这些客户的抵押债权低价转让给其他客户收取钱款，支付给这些债权客户较低的利息，公司赚取利息差价。

（3）股权、基金众筹型集资模式。在投资项目的同时，将投资人直接吸收为股东或者设计为“股权投资基金”，使之成为一种股权投资或者债权投资，而后通过“支付股利”或者“基金返利”的名义实现定期返利。

（4）商品回购、加盟店型集资模式。例如，行为人通过发展多家加盟分店，以“体验式营销方式”经营产品为名，通过高额返利的方式面向社会公众非法吸收资金。具体方式为店员每购买一单 5500 元的产品，以两个月为期限进行返款，第一个月返还人民币 3000 元，第二个月返还人民币 2950 元，加盟店店长每吸收一单，获利人民币 100 元，整个资金运转均通过被告人个人名下的多个账户进行，所吸收的资金被用于多种投资经营。

有些被告人为规避司法机关对其行为具有“高额返利”性质的认定，将返还的投资款以销售补贴、办公费用补贴等其他名义发放。这种返还虽然以“补贴”名义进行，但是仍然不能摆脱其定期返利的实质，因此司法机关在对其行为性质的认定上仍将其评价为非法集资行为。

（二）“公开性”的认定

“公开性”是信息传播的天然属性，所谓“公开性”是指集资人通过各种形式公开宣传集资项目。为了适应打击非法集资犯罪的需要，相关司法解释对非法集资的宣传形态不断修改完善，扩张了“公开性”的外延，使任何能够让公众知晓集资信息的传播方式，都属于向社会公开宣传。“公开性”的成立包括两种宣传模式：一是积极主动的宣传方式，表现为以各种途径向社会公众传播吸收资金的信息。2010 年的《非法集资案件解释》采取列举式的规定，将当时比较典型的通过媒体、推介会、传单、手机短信等的宣传途径明列。后来为了应对非法集资通过互联网宣传的主要形式，2014 年《意见》改用概然式的方式，使宣传方式不限于《非法集资案件解释》所列明的几种形式，把将来可能出现的新手段囊括在内。而 2022 年修正的《非法集资案件解释》在 2010 年解释的基础上，将“手机短信”修改为“手机信息”，增加通过“网络”进行宣传的方式，进一步完善向社会公开宣传的方式和途径。二是放任的方式，即明知吸收资金的信息向社会公众扩散而予以放任。《非法集资案件解释》中没有相关规定，这是 2014 年《意见》中规定的内容，主要是考虑这种“口口相传”的消极放任宣传方式，在实际效果上与主动向社会公众传播吸收资金信息并无差异。

宣传不一定是虚假宣传，只要能够产生吸收社会公众存款的效果即可。至于是通过隐秘的方式，还是通过公开的方式，在所不问。鉴于在民间借贷的融资情况下，行为人一般不向社会公开宣传，故“公开性”特征对于辨别合法融资与非法集资，依然还具有一定的客观外在价值，因此，应该继续坚守该特性。当然，在司法实践中不能仅从集资的宣传途径等形式层面来理解“公开性”。例如，目前有个别的私募机构采取“先备后募”的宣传方式，变相地突破私募基金的行业底线，即他们明知要通过中国证券投资基金业协会的备案，就必须在前期的“报备”程序中符合不能向社会公开宣传的要求，但在报备成功后，则任意扩大私募的对象和资金规模，这实质上属于“打擦边球”的做法，偏离了基金业务的本质，从整体上看依然满足“公开性”的要求。

（三）“利诱性”的认定

依据《非法集资案件解释》，“利诱性”是指集资人承诺在一定期限内，以货币、实物、股权等方式还本付息或者给付回报。非法集资具有承诺性，不是现时给付回报，而是承诺在将来给付回报；承诺给付的回报较为常见的是利息和分红，另外还有工资、佣金、奖金、提成、代理费、好处费、返点费等。回报的形式，包括货币、实物、消费、股权等。这种承诺只是一种未来利益的期许，因为集资人往往没有真实经营项目，无法产生收益，故而预期利益只能落空。

集资行为人知道若不对参与人给付回报，就无法通过集资行为来“作局”，而大多数的集资参与人也认识到这种集资行为存在巨大的风险，但为了获取高额利息依然参与其中。正是这种“利诱性”促成并加速非法集资规模的不断扩张。因此，“利诱性”是非法集资得以存在的根基，将其列为非法集资犯罪的构成特征之一，虽并不具有实质性的价值，但是遏制犯罪的重要切入点。

（四）“社会性”的认定

所谓社会性是指集资人向社会公众即社会不特定对象吸收资金。社会公众包括单位和个人。根据《非法集资案件解释》，“社会性”包含两个层面的内容：一是广泛性。既然行为对象是公众，就必须有一定数量的人作为基础，否则“公众”的整体就无从体现和被架空。根据该解释的规定，非法吸收或者变相吸收公众存款对象150人以上的，应当依法追究刑事责任。这是非法吸收或者变相吸收公众存款罪的入罪门槛之一。二是不特定性。这是与“特定”相对应的概念，从反向的角度排除了非法集资犯罪对特定对象的适用。如果集资人是向特定的对象吸收存款，即使人数众多，集资数额巨大，也不能以非法吸收公众存款罪论处。然而，特定对象是一个高度抽象的概念，不便于司法操作的统一。考虑到基于血缘关系、情谊联系或者在同单位的工作关系而存在特定的信任关系，在《非法集资案件解释》中，将特定对象的外延细化为“亲友”和“单位内部人员”两种类型，其第1条第2款规定，未向社会公开宣传，在亲友或者单位内部针对特定对象吸收资金的，不属于非法吸收或者变相吸收公众存款。当然这里涉及对亲友的解释问题，尽管“亲友”的概念和外延具有模糊性，但在认定时也不能为了扩大打击面而进行限缩解释，应该围绕与行为人的关系是否特定来理解。

现实中有的集资人利用《非法集资案件解释》排除的特定对象，进行“借壳绕道”的非法集资，针对这种现象，2014 年《意见》第 3 条修订了关于依托特定对象吸收资金的情形，规定下列两种情形应认定为向社会公众吸收资金：一是在向亲友或者单位内部人员吸收资金的过程中，明知亲友或者单位内部人员向不特定对象吸收资金而予以放任的；二是以吸收资金为目的，将社会人员吸收为单位内部人员，并向其吸收资金的。为了防止任意扩大“公众”的适用范围，对集资行为人的入罪要件设置了主观心理要素，要求同时在意识因素上是“明知”以及在意志要素上体现“放任”，以体现主客观相统一的犯罪认定原则。

也就是说，认定特定对象及不特定对象应重点关注三个方面的因素：一是考察投资人获取集资信息的渠道。考察集资信息传播的渠道，明确筹资人是否“向社会公开宣传”，是区分投资人系特定对象或不特定对象的一大前提。二是考察投资人与筹资人之间社会关系建立的时点。投资人与筹资人之间的社会关系应建立在吸收资金的行为发生之前。许多投资人与筹资人社会关系的建立是基于吸收资金的行为本身，二者的关系也仅表现为投资人与筹资人的关系。如果二者系筹资人着手实施集资行为之前就已经建立了亲属、朋友、同事等特定的社会关系，可以认定投资人为特定对象。如果社会关系的建立系发生在筹资人着手实施集资行为之后，在吸收资金的过程中基于集资行为建立了朋友关系，此种情形应认定投资人为不特定对象。三是考察“单位内部针对特定对象”集资的人数规模。认定“向特定对象集资累计超过 200 人的就可以认定为具有不特定性”。以此来解决在“单位内部针对特定对象”集资参与人数过多，导致特定对象难以认定的问题。

二、数额认定

《非法集资案件解释》第 6 条规定，非法吸收或者变相吸收公众存款的数额，以行为人所吸收的资金全额计算。在提起公诉前积极退赃退赔，减少损害结果发生的，可以从轻或者减轻处罚；在提起公诉后退赃退赔的，可以作为量刑情节酌情考虑。非法吸收或者变相吸收公众存款，主要用于正常的生产经营活动，能够在提起公诉前清退所吸收资金，可以免予刑事处罚；情节显著轻微危害不大的，不作为犯罪处理。对依法不需要追究刑事责任或者免予刑事处罚的，应当依法将案件移送有关行政机关。如果仅仅从字面理解，吸收公众存款的数额认定非常简单，实践中却十分复杂。

（一）本金及利息数额在犯罪数额中的认定

行为人所吸收的资金全额应当为实际吸收的资金，审判前已归还的数额一般只是量刑的考虑情节，如果资金主要用于正常的生产经营活动，并且能够在提起公诉前清退所吸收资金，可以免予刑事处罚，情节显著轻微危害不大的，才不作为犯罪处理。但在实践中，行为人通常会与投资人签订各种名目的协议，在协议中约定相应的投资数额。但是有些情形下，投资人并未向行为人缴足其认购的金额，或者在协议的返款数额中包含了预期的返利数额。这种情况下，应以投资人实际交款的数额认定涉案金额，如行为人在收到本金的同时，直接将约定利息支付给被害人，应以实际收到的钱款数额认定犯罪数额。再如行为人在收到本金之前，先将利息支付给被害人。从表面上看，利息并没有从本金中直接扣掉，但这其实是行为人为骗取更多投资的遮掩手段，认定犯罪数额时应扣除先行支付的利息。但行为人收取本金，已构成犯罪既遂，事后支付利息，并不影响犯罪数额的认定，不应扣除。

（二）关于重复投入资金在犯罪数额中的认定

实践中，投资人在获得全部返本付息款后，再次将资金投入，以期获得更多的收益。对于投资人的反复投资数额，司法实践中的认定存在一定争议：一种观点认为，重复投资不应当累计计算，因为非法集资行为的对象只是单笔资金，如果反复进行计算，将会出现投资者的实际投入与集资数额不符的情况。另一种观点认为，重复性投资行为所涉及的数额应当重复计算，因为非法吸收公众存款行为是对国家金融管理秩序的破坏。行为人每重新签订一笔投资协议，都是对金融秩序的破坏。从司法实践看，重复投资数额累计计算是主流意见，这种计算方式相对比较符合立法本意，且与司法解释中规定的吸收公众存款的数额计算方式一致。

另外，对于单笔吸存未到期的续借行为应区别不同情况：如果被害人增加金额续借的，犯罪数额应追加新增数额；如果被害人减少金额续借的，初借金额的行为既遂，犯罪数额应当认定为初借金额。

（三）关于共同犯罪的数额认定

非法吸收公众存款案件多是共同犯罪，对于共同犯罪数额的认定，有两种不同观点：一是全额论，即所有涉案人员都应对全部犯罪数额承担责任；二是参与数额论，即共同犯罪成员仅承担其所真实参与的犯罪数额的责任。笔者认为，在认定具体的行为人吸收公众存款数额应当结合相关人员的地位、作用以及参与时间进行综合评判。组织、领导犯罪集团的首要分子，应按照全额认定，对于首要分子以外起组织、策划作用的主要成员，应按照其参与数额认定，包括起组织、策划作用所产生的数额，对于普通参加人员，应该依其真实参与数额认定。具体来说可以作出以下区分：

1. 对于集资项目的发起者、组织者，通常应当对吸收公众存款的全部数额负责，即使其在之后退出该项目或者仅仅在组织者之间约定终止项目而未向公众说明的，未采取诸如收回宣传资料、销毁空白合同和收据等措施，未能有效防止犯罪行为的继续进行；其仍应当对离职后或约定终止后的非法吸收公众存款的数额负责。

2. 对于销售团队负责人通常对其个人以及所带领的团队吸收的存款数额负责。同时，系此部分行为的主犯。而一般销售人员因其在共同犯罪中所起作用相对较小，通常仅应对其参与吸收的犯罪金额承担刑事责任。对此类人员涉案数额的认定理论上应当较为简单，但是因为种种原因，在司法实践中，曾多次出现由于对此类人员参与时间的认定不准确或者实施的具体行为认定不准确而导致涉案数额认定错误的情况。

3. 对于行政主管人员，由于其往往只是负责公司正常的行政事务，没有实际从事吸收存款活动，没有业务提成，只是领取工资。而如果其主观上明知公司从事非法吸收公众存款活动，即使只是从事的行政事务，也应当认定构成犯罪。同时，应当以其在共同犯罪中所起的作用，并从其入职时开始计算其犯罪数额，而不应将其入职前涉案企业吸收存款的数额予以认定。

（四）行为人亲友投资的资金是否应当计入犯罪数额

如前文所述，针对特定对象如亲友募集资金，由于募集资金的对象特定、不具有“社会性”，不构成非法吸收公众存款罪。那么在行为人同时向社会公众和亲友募集资金的情况下，行为人亲友投资的资金是否应当计入犯罪数额存在争议。有观点认为，亲友是特定对象，并非不特定的社会公众，向亲友吸收资金的行为应当属于合法吸收的范围，不应当计入犯罪数额。实务中将向亲友吸收资金的行为分以下三种情形处理：一是行为人向其近亲属募集的资金不计入犯罪数额。刑事诉讼法中的近亲属为：配偶、子女、父母、同胞兄弟姐妹。考虑到行为人及其近亲属与案件之间的特殊关系，其本人及其近亲属所投资的资金金额不宜计入行为人非法吸收公众存款的犯罪数额。二是若行为人未向社会公开宣传，在其他亲友间吸收资金的，此时，其他亲友仍应为特定对象，向亲友吸收资金的行为不构成非法吸收公众存款罪，亲友投入的资金自然也不能计入犯罪数额。但是，上述情形也有例外，根据《非法集资案件解释》的规定，在向亲友吸收资金的过程中，明知亲友向不特定对象吸收资金而予以放任的，应当认定为向社会公众吸收资金，吸收资金数额应当计入犯罪数额。三是若行为人向社会公开宣传后，在向社会公众吸收资金的同时向其其他亲友吸收资金的，此时其他亲友便转化为不特定对象的一员，其他亲友投入的资金也因此成为集资人非法吸收公众存款的组成部分。

（五）其他情形下犯罪数额的认定

1. 集资人未报案犯罪数额的认定。2014 年《意见》对此规定，办理非法集资刑事案件中，确因客观条件的限制无法逐一收集集资参与人的言词证据的，可结合已收集的集资参与人的言词证据和依法收集并查证属实的书面合同、银行账户交易记录、会计凭证及会计账簿、资金收付凭证、审计报告、互联网电子数据等证据，综合认定非法集资对象人数和吸收资金数额等犯罪事实。

2. 涉及民事的犯罪数额的认定。集资行为涉及判决、仲裁等情形的，虽经民事审判程序确实，但却无法阻却刑事犯罪事实的认定，即集资行为构成犯罪，民事事实所涉及的数额也应计入犯罪数额。

3. 涉及抵押担保的认定。集资行为存在抵押担保等情形的，其认定重心仍旧放在该行为是否属于非法吸收公众存款罪上，若属于，对应的数额要纳入犯罪数额。

4. 认定涉案金额时应将利用资金转存部分的利息金额予以扣除。被告人吸收的资金数额巨大，吸收资金的周期也较长，因此会出现吸收大量数额的存款后，沉淀下的资金产生银行利息等孳息。由此产生的孳息，不属于被告人所吸收的资金。

三、单位犯罪的认定

在非法集资类犯罪中，被告人往往辩称犯罪行为是单位犯罪，以减轻涉案自然人的罪责，因而准确认定单位犯罪非常重要。根据刑法理论，成立单位犯罪有两个条件：一是以单位名义实施犯罪；二是为单位牟取不正当利益或者大部分违法所得归单位所有。《最高人民法院关于审理单位犯罪案件具体应用法律有关问题的解释》第 2 条还规定，个人为进行违法犯罪活动而设立的公司、企业、事业单位实施犯罪的，或者公司、企业、事业单位设立后，以实施犯罪为主要活动的，不以单位犯罪论处。2019 年《意见》规定，单位实施非法集资犯罪活动，全部或者大部分违法所得归单位所有的，应当认定为单位犯罪。个人为进行非法集资犯罪活动而设立的单位实施犯罪的，或者单位设立后，以实施非法集资犯罪活动为主要活动的，不以单位犯罪论处，对单位中组织、策划、实施非法集资犯罪活动的人员应当以自然人犯罪依法追究刑事责任。判断单位是否以实施非法集资犯罪活动为主要活动，应当根据单位实施非法集资的次数、频度、持续时间、资金规模、资金流向、投入人力物力情况、单位进行正当经营的状况以及犯罪活动的影响、后果等因素综合考虑认定。

在非法吸收公众存款罪案件中，单位犯罪和自然人犯罪的区分也应当遵循上述标准。对于以下几种行为，不构成单位犯罪：一是以实施违法犯罪活动为主要活动，不构成单位犯罪，如某康养服务公司在设立后，便以实施非法集资犯罪活动为主要活动，系被告人非法集资的工具，依法不以单位犯罪论处。二是擅用公司名义不构成单位犯罪，如被告人贾某某以他人名义作为股东、成立公司，在公司成立后，虽以公司名义向外吸收存款，但并未召集股东会，属擅自所为，故不宜以单位犯罪论处。三是个人盗用单位名义不构成单位犯罪，如某被告人注册成立某果蔬种植专业合作社后，超越公司经营范围，以让群众投资入股合作社的名义，以高回报率为诱饵，通过各村镇代办员向社会公众募集资金，违法所得由其个人和家庭成员所有，个人为非法获利赚取利息使投资款项未能追回，明显体现了被告人以实施犯罪为主要活动，且被告人个人盗用合作社名义实施犯罪，应依照刑法有关自然人犯罪的规定定罪处罚。四是一人公司不构成单位犯罪，如有判决书认定，被告人成立的一人公司不具有独立承担决策和执行的行为意志和能力，不具有独立的公司人格，只有被告人（自然人）才有实施非法吸收公众存款犯罪的目的和动机，因此依法应当由被告人承担刑事责任。

对单位犯罪一般采取双罚制，即对单位判处罚金，对单位直接负责的主管人员和其他直接责任人员判处刑罚。《全国法院审理金融犯罪案件工作座谈会纪要》明确规定，直接负责的主管人员，是在单位实施的犯罪中起决定、批准、授意、纵容、指挥等作用的人员，一般是单位的主管负责人，包括法定代表人。其他直接责任人员，是在单位犯罪中具体实施犯罪并起较大作用的人员，既可以是单位的经营管理人员，也可以是单位的职工，包括聘任、雇用的人员。应当注意的是，在单位犯罪中，对于受单位领导指派或奉命而参与实施了一定犯罪行为的人员，一般不宜作为直接责任人员追究刑事责任。

四、追诉范围的确定

一般来说，非法吸收公众存款罪的案件是公司或个人为了达到非法集资的犯罪目的而成立公司，组织者、策划者一般通过各层级的管理人员下达任务进行管理，业务人员具体接洽投资客户，客户投资公司项目获取投资回报。整个过程中与犯罪直接相关的人员涉及组织策划者、具体实施者。从刑法对非法吸收公众存款罪处罚人员的范围与人员职务对应来看，分为以下几个层级：

（一）高层管理人员

高层管理人员，包括公司负责人、实际控制人等。无论是单位犯罪还是自然人的共同犯罪，高层管理人员直接决定非法吸收公众存款的发起和走向，可以说是掌控全局。毋庸置疑，这类人员在非吸犯罪中承担主要责任。

（二）中层管理人员

中层管理人员如区域（部门）负责人、业务主管、宣传主管等。这类人员往往管理一定数量的业务员，统筹安排具体工作，在所在区域或部门有相对较大的管理权限。需注意的是，同一级别的管理人员，也可能因区域、部门、业绩的不同，存在主犯、从犯的差异，在量刑上也会有明显差别。

（三）底层业务人员

底层业务人员即业务员，这类人员直接接触投资人，实施具体宣传、吸储等行为。对这类人员是否追究刑事责任，需判断行为人是骨干成员还是一般参与者。对于普通业务人员，一般不作为直接责任人员追究刑事责任。但对于作用特别突出，所涉资金、人数巨大的业务员，也可考虑追究刑事责任，在处理上可认定从犯，相对从宽处理。

（四）其他辅助人员

其他辅助人员包括人事、行政、财务人员等。对于其他辅助人员，要具体考察其从事的活动，如财务工作人员，因与经济犯罪中的资金流直接接触，相对靠近公司的领导层、核心层，对公司的运作模式、经营活动、资金流转等比普通员工有更强的认知，主观恶性更为明显，可以考虑认定为从犯追究刑事责任。追究行政主管人员刑事责任的主要有两类，一类是行政主管，不直接参与吸收存款业务，但是其从事的具体工作仍与吸收存款密切相关，如招聘人员、承租场地、策划宣传等。对于此类人员的追诉范围，司法机关以其具体从事的业务内容进行比较严格的把握判断，只要不是单纯的行政辅助事务，均可以被纳入追诉范围。而其他从事后勤保障等边缘服务工作的人员，因工作具有事务性，与非吸犯罪无直接关联或未对犯罪起到辅助作用，一般不追究刑事责任。总之，对于这类人员，如果其主观上认识到所在单位实施的是非法集资违法犯罪行为，不接触非法集资核心业务，客观上从事的并非非法集资客观要件的直接关联行为的“中性业务工作”，对违法犯罪活动仍具有支持作用，实务中认为仍然具有刑事违法性，属于非法集资得以运营的辅助行为，仅在量刑时酌予考虑。如果主观上不具备违法性认识，客观上实施的并非非法吸收公众存款罪客观要件的直接关联行为，无罪辩解与客观事实、证据相符的，不认为是犯罪。另外，对于虽然在非法集资单位挂有虚名或虚职，但确实没有参与公司日常行政事务管理和具体活动的，不构成犯罪。

五、主从犯的认定

对资金有管理、操作权，对普通工作人员有管理职责，属于非法集资活动中的实际管理者、经营者，或者直接面向公众“开展吸存业务”的具体操作者，一般认定为主犯。同为主犯或同为从犯，仍可进一步区分主、次。

（一）帮助行为和从中获益是判断构成共同犯罪的双重标准

例如，本人知晓自己的身份信息被用于公司设立登记，又明知公司进行非法集资等违法犯罪行为，仍配合公司进行登记的，应认定为违法犯罪行为的“帮助行为”；但根据《非法集资案件解释》的规定，构成非法集资共同犯罪必须满足以下条件：一是为他人向社会公众非法吸收资金提供帮助；二是从中收取代理费、好处费、返点费、佣金、提成等费用的，没有从中收取代理费、好处费、返点费、佣金、提成等费用的帮助行为，不构成非法集资共同犯罪。

（二）财务人员的主从犯认定

对公司资金、财务人员进行管理，参与非法集资重大事项决议的财务负责人或者主管人员，在犯罪过程中起重要作用，一般应当认定为主犯。其他财务工作人员，根据主管人员指示开展财务工作，对集资款项并不具有自主支配的权力，一般以从犯论。

（三）中途离职人员罪责

参与过非法集资，基于逃避责任追究等考虑，在案发前已离职，反映出行为人对非法集资活动的非法性质具有明确认识，故应认定其具备共同犯罪故意和行为，对其入职后、离职前的非法集资行为承担法律责任。此处需注意审查追诉时效是否已经过。

（四）中途加入非法集资共同犯罪的认定

明知系非法集资违法犯罪活动，仍加入并参与其中，或者虽加入时不明知系非法集资违法犯罪活动，但在工作中能够认识到是非法集资违法犯罪活动仍参与其中的，应当对其参与运营后的非法吸收公众存款数额承担法律责任。

对于被告人在非法集资行为中地位与作用采用的是实质判断标准，即以在集资行为中具体实际实施的行为为判断依据，而非单纯以相关的头衔或者职位认定。进行实质判断的依据，需要证据的支持，特别是对没有明确职务的人认定主犯，更需要完整的证据体系予以证明。

六、关于涉案财物的追缴和处置

非法吸收公众存款罪属于典型的涉众型金融犯罪，具有参与人多、影响范围广、社会危害大的特性，会引发社会不稳定，办案人员就需要将案件的查办与化解风险、追赃挽损、维护稳定结合起来，防止引发次生风险。因而，非法集资刑事案件不是纯粹的金融犯罪案件，它还与维护社会稳定的社会效果紧密联系在一起。涉案财物追缴和处置是非法集资刑事案件处置工作中的重点和难点。

目前，涉案财物追缴和处置的一般程序为：案发地人民政府制订处置方案，组织相关部门开展涉案资产追缴、集资参与人登记核对、涉案财物拍卖变现等工作。集资款应根据清理后剩余的资金，按照集资参与人集资额比例予以清退。参与非法集资活动受到损失的，由集资参与人自行承担。根据处置非法集资工作的实际情况和有关规范性文件的规定，2014 年《意见》第 5 条明确了非法集资刑事案件中涉案财物的追缴和处置问题。

（一）法律认定

第 1 款明确了涉案财物的追缴范围：向社会公众非法吸收的资金属于违法所得；综合来说被认定为“违法所得”的财物在办案实践中一般会以两种形式出现，第一种形式是实施非法集资行为人员的工资、佣金及以上人员或涉案单位账户内的余款；第二种形式则是行为人或涉案单位利用募集的款项对外进行投资或出借所享有的诸如房屋产权、土地使用权、采矿权、股权等财产性权益。

集资参与人本金尚未归还的，所支付的回报可折抵本金。主要考虑：一是非法集资行为涉嫌非法吸收公众存款、集资诈骗等犯罪，行为人向社会公众非法吸收的资金是其因实施犯罪行为而取得的财物，根据刑法第 64 条的规定属于违法所得，应当予以追缴；二是行为人以吸收的资金向集资参与人支付的利息、分红等回报，以及向帮助吸收资金人员支付的代理费、好处费、返点费、佣金、提成等费用，因其属于行为人对违法所得的处分，不属于集资参与人和帮助吸收资金人员的合法收入，也应当予以追缴；三是出于实践可操作性和避免激化矛盾的考虑，明确集资参与人本金尚未归还的，所支付的回报可折抵本金。因为非法集资刑事案件发生后能够追缴的财物往往不足以全额返还集资参与人，很难要求本金尚未得到返还的集资参与人先将利息、分红退出后再按比例统一偿付。

（二）违法所得的追缴和退赔范围

在非法集资类共同犯罪案件中，司法机关对某一名被告人查封、扣押、冻结的财物价值有时会超过其通过犯罪行为实际获取的违法所得数额，在全案查扣财产不足以全部返还被害人投资款的情况下，对该名被告人超出实际所得部分的财产能否予以收缴，在实践中存在争议。有人认为，共同犯罪惩罚的原则就是“部分行为全部责任”，因此共同犯罪中每一名被告人都应当对所有被告人全部违法所得承担责任，所以其被查扣的财产即使超过了实际获得的违法所得，也应当在全部违法所得追缴不足的范围内被追缴。

虽然该意见充分考虑了非法集资被害人的利益保护，但是却可能损害部分被告人的利益，造成实质不公平。共同犯罪的被告人被追缴的违法所得应当仅限于其实际获得的数额。理由如下：第一，“部分行为全部责任”理论中的“全部责任”侧重表明共同犯罪中各个行为人对各自行为共同导致的危害后果承担刑事责任的整体性，但并没有否认每个行为人应当根据各自的行为在共同犯罪中的作用和危害后果划分责任的轻重，因此被告人被追缴或退赔的财物价值以实际获得的违法所得为限并不违反“部分行为全部责任”理论。第二，追缴和责令退赔的对象是违法所得，而一个案件中违法所得的总额是确定的。如果对共同犯罪中部分被告人追缴或责令退赔财物价值超出其实际获得的违法所得数额，那么在之后追诉了其他的被告人或者发现了其他的违法所得，是否要继续追缴，对追缴的财物如何处理，是否要对超额退赔的被告人进行弥补，司法机关将陷入困境。第三，追缴和责令退赔与赔偿损失不同，被害人因犯罪行为致人身损害、财物毁损造成的损失，可以通过民事诉讼的途径向被告人要求赔偿，此时共同犯罪的被告人在侵权赔偿中承担的是连带责任，即每一个被告人都有义务对被害人的损失进行赔偿，但是对于超出自己应当承担的部分可以依法向其他被告人行使追偿权。而共同犯罪的被告人被追缴或责令退赔范围即使超出其实际所得，也没有任何法律依据向其他被告人进行追偿，这样对该被告人显失公平。

【办案依据】

一、刑法规定

第一百七十六条 非法吸收公众存款或者变相吸收公众存款，扰乱金融秩序的，处三年以下有期徒刑或者拘役，并处或者单处罚金；数额巨大或者有其他严重情节的，处三年以上十年以下有期徒刑，并处罚金；数额特别巨大或者有其他特别严重情节的，处十年以上有期徒刑，并处罚金。

单位犯前款罪的，对单位判处罚金，并对其直接负责的主管人员和其他直接责任人员，依照前款的规定处罚。

有前两款行为，在提起公诉前积极退赃退赔，减少损害结果发生的，可以从轻或者减轻处罚。

二、司法解释

《最高人民法院关于审理非法集资刑事案件具体应用法律若干问题的解释》（2022年2月23日　法释〔2022〕5号）

第一条　违反国家金融管理法律规定，向社会公众（包括单位和个人）吸收资金的行为，同时具备下列四个条件的，除刑法另有规定的以外，应当认定为刑法第一百七十六条规定的“非法吸收公众存款或者变相吸收公众存款”：（一）未经有关部门依法许可或者借用合法经营的形式吸收资金；（二）通过网络、媒体、推介会、传单、手机信息等途径向社会公开宣传；（三）承诺在一定期限内以货币、实物、股权等方式还本付息或者给付回报；（四）向社会公众即社会不特定对象吸收资金。

未向社会公开宣传，在亲友或者单位内部针对特定对象吸收资金的，不属于非法吸收或者变相吸收公众存款。

第二条　实施下列行为之一，符合本解释第一条第一款规定的条件的，应当依照刑法第一百七十六条的规定，以非法吸收公众存款罪定罪处罚：

（一）不具有房产销售的真实内容或者不以房产销售为主要目的，以返本销售、售后包租、约定回购、销售房产份额等方式非法吸收资金的；

（二）以转让林权并代为管护等方式非法吸收资金的；

（三）以代种植（养殖）、租种植（养殖）、联合种植（养殖）等方式非法吸收资金的；

（四）不具有销售商品、提供服务的真实内容或者不以销售商品、提供服务为主要目的，以商品回购、寄存代售等方式非法吸收资金的；

（五）不具有发行股票、债券的真实内容，以虚假转让股权、发售虚构债券等方式非法吸收资金的；

（六）不具有募集基金的真实内容，以假借境外基金、发售虚构基金等方式非法吸收资金的；

（七）不具有销售保险的真实内容，以假冒保险公司、伪造保险单据等方式非法吸收资金的；

（八）以网络借贷、投资入股、虚拟币交易等方式非法吸收资金的；

（九）以委托理财、融资租赁等方式非法吸收资金的；

（十）以提供“养老服务”、投资“养老项目”、销售“老年产品”等方式非法吸收资金的；

（十一）利用民间“会”“社”等组织非法吸收资金的；

（十二）其他非法吸收资金的行为。

第三条　非法吸收或者变相吸收公众存款，具有下列情形之一的，应当依法追究刑事责任：

（一）非法吸收或者变相吸收公众存款数额在100万元以上的；

（二）非法吸收或者变相吸收公众存款对象150人以上的；

（三）非法吸收或者变相吸收公众存款，给存款人造成直接经济损失数额在50万元以上的。

非法吸收或者变相吸收公众存款数额在50万元以上或者给存款人造成直接经济损失数额在25万元以上，同时具有下列情节之一的，应当依法追究刑事责任：

（一）曾因非法集资受过刑事追究的；

（二）二年内曾因非法集资受过行政处罚的；

（三）造成恶劣社会影响或者其他严重后果的。

第四条　非法吸收或者变相吸收公众存款，具有下列情形之一的，应当认定为刑法第一百七十六条规定的“数额巨大或者有其他严重情节”：

（一）非法吸收或者变相吸收公众存款数额在500万元以上的；

（二）非法吸收或者变相吸收公众存款对象500人以上的；

（三）非法吸收或者变相吸收公众存款，给存款人造成直接经济损失数额在250万元以上的。

非法吸收或者变相吸收公众存款数额在250万元以上或者给存款人造成直接

经济损失数额在150万元以上，同时具有本解释第三条第二款第三项情节的，应当认定为“其他严重情节”。

第五条 非法吸收或者变相吸收公众存款，具有下列情形之一的，应当认定为刑法第一百七十六条规定的“数额特别巨大或者有其他特别严重情节”：

（一）非法吸收或者变相吸收公众存款数额在5000万元以上的；

（二）非法吸收或者变相吸收公众存款对象5000人以上的；

（三）非法吸收或者变相吸收公众存款，给存款人造成直接经济损失数额在2500万元以上的。

非法吸收或者变相吸收公众存款数额在2500万元以上或者给存款人造成直接经济损失数额在1500万元以上，同时具有本解释第三条第二款第三项情节的，应当认定为“其他特别严重情节”。

第六条 非法吸收或者变相吸收公众存款的数额，以行为人所吸收的资金全额计算。在提起公诉前积极退赃退赔，减少损害结果发生的，可以从轻或者减轻处罚；在提起公诉后退赃退赔的，可以作为量刑情节酌情考虑。

非法吸收或者变相吸收公众存款，主要用于正常的生产经营活动，能够在提起公诉前清退所吸收资金，可以免予刑事处罚；情节显著轻微危害不大的，不作为犯罪处理。

对依法不需要追究刑事责任或者免予刑事处罚的，应当依法将案件移送有关行政机关。

第九条 犯非法吸收公众存款罪，判处三年以下有期徒刑或者拘役，并处或者单处罚金的，处五万元以上一百万元以下罚金；判处三年以上十年以下有期徒刑的，并处十万元以上五百万元以下罚金；判处十年以上有期徒刑的，并处五十万元以上罚金。

犯集资诈骗罪，判处三年以上七年以下有期徒刑的，并处十万元以上五百万元以下罚金；判处七年以上有期徒刑或者无期徒刑的，并处五十万元以上罚金或者没收财产。

第十条 未经国家有关主管部门批准，向社会不特定对象发行、以转让股权等方式变相发行股票或者公司、企业债券，或者向特定对象发行、变相发行股票或者公司、企业债券累计超过200人的，应当认定为刑法第一百七十九条规定的“擅自发行股票或者公司、企业债券”。构成犯罪的，以擅自发行股票、公司、企业债券罪定罪处罚。

第十一条 违反国家规定，未经依法核准擅自发行基金份额募集基金，情节严重的，依照刑法第二百二十五条的规定，以非法经营罪定罪处罚。

第十二条 广告经营者、广告发布者违反国家规定，利用广告为非法集资活动相关的商品或者服务作虚假宣传，具有下列情形之一的，依照刑法第二百二十二条的规定，以虚假广告罪定罪处罚：

（一）违法所得数额在10万元以上的；

（二）造成严重危害后果或者恶劣社会影响的；

（三）二年内利用广告作虚假宣传，受过行政处罚二次以上的；

（四）其他情节严重的情形。

明知他人从事欺诈发行证券，非法吸收公众存款，擅自发行股票、公司、企业债券，集资诈骗或者组织、领导传销活动等集资犯罪活动，为其提供广告等宣传的，以相关犯罪的共犯论处。

第十三条 通过传销手段向社会公众非法吸收资金，构成非法吸收公众存款罪或者集资诈骗罪，同时又构成组织、领导传销活动罪的，依照处罚较重的规定定罪处罚。

第十四条 单位实施非法吸收公众存款、集资诈骗犯罪的，依照本解释规定的相应自然人犯罪的定罪量刑标准，对单位判处罚金，并对其直接负责的主管人员和其他直接责任人员定罪处罚。

第十五条 此前发布的司法解释与本解释不一致的，以本解释为准。

三、司法文件

（一）《最高人民检察院、公安部关于公安机关管辖的刑事案件立案追诉标准的规定（二）》（2022年4月6日）

第二十三条 【非法吸收公众存款案（刑法第一百七十六条）】 非法吸收公众存款或者变相吸收公众存款，扰乱金融秩序，涉嫌下列情形之一的，应予立案追诉：

（一）非法吸收或者变相吸收公众存款数额在一百万元以上的；

（二）非法吸收或者变相吸收公众存款对象一百五十人以上的；

（三）非法吸收或者变相吸收公众存款，给集资参与人造成直接经济损失数额在五十万元以上的；

非法吸收或者变相吸收公众存款数额在五十万元以上或者给集资参与人造成直接经济损失数额在二十五万元以上，同时涉嫌下列情形之一的，应予立案追诉：

（一）因非法集资受过刑事追究的；

（二）二年内因非法集资受过行政处罚的；

（三）造成恶劣社会影响或者其他严重后果的。

（二）《最高人民法院、最高人民检察院、公安部关于办理非法集资刑事案件若干问题的意见》（2019 年 1 月 30 日　高检会〔2019〕2 号）

一、关于非法集资的“非法性”认定依据问题

人民法院、人民检察院、公安机关认定非法集资的“非法性”，应当以国家金融管理法律法规作为依据。对于国家金融管理法律法规仅作原则性规定的，可以根据法律规定的精神并参考中国人民银行、中国银行保险监督管理委员会、中国证券监督管理委员会等行政主管部门依照国家金融管理法律法规制定的部门规章或者国家有关金融管理的规定、办法、实施细则等规范性文件的规定予以认定。

二、关于单位犯罪的认定问题

单位实施非法集资犯罪活动，全部或者大部分违法所得归单位所有的，应当认定为单位犯罪。

个人为进行非法集资犯罪活动而设立的单位实施犯罪的，或者单位设立后，以实施非法集资犯罪活动为主要活动的，不以单位犯罪论处，对单位中组织、策划、实施非法集资犯罪活动的人员应当以自然人犯罪依法追究刑事责任。

判断单位是否以实施非法集资犯罪活动为主要活动，应当根据单位实施非法集资的次数、频度、持续时间、资金规模、资金流向、投入人力物力情况、单位进行正当经营的状况以及犯罪活动的影响、后果等因素综合考虑认定。

三、关于涉案下属单位的处理问题

办理非法集资刑事案件中，人民法院、人民检察院、公安机关应当全面查清涉案单位，包括上级单位（总公司、母公司）和下属单位（分公司、子公司）的主体资格、层级、关系、地位、作用、资金流向等，区分情况依法作出处理。

上级单位已被认定为单位犯罪，下属单位实施非法集资犯罪活动，且全部或者大部分违法所得归下属单位所有的，对该下属单位也应当认定为单位犯罪。上级单位和下属单位构成共同犯罪的，应当根据犯罪单位的地位、作用，确定犯罪单位的刑事责任。

上级单位已被认定为单位犯罪，下属单位实施非法集资犯罪活动，但全部或者大部分违法所得归上级单位所有的，对下属单位不单独认定为单位犯罪。下属单位中涉嫌犯罪的人员，可以作为上级单位的其他直接责任人员依法追究刑事责任。

上级单位未被认定为单位犯罪，下属单位被认定为单位犯罪的，对上级单位中组织、策划、实施非法集资犯罪的人员，一般可以与下属单位按照自然人与单位共同犯罪处理。

上级单位与下属单位均未被认定为单位犯罪的，一般以上级单位与下属单位中承担组织、领导、管理、协调职责的主管人员和发挥主要作用的人员作为主犯，以其他积极参加非法集资犯罪的人员作为从犯，按照自然人共同犯罪处理。

四、关于主观故意的认定问题

认定犯罪嫌疑人、被告人是否具有非法吸收公众存款的犯罪故意，应当依据犯罪嫌疑人、被告人的任职情况、职业经历、专业背景、培训经历、本人因同类行为受到行政处罚或者刑事追究情况以及吸收资金方式、宣传推广、合同资料、业务流程等证据，结合其供述，进行综合分析判断。

犯罪嫌疑人、被告人使用诈骗方法非法集资，符合《最高人民法院关于审理非法集资刑事案件具体应用法律若干问题的解释》第四条规定的，可以认定为集资诈骗罪中“以非法占有为目的”。

办案机关在办理非法集资刑事案件中，应当根据案件具体情况注意收集运用涉及犯罪嫌疑人、被告人的以下证据：是否使用虚假身份信息对外开展业务；是否虚假订立合同、协议；是否虚假宣传，明显超出经营范围或者夸大经营、投资、服务项目及盈利能力；是否吸收资金后隐匿、销毁合同、协议、账目；是否传授或者接受规避法律、逃避监管的方法，等等。

五、关于犯罪数额的认定问题

非法吸收或者变相吸收公众存款构成犯罪，具有下列情形之一的，向亲友或者单位内部人员吸收的资金应当与向不特定对象吸收的资金一并计入犯罪数额：

（一）在向亲友或者单位内部人员吸收资金的过程中，明知亲友或者单位内部人员向不特定对象吸收资金而予以放任的；

（二）以吸收资金为目的，将社会人员吸收为单位内部人员，并向其吸收资金的；

（三）向社会公开宣传，同时向不特定对象、亲友或者单位内部人员吸收资金的。

非法吸收或者变相吸收公众存款的数额，以行为人所吸收的资金全额计算。集资参与人收回本金或者获得回报后又重复投资的数额不予扣除，但可以作为量刑情节酌情考虑。

六、关于宽严相济刑事政策把握问题

办理非法集资刑事案件，应当贯彻宽严相济刑事政策，依法合理把握追究刑事责任的范围，综合运用刑事手段和行政手段处置和化解风险，做到惩处少数、教育挽救大多数。要根据行为人的客观行为、主观恶性、犯罪情节及其地位、作用、层级、职务等情况，综合判断行为人的责任轻重和刑事追究的必要性，按照区别对待原则分类处理涉案人员，做到罚当其罪、罪责刑相适应。

重点惩处非法集资犯罪活动的组织者、领导者和管理人员，包括单位犯罪中的上级单位（总公司、母公司）的核心层、管理层和骨干人员，下属单位（分公司、子公司）的管理层和骨干人员，以及其他发挥主要作用的人员。

对于涉案人员积极配合调查、主动退赃退赔、真诚认罪悔罪的，可以依法从轻处罚；其中情节轻微的，可以免除处罚；情节显著轻微、危害不大的，不作为犯罪处理。

七、关于管辖问题

跨区域非法集资刑事案件按照《国务院关于进一步做好防范和处置非法集资工作的意见》（国发〔2015〕59号）确定的工作原则办理。如果合并侦查、诉讼更为适宜的，可以合并办理。

办理跨区域非法集资刑事案件，如果多个公安机关都有权立案侦查的，一般由主要犯罪地公安机关作为案件主办地，对主要犯罪嫌疑人立案侦查和移送审查起诉；由其他犯罪地公安机关作为案件分办地根据案件具体情况，对本地区犯罪嫌疑人立案侦查和移送审查起诉。

管辖不明或者有争议的，按照有利于查清犯罪事实、有利于诉讼的原则，由其共同的上级公安机关协调确定或者指定有关公安机关作为案件主办地立案侦查。需要提请批准逮捕、移送审查起诉、提起公诉的，由分别立案侦查的公安机关所在地的人民检察院、人民法院受理。

对于重大、疑难、复杂的跨区域非法集资刑事案件，公安机关应当在协调确定或者指定案件主办地立案侦查的同时，通报同级人民检察院、人民法院。人民检察院、人民法院参照前款规定，确定主要犯罪地作为案件主办地，其他犯罪地作为案件分办地，由所在地的人民检察院、人民法院负责起诉、审判。

本条规定的“主要犯罪地”，包括非法集资活动的主要组织、策划、实施地，集资行为人的注册地、主要营业地、主要办事机构所在地，集资参与人的主要所在地等。

八、关于办案工作机制问题

案件主办地和其他涉案地办案机关应当密切沟通协调，协同推进侦查、起诉、审判、资产处置工作，配合有关部门最大限度追赃挽损。

案件主办地办案机关应当统一负责主要犯罪嫌疑人、被告人涉嫌非法集资全部犯罪事实的立案侦查、起诉、审判，防止遗漏犯罪事实；并应就全案处理政策、追诉主要犯罪嫌疑人、被告人的证据要求及诉讼时限、追赃挽损、资产处置等工作要求，向其他涉案地办案机关进行通报。其他涉案地办案机关应当对本地区犯罪嫌疑人、被告人涉嫌非法集资的犯罪事实及时立案侦查、起诉、审判，积极协助主办地处置涉案资产。

案件主办地和其他涉案地办案机关应当建立和完善证据交换共享机制。对涉及主要犯罪嫌疑人、被告人的证据，一般由案件主办地办案机关负责收集，其他涉案地提供协助。案件主办地办案机关应当及时通报接收涉及主要犯罪嫌疑人、被告人的证据材料的程序及要求。其他涉案地办案机关需要案件主办地提供证据材料的，应当向案件主办地办案机关提出证据需求，由案件主办地收集并依法移送。无法移送证据原件的，应当在移送复制件的同时，按照相关规定作出说明。

九、关于涉案财物追缴处置问题

办理跨区域非法集资刑事案件，案件主办地办案机关应当及时归集涉案财物，为统一资产处置做好基础性工作。其他涉案地办案机关应当及时查明涉案财物，明确其来源、去向、用途、流转情况，依法办理查封、扣押、冻结手续，并制作详细清单，对扣押款项应当设立明细账，在扣押后立即存入办案机关唯一合规账户，并将有关情况提供案件主办地办案机关。

人民法院、人民检察院、公安机关应当严格依照刑事诉讼法和相关司法解释的规定，依法移送、审查、处理查封、扣押、冻结的涉案财物。对审判时尚未追缴到案或者尚未足额退赔的违法所得，人民法院应当判决继续追缴或者责令退赔，并由人民法院负责执行，处置非法集资职能部门、人民检察院、公安机关等应当予以配合。

人民法院对涉案财物依法作出判决后，有关地方和部门应当在处置非法集资职能部门统筹协调下，切实履行协作义务，综合运用多种手段，做好涉案财物清运、财产变现、资金归集、资金清退等工作，确保最大限度减少实际损失。

根据有关规定，查封、扣押、冻结的涉案财物，一般应在诉讼终结后返还集资参与人。涉案财物不足全部返还的，按照集资参与人的集资额比例返还。退赔集资参与人的损失一般优先于其他民事债务以及罚金、没收财产的执行。

十、关于集资参与人权利保障问题

集资参与人，是指向非法集资活动投入资金的单位和个人，为非法集资活动提供帮助并获取经济利益的单位和个人除外。

人民法院、人民检察院、公安机关应当通过及时公布案件进展、涉案资产处置情况等方式，依法保障集资参与人的合法权利。集资参与人可以推选代表人向人民法院提出相关意见和建议；推选不出代表人的，人民法院可以指定代表人。人民法院可以视案件情况决定集资参与人代表人参加或者旁听庭审，对集资参与人提起附带民事诉讼等请求不予受理。

十一、关于行政执法与刑事司法衔接问题

处置非法集资职能部门或者有关行政主管部门，在调查非法集资行为或者行政执法过程中，认为案情重大、疑难、复杂的，可以商请公安机关就追诉标准、证据固定等问题提出咨询或者参考意见；发现非法集资行为涉嫌犯罪的，应当按照《行政执法机关移送涉嫌犯罪案件的规定》等规定，履行相关手续，在规定的期限内将案件移送公安机关。

人民法院、人民检察院、公安机关在办理非法集资刑事案件过程中，可商请处置非法集资职能部门或者有关行政主管部门指派专业人员配合开展工作，协助查阅、复制有关专业资料，就案件涉及的专业问题出具认定意见。涉及需要行政处理的事项，应当及时移交处置非法集资职能部门或者有关行政主管部门依法处理。

十二、关于国家工作人员相关法律责任问题

国家工作人员具有下列行为之一，构成犯罪的，应当依法追究刑事责任：

（一）明知单位和个人所申请机构或者业务涉嫌非法集资，仍为其办理行政许可或者注册手续的；

（二）明知所主管、监管的单位有涉嫌非法集资行为，未依法及时处理或者移送处置非法集资职能部门的；

（三）查处非法集资过程中滥用职权、玩忽职守、徇私舞弊的；

（四）徇私舞弊不向司法机关移交非法集资刑事案件的；

（五）其他通过职务行为或者利用职务影响，支持、帮助、纵容非法集资的。

（三）《最高人民法院、最高人民检察院、公安部关于办理非法集资刑事案件适用法律若干问题的意见》（2014 年 3 月 25 日　公通字〔2014〕16 号）

一、关于行政认定的问题

行政部门对于非法集资的性质认定，不是非法集资刑事案件进入刑事诉讼程序的必经程序。行政部门未对非法集资作出性质认定的，不影响非法集资刑事案件的侦查、起诉和审判。

公安机关、人民检察院、人民法院应当依法认定案件事实的性质，对于案情复杂、性质认定疑难的案件，可参考有关部门的认定意见，根据案件事实和法律规定作出性质认定。

二、关于“向社会公开宣传”的认定问题

《最高人民法院关于审理非法集资刑事案件具体应用法律若干问题的解释》第一条第一款第二项中的“向社会公开宣传”，包括以各种途径向社会公众传播吸收资金的信息，以及明知吸收资金的信息向社会公众扩散而予以放任等情形。

三、关于“社会公众”的认定问题

下列情形不属于《最高人民法院关于审理非法集资刑事案件具体应用法律若干问题的解释》第一条第二款规定的“针对特定对象吸收资金”的行为，应当认定为向社会公众吸收资金：

（一）在向亲友或者单位内部人员吸收资金的过程中，明知亲友或者单位内部人员向不特定对象吸收资金而予以放任的；

（二）以吸收资金为目的，将社会人员吸收为单位内部人员，并向其吸收资金的。

四、关于共同犯罪的处理问题

为他人向社会公众非法吸收资金提供帮助，从中收取代理费、好处费、返点费、佣金、提成等费用，构成非法集资共同犯罪的，应当依法追究刑事责任。能够及时退缴上述费用的，可依法从轻处罚；其中情节轻微的，可以免除处罚；情节显著轻微、危害不大的，不作为犯罪处理。

五、关于涉案财物的追缴和处置问题

向社会公众非法吸收的资金属于违法所得。以吸收的资金向集资参与人支付的利息、分红等回报，以及向帮助吸收资金人员支付的代理费、好处费、返点费、佣金、提成等费用，应当依法追缴。集资参与人本金尚未归还的，所支付的回报可予折抵本金。

将非法吸收的资金及其转换财物用于清偿债务或者转让给他人，有下列情形之一的，应当依法追缴：

（一）他人明知是上述资金及财物而收取的；

（二）他人无偿取得上述资金及财物的；

（三）他人以明显低于市场的价格取得上述资金及财物的；

（四）他人取得上述资金及财物系源于非法债务或者违法犯罪活动的；

（五）其他依法应当追缴的情形。

查封、扣押、冻结的易贬值及保管、养护成本较高的涉案财物，可以在诉讼终结前依照有关规定变卖、拍卖。所得价款由查封、扣押、冻结机关予以保管，待诉讼终结后一并处置。

查封、扣押、冻结的涉案财物，一般应在诉讼终结后，返还集资参与人。涉案财物不足全部返还的，按照集资参与人的集资额比例返还。

六、关于证据的收集问题

办理非法集资刑事案件中，确因客观条件的限制无法逐一收集集资参与人的言词证据的，可结合已收集的集资参与人的言词证据和依法收集并查证属实的书面合同、银行账户交易记录、会计凭证及会计账簿、资金收付凭证、审计报告、互联网电子数据等证据，综合认定非法集资对象人数和吸收资金数额等犯罪事实。

七、关于涉及民事案件的处理问题

对于公安机关、人民检察院、人民法院正在侦查、起诉、审理的非法集资刑事案件，有关单位或者个人就同一事实向人民法院提起民事诉讼或者申请执行涉案财物的，人民法院应当不予受理，并将有关材料移送公安机关或者检察机关。

人民法院在审理民事案件或者执行过程中，发现有非法集资犯罪嫌疑的，应当裁定驳回起诉或者中止执行，并及时将有关材料移送公安机关或者检察机关。

公安机关、人民检察院、人民法院在侦查、起诉、审理非法集资刑事案件中，发现与人民法院正在审理的民事案件属同一事实，或者被申请执行的财物属于涉案财物的，应当及时通报相关人民法院。人民法院经审查认为确属涉嫌犯罪的，依照前款规定处理。

八、关于跨区域案件的处理问题

跨区域非法集资刑事案件，在查清犯罪事实的基础上，可以由不同地区的公安机关、人民检察院、人民法院分别处理。

对于分别处理的跨区域非法集资刑事案件，应当按照统一制定的方案处置涉案财物。

国家机关工作人员违反规定处置涉案财物，构成渎职等犯罪的，应当依法追究刑事责任。

（四）《最高人民法院关于非法集资刑事案件性质认定问题的通知》（2011年8月18日　法〔2011〕262号）

一、行政部门对于非法集资的性质认定，不是非法集资案件进入刑事程序的必经程序。行政部门未对非法集资作出性质认定的，不影响非法集资刑事案件的审判。

二、人民法院应当依照刑法和《最高人民法院关于审理非法集资刑事案件具体应用法律若干问题的解释》等有关规定认定案件事实的性质，并认定相关行为是否构成犯罪。

三、对于案情复杂、性质认定疑难的案件，人民法院可以在有关部门关于是否符合行业技术标准的行政认定意见的基础上，根据案件事实和法律规定作出性质认定。

四、非法集资刑事案件的审判工作涉及领域广、专业性强，人民法院在审理此类案件当中要注意加强与有关行政主（监）管部门以及公安机关、人民检察院的配合。审判工作中遇到重大问题难以解决的，请及时报告最高人民法院。

四、会议纪要

《最高人民检察院关于办理涉互联网金融犯罪案件有关问题座谈会纪要》（2017年6月1日　高检诉〔2017〕14号）

二、准确界定涉互联网金融行为法律性质

（一）非法吸收公众存款行为的认定

6. 涉互联网金融活动在未经有关部门依法批准的情形下，公开宣传并向不特定公众吸收资金，承诺在一定期限内还本付息的，应当依法追究刑事责任。其中，应重点审查互联网金融活动相关主体是否存在归集资金、沉淀资金，致使投资人资金存在被挪用、侵占等重大风险等情形。

7. 互联网金融的本质是金融，判断其是否属于“未经有关部门依法批准”，即行为是否具有非法性的主要法律依据是《商业银行法》、《非法金融机构和非法金融业务活动取缔办法》（国务院令第247号）等现行有效的金融管理法律规定。

8. 对以下网络借贷领域的非法吸收公众资金的行为，应当以非法吸收公众存款罪分别追究相关行为主体的刑事责任：

（1）中介机构以提供信息中介服务为名，实际从事直接或间接归集资金、甚至自融或变相自融等行为，应当依法追究中介机构的刑事责任。特别要注意识别变相自融行为，如中介机构通过拆分融资项目期限、实行债权转让等方式为自己吸收资金的，应当认定为非法吸收公众存款。

（2）中介机构与借款人存在以下情形之一的，应当依法追究刑事责任：①中介机构与借款人合谋或者明知借款人存在违规情形，仍为其非法吸收公众存款提供服务的；中介机构与借款人合谋，采取向出借人提供信用担保、通过电子渠道以外的物理场所开展借贷业务等违规方式向社会公众吸收资金的；②双方合谋通过拆分融资项目期限、实行债权转让等方式为借款人吸收资金的。在对中介机构、借款人进行追诉时，应根据各自在非法集资中的地位、作用确定其刑事责任。中介机构虽然没有直接吸收资金，但是通过大肆组织借款人开展非法集资并从中收取费用数额巨大、情节严重的，可以认定为主犯。

（3）借款人故意隐瞒事实，违反规定，以自己名义或借用他人名义利用多个网络借贷平台发布借款信息，借款总额超过规定的最高限额，或将吸收资金用于明确禁止的投资股票、场外配资、期货合约等高风险行业，造成重大损失和社会影响的，应当依法追究借款人的刑事责任。对于借款人将借款主要用于正常的生产经营活动，能够及时清退所吸收资金，不作为犯罪处理。

9. 在非法吸收公众存款罪中，原则上认定主观故意并不要求以明知法律的禁止性规定为要件。特别是具备一定涉金融活动相关从业经历、专业背景或在犯罪活动中担任一定管理职务的犯罪嫌疑人，应当知晓相关金融法律管理规定，如果有证据证明其实际从事的行为应当批准而未经批准，行为在客观上具有非法性，原则上就可以认定其具有非法吸收公众存款的主观故意。在证明犯罪嫌疑人的主观故意时，可以收集运用犯罪嫌疑人的任职情况、职业经历、专业背景、培训经历、此前任职单位或者其本人因从事同类行为受到处罚情况等证据，证明犯罪嫌疑人提出的“不知道相关行为被法律所禁止，故不具有非法吸收公众存款的主观故意”等辩解不能成立。除此之外，还可以收集运用以下证据进一步印证犯罪嫌疑人知道或应当知道其所从事行为具有非法性，比如犯罪嫌疑人故意规避法律以逃避监管的相关证据：自己或要求下属与投资人签订虚假的亲友关系确认书，频繁更换宣传用语逃避监管，实际推介内容与宣传用语、实际经营状况不一致，刻意向投资人夸大公司兑付能力，在培训课程中传授或接受规避法律的方法，等等。

10. 对于无相关职业经历、专业背景，且从业时间短暂，在单位犯罪中层级较低，纯属执行单位领导指令的犯罪嫌疑人提出辩解的，如确实无其他证据证明其具有主观故意的，可以不作为犯罪处理。另外，实践中还存在犯罪嫌疑人提出因信赖行政主管部门出具的相关意见而陷入错误认识的辩解。如果上述辩解确有证据证明，不应作为犯罪处理，但应当对行政主管部门出具的相关意见及其出具过程进行查证，如存在以下情形之一，仍应认定犯罪嫌疑人具有非法吸收公众存款的主观故意：

（1）行政主管部门出具意见所涉及的行为与犯罪嫌疑人实际从事的行为不一致的；

（2）行政主管部门出具的意见未对是否存在非法吸收公众存款问题进行合法性审查，仅对其他合法性问题进行审查的；

（3）犯罪嫌疑人在行政主管部门出具意见时故意隐瞒事实、弄虚作假的；

（4）犯罪嫌疑人与出具意见的行政主管部门的工作人员存在利益输送行为的；

（5）犯罪嫌疑人存在其他影响和干扰行政主管部门出具意见公正性的情形的。

对于犯罪嫌疑人提出因信赖专家学者、律师等专业人士、主流新闻媒体宣传或有关行政主管部门工作人员的个人意见而陷入错误认识的辩解，不能作为犯罪嫌疑人判断自身行为合法性的根据和排除主观故意的理由。

11. 负责或从事吸收资金行为的犯罪嫌疑人非法吸收公众存款金额，根据其实际参与吸收的全部金额认定。但以下金额不应计入该犯罪嫌疑人的吸收金额：

（1）犯罪嫌疑人自身及其近亲属所投资的资金金额；

（2）记录在犯罪嫌疑人名下，但其未实际参与吸收且未从中收取任何形式好处的资金。

吸收金额经过司法会计鉴定的，可以将前述不计入部分直接扣除。但是，前述两项所涉金额仍应计入相对应的上一级负责人及所在单位的吸收金额。

12. 投资人在每期投资结束后，利用投资账户中的资金（包括每期投资结束后归还的本金、利息）进行反复投资的金额应当累计计算，但对反复投资的数额应当作出说明。对负责或从事行政管理、财务会计、技术服务等辅助工作的犯罪嫌疑人，应当按照其参与的犯罪事实，结合其在犯罪中的地位和作用，依法确定刑事责任范围。

13. 确定犯罪嫌疑人的吸收金额时，应当重点审查、运用以下证据：

（1）涉案主体自身的服务器或第三方服务器上存储的交易记录等电子数据；

（2）会计账簿和会计凭证；

（3）银行账户交易记录、POS 机支付记录；

（4）资金收付凭证、书面合同等书证。仅凭投资人报案数据不能认定吸收金额。

【指导性案例】[①]

最高人民检察院指导性案例第 64 号杨某国等人非法吸收公众存款案[②]

（2019 年 7 月 10 日最高人民检察院第十三届检察委员会
第二十一次会议决定，2020 年 2 月 5 日发布）

【关键词】

非法吸收公众存款　网络借贷　资金池

【要旨】

单位或个人假借开展网络借贷信息中介业务之名，未经依法批准，归集不特

---

① 本书案例部分引用法律法规均为案件裁判当时有效的法律法规条文，下文不再赘述。

② 《杨某国等人非法吸收公众存款案》，载“最高人民检察院”网站，https：//www.spp.gov.cn/jczdal/202003/t20200325_ 457287.shtml，2022 年 3 月 1 日访问。

定公众的资金设立资金池，控制、支配资金池中的资金，并承诺还本付息的，构成非法吸收公众存款罪。

【基本案情】

被告人杨某国，男，某集团有限公司法定代表人、实际控制人。

被告人张某婷，女，某集团有限公司出纳，主要负责协助杨某国调度、使用非法吸收的资金。

被告人刘某蕾，女，某财富投资管理有限公司总经理，负责该公司业务。

被告人吴某，女，某集团有限公司经理、某集团清算中心负责人，主要负责资金池运作有关业务。

某集团有限公司（以下简称某集团）于2013年2月28日成立，被告人杨某国为法定代表人、董事长。自2013年9月起，某集团开始在线下进行非法吸收公众存款活动。2014年，杨某国利用其实际控制的公司又先后成立某财富投资管理有限公司（以下简称某财富）、某普惠投资管理有限公司（以下简称某普惠），通过线下和线上两个渠道开展非法吸收公众存款活动。其中，某普惠主要负责发展信贷客户（借款人），某财富负责发展不特定社会公众成为理财客户（出借人），根据理财产品的不同期限约定7%~15%不等的年化利率募集资金。在线下渠道，某集团在全国多个省、市开设门店，采用发放宣传单、举办年会、发布广告等方式进行宣传，理财客户或者通过与杨某国签订债权转让协议，或者通过匹配某集团虚构的信贷客户借款需求进行投资，将投资款转至杨某国个人名下42个银行账户，被某集团用于还本付息、生产经营等活动。在线上渠道，某集团及其关联公司以网络借贷信息中介活动的名义进行宣传，理财客户根据某集团的要求在第三方支付平台上开设虚拟账户并绑定银行账户。理财客户选定投资项目后将投资款从银行账户转入第三方支付平台的虚拟账户进行投资活动，某集团、杨某国及某集团实际控制的担保公司为理财客户的债权提供担保。某集团对理财客户虚拟账户内的资金进行调配，划拨出借资金和还本付息资金到相应理财客户账户和信贷客户账户，并将剩余资金直接转至杨某国在第三方支付平台上开设的托管账户，再转至杨某国开设的个人银行账户，与线下资金混同，由某集团支配使用。

因资金链断裂，某集团无法按期兑付本息。截止到2016年4月20日，某集团通过线上、线下两个渠道非法吸收公众存款共计64亿余元，未兑付资金共计26亿余元，涉及集资参与人13400余人。其中，通过线上渠道吸收公众存款11亿余元。

【指控与证明犯罪】

2017年2月15日，浙江省杭州市江干区人民检察院以非法吸收公众存款罪对杨某国等4名被告人依法提起公诉，杭州市江干区人民法院公开开庭审理本案。

法庭调查阶段，公诉人宣读起诉书指控杨某国等被告人的行为构成非法吸收公众存款罪，并对杨某国等被告人进行讯问。杨某国对某集团通过线下渠道非法吸收公众存款的犯罪事实和性质没有异议，但辩称某集团的线上平台经营的是正常P2P业务，线上的信贷客户均真实存在，不存在资金池，不是吸收公众存款，不需要取得金融许可牌照，在营业执照许可的经营范围内即可开展经营。针对杨某国的辩解，公诉人围绕理财资金的流转对被告人进行了重点讯问。

公诉人：（杨某国）如果线上理财客户进来的资金大于借款方的资金，如何操作？

杨某国：一般有两种操作方式。一种是停留在客户的操作平台上，另一种是转移到我开设的托管账户。如果转移到托管账户，客户就没有办法自主提取了。如果客户需要提取，我们根据客户指令再将资金返回到客户账户。

公诉人：（吴某）理财客户充值到第三方支付平台的虚拟账户后，某集团操作员是否可以对第三方支付平台上的资金进行划拨？

吴某：可以。

公诉人：（吴某）请叙述一下划拨资金的方式。

吴某：直接划拨到借款人的账户，如果当天资金充足，有时候会划拨到杨某国在第三方支付平台上设立的托管账户，再提现到杨某国绑定的银行账户，用来兑付线下的本息。

公诉人补充讯问：（吴某）如果投资进来的资金大于借款方，如何操作？

吴某：会对一部分进行冻结，也会提现一部分。资金优先用于归还客户的本息，然后配给借款方，然后再提取。

被告人的当庭供述证明，某集团通过直接控制理财客户在第三方平台上的虚拟账户和设立托管账户，实现对理财客户资金的归集和控制、支配、使用，形成资金池。

举证阶段，公诉人出示证据，全面证明某集团线上、线下业务活动本质为非法吸收公众存款，并就线上业务相关证据重点举证。

第一，通过出示书证、审计报告、电子数据、证人证言、被告人供述和辩解等证据，证实某集团的线上业务归集客户资金设立资金池并进行控制、支配、使用，不是网络借贷信息中介业务。（1）第三方支付平台赋予某集团对所有理财客户虚拟账户内的资金进行冻结、划拨、查询的权限。线上理财客户在合同中也明确授权某集团对其虚拟账户内的资金进行冻结、划拨、查询，且虚拟账户销户需要某集团许可。（2）理财客户将资金转入第三方平台的虚拟账户后，某集团每日根据理财客户出借资金和信贷客户的借款需求，以多对多的方式进行人工匹配。当理财客户资金总额大于信贷客户借款需求时，剩余资金划入杨某国在第三方支付平台开设的托管账户。某集团预留第二天需要支付的到期本息后，将剩余资金提现至杨某国的银行账户，用于线下非法吸收公众存款活动或其他经营活动。（3）信贷客户的借款期限与理财客户的出借期限不匹配，存在期限错配等问题。（4）杨某国及其控制的公司承诺为信贷客户提供担保，当信贷客户不能按时还本付息时，杨某国保证在债权期限届满之日起3个工作日内代为偿还本金和利息。实际操作中，归还出借人的资金都来自线上的托管账户或者杨某国用于线下经营的银行账户。（5）某集团通过多种途径向不特定公众进行宣传，发展理财客户，并通过明示年化收益率、提供担保等方式承诺向理财客户还本付息。

第二，通过出示理财、信贷余额列表，扣押清单，银行卡照片，银行卡交易明细，审计报告，证人证言，被告人供述和辩解等证据，证实某集团资金池内的资金去向：（1）某集团吸收的资金除用于还本付息外，主要用于扩大某集团下属公司的经营业务。（2）某集团线上资金与线下资金混同使用，互相弥补资金不足，某集团从第三方支付平台提现到杨某国银行账户资金为2.7亿余元，杨某国个人银行账户转入第三方支付平台资金为2亿余元。（3）某集团将吸收的资金用于公司自身的投资项目，并有少部分用于个人支出，案发时线下、线上的理财客户均遭遇资金兑付困难。

法庭辩论阶段，公诉人发表公诉意见，论证杨某国等被告人构成非法吸收公众存款罪，起诉书指控的犯罪事实清楚，证据确实、充分。其中，某集团在线上经营所谓网络借贷信息中介业务时，承诺为理财客户提供保底和增信服务，获取对理财客户虚拟账户内资金进行冻结、划拨、查询等权限，归集客户资金设立资金池，实际控制、支配、使用客户资金，用于还本付息和其他生产经营活动，超出了网络借贷信息中介的业务范围，属于变相非法吸收公众存款。杨某国等被告人明知其吸收公众存款的行为未经依法批准而实施，具有犯罪的主观故意。

杨某国认为某集团的线上业务不构成犯罪，不应计入犯罪数额。杨某国的辩护人认为，国家允许 P2P 行业先行先试，某集团设立资金池、开展自融行为的时间在国家对 P2P 业务进行规范之前，没有违反刑事法律，属民事法律调整范畴，不应受到刑事处罚，犯罪数额应扣除通过线上模式流入的资金。

公诉人针对杨某国及其辩护人的辩护意见进行答辩：某集团在线上开展网络借贷中介业务已从信息中介异化为信用中介，某集团对理财客户投资款的归集、控制、支配、使用以及还本付息的行为，本质与商业银行吸收存款业务相同，并非国家允许创新的网络借贷信息中介行为，不论国家是否出台有关网络借贷信息中介的规定，未经批准实施此类行为，都应当依法追究刑事责任。因此，线上吸收的资金应当计入犯罪数额。

法庭经审理认为，某集团以提供网络借贷信息中介服务为名，实际从事直接或间接归集资金，甚至自融或变相自融行为，本质是吸收公众存款。判断金融业务的非法性，应当以现行刑事法律和金融管理法律规定为依据，不存在被告人开展 P2P 业务时没有禁止性法律规定的问题。某集团的行为已经扰乱了金融秩序，破坏了国家金融管理制度，应受刑事处罚。

2018 年 2 月 8 日，杭州市江干区人民法院作出一审判决，以非法吸收公众存款罪，分别判处被告人杨某国有期徒刑九年六个月，并处罚金人民币 50 万元；判处被告人刘某蕾有期徒刑四年六个月，并处罚金人民币 10 万元；判处被告人吴某有期徒刑三年，缓刑五年，并处罚金人民币 10 万元；判处被告人张某婷有期徒刑三年，缓刑五年，并处罚金人民币 10 万元。在案扣押冻结款项分别按损失比例发还；在案查封、扣押的房产、车辆、股权等变价后分别按损失比例发还。不足部分责令继续退赔。宣判后，被告人杨某国提出上诉后又撤回上诉，一审判决已生效。本案追赃挽损工作仍在进行中。

【指导意义】

1. 向不特定社会公众吸收存款是商业银行专属金融业务，任何单位和个人未经批准不得实施。根据《中华人民共和国商业银行法》第十一条规定，未经国务院银行业监督管理机构批准，任何单位和个人不得从事吸收公众存款等商业银行业务，这是判断吸收公众存款行为合法与非法的基本法律依据。任何单位或个人，包括非银行金融机构，未经国务院银行业监督管理机构批准，面向社会吸收公众存款或者变相吸收公众存款均属非法。国务院《非法金融机构和非法金融业务活动取缔办法》进一步明确规定，未经依法批准，非法吸收公众存款、变相吸收公众存款、以任何名义向社会不特定对象进行的非法集资都属于非法金融活动，必须予以取缔。为了解决传统金融机构覆盖不了、满足不好的社会资金需求，缓解个体经营者、小微企业经营当中的小额资金困难，国务院金融监管机构于2016年发布了《网络借贷信息中介机构业务活动管理暂行办法》等“一个办法、三个指引”，允许单位或个人在规定的借款余额范围内通过网络借贷信息中介机构进行小额借贷，并且对单一组织、单一个人在单一平台、多个平台的借款余额上限作了明确限定。检察机关在办案中要准确把握法律法规、金融管理规定确定的界限、标准和原则精神，准确区分融资借款活动的性质，对于违反规定达到追诉标准的，依法追究刑事责任。

2. 金融创新必须遵守金融管理法律规定，不得触犯刑法规定。金融是现代经济的核心和血脉，金融活动引发的风险具有较强的传导性、扩张性、潜在性和不确定性。为了发挥金融服务经济社会发展的作用，有效防控金融风险，国家制定了完善的法律法规，对商业银行、保险、证券等金融业务进行严格的规制和监管。金融也需要发展和创新，但金融创新必须有效地防控可能产生的风险，必须遵守金融管理法律法规，尤其是依法须经许可才能从事的金融业务，不允许未经许可而以创新的名义擅自开展。检察机关办理涉金融案件，要深入分析、清楚认识各类新金融现象，准确把握金融的本质，透过复杂多样的表现形式，准确区分是真的金融创新还是披着创新外衣的伪创新，是合法金融活动还是以金融创新为名实施金融违法犯罪活动，为防范化解金融风险提供及时、有力的司法保障。

3. 网络借贷中介机构非法控制、支配资金，构成非法吸收公众存款。网络借贷信息中介机构依法只能从事信息中介业务，为借款人与出借人实现直接借贷提供信息收集、信息公布、资信评估、信息交互、借贷撮合等服务。信息中介机构不得提供增信服务，不得直接或间接归集资金，包括设立资金池控制、支配资金或者为自己控制的公司融资。网络借贷信息中介机构利用互联网发布信息归集资金，不仅超出了信息中介业务范围，同时也触犯了刑法第一百七十六条的规定。检察机关在办案中要通过对网络借贷平台的股权结构、实际控制关系、资金来源、资金流向、中间环节和最终投向的分析，综合全流程信息，分析判断是规范的信息中介，还是假借信息中介名义从事信用中介活动，是否存在违法设立资金池、自融、变相自融等违法归集、控制、支配、使用资金的行为，准确认定行为性质。

【相关规定】

《中华人民共和国刑法》第一百七十六条

《中华人民共和国商业银行法》第十一条

《最高人民法院关于审理非法集资刑事案件具体应用法律若干问题的解释》（法释〔2010〕18号[①]）第一条

① 原法释〔2010〕18号，根据法释〔2022〕5号修正。

第十一章　伪造、变造金融票证罪

【立案追诉标准】

伪造、变造金融票证案（刑法第 177 条）

伪造、变造金融票证，涉嫌下列情形之一的，应予立案追诉：

（一）伪造、变造汇票、本票、支票，或者伪造、变造委托收款凭证、汇款凭证、银行存单等其他银行结算凭证，或者伪造、变造信用证或者附随的单据、文件，总面额在一万元以上或者数量在十张以上的；

（二）伪造信用卡一张以上，或者伪造空白信用卡十张以上的。

《最高人民检察院、公安部关于公安机关管辖的刑事案件立案追诉标准的规定（二）》（2022 年 4 月 6 日）

【犯罪构成及刑事责任】

伪造、变造金融票证罪是指伪造、变造汇票、本票、支票，伪造、变造委托收款凭证、汇款凭证、银行存单等其他银行结算凭证，伪造、变造信用证或附随单据、文件，伪造信用卡的行为。构成本罪需要具备以下四个要件：

1. 客体要件。本罪侵犯的客体是国家对金融票证的管理制度。

2. 客观要件。客观方面表现为伪造、变造各种金融票证的行为。“伪造金融票证”是指无权制作金融票证的行为人，仿照真实的金融票证的形式、图案、颜色、色彩，通过印刷、复印、绘制等制作方法非法制造金融票证，“变造金融票证”是指行为人在真实的金融票证的基础上或者以真实金融票证为基本材料，通过剪接、揭层、挖补、覆盖、涂改等方法，对金融票证的内容进行改变。

3. 主体要件。本罪主体是达到法定刑事责任年龄且具备刑事责任能力的自然人和单位。

4. 主观要件。本罪在主观方面是故意，而且只能是直接故意。

根据刑法第 177 条的规定，有下列情形之一，伪造、变造金融票证的，处 5 年以下有期徒刑或者拘役，并处或者单处 2 万元以上 20 万元以下罚金；情节严重的，处 5 年以上 10 年以下有期徒刑，并处 5 万元以上 50 万元以下罚金；情节特别严重的，处 10 年以上有期徒刑或者无期徒刑，并处 5 万元以上 50 万元以下罚金或者没收财产：（1）伪造、变造汇票、本票、支票的；（2）伪造、变造委托收款凭证、汇款凭证、银行存单等其他银行结算凭证的；（3）伪造、变造信用证或者附随的单据、文件的；（4）伪造信用卡的。单位犯前款罪的，对单位判处罚金，并对其直接负责的主管人员和其他直接责任人员，依照前款的规定处罚。

【疑难指导】

一、“伪造票据”的含义

我国刑法所规定的伪造包括形式伪造和内容伪造。形式伪造一般是指对有价证券或者文书证件外观形式的非法仿制，内容伪造一般是指对有价证券或者文书证件实质内容的非法填写。[①] 我国刑法中涉及伪造的犯罪有很多，如伪造货币罪，伪造金融机构经营许可证、批准文件罪，伪造国家机关公文、证件、印章罪，伪造公司、企业、事业单位、人民团体印章罪，伪造身份证件罪等。这些罪名中的伪造行为，有的伪造犯罪只需要实施形式伪造，无须实施内容伪造即可构成；而有的伪造犯罪只能通过内容伪造实施，如在合法印制的空白证件上进行非法填写，由于空白证件是合法印制的，所以并不存在形式伪造问题，无权填写的人未经权利人的许可填写签章和有权填写的人超越权限填写签章，构成内容伪造；还有的伪造犯罪既要实施形式伪造又要实施内容伪造。

对于本罪伪造票据行为中的伪造是形式伪造还是内容伪造，存在不同观点，

---

① 刘宪权：《伪造、变造金融票证罪疑难问题刑法分析》，载《法学》2008 年第 2 期。

有的观点认为票据伪造是形式伪造，如有论者认为票据伪造是指行为人仿照真实的票据形式、图案、颜色、格式、质地，通过印刷、复印、绘制等手法，非法制作以上票据。[①] 有的观点认为票据伪造包括形式伪造和内容伪造两类，如有论者认为票据伪造是指包括外观上的非法仿制和内容上的非法填制行为[②]，也有论者指出票据伪造是指依照真实的汇票、本票或者支票的形式、图案、颜色、格式等通过印刷、复印、拓印、绘制等制作方法非法制造以上票据的行为，或者假冒他人的名义在票据上为一定票据行为的行为。[③]

笔者认为，票据伪造不应当包括形式伪造，只能是内容伪造。对于票据伪造，虽然可能存在票据外观形态的伪造的情况，但如仅仅伪造出了票据的形状、色彩、图案等外观形态，只能说是伪造了票据用纸，本质上不可能带来票据权利。也就是说这种情况下的伪造，尚未形成有价证券，因而也不可能认为伪造了票据。只有在票据用纸上进行记载、完成签章、签名，才能认为伪造了票据。因而票据的伪造，其结果并不在于形成了伪造票据这一假有价证券，而在于形成了由伪造签章、签名构成的虚假票据行为，是内容伪造。

二、“金融票证”的范围

本罪的犯罪对象是金融票证，主要包括四类。

（一）汇票、本票、支票

汇票是指出票人签发的，委托付款人在见票时或者在指定日期无条件支付确定的金额给收款人或持票人的票据。本票是指出票人签发的，承诺自己在见票时无条件支付确定的金额给收款人或持票人的票据。支票是指出票人签发的，委托办理支票存款业务的银行或者其他金融机构在见票时无条件支付确定的金额给收款人或持票人的票据。

（二）委托收款凭证、汇款凭证、银行存单等其他银行结算凭证

委托收款凭证是指收款人在委托银行向付款人收取款项时所填写、提供的凭

---

① 郎胜：《关于惩治破坏金融秩序犯罪的决定（释义）》，中国计划出版社 1995 年版，第 74 页。

② 刘华：《票据犯罪若干问题研究》，载《法学研究》2000 年第 6 期。

③ 王作富主编：《刑法分则实务研究》，中国方正出版社 2001 年版，第 569 页。

据和证明。汇款凭证是指汇款人委托银行将款项汇给外地收款时，所填写的凭据和证明。其他银行结算凭证是指除本票、汇票、支票、委托收款凭证、汇款凭证、银行存单外的办理银行结算的凭证和证明。银行结算凭证是银行办理款项划拨、收付款单位和银行进行会计核算的依据。只要在经济活动中具有货币给付和资金清算作用，并表明银行与客户之间已受理或已办结相关支付结算业务的凭据，均应认定为银行结算凭证，属于金融票证的范畴。

根据相关文件规定，属于金融票证范畴的有：（1）现金解款单。现金解款单是客户到银行办理现金缴存业务的专用凭证，也是银行和客户凭以记账的依据，它证明银行与客户之间发生了资金收付关系，代表相互间债权债务关系的建立。因此，现金解款单属于金融票证。（2）银行进账单。银行进账单的第一联收账通知，是银行为收款人收妥款项后，出具给收款人的证明款项已收入账户的凭据，应属“其他银行结算凭证”。（3）现金缴存单。现金缴存单是客户到银行办理现金缴存业务的专用凭证，证明银行与客户之间发生了资金收付关系，应为银行结算凭证的一种，属于金融票证的范畴。（4）支付系统专用凭证、转账贷方传票。银行进账单、支付系统专用凭证、转账贷方传票属于银行结算凭证。

不属于金融票证范畴的有：（1）单位定期存款开户证实书。支付结算是指单位、个人在社会经济活动中使用票据信用卡和汇兑、托收承付、委托收款等结算方式进行货币给付及其资金清算的行为。中国人民银行为上述结算活动统一制定的书面凭证为结算凭证。单位定期存款开户证实书不是在银行结算活动中使用的凭证，不属于结算凭证。（2）对账单、询证函。对账单是银行与客户之间账目往来记录的事后辅助核查证明，询证函是银行向询证部门证实资金状况和信誉的证明文件，对账单和询证函都不属于金融票证。（3）银行履约保函。银行履约保函是保函的一种，属于刑法第 188 条所列的金融票证的范畴，但只有在经济活动中具有给付货币和资金清算作用，并表明银行与客户之间已受理或已办结相关支付结算业务的凭据，才能认定为银行结算凭证。因此，刑法第 177 条“伪造、变造金融票证罪”规定的金融票证种类中并不包括银行履约保函。（4）支票存根联。支票存根联是出票人自行留存、用于核对账务的内部凭证，不属于银行结算凭证。（5）银行质押凭证止付通知书不属于金融票证。（6）网上银行电子回单。电子支付指令与纸质支付凭证具有同等效力，而网上银行电子回单（包括纸质形式）可理解为银行对电子支付指定进行确认后，向客户提供的用以证明银行受理的相关业务的单证，并非办理支付结算业务和资金划转的依据，也不能证明有关的货币给付或资金清算已经完成。综上，网上银行电子回单（包括纸质形式）不属于结算凭证，也不属于金融票证。

需要特别说明的是，当前金融工具不断发展衍化，客户可以利用手机、电脑等电子终端通过移动短信息、有线电话、网络等，在商业银行的电子银行服务系统实现金融信息查询和有关金融交易的服务。对网上银行的相关业务凭证是否属于金融凭证，可以根据其是否具有金融凭证的本质功能予以确定。《刑事审判参考》第424号张某海等人贷款诈骗、金融凭证诈骗案即认定，《中国工商银行网上银行企业客户账户查询、转账授权书》是用于网上电子银行进行收付、结算唯一的、排他的重要依据，是用于特定主体（金融机构、存款人）之间以特定的格式记载双方的特定权利、义务的书面文件，同时也是双方记账的重要凭证，符合金融凭证中的委托收款凭证的特征，属于新兴电子银行业务中出现的一种非传统型的银行会计凭证，具有金融凭证所具有的转账、支付等功能，属于金融票证的范畴。

（三）信用证或者附随的单据、文件

信用证是银行根据买方的请求，开给卖方的一种保证承担支付货款责任的书面凭证。以信用证项下的汇票是否附有货运单据可以将信用证分为跟单信用证和光票信用证，在国际贸易的货款结算中，绝大部分使用跟单信用证。跟单信用证是凭跟单汇票或仅凭单据付款的信用证，单据指代表货物所有权的单据或证明货物已交运的单据。从信用证交易的过程看，信用证交易实际上是单据买卖，信用证当事人所处理的是单据而不是货物。单据是卖方对买方履行合同义务的证明文件，因此信用证附随的单据在信用证交易中作用重大。

信用证附随的单据主要有运输单据、保险单、商业发票等。运输单据是指表明运送人已将货物装船或发运的单据，包括海运提单、航空运单、铁路运单、邮包收据等。保险单据是关于货物运输保险的单据。商业发票是证明卖方已经履行合同的凭证，也是海关实行货物进出口管理的依据，是买方验收货物是否完全符合合同规定的数量、质量、品种等的依据。另外，有的信用证还需要附随其他单据，如领事发票、海关发票，出口许可证、产地证明等。

（四）信用卡

根据《全国人民代表大会常务委员会关于〈中华人民共和国刑法〉有关信用卡规定的解释》，刑法规定的“信用卡”，是指由商业银行或者其他金融机构发行的具有消费支付、信用贷款、转账结算、存取现金等全部功能或者部分功能的电子支付卡。因此，这里的“信用卡”既包括借记卡，也包括贷记卡。

三、罪数的认定

在司法实践中，涉及伪造、变造金融票证犯罪的，行为人往往存在多种违法行为，如既实施伪造金融票证行为，又实施变造金融票证行为，或者是先实施伪造、变造金融票证犯罪行为，又实施金融票据诈骗、金融票证诈骗、信用证诈骗和信用卡诈骗等行为，在这些情况下，对于行为人的行为定性存在一定分歧。笔者认为，应当根据不同情形分别认定。

（一）既实施伪造金融票证行为又实施变造金融票证行为

对于既实施伪造金融票证行为又实施变造金融票证行为的，由于刑法第177条在同一条文中规定了伪造、变造两种不同行为，伪造、变造金融票证罪是选择性罪名，因此，对行为人不能数罪并罚，而应以伪造、变造金融票证罪一罪论处。

（二）为实施诈骗犯罪伪造、变造金融票证行为

1. 如果行为人在伪造或者变造金融票证后，尚未实施票据诈骗、金融凭证诈骗、信用证诈骗和信用卡诈骗等目的犯罪即案发的，对行为人的行为应以伪造、变造金融票证罪一罪论处。

2. 如果行为人在伪造或者变造金融票证后，又使用上述伪造、变造金融票证实施票据诈骗、金融凭证诈骗、信用证诈骗和信用卡诈骗等犯罪，由于行为人伪造、变造金融票证是方法行为，票据诈骗、金融凭证诈骗、信用证诈骗和信用卡诈骗等行为是目的行为，符合刑法中的牵连犯理论，对于行为人应以“从一重罪处断”原则论处。

3. 行为人伪造或者变造金融票证后，将上述金融票证交由其他人实施金融诈骗等犯罪行为。对于明知是伪造、变造的金融票证而贩卖，或者明知他人实施金

融诈骗行为而为其提供伪造、变造的金融票证的，以伪造、变造金融票证罪或者金融诈骗犯罪的共犯论处。因此，这种情况下，要区分行为人与其他人之间是否明知或有共同实施犯罪行为的故意。如果行为人明知或与其他人具有共同谋取非法利益的共同故意，尽管行为人与其他人分别实施了不同的行为，也应以共同犯罪论处，按照牵连犯择一重罪处断原则处理。如果行为人不明知，或者与其他人不具有共同故意，由于伪造、变造者与使用者具有独立的主观故意内容，不能以共同犯罪论处，只能就其各自行为分别论处，即对行为人应按照伪造、变造金融票证罪论处，对其他人以其实际实施的金融诈骗犯罪行为论处。

【办案依据】

一、刑法规定

第一百七十七条 有下列情形之一，伪造、变造金融票证的，处五年以下有期徒刑或者拘役，并处或者单处二万元以上二十万元以下罚金；情节严重的，处五年以上十年以下有期徒刑，并处五万元以上五十万元以下罚金；情节特别严重的，处十年以上有期徒刑或者无期徒刑，并处五万元以上五十万元以下罚金或者没收财产：

（一）伪造、变造汇票、本票、支票的；

（二）伪造、变造委托收款凭证、汇款凭证、银行存单等其他银行结算凭证的；

（三）伪造、变造信用证或者附随的单据、文件的；

（四）伪造信用卡的。

单位犯前款罪的，对单位判处罚金，并对其直接负责的主管人员和其他直接责任人员，依照前款的规定处罚。

二、立法解释

《全国人民代表大会常务委员会关于〈中华人民共和国刑法〉有关信用卡规定的解释》（2004 年 12 月 29 日第十届全国人民代表大会常务委员会第十三次会议通过）

刑法规定的“信用卡”，是指由商业银行或者其他金融机构发行的具有消费支付、信用贷款、转账结算、存取现金等全部功能或者部分功能的电子支付卡。

三、司法解释

《最高人民法院、最高人民检察院关于办理妨害信用卡管理刑事案件具体应用法律若干问题的解释》（2018年11月28日 法释〔2018〕19号）

第一条 复制他人信用卡、将他人信用卡信息资料写入磁条介质、芯片或者以其他方法伪造信用卡一张以上的，应当认定为刑法第一百七十七条第一款第四项规定的“伪造信用卡”，以伪造金融票证罪定罪处罚。

伪造空白信用卡十张以上的，应当认定为刑法第一百七十七条第一款第四项规定的“伪造信用卡”，以伪造金融票证罪定罪处罚。

伪造信用卡，有下列情形之一的，应当认定为刑法第一百七十七条规定的“情节严重”：

（一）伪造信用卡五张以上不满二十五张的；

（二）伪造的信用卡内存款余额、透支额度单独或者合计数额在二十万元以上不满一百万元的；

（三）伪造空白信用卡五十张以上不满二百五十张的；

（四）其他情节严重的情形。

伪造信用卡，有下列情形之一的，应当认定为刑法第一百七十七条规定的“情节特别严重”：

（一）伪造信用卡二十五张以上的；

（二）伪造的信用卡内存款余额、透支额度单独或者合计数额在一百万元以上的；

（三）伪造空白信用卡二百五十张以上的；

（四）其他情节特别严重的情形。

本条所称“信用卡内存款余额、透支额度”，以信用卡被伪造后发卡行记录的最高存款余额、可透支额度计算。

第十三条 单位实施本解释规定的行为，适用本解释规定的相应自然人犯罪的定罪量刑标准。

四、司法文件

《最高人民检察院、公安部关于公安机关管辖的刑事案件立案追诉标准的规定（二）》（2022年4月6日）

第二十四条　【伪造、变造金融票证案（刑法第一百七十七条）】伪造、变造金融票证，涉嫌下列情形之一的，应予立案追诉：

（一）伪造、变造汇票、本票、支票，或者伪造、变造委托收款凭证、汇款凭证、银行存单等其他银行结算凭证，或者伪造、变造信用证或者附随的单据、文件，总面额在一万元以上或者数量在十张以上的；

（二）伪造信用卡一张以上，或者伪造空白信用卡十张以上的。

第十二章　妨害信用卡管理罪

【立案追诉标准】

妨害信用卡管理案（刑法第 177 条之一第 1 款）

妨害信用卡管理，涉嫌下列情形之一的，应予立案追诉：

（一）明知是伪造的信用卡而持有、运输的；

（二）明知是伪造的空白信用卡而持有、运输，数量累计在十张以上的；

（三）非法持有他人信用卡，数量累计在五张以上的；

（四）使用虚假的身份证明骗领信用卡的；

（五）出售、购买、为他人提供伪造的信用卡或者以虚假的身份证明骗领的信用卡的。

违背他人意愿，使用其居民身份证、军官证、士兵证、港澳居民往来内地通行证、台湾居民来往大陆通行证、护照等身份证明申领信用卡的，或者使用伪造、变造的身份证明申领信用卡的，应当认定为“使用虚假的身份证明骗领信用卡”。

《最高人民检察院、公安部关于公安机关管辖的刑事案件立案追诉标准的规定（二）》（2022 年 4 月 6 日）

【犯罪构成及刑事责任】

妨害信用卡管理罪是指违反国家信用卡管理法规，在信用卡的发行、使用等过程中，妨害国家对信用卡的管理活动，破坏信用卡管理秩序的行为。构成本罪需要具备以下四个要件：

1. 客体要件。本罪侵犯的客体是国家的信用卡管理制度。

2. 客观要件。客观方面表现为，明知是伪造的信用卡而持有、运输的，或者明知是伪造的空白信用卡而持有、运输，数量较大的；非法持有他人信用卡，数量较大的；使用虚假的身份证明骗领信用卡的；出售、购买、为他人提供伪造的信用卡或者以虚假的身份证明骗领的信用卡。

3. 主体要件。本罪主体是一般主体，任何达到法定刑事责任年龄且具备刑事责任能力的自然人均可构成本罪。

4. 主观要件。本罪在主观方面是故意。

根据刑法第 177 条之一第 1 款的规定，有下列情形之一，妨害信用卡管理的，处 3 年以下有期徒刑或者拘役，并处或者单处 1 万元以上 10 万元以下罚金；数量巨大或者有其他严重情节的，处 3 年以上 10 年以下有期徒刑，并处 2 万元以上 20 万元以下罚金：（1）明知是伪造的信用卡而持有、运输的，或者明知是伪造的空白信用卡而持有、运输，数量较大的；（2）非法持有他人信用卡，数量较大的；（3）使用虚假的身份证明骗领信用卡的；（4）出售、购买、为他人提供伪造的信用卡或者以虚假的身份证明骗领的信用卡的。

【疑难指导】

一、明知是伪造的信用卡或伪造的空白信用卡而持有、运输的认定

本罪规定了四种具体行为，对于持有、运输伪造的信用卡或伪造的空白信用卡的行为，立法特别指出必须以行为人明知为前提。也就是说，如果行为人确实不知道其所持有、运输的是伪造的信用卡或伪造的空白信用卡，不构成本罪。明知包括知道、应当知道或推定知道，对于明知的认定，不能仅以行为人的辩解为依据，根据相关证据足以推定行为人应当知道的，即使行为人否认其知道，仍可认定其明知。另外，对于本罪的其他几种行为，虽然立法并未特别强调明知，但根据刑法总则关于犯罪故意的规定，也应以明知为构成要件，如果行为人确实不知道，不能以本罪论处。

持有型犯罪在刑法中比较常见，对于持有行为是不是独立于作为和不作为之外的第三种行为形式，理论上探讨比较深入，多数意见认为持有并非一个独立的行为形式，但对持有行为的内涵仍存在不同看法。理论上一般认为，持有伪造的信用卡或数量较大的伪造的空白信用卡，是指行为人在事实上或法律上支配、控制伪造的信用卡或数量较大的伪造的空白信用卡。这种持有的成立不需要证明其时间上的延续性，也不需要行为人与对象之间具有密切的空间关系。[①]

行为人持有、运输的对象有两种：一种是伪造的信用卡，即未经国家主管部门批准的单位或个人以各种方法制造并输入了用户相关信息的信用卡；另一种是伪造的空白信用卡，即未经国家主管部门批准的单位或个人以各种方法制造的未输入用户信息的信用卡，即卡中没有授信财产的信用卡。伪造的空白信用卡与伪造的信用卡的区别在于是否实际或者曾经输入用户的信息。一般认为，伪造的信用卡既包括利用相应材料和技术手段，模仿信用卡的质地、模式、图样以及磁条密码等制造的信用卡，也包括在过期的、作废的、盗来的、捡来的等各种真实信用卡上修改关键要素，如重新压印卡号、有效期和姓名，甚至对信用卡磁条重新写磁；或者是对非法获取的发卡银行的空白信用卡进行凸印、写磁而制成的信用卡。[②] 这种在真实信用卡基础上修改关键要素而制成的信用卡，是变造信用卡，尽管法律中并未规定变造信用卡行为，但由于变造行为也必须通过重新压印或重新写磁等过程才能完成，因而理论上和司法实践中一般认为，变造的信用卡属于伪造的信用卡，如果明知是变造的信用卡而持有运输的，也构成妨害信用卡管理罪。

由于空白信用卡尚未写入个人信用卡磁条信息，不具有支付功能，其社会危害程度比伪造完毕的信用卡低，因而法律对持有、运输伪造的空白信用卡要求必须达到数量较大才构成犯罪。也就是说，持有、运输伪造的空白信用卡必须以数量较大为必要要件，而持有、运输伪造的信用卡则不以数量较大为必要要件。但这并不意味着认定持有、运输伪造的信用卡犯罪行为时可以不看数量。笔者认为，虽然刑法第 177 条之一对此没有设定数量标准，但是结合刑法第 13 条的规定，如

---

① 刘宪权：《妨害信用卡管理罪疑难问题刑法探析》，载《政法论坛》2008 年第 2 期。

② 黄太云：《立法解读：刑法修正案及刑法立法解释》，人民法院出版社 2006 年版，第 87 页。

果是初次实施此类行为，数量不大，情节显著轻微的，不作为犯罪处理。

二、非法持有他人信用卡数量较大的认定

刑法中的非法持有行为主要为两种情况：一是持有的物品本身属于法律禁止持有的；二是虽然持有的物品本身不是法律禁止持有，但没有合法的依据而持有。本罪中的非法持有他人信用卡行为的对象是他人的信用卡，根据《银行卡业务管理办法》的规定，信用卡及其账户只限于发卡行批准的持卡人本人使用，不得出租和转借。信用卡并非国家法律禁止持有的物品，其非法性主要体现在持有行为不具有合法根据。在司法实践中，认定非法持有他人信用卡的行为应注意以下几点：

一是他人信用卡的范围。理论上有不同的观点，有论者认为他人信用卡是指他人申领的合法有效的信用卡即真卡，不包括伪造卡、空白卡或废卡，也有论者认为卡的性质并不影响对信用卡秩序的妨害，因而他人信用卡不仅包括他人申领的合法有效的真卡，还包括伪造卡、空白卡或废卡，甚至包括用虚假的身份证明骗领的信用卡。[①] 笔者认为，此处的他人信用卡是指他人申领的合法有效的信用卡即真卡（包括他人使用虚假的身份证明骗领的信用卡），但不包括伪造卡、空白卡或废卡。如果行为人误将他人伪造的信用卡、伪造的空白信用卡或作废的信用卡当作真卡而故意非法持有的，属于认识错误，按照刑法原理，也可以认定为“非法持有他人信用卡”。另外，非法持有的他人信用卡，不仅包括中国公民的信用卡，也包括外国人、无国籍人的信用卡；不仅包括国内金融机构发行的信用卡，也包括外国金融机构或国际信用卡组织发行的信用卡。

二是非法持有行为是指处于行为人可支配的范围之内，既可以是行为人将他人的信用卡携带在身或存放于特定地点，也可以是将他人的信用卡委托他人保管。如果行为人仅是为他人保管信用卡而无直接支配权的，不构成本罪，可根据情况构成掩饰、隐瞒犯罪所得罪等。另外，此处的持有并不要求必须由一人单独持有，如果两人以上对他人信用卡共同持有的，可同时构成非法持有他人信用卡。

---

① 肖乾利：《妨害信用卡管理罪若干问题之探讨——对刑法修正案（五）第一条第一款之解读》，载《云南行政学院学报》2006 年第 1 期。

三是刑法对于非法持有他人信用卡行为构成妨害信用卡管理罪，也明确提出了要以数量较大为构成要件。有论者认为，由于非法持有他人信用卡中的信用卡一般均是真实有效的卡，因而其数量的认定理应以他人信用卡中所包含的金额作为认定标准。理由是如果数量较大仅指信用卡本身的数量较大，而非信用卡内所含金额较大，会导致行为人非法持有他人含金量较大（特别是可以透支的贷记卡）但张数很少的信用卡可能不被认为犯罪，而非法持有他人张数较多但含金量较小（特别是不可以透支的借记卡）却被认为犯罪等情况出现，不符合罪责刑相适应的原则精神。[①] 笔者认为，数量和数额是两个不同概念，数额一般是指数量和金额，其外延要大于数量，妨害信用卡管理秩序罪中的数量较大仅指信用卡本身的数量较大，并不包括信用卡内所含金额较大的情形，《最高人民检察院、公安部关于公安机关管辖的刑事案件立案追诉标准的规定（二）》也明确规定，非法持有他人信用卡，数量累计在5张以上的应予立案追诉，并未包括卡内所含金额问题。

三、使用虚假的身份证明骗领信用卡行为的认定

所谓使用虚假的身份证明骗领信用卡，是指行为人在办理信用卡申领手续时，使用虚假的身份证明骗取金融机构信任而获得信用卡。根据信用卡的有关规定，发卡行要求信用卡申领人提供的本人信息较多，如身份证明、住址、职业、工资收入、财产证明、联系方式等，刑法仅将以虚假的身份证明骗领信用卡的行为规定为犯罪。对于“使用虚假的身份证明骗领信用卡”的认定存在争议。

（一）身份证明的范围和形式

身份证明包括广义的身份证明和狭义的身份证明，广义的身份证明是指一切能够证明自己身份的证明材料或证件，种类繁多，包括身份证、户籍证、学生证、工作证、加盖公章的介绍信等；狭义的身份证明包括居民身份证、现役军官的军官证和境外居民的护照等。根据《银行卡业务管理办法》的规定，申领信用卡，应当提供公安部门规定的本人有效身份证件。身份证明是信用卡申请人个人资信证明载体，是发卡行对申请人资格认定的一个关键依据，同时也是申请人对于信用卡使用承担责任的重要基础。根据《最高人民法院、最高人民检察院关于办理

---

① 刘宪权：《妨害信用卡管理罪疑难问题刑法探析》，载《政法论坛》2008年第2期。

妨害信用卡管理刑事案件具体应用法律若干问题的解释》的规定，违背他人意愿，使用其居民身份证、军官证、士兵证、港澳居民来往内地通行证、台湾居民来往大陆通行证、护照等身份证明申领信用卡的，或者使用伪造、变造的身份证明申领信用卡的，应当认定为“使用虚假的身份证明骗领信用卡”。但身份证明的形式不应限于上述范围，司法实践中骗领信用卡的情况有很多种，如有的利用盗窃的或伪造的身份证件、公司证明，或者利用工作机会收集到的他人的身份证明材料等到银行申领信用卡。因此，对于身份证明的形式不宜作狭义理解，判断身份证明的内容真实与否，应以据此能否找到申领者本人作实质性判断。

（二）利用虚假的资信证明或担保材料是否构成本罪

对于使用真实的身份信息，但利用不实、虚假的资信证明或担保材料获取信用卡是否构成本罪，理论上存在不同认识。有论者认为，对申领信用卡时所需的“身份证明”是指依照信用卡管理规定和信用卡发行人所要求提供的与证明个人身份相关的全部材料，除居民身份证、户口簿等材料外还应包括其他资信证明材料或相关的担保材料。理由有三点：一是信用卡是基于对申请人信用的信任而签发的。如果行为人的收入、职业等情况不能表明其具有相应的信用基础和信用能力，发卡银行是不会对其发卡或对其授予相应额度的。二是行为人使用虚假的资信证明或相关的担保材料骗领信用卡与使用虚假的身份证明骗领信用卡，在主观动机上并没有本质上的区别。三是如果认定为“使用虚假的身份证明骗领信用卡”，将影响到信用卡诈骗罪的认定。①

笔者认为，只有使用虚假的身份证明骗领信用卡的，才构成妨害信用卡管理罪，如果使用真实的身份信息，但利用虚假的资信证明或担保材料，如工资收入、在财产状况等方面做不实申报、为了提高授信额度提供虚假证明从而获得信用卡的，不以本罪论处。在此过程中涉及伪造、变造、变卖国家机关公文、证件、印章，或者涉及伪造公司、企业、事业单位、人民团体印章，应当追究刑事责任的，承担资产评估、验资、验证、会计、审计、法律服务等职责的中介组织或其人员，为信用卡申请人提供虚假的财产状况、收入、职务等资信证明材料应当追究刑事

---

① 刘宪权：《妨害信用卡管理罪疑难问题刑法探析》，载《政法论坛》2008年第2期。

责任的，可以以相应罪名定罪处罚。

四、罪数的认定

妨害信用卡管理罪中的行为与信用卡诈骗罪，伪造、变造金融票证罪联系密切，对于这些罪名交织行为的罪数认定，需要根据具体情况分析。

（一）伪造信用卡后又出售或提供给他人的罪数认定

在行为人伪造信用卡后又将自己伪造的信用卡出售或提供给他人的情况下，出售或者提供行为实际上是伪造行为的目的行为，而伪造行为则是手段行为，而且行为人实施伪造或者出售、提供行为时主观上具有一致性，特别是伪造信用卡行为与妨害信用卡管理行为在构成要件上具有一定的包容关系，符合刑法理论上的牵连犯构成要件，应按从一重罪处断原则论处，而伪造金融票证罪的法定刑高于妨害信用卡管理罪，因此对行为人的行为应以伪造金融票证罪从重处罚。

（二）伪造信用卡后又持有、运输的罪数认定

对于行为人伪造信用卡后又对自己伪造的信用卡持有、运输行为，与前述的认定伪造信用卡后又出售或提供给他人行为的理由相同，属于牵连犯，应按照伪造金融票证罪处理。

（三）骗领信用卡后又出售或提供给他人的罪数认定

对于行为人使用虚假的身份证明骗领信用卡后，又将自己骗领的信用卡予以出售或提供给他人的情形，行为人虽然既实施了骗领行为，又实施了出售或提供给他人的行为，但由于骗领行为和出售、提供行为同时被规定在妨害信用卡管理罪中，因此行为人的行为所涉及的具体罪名相同，按照刑法基本原理，对于相同罪名不能实行数罪并罚。因此，对于行为人的行为只能以妨害信用卡管理罪从重处罚。

（四）购买他人盗窃的信用卡的罪数认定

妨害信用卡管理罪中购买行为的对象仅限于伪造的信用卡和以虚假的身份证明骗领的信用卡，对于购买他人盗窃的信用卡的行为，如果行为人在购买后又加以使用的，对其行为则可以按信用卡诈骗罪论处；如果行为人购买后并未加以使用，对于行为人的行为以妨害信用卡管理罪中“非法持有他人信用卡”的行为论处。

（五）持有、运输并使用伪造的信用卡的罪数认定

实践中行为人在使用伪造的信用卡时，往往伴随持有、运输伪造的信用卡行为，这种情况属于刑法理论上的想象竞合犯。由于刑法将持有、运输等行为规定为犯罪时，通常均将它们作为兜底条款对待，也即行为人的行为只有在不符合其他条款的情况下，才能以持有、运输等行为认定，否则就应以其他相关罪名论处。在这类案件中，既然行为人的行为已经符合信用卡诈骗罪构成要件，就应该以信用卡诈骗罪论处，而不应该再以妨害信用卡管理罪定性。

（六）购买伪造的信用卡或骗领的信用卡又使用的罪数认定

对于购买伪造的信用卡或骗领的信用卡又使用的，行为人既实施了购买行为，又实施了使用行为，而购买行为与使用行为又分别规定在妨害信用卡管理罪与信用卡诈骗罪的行为之中，但是，行为人购买伪造的信用卡或骗领的信用卡就是为了使用，因此，其中的购买行为完全是使用行为的手段行为，这在理论上符合牵连犯的构成要件，按从一重罪处断的原则论处。

【办案依据】

一、刑法规定

第一百七十七条之一第一款 有下列情形之一，妨害信用卡管理的，处三年以下有期徒刑或者拘役，并处或者单处一万元以上十万元以下罚金；数量巨大或者有其他严重情节的，处三年以上十年以下有期徒刑，并处二万元以上二十万元以下罚金：

（一）明知是伪造的信用卡而持有、运输的，或者明知是伪造的空白信用卡而持有、运输，数量较大的；

（二）非法持有他人信用卡，数量较大的；

（三）使用虚假的身份证明骗领信用卡的；

（四）出售、购买、为他人提供伪造的信用卡或者以虚假的身份证明骗领的信用卡的。

二、司法解释

《最高人民法院、最高人民检察院关于办理妨害信用卡管理刑事案件具体应用法律若干问题的解释》（2018年11月28日 法释〔2018〕19号）

第二条 明知是伪造的空白信用卡而持有、运输十张以上不满一百张的，应当认定为刑法第一百七十七条之一第一款第一项规定的“数量较大”；非法持有他人信用卡五张以上不满五十张的，应当认定为刑法第一百七十七条之一第一款第二项规定的“数量较大”。

有下列情形之一的，应当认定为刑法第一百七十七条之一第一款规定的“数量巨大”：

（一）明知是伪造的信用卡而持有、运输十张以上的；

（二）明知是伪造的空白信用卡而持有、运输一百张以上的；

（三）非法持有他人信用卡五十张以上的；

（四）使用虚假的身份证明骗领信用卡十张以上的；

（五）出售、购买、为他人提供伪造的信用卡或者以虚假的身份证明骗领的信用卡十张以上的。

违背他人意愿，使用其居民身份证、军官证、士兵证、港澳居民往来内地通行证、台湾居民来往大陆通行证、护照等身份证明申领信用卡的，或者使用伪造、变造的身份证明申领信用卡的，应当认定为刑法第一百七十七条之--第一款第三项规定的“使用虚假的身份证明骗领信用卡”。

三、司法文件

《最高人民检察院、公安部关于公安机关管辖的刑事案件立案追诉标准的规定（二）》（2022年4月6日）

第二十五条 【妨害信用卡管理案（刑法第一百七十七条之一第一款）】 妨害信用卡管理，涉嫌下列情形之一的，应予立案追诉：

（一）明知是伪造的信用卡而持有、运输的；

（二）明知是伪造的空白信用卡而持有、运输，数量累计在十张以上的；

（三）非法持有他人信用卡，数量累计在五张以上的；

（四）使用虚假的身份证明骗领信用卡的；

（五）出售、购买、为他人提供伪造的信用卡或者以虚假的身份证明骗领的信用卡的。

违背他人意愿，使用其居民身份证、军官证、士兵证、港澳居民往来内地通行证、台湾居民来往大陆通行证、护照等身份证明申领信用卡的，或者使用伪造、变造的身份证明申领信用卡的，应当认定为“使用虚假的身份证明骗领信用卡”。

第十三章 窃取、收买、非法提供信用卡信息罪

【立案追诉标准】

窃取、收买、非法提供信用卡信息案（刑法第 177 条之一第 2 款）

窃取、收买或者非法提供他人信用卡信息资料，足以伪造可进行交易的信用卡，或者足以使他人以信用卡持卡人名义进行交易，涉及信用卡一张以上的，应予立案追诉。

《最高人民检察院、公安部关于公安机关管辖的刑事案件立案追诉标准的规定（二）》（2022 年 4 月 6 日）

【犯罪构成及刑事责任】

窃取、收买、非法提供信用卡信息罪是指行为人采取秘密的手段窃取，或者以有偿的方式收买及非法将他人的信用卡信息资料提供给他人的行为。构成本罪需要具备以下四个要件：

1. 客体要件。本罪侵犯的客体是国家对信用卡信息资料的管理秩序。

2. 客观要件。客观方面表现为窃取、收买、非法提供他人信用卡信息资料的行为。

3. 主体要件。本罪主体是一般主体，任何达到法定刑事责任年龄且具备刑事责任能力的自然人均可构成本罪。如果银行或者其他金融机构的工作人员利用职务上的便利犯本罪的，从重处罚。

4. 主观要件。本罪在主观方面是故意，即行为人明知是他人的信用卡信息资

料而窃取、收买、非法提供。

根据刑法第177条之一第2款和第3款的规定，窃取、收买或者非法提供他人信用卡信息资料的，依照前款规定处罚。银行或者其他金融机构的工作人员利用职务上的便利，犯第二款罪的，从重处罚。

【疑难指导】

一、"非法提供"的理解

对于"非法提供"的理解，理论上存在不同看法。有论者认为，非法提供是指信用卡信息资料的持有人，未经该资料的所有人同意，将自己知悉、管理、持有的信用卡信息资料出售、交付、告知其他不应该知悉该信用卡信息资料的人的行为。[①] 与此类似的观点认为，非法提供是指掌握、了解他人信用卡信息资料者将自己所掌握、了解的他人的信用卡信息资料有偿或无偿、直接或间接地提供、披露给其他人而无法律依据的行为。[②] 这种观点认为，非法提供的前提是信用卡信息资料为合法持有。有论者则认为，非法提供是指违反法律规定，交付、告知和出售他人信用卡信息资料的行为。如果该行为是法律许可的或者经持卡人同意的，则不构成本罪。[③] 与此相类似的观点包括非法提供是指违反法律规定，将信用卡信息资料提供给银行和持卡人以外的第三人。这里的提供是非法的，如果公安侦查机关等为侦破案件而要求银行或其他合法信息持有人提供信息，则是合法的。[④] 这种观点将违反法律规定作为判定非法提供的前置性条件。笔者认为，"非法提供"是指没有合法依据的提供，其不以"非法掌握、了解"为前提，将合法掌握、了解的他人信用卡信息资料没有合法理由提供给第三人的行为也是"非法提供"。也就是说，掌握、了解他人信用卡信息资料的人，既包括合法掌握、了解他人信用

---

① 李睿：《信用卡犯罪研究》，上海社会科学院出版社2009年版，第223页。

② 刘杰：《窃取、收买、非法提供信用卡信息资料罪及其立法完善》，载《行政与法》2005年第11期。

③ 利子平、樊宏涛：《窃取、收买、非法提供信用卡信息资料罪刍议》，载《河北法学》2005年第11期。

④ 刘艳红、许强：《论〈刑法修正案（五）〉对信用卡犯罪的立法完善》，载《法学评论》2006年第1期。

卡信息资料的人，也包括非法掌握、了解他人信用卡信息资料的人，只不过前者“提供”须以“没有合法根据”为前提，后者则只要提供就是“非法提供”。此外，提供不仅包括出售行为，也包括无偿给予行为。

二、“信用卡信息资料”的界定

本罪的犯罪对象为信用卡信息资料，对于信用卡信息资料的界定存在不同观点。第一种观点认为，信用卡信息资料是指信用卡的磁条信息，如有论者认为信用卡信息资料即信用卡磁条的磁道上记载的有关信息。[①] 还有论者进一步明确信用卡信息资料是信用卡的磁条信息，即一组有关发卡行代码、持卡人账户、账号、密码等内容的加密电子数据。[②] 第二种观点认为，信用卡信息资料是信用卡上的所有信息，如有论者认为既然法律未作明确限定，持卡人信用卡上的所有信息都应该成为本罪侵犯的对象，而不仅限于信用卡磁条或芯片上的信息（虽然这是最核心的信息）。[③] 还有论者认为信用卡信息资料是申领信用卡的单位或个人应发卡机构依法要求而提供的有关身份证明、资信状况等方面的证明文件、材料，包括申请人的身份证件、基本情况、职业资料、配偶资料、经济状况、签名样式、保证人资料及签名、附属卡申请人资料及签名、密码等。[④] 两种观点的本质区别在于，信用卡信息资料仅是信用卡磁条记载的信息，还是与信用卡有关的所有信息。2000年中国人民银行颁布的《银行卡发卡行标识代码及卡号》和《银行卡磁条信息格式和使用规范》两项行业标准对其予以了明确规制，主要包括用卡人信息和发卡机构两方面的信息。具体包括：主账号、发卡机构标识代码、个人账户标识、校验位、个人标识代码等。笔者认为，与信用卡相关的信息种类很多，既包括写入信用卡磁条中的账号、密码等信息，也包括持卡人在办理信用卡时向银行所提供的姓名、身份证、工作单位、收入情况、联系方式、职业、家庭住址等信息，

---

① 利子平、樊宏涛：《窃取、收买、非法提供信用卡信息资料罪刍议》，载《河北法学》2005年第11期。

② 高铭暄、马克昌主编：《刑法学》，北京大学出版社、高等教育出版社2011年版，第407页。

③ 卢勤忠：《信用卡信息安全的刑法保护——以窃取、收买、非法提供信用卡信息罪为例的分析》，载《中州学刊》2013年第3期。

④ 刘杰：《窃取、收买、非法提供信用卡信息资料罪及其立法完善》，载《行政与法》2005年第11期。

这些信息涉及个人资料和经济情况等隐私，应当得到妥善保管，但从窃取、收买、非法提供信用卡信息资料的主要流向以及窃取、收买、非法提供信用卡信息罪的立法目的来看，本罪中的信用卡信息资料应是核心信息。

当下电信网络诈骗犯罪高发，不法分子往往通过收买、租借他人银行卡来接收、转移违法犯罪所得，收买他人“成套银行卡资料”现象比较常见，“成套银行卡资料”是包括银行实体卡、银行账户和密码、U 盾及密码、配套电话卡、卡主身份证号码信息的一套银行卡信息资料，犯罪分子还让持卡人自己注册手机银行后将手机、密码等资料交由犯罪分子操作使用。司法实践中，对于“成套银行卡资料”应定性为普通信用卡还是信用卡信息资料存在争议，若定性为普通信用卡，则该类行为可构成妨害信用卡管理罪，若定性为信用卡信息资料，则该类行为可构成窃取、收买、非法提供信用卡信息罪。笔者认为，“成套银行卡资料”可以定性为信用卡信息资料。随着网络支付的迅猛发展，“无磁交易”数量大增，因而信用卡信息资料是“发卡行在发卡时使用专用设备写入信用卡的磁条或芯片中的发卡行代码、持卡人账号、密码、校验码等内容的加密电子数据信息”这一传统解释已不符合实际需要。《最高人民法院、最高人民检察院关于办理妨害信用卡管理刑事案件具体应用法律若干问题的解释》第 3 条明确了信用卡信息的本质在于“足以伪造可进行交易的信用卡”或“足以使他人以信用卡持卡人名义进行交易”。行为人收购他人的“成套银行卡资料”后，既可以用银行实体账户和密码进行交易，还可以在网上银行、手机银行进行网络交易等。因而，包含银行卡、U 盾、电话卡和个人身份证信息的“成套银行卡资料”，已经足以使他人以信用卡持卡人名义进行交易，可以认定为信用卡信息资料，实施的相关犯罪可定性为窃取、收买、非法提供信用卡信息罪。

三、罪数形态问题

实践中涉及信用卡的犯罪一般有一系列行为，如进行信用卡诈骗，可能先实施伪造信用卡行为，而伪造信用卡要非法获取他人信用卡信息，因而对于这些交织行为罪数的认定非常重要。一般来说，可以按照以下原则处理。

（一）同一主体实施不同行为的罪数认定

同一主体实施不同行为，原则上以牵连犯论处，从一重罪处罚。同一主体既实施窃取、收买、非法提供信用卡信息行为，又伪造信用卡（将他人信用卡信息资料写入磁条介质、芯片）的，由于窃取、收买、非法提供信用卡信息是伪造信用卡的手段行为，成立牵连犯，择一重罪即伪造金融票证罪定罪处罚。

同时，窃取、收买、非法提供信用卡信息也有可能是信用卡诈骗罪的手段行为。窃取、收买、骗取或者以其他非法方式获取他人信用卡信息资料，并通过互联网、通讯终端等冒用他人信用卡的行为，构成信用卡诈骗罪。如果行为人既实施窃取、收买、非法提供信用卡信息的行为，又利用该信用卡信息通过互联网等冒用，成立牵连犯，择一重罪即信用卡诈骗罪处罚。若达不到信用卡诈骗罪的追诉标准，则可以以窃取、收买、非法提供信用卡信息罪定罪处罚。

对于行为人窃取、收买、非法提供他人信用卡信息行为，又利用该行为伪造信用卡，并且使用该伪造的信用卡实施诈骗，同时触犯伪造金融票证罪、信用卡诈骗罪和窃取、收买、非法提供信用卡信息罪，由于三个行为之间成立牵连关系，也应当择一重罪处罚。伪造金融票证罪和信用卡诈骗罪的起刑点和附加罚金相同，但根据相关司法解释，两罪的入罪标准不同，需根据实际行为来判定何谓“重罪”，从而作出最终认定。

（二）不同主体共同实施构成同一罪名行为的罪数认定

不同主体共同实施构成同一罪名行为的，原则上以共同犯罪论处。这里的同一罪名行为不是完全相同的行为方式，而是同一犯罪构成要件的行为。对于构成伪造金融票证罪，妨害信用卡管理罪，信用卡诈骗罪，窃取、收买、非法提供信用卡信息罪的客观行为都是多个的，如妨害信用卡管理罪包含明知是伪造的信用卡而持有、运输，或者明知是伪造的空白信用卡而持有、运输，非法持有他人信用卡，使用虚假的身份证明骗领信用卡的，出售、购买、为他人提供伪造的信用卡或者以虚假的身份证明骗领信用卡等四种行为方式。对于不同主体在共同实施同一构成要件行为，触犯一个罪名的，以共同犯罪论处。

（三）不同主体分工合作，分别实施构成不同罪名的行为的罪数认定

不同主体分工合作，分别实施构成不同罪名的行为，应当根据情况具体分析。不同主体分工合作，分别窃取、收买、非法提供信用卡信息，伪造信用卡，持有、运输伪造的信用卡（含空白信用卡），使用信用卡进行诈骗，应树立整体性思维，

不人为割裂各行为之间的紧密联系。若不同主体分工实施的各行为仅有一个构成犯罪，则认定不同主体构成该犯罪的共同犯罪。若不同主体分工实施的各行为全部或其中有两个以上均构成犯罪，则依照牵连犯的原理，择一重罪处罚，在重罪的基础上成立共同犯罪。

（四）不同主体分别实施构成不同罪名的行为的罪数认定

如果不同主体之间不存在犯意联络，分别实施构成不同罪名的行为的则分别定罪。为有利于从源头上打击信用卡犯罪活动，刑法修正案（五）增设了妨害信用卡管理罪和窃取、收买或者非法提供他人信用卡信息资料罪，将伪造信用卡和信用卡诈骗的一系列准备、辅助、边缘行为独立设罪。立法机关主要是基于实际部门反映，在查办案件过程中发现，为了逃避打击，从事伪造信用卡的犯罪组织之间形成了细致的分工。从空白信用卡的印制、运输、买卖，到写入信用卡磁条信息制作成假卡，再到运输、出售，各个环节往往由不同犯罪组织的成员承担。除了在伪造和使用环节查获的案件以外，对其他环节查获的人员，如果按照共同犯罪来追究，则行为人之间的共同犯罪故意很难查证。[①] 也就是说，刑法修正案（五）增设妨害信用卡管理罪和窃取、收买、非法提供信用卡信息罪的主要目的是回避涉信用卡犯罪行为之间共犯故意认定上的困难，降低涉信用卡犯罪入罪门槛，提高对涉信用卡犯罪的惩处。因此，对于能够证明各行为人主观上共同犯罪故意的，以共同犯罪论处，对于无法认定各行为人主观上存在犯意联络的，则分别定罪。

【办案依据】

一、刑法规定

第一百七十七条之一第二款 窃取、收买或者非法提供他人信用卡信息资料的，依照前款规定处罚。

第三款 银行或者其他金融机构的工作人员利用职务上的便利，犯第二款罪的，从重处罚。

---

① 黄太云：《刑法修正案解读全编——根据刑法修正案（八）全新阐释》，人民法院出版社2011年版，第216页。

二、司法解释

《最高人民法院、最高人民检察院关于办理妨害信用卡管理刑事案件具体应用法律若干问题的解释》（2018年11月28日 法释〔2018〕19号）

第三条 窃取、收买、非法提供他人信用卡信息资料，足以伪造可进行交易的信用卡，或者足以使他人以信用卡持卡人名义进行交易，涉及信用卡一张以上不满五张的，依照刑法第一百七十七条之一第二款的规定，以窃取、收买、非法提供信用卡信息罪定罪处罚；涉及信用卡五张以上的，应当认定为刑法第一百七十七条之一第一款规定的“数量巨大”。

三、司法文件

《最高人民检察院、公安部关于公安机关管辖的刑事案件立案追诉标准的规定（二）》（2022年4月6日）

第二十六条 【窃取、收买、非法提供信用卡信息案（刑法第一百七十七条之一第二款）】 窃取、收买或者非法提供他人信用卡信息资料，足以伪造可进行交易的信用卡，或者足以使他人以信用卡持卡人名义进行交易，涉及信用卡一张以上的，应予立案追诉。

第十四章　伪造、变造国家有价证券罪

【立案追诉标准】

伪造、变造国家有价证券案（刑法第 178 条第 1 款）

伪造、变造国库券或者国家发行的其他有价证券，总面额在二千元以上的，应予立案追诉。

《最高人民检察院、公安部关于公安机关管辖的刑事案件立案追诉标准的规定（二）》（2022 年 4 月 6 日）

【犯罪构成及刑事责任】

伪造、变造国家有价证券罪是指伪造、变造国库券或者国家发行的其他有价证券，数额较大的行为。构成本罪需要具备以下四个要件：

1. 客体要件。本罪侵犯的客体是国家对国家发行的有价证券的管理制度。

2. 客观要件。客观方面表现为伪造、变造国库券或者国家发行的其他有价证券，数额较大的行为。

3. 主体要件。本罪主体是达到法定刑事责任年龄且具备刑事责任能力的自然人和单位。

4. 主观要件。本罪在主观方面是故意，而且只能是直接故意，即行为人明知其意图实施的是伪造、变造国家有价证券且数额较大的行为。

根据刑法第 178 条第 1 款的规定，伪造、变造国库券或者国家发行的其他有价证券，数额较大的，处 3 年以下有期徒刑或者拘役，并处或者单处 2 万元以上 20

万元以下罚金；数额巨大的，处3年以上10年以下有期徒刑，并处5万元以上50万元以下罚金；数额特别巨大的，处10年以上有期徒刑或者无期徒刑，并处5万元以上50万元以下罚金或者没收财产。

【疑难指导】

一、关于本罪犯罪对象的理解

本罪的犯罪对象为国库券或国家发行的其他有价证券。国库券是指国家为了解决财政资金不足而向社会发行的政府债券。作为国家发行的有价证券，国库券可以上市交易、转让、抵押等。国家发行的其他有价证券是指国家发行的除国库券外的有价证券，是以人民币计算面值的、持券人凭券到期取得相应货币收入的凭证。这类证券主要有：（1）国家重点建设债券。财政部于1987年首次发行，为了调整投资结构，保证能源、交通、原材料等重点建设项目的资金需要。（2）国家建设债券。财政部于1988年首次发行，为筹集国家重点建设资金。（3）财政债券。财政部于1988年首次发行，为了筹集国家建设资金，弥补财政赤字。（4）特种债券。财政部从1989年起发行。（5）保值债券。财政部于1989年开始发行。（6）基本建设债券。1988年由国家专业投资公司及石油部、铁道部开始发行。（7）转换债券。这是1989年至1992年连续发行的一种转换性质的国债，发行的目的是延长偿还期限。①

对于本罪的犯罪对象，需要注意以下几个方面的问题：一是不存在的有价证券不是本罪的犯罪对象。在司法实践中，对伪造、变造国家有价证券是否必须仿照真实存在的国家有价证券进行才构成犯罪，有不同看法。第一种观点认为，伪造、变造的国家有价证券只要具有国家有价证券的外观、格式等特点，能够使一般人信以为真，不论这种国家有价证券是否真实存在，即构成犯罪。第二种观点认为，国家有价证券即为国家发行的有价证券，行为人自创的证券不具备国家发行这一必备条件和特征，如果使人受骗上当，情节较轻的，作为一般违法行为处

① 张军主编：《破坏金融管理秩序罪》，中国人民公安大学出版社2003年版，第204页。

理，或追究其侵犯财产权的民事责任，数额较大的，应以诈骗罪论处。[①] 笔者认为第二种观点是准确的，由于行为人自创的证券不是国家发行的证券，不足以危害国家的金融管理制度，也不会侵害实际存在的真实的国家有价证券的信用和效能，不能认定为本罪的犯罪对象。二是地方政府债券不是本罪的犯罪对象。政府债券包括中央政府债券和地方政府债券。伪造、变造地方政府债券也具有一定的社会危害性，但本罪的构成要件强调只有伪造、变造国库券或国家发行的其他有价证券才能构成本罪，因而地方政府债券不是本罪的犯罪对象。三是其他国家或地区发行的有价证券不是本罪的犯罪对象。如前所述，我国刑法明确规定伪造、变造国家有价证券罪的犯罪对象仅限于国库券或者国家发行的其他有价证券，如果伪造、变造外国的有价证券进行诈骗活动，达到数额较大的，应以诈骗罪论处。

对于行为人伪造、变造作废无效的国家有价证券的问题应当根据实际情况分析：一是如果行为人明知是作废或无效的有价证券，为骗取财物而进行伪造、变造，如果骗取的财物数额较大的，以诈骗罪论处。二是如果行为人不知道其伪造或变造的国家有价证券是已经作废或无效的，仍实施伪造、变造行为，是事实上的认识错误，如果数额较大的，应按照伪造、变造国家有价证券罪的未遂论处。三是行为人在伪造、变造的过程中才发现其伪造、变造的国家有价证券是无效或作废的，如果行为人放弃了其伪造、变造行为，也未用其伪造、变造的国家有价证券骗取财物，不构成犯罪；如果行为人继续伪造、变造行为，进行诈骗数额较大的，应该按照诈骗罪处理。

二、与相关犯罪的界限

（一）与伪造、变造金融票证罪的界限

本罪与伪造、变造金融票证罪都属于破坏金融管理秩序的犯罪，两罪的客体都是国家的金融管理秩序，客观方面的行为方式都采用了伪造、变造行为，主体都包括个人和单位，主观方面都是出于故意，且均为直接故意。两罪最根本的区别在于犯罪对象不同。本罪的犯罪对象是国库券或国家发行的其他有价证券；而伪造、变造金融票证罪的对象则包括四类：一是汇票、本票、支票；二是委托收

---

① 张军主编：《破坏金融管理秩序罪》，中国人民公安大学出版社2003年版，第205页。

款凭证、汇款凭证、银行存单等其他银行结算凭证；三是信用证或者附随的单据、文件；四是信用卡。另外，由于两罪的犯罪对象不同，行为人所采用的具体的伪造、变造手段也会有所差别。同时，本罪在客观方面有数额较大的构成要件，而伪造、变造金融票证罪则无须具备此要件，只将“情节严重”作为加重量刑情节。

（二）与伪造、变造股票、公司、企业债券罪的界限

本罪与伪造、变造股票、公司、企业债券罪在犯罪客体、客观方面和主观方面也有许多相近之处，两罪的最大差别仍然是犯罪对象不同。本罪对象为国家有价证券，伪造、变造股票、公司、企业债券罪则为股票、公司、企业债券。国家有价证券和股票、公司、企业债券都属于有价证券，其差别在于发行主体不同，国家有价证券是国家发行的有价证券，而股票、公司、企业债券的发行主体为公司或企业。

（三）与伪造货币罪、变造货币罪的界限

本罪与伪造货币罪、变造货币罪具有近似性，都侵犯了国家金融管理秩序，行为方式都采取了伪造、变造手段，主观方面都是故意且为直接故意。但本罪与伪造货币罪、变造货币罪的区别较多：一是直接客体不同，本罪的直接客体是国家对国家发行的有价证券的管理制度，伪造货币罪、变造货币罪的直接客体是国家的货币管理秩序；二是犯罪主体不同，本罪的主体包括自然人和单位，而伪造货币罪、变造货币罪的主体仅限于自然人，不包括单位；三是犯罪行为形态不同，本罪的成立需要伪造、变造出数额较大的国家有价证券，而伪造货币罪则是行为犯。

三、罪数形态的认定

伪造、变造国家有价证券罪为选择性罪名，行为人只要实施了伪造或变造行为之一，即可构成本罪，同时实施伪造、变造两种行为，或者同时实施伪造、变造两种以上的国家有价证券的行为，也以一罪论处，不实行数罪并罚。

（一）行为人伪造、变造国家有价证券后自己使用行为的罪数认定

在司法实践中，行为人伪造、变造国家有价证券往往还有使用行为，如在进行有价证券诈骗的情况下，伪造、变造国家有价证券后又诈骗数额较大财物的，符合牵连犯的特征，应按照牵连犯的规定定罪处罚。

1. 对于行为人伪造、变造国家有价证券以后使用且数额较大的行为，在伪造、变造国家有价证券罪和有价证券诈骗罪都既遂的情况下，按照牵连犯的原则，择一重罪论处。在伪造、变造国家有价证券罪既遂而有价证券诈骗罪未遂的情况下，两者相比较，前者的罪责比后者大，刑罚也重，按照伪造、变造国家有价证券罪论处。

2. 如果行为人伪造、变造国家有价证券以后与他人共同进行诈骗，则两人构成诈骗罪的共同犯罪。如果行为人伪造、变造国家有价证券以后交由他人使用，如果他人不知是伪造、变造的国家有价证券，则不构成犯罪，行为人既构成伪造、变造国家有价证券罪，也是诈骗罪的间接实行犯，对其按照牵连犯的原则从一重罪处罚。

3. 行为人既伪造、变造国家有价证券，又使用他人伪造、变造的国家有价证券骗取公私财物的，则构成伪造、变造国家有价证券罪和有价证券诈骗罪，实行数罪并罚。

4. 行为人伪造、变造国家有价证券后，使用自己伪造、变造的国家有价证券骗取公私财物；同时又使用他人伪造、变造的国家有价证券骗取公私财物的，对于使用他人伪造、变造的国家有价证券的行为构成有价证券诈骗罪；根据前述第一种情况，如果其自造自用的处断罪名构成伪造、变造的国家有价证券罪，则以伪造、变造的国家有价证券罪与有价证券诈骗罪数罪并罚；如果构成有价证券诈骗罪，则行为人构成有价证券诈骗罪的同种数罪，从重处罚。

（二）行为人伪造、变造国家有价证券后供他人使用行为的罪数认定

1. 行为人与他人通谋，由行为人伪造、变造国家有价证券，他人使用的，他们形成一个分工合作的犯罪活动整体，构成共犯，同时触犯了伪造、变造国家有价证券罪与有价证券诈骗罪，由于所有共犯的伪造、变造行为与使用行为具有方法行为与目的行为的牵连关系，因此均从一重罪论处。

2. 行为人与他人无事前通谋，但行为人明知对方使用伪造、变造的国家有价证券骗取财物而提供其伪造、变造的国家有价证券的，行为人构成伪造、变造国家有价证券罪，同时构成有价证券诈骗罪的帮助犯，按照牵连犯从一重罪处断的原则处罚；他人若明知获取的是伪造、变造的国家有价证券，则构成有价证券诈骗罪。

3. 行为人伪造、变造国家有价证券后，出售给知情的他人，事前没有通谋的，成立伪造、变造国家有价证券罪与倒卖伪造的有价票证罪，从一重罪论处。

（三）行为人在伪造国家有价证券的同时实施伪造、变造国家机关印章行为的罪数认定

如果行为人在伪造国家有价证券的过程中，实施了伪造、变造国家机关印章行为的，其行为就被包括在伪造国家有价证券的行为之内，不另外成立伪造、变造国家机关印章罪；但如果在伪造国家有价证券行为之外，实施了伪造、变造国家机关印章的行为，应该按照牵连犯的原则处理，从一重罪论处。

【办案依据】

一、刑法规定

第一百七十八条第一款　伪造、变造国库券或者国家发行的其他有价证券，数额较大的，处三年以下有期徒刑或者拘役，并处或者单处二万元以上二十万元以下罚金；数额巨大的，处三年以上十年以下有期徒刑，并处五万元以上五十万元以下罚金；数额特别巨大的，处十年以上有期徒刑或者无期徒刑，并处五万元以上五十万元以下罚金或者没收财产。

二、司法文件

《最高人民检察院、公安部关于公安机关管辖的刑事案件立案追诉标准的规定（二）》（2022年4月6日）

第二十七条　【伪造、变造国家有价证券案（刑法第一百七十八条第一款）】伪造、变造国库券或者国家发行的其他有价证券，总面额在二千元以上的，应予立案追诉。

第十五章 伪造、变造股票、公司、企业债券罪

【立案追诉标准】

伪造、变造股票、公司、企业债券案（刑法第 178 条第 2 款）

伪造、变造股票或者公司、企业债券，总面额在三万元以上的，应予立案追诉。

《最高人民检察院、公安部关于公安机关管辖的刑事案件立案追诉标准的规定（二）》（2022 年 4 月 6 日）

【犯罪构成及刑事责任】

伪造、变造股票、公司、企业债券罪是指伪造、变造股票或者公司、企业债券，数额较大的行为。构成本罪需要具备以下四个要件：

1. 客体要件。本罪侵犯的客体是国家对股票、公司、企业债券的管理制度。

2. 客观要件。客观方面表现为伪造、变造股票或者公司、企业债券，数额较大的行为。

3. 主体要件。本罪主体是达到法定刑事责任年龄且具备刑事责任能力的自然人和单位。

4. 主观要件。本罪在主观方面是故意，且只能是直接故意，即明知其实施的是伪造、变造股票、公司、企业债券且数额较大的行为而实施。

根据刑法第 178 条第 2 款的规定，伪造、变造股票或者公司、企业债券，数额较大的，处 3 年以下有期徒刑或者拘役，并处或者单处 1 万元以上 10 万元以

下罚金；数额巨大的，处3年以上10年以下有期徒刑，并处2万元以上20万元以下罚金。

【疑难指导】

一、关于本罪犯罪对象的理解

本罪的犯罪对象是股票、公司、企业债券。根据公司法规定，股份有限公司的资本划分为股份，每一股的金额相等。公司的股份采取股票的形式。股票是公司签发的证明股东所持股份的凭证。股票应当载明下列主要事项：公司名称；公司成立日期；股票种类、票面金额及代表的股份数；股票的编号。股票由法定代表人签名，公司盖章。发起人的股票，应当标明发起人股票字样。公司发行的股票，可以为记名股票，也可以为无记名股票。公司向发起人、法人发行的股票，应当为记名股票，并应当记载该发起人、法人的名称或者姓名，不得另立户名或者以代表人姓名记名。发行无记名股票的，公司应当记载其股票数量、编号及发行日期。

公司债券是指公司依照法定程序发行、约定在一定期限还本付息的有价证券。公司以实物券方式发行公司债券的，必须在债券上载明公司名称、债券票面金额、利率、偿还期限等事项，并由法定代表人签名，公司盖章。公司债券，可以为记名债券，也可以为无记名债券。公司发行公司债券应当置备公司债券存根簿。发行记名公司债券的，应当在公司债券存根簿上载明下列事项：债券持有人的姓名或者名称及住所；债券持有人取得债券的日期及债券的编号；债券总额，债券的票面金额、利率、还本付息的期限和方式；债券的发行日期。发行无记名公司债券的，应当在公司债券存根簿上载明债券总额、利率、偿还期限和方式、发行日期及债券的编号。

企业债券是指企业依照法定程序发行、约定在一定期限内还本付息的有价证券。根据《企业债券管理条例》规定，只有在中华人民共和国境内具有法人资格的企业才可以发行企业债券。企业债券的票面应当载明下列内容：企业的名称、住所；企业债券的面额；企业债券的利率；还本期限和方式；利息的支付方式；企业债券发行日期和编号；企业的印记和企业法定代表人的签章；审批机关批准发行的文号、日期。企业债券持有人有权按照约定期限取得利息、收回本金，但是无权参与企业的经营管理。企业债券持有人对企业的经营状况不承担责任。企业债券可以转让、抵押和继承。

对于制造事实上并不存在的股票、公司、企业债券，或者并未发行的股票、公司、企业债券的行为，即使行为人制造了外观上具有股票、债券形式的“证券”，能够使一般人信以为真，但其不是以真实的股票、公司、企业债券为基础，称不上伪造、变造，同时也没有危害到合法有效的股票、公司、企业债券的信用和功能，不会侵害国家对股票、公司、企业债券的管理制度，此种行为并不构成伪造、变造股票、公司、企业债券罪。如果行为人借此实施诈骗行为，数额较大的，以诈骗罪论处。

对于伪造、变造外国公司、企业股票、债券的，如果行为人伪造的是我国境外发行的外国公司、企业的股票债券的，不构成本罪，如果行为人伪造、变造的是我国境内发行的外国公司、企业股票、债券的，数额较大的，以本罪论处。

二、罪数形态的认定

伪造、变造股票、公司、企业债券罪为选择性罪名，行为人只要实施其中一种行为即可构成本罪，定罪时以事实的行为为准，如伪造公司债券的，应定罪名为伪造公司债券罪。如果行为人同时实施伪造和变造两种行为，如既伪造股票也变造股票的；或者同时实施伪造或变造两种以上的股票、公司、企业债券的行为，如伪造股票和公司债券的，不实行数罪并罚，都以一罪论处，前者可定伪造、变造股票罪，后者可定伪造股票、公司债券罪。

（一）行为人伪造、变造股票、公司、企业债券后使用实施诈骗行为的罪数认定

行为人伪造、变造股票、公司、企业债券数额较大的，已构成伪造、变造股票、公司、企业债券罪，其进而又实施诈骗也达到数额较大的，构成诈骗罪。由于伪造、变造行为是诈骗行为的手段行为，符合牵连犯的理论，应择一重罪论处。

（二）行为人在伪造、变造股票、公司、企业债券的同时实施伪造、变造公司、企业印章行为的罪数认定

如果行为人在伪造、变造股票、公司、企业债券的过程中，实施了伪造、变

造公司、企业印章行为的，其行为就被包括在伪造、变造股票、公司、企业债券的行为之内，不另外成立伪造、变造公司、企业印章罪；但如果在伪造、变造股票、公司、企业债券行为之外，实施了伪造、变造公司、企业印章的行为，应该按照牵连犯的原则处理，从一重罪论处。

【办案依据】

一、刑法规定

第一百七十八条第二款　伪造、变造股票或者公司、企业债券，数额较大的，处三年以下有期徒刑或者拘役，并处或者单处一万元以上十万元以下罚金；数额巨大的，处三年以上十年以下有期徒刑，并处二万元以上二十万元以下罚金。

二、司法文件

《最高人民检察院、公安部关于公安机关管辖的刑事案件立案追诉标准的规定（二）》（2022年4月6日）

第二十八条　【伪造、变造股票、公司、企业债券案（刑法第一百七十八条第二款）】伪造、变造股票或者公司、企业债券，总面额在三万元以上的，应予立案追诉。

第十六章　擅自发行股票、公司、企业债券罪

【立案追诉标准】

擅自发行股票、公司、企业债券案（刑法第179条）

未经国家有关主管部门批准或者注册，擅自发行股票或者公司、企业债券，涉嫌下列情形之一的，应予立案追诉：

（一）非法募集资金金额在一百万元以上的；

（二）造成投资者直接经济损失数额累计在五十万元以上的；

（三）募集的资金全部或者主要用于违法犯罪活动的；

（四）其他后果严重或者有其他严重情节的情形。

本条规定的“擅自发行股票或者公司、企业债券”，是指向社会不特定对象发行、以转让股权等方式变相发行股票或者公司、企业债券，或者向特定对象发行、变相发行股票或者公司、企业债券累计超过二百人的行为。

《最高人民检察院、公安部关于公安机关管辖的刑事案件立案追诉标准的规定（二）》（2022年4月6日）

【犯罪构成及刑事责任】

擅自发行股票、公司、企业债券罪是指未经国家有关主管部门批准，擅自发行股票或者公司、企业债券，数额巨大、后果严重或者有其他严重情节的行为。构成本罪需要具备以下四个要件：

1. 客体要件。本罪侵犯的客体是国家对股票或公司、企业债券发行的管理秩序。

2. 客观要件。客观方面表现为未经国家有关主管部门批准，擅自发行股票或者公司、企业债券，数额巨大、后果严重或者有其他严重情节的行为。

3. 主体要件。本罪主体是达到法定刑事责任年龄且具备刑事责任能力的自然人和单位。

4. 主观要件。本罪在主观方面是故意。

根据刑法第 179 条的规定，未经国家有关主管部门批准，擅自发行股票或者公司、企业债券，数额巨大、后果严重或者有其他严重情节的，处 5 年以下有期徒刑或者拘役，并处或者单处非法募集资金金额 1%以上 5%以下罚金。单位犯前款罪的，对单位判处罚金，并对其直接负责的主管人员和其他直接责任人员，处 5 年以下有期徒刑或者拘役。

【疑难指导】

一、“未经国家有关主管部门批准”的认定

擅自发行股票、公司、企业债券罪的成立以“未经国家有关主管部门批准”为前提。批准股票、公司、企业债券发行的主管部门不同：（1）对于股票的发行，根据证券法第 10 条、第 13 条的规定，股票的公开发行以及上市公司非公开发行新股须依法报经国务院证券监督管理机构核准。（2）对于公司债券的发行，根据证券法第 10 条、公司法第 155 条规定，公司债券的公开发行由国务院授权的部门核准，另外根据证券法第 16 条、公司法第 162 条的规定，上市公司发行可转换为股票的公司债券，应当报经国务院证券监督管理机构核准。（3）对于企业债券的发行，根据证券法第 10 条的规定，企业债券的公开发行由国务院授权的部门核准。《企业债券管理条例》第 11 条明确了“国务院授权的部门”区分中央企业和地方企业，其中中央企业发行企业债券，由中国人民银行会同国家计划委员会（现为“国家发展和改革委员会”）审批；地方企业发行企业债券，由中国人民银行省、自治区、直辖市、计划单列市分行会同同级计划主管部门审批。

“未经国家有关主管部门批准”包括以下几种情形：一是行为人未向国家有关主管部门申请即擅自发行；二是行为人虽然已向国家有关部门提出申请，但未获批准而擅自发行，提出申请但未获批准包括因不符合发行条件而未获国家有关主

管部门批准、行为人虽然提出申请但国家有关主管部门尚未正式批准。如果行为人虽已获得合法的批准文件，但国家有关主管部门撤销原作出的批准决定并通知行为人后，行为人仍继续发行的，也属于“未经国家有关主管部门批准”。

二、“擅自发行”的认定

擅自是指自作主张。根据证券法、公司法等法律法规的规定，发行股票、公司、企业债券必须具备法定条件，履行法定程序，并依法获得批准。“未经国家有关主管部门批准”与“擅自发行”紧密联系、不可分割，未经国务院证券监督管理机构或国务院授权的部门核准而公开发行股票、公司、企业债券的，或者上市公司未经国务院证券监督管理机构核准而非公开发行新股的，即属“擅自发行”。另外，行为人虽经国务院证券监督管理机构或国务院授权的部门核准而公开发行股票、公司、企业债券，但其实际发行的证券种类与批准发行的证券种类不符，或者超过批准的限额发行，或者在证券发行的法定有效期后仍继续发行，都属于“擅自发行”。但如果行为人违反法定的发行程序发行股票、公司、企业债券的，不属于“擅自发行”。也就是说，“擅自发行”是行为人不具备法定权限而发行。

证券发行包括公开发行和非公开发行。根据证券法第 9 条的规定，有下列情形之一的，为公开发行：（1）向不特定对象发行证券；（2）向累计超过 200 人的特定对象发行证券；（3）法律、行政法规规定的其他发行行为。非公开发行是指向累计不超过 200 人的特定对象发行证券。其中，特定对象包括：专业机构投资者（如商业银行、保险公司）、公司的利益关联人（如股东、关系公司）、公司的内部人员（如公司董事、高级管理人员、职工）等。公开发行证券须依法报经国务院证券监督管理机构或者国务院授权的部门核准。而非公开发行证券，除证券法第 13 条规定外，尚无其他法律、行政法规要求须经核准。证券法规定，非公开发行证券，不得采用广告、公开劝诱和变相公开方式，也就是说，如果采用广告、公开劝诱和变相公开方式，则不是非公开发行证券。《最高人民法院、最高人民检察院、公安部、中国证券监督管理委员会关于整治非法证券活动有关问题的通知》明确指出，严禁任何公司股东自行或委托他人以公开方式向社会公众转让股票。向特定对象转让股票，未依法报经证监会核准的，转让后，公司股东累计不得超过 200 人。公司、公司股东违反上述规定，擅自向社会公众转让股票，应当追究其擅自发行股票的责任。

三、“擅自发行证券投资基金”的认定

证券投资基金是指通过公开发售基金份额募集投资者资金，由基金管理人管理，基金托管人托管，为基金份额持有人的利益，以资产组合方式进行证券投资活动的基金形式。证券投资基金与股票、公司债券、企业债券同属证券范畴，但这些证券类型之间是并列关系，并非包容关系，因此未经国家有关主管部门批准，擅自发行证券投资基金，数额巨大、后果严重或者有其他严重情节的，不能认定为擅自发行股票、公司、企业债券罪。

对于擅自发行证券投资基金行为，证券投资基金法规定，基金管理人发售基金份额，募集基金，应当经国务院证券监督管理机构核准；未经国务院证券监督管理机构核准，擅自募集基金，构成犯罪的，依法追究刑事责任。证券投资基金系证券品种之一，其发行属于证券业务范围，故行为人未经国务院证券监督管理机构核准，不具有发售基金份额、募集基金的资格，其擅自发行基金的行为违反了证券投资基金法的规定，适用刑法第 96 条和第 225 条的规定，应认定为“违反国家规定，未经国家有关主管部门批准，非法经营证券业务”，非法经营数额在 30 万元以上，或者违法所得数额在 5 万元以上的，应以非法经营罪追诉。

【办案依据】

一、刑法规定

第一百七十九条　未经国家有关主管部门批准，擅自发行股票或者公司、企业债券，数额巨大、后果严重或者有其他严重情节的，处五年以下有期徒刑或者拘役，并处或者单处非法募集资金金额百分之一以上百分之五以下罚金。

单位犯前款罪的，对单位判处罚金，并对其直接负责的主管人员和其他直接责任人员，处五年以下有期徒刑或者拘役。

二、司法解释

《最高人民法院关于审理非法集资刑事案件具体应用法律若干问题的解释》（2022 年 2 月 23 日　法释〔2022〕5 号）

第十条　未经国家有关主管部门批准，向社会不特定对象发行、以转让股权等方式变相发行股票或者公司、企业债券，或者向特定对象发行、变相发行股票或者公司、企业债券累计超过200人的，应当认定为刑法第一百七十九条规定的“擅自发行股票或者公司、企业债券”。构成犯罪的，以擅自发行股票、公司、企业债券罪定罪处罚。

三、司法文件

（一）《最高人民检察院、公安部关于公安机关管辖的刑事案件立案追诉标准的规定（二）》（2022年4月6日）

第二十九条　【擅自发行股票、公司、企业债券案（刑法第一百七十九条）】未经国家有关主管部门批准或者注册，擅自发行股票或者公司、企业债券，涉嫌下列情形之一的，应予立案追诉：

（一）非法募集资金金额在一百万元以上的；

（二）造成投资者直接经济损失数额累计在五十万元以上的；

（三）募集的资金全部或者主要用于违法犯罪活动的；

（四）其他后果严重或者有其他严重情节的情形。

本条规定的“擅自发行股票或者公司、企业债券”，是指向社会不特定对象发行、以转让股权等方式变相发行股票或者公司、企业债券，或者向特定对象发行、变相发行股票或者公司、企业债券累计超过二百人的行为。

（二）《最高人民法院、最高人民检察院、公安部、中国证券监督管理委员会关于整治非法证券活动有关问题的通知》（2008年1月2日　证监发〔2008〕1号）

（一）关于公司及其股东向社会公众擅自转让股票行为的性质认定。《证券法》第十条第三款规定：“非公开发行证券，不得采用广告、公开劝诱和变相公开方式。”国办发99号文规定：“严禁任何公司股东自行或委托他人以公开方式向社会公众转让股票。向特定对象转让股票，未依法报经证监会核准的，转让后，公司股东累计不得超过200人。”公司、公司股东违反上述规定，擅自向社会公众转让股票，应当追究其擅自发行股票的责任。公司与其股东合谋，实施上述行为的，公司与其股东共同承担责任。

（二）关于擅自发行证券的责任追究。未经依法核准，擅自发行证券，涉嫌犯罪的，依照《刑法》第一百七十九条之规定，以擅自发行股票、公司、企业债券罪追究刑事责任。未经依法核准，以发行证券为幌子，实施非法证券活动，涉嫌犯罪的，依照《刑法》第一百七十六条、第一百九十二条等规定，以非法吸收公众存款罪、集资诈骗罪等罪名追究刑事责任。未构成犯罪的，依照《证券法》和有关法律的规定给予行政处罚。

（三）关于非法经营证券业务的责任追究。任何单位和个人经营证券业务，必须经证监会批准。未经批准的，属于非法经营证券业务，应予以取缔；涉嫌犯罪的，依照《刑法》第二百二十五条之规定，以非法经营罪追究刑事责任。对于中介机构非法代理买卖非上市公司股票，涉嫌犯罪的，应当依照《刑法》第二百二十五条之规定，以非法经营罪追究刑事责任；所代理的非上市公司涉嫌擅自发行股票，构成犯罪的，应当依照《刑法》第一百七十九条之规定，以擅自发行股票罪追究刑事责任。非上市公司和中介机构共谋擅自发行股票，构成犯罪的，以擅自发行股票罪的共犯论处。未构成犯罪的，依照《证券法》和有关法律的规定给予行政处罚。

……

（五）关于修订后的《证券法》与修订前的《证券法》中针对擅自发行股票和非法经营证券业务规定的衔接。修订后的《证券法》与修订前的《证券法》针对擅自发行股票和非法经营证券业务的规定是一致的，是相互衔接的，因此在修订后的《证券法》实施之前发生的擅自发行股票和非法经营证券业务行为，也应予以追究。

第十七章　内幕交易、泄露内幕信息罪

【立案追诉标准】

内幕交易、泄露内幕信息案（刑法第180条第1款）

证券、期货交易内幕信息的知情人员、单位或者非法获取证券、期货交易内幕信息的人员、单位，在涉及证券的发行，证券、期货交易或者其他对证券、期货交易价格有重大影响的信息尚未公开前，买入或者卖出该证券，或者从事与该内幕信息有关的期货交易，或者泄露该信息，或者明示、暗示他人从事上述交易活动，涉嫌下列情形之一的，应予立案追诉：

（一）获利或者避免损失数额在五十万元以上的；

（二）证券交易成交额在二百万元以上的；

（三）期货交易占用保证金数额在一百万元以上的；

（四）二年内三次以上实施内幕交易、泄露内幕信息行为的；

（五）明示、暗示三人以上从事与内幕信息相关的证券、期货交易活动的；

（六）具有其他严重情节的。

内幕交易获利或者避免损失数额在二十五万元以上，或者证券交易成交额在一百万元以上，或者期货交易占用保证金数额在五十万元以上，同时涉嫌下列情形之一的，应予立案追诉：

（一）证券法规定的证券交易内幕信息的知情人实施或者与他人共同实

施内幕交易行为的；

（二）以出售或者变相出售内幕信息等方式，明示、暗示他人从事与该内幕信息相关的交易活动的；

（三）因证券、期货犯罪行为受过刑事追究的；

（四）二年内因证券、期货违法行为受过行政处罚的；

（五）造成其他严重后果的。

《最高人民检察院、公安部关于公安机关管辖的刑事案件立案追诉标准的规定（二）》（2022 年 4 月 6 日）

【犯罪构成及刑事责任】

内幕交易、泄露内幕信息罪是指证券、期货交易内幕信息的知情人员或者非法获取证券、期货交易内幕信息的人员，在涉及证券的发行，证券、期货交易或者其他对证券、期货交易价格有重大影响的信息尚未公开前，买入或者卖出该证券，或者从事与该内幕信息有关的期货交易，或者泄露该信息，或者明示、暗示他人从事上述交易活动，情节严重的行为。构成本罪需要具备以下四个要件：

1. 客体要件。本罪侵犯的客体是国家对证券、期货市场的管理秩序和投资者的合法权益。

2. 客观要件。客观方面表现为在涉及证券的发行，证券、期货交易或者其他对证券、期货交易价格有重大影响的信息尚未公开前，证券、期货交易内幕信息的知情人员或者非法获取证券、期货交易内幕信息的人员买入或者卖出该证券，或者从事与该内幕信息有关的期货交易，或者泄露该信息，或者明示、暗示他人从事上述交易活动，情节严重的行为。

3. 主体要件。本罪主体是特殊主体，即证券、期货交易内幕信息的知情人员和单位，或者非法获取证券、期货交易内幕信息的人员和单位。

4. 主观要件。本罪在主观方面是故意。

根据刑法第 180 条的规定，证券、期货交易内幕信息的知情人员或者非法获取证券、期货交易内幕信息的人员，在涉及证券的发行，证券、期货交易或者其他对证券、期货交易价格有重大影响的信息尚未公开前，买入或者卖出该证券，或者从事与该内幕信息有关的期货交易，或者泄露该信息，或者明示、暗示他人从事上述交易活动，情节严重的，处5年以下有期徒刑或者拘役，并处或者单处违法所得1倍以上5倍以下罚金；情节特别严重的，处5年以上10年以下有期徒刑，并处违法所得1倍以上5倍以下罚金。单位犯前款罪的，对单位判处罚金，并对其直接负责的主管人员和其他直接责任人员，处5年以下有期徒刑或者拘役。内幕信息、知情人员的范围，依照法律、行政法规的规定确定。

【疑难指导】

一、内幕信息的认定

准确认定内幕信息，是判定内幕交易、泄露内幕信息罪的前提和基础，是解决罪与非罪、此罪与彼罪的界限和标准。对于内幕信息的含义，不少国家法律都有规定，从国外一些国家的证券法规看，构成内幕消息大致有两个要件：一是消息持有人所知悉的消息，尚未被市场上其他投资人获悉；二是这项消息本身相当重要，足以使相关公司的股票价格在消息公开之后，受到该项消息的影响而产生波动。欧共体关于内幕交易的法律准则对内幕信息作出了较为完整和准确的定义，即内幕信息是指那些尚未公开披露的，与一个或几个可转让证券的发行人，或与一种或几种可转让证券的准确情况有关的信息。如果该信息被公开披露，可能会对该证券的价格产生影响。该定义认为内幕信息应当具有四个特征：一是信息尚未公开披露。二是信息真实、准确。这一要件可将内幕交易与利用谣传的其他欺诈行为区别开来。对“真实、准确”信息应有一个比较广义的理解，即只要不是谣传或不是凭空想象和印象，只要它是关于正在发展中的事物的准确信息，尽管尚未实现，尚未构成事实，也必须考虑进去。三是信息必须与可转让证券发行人或可转让证券的情况有关。对此，各国法律也有不同的规定。有些国家的法律将其范围规定得较小，仅限于上市公司内部的（有关公司内部事务的）信息，而不包括上市公司子公司或母公司的信息，尽管这些信息具有价格敏感性也不能包括，如丹麦和西班牙的法律中就作了这样的规定。有些国家采取逐项列举的方法，如德国和英国，但也仅限于上市公司内部的信息。而多数国家采取范围比较大的做法，即认为任何种类的任何信息，不论是上市公司内部的还是外部的，只要是与上市公司证券价格有关的，都可作为内幕信息对待。如有关市场行情、利率的变化，外汇政策、金融政策的改变等。甚至有关政治方面的重大信息也应包括在内。四是信息必须影响到证券市场的价格波动。[①]

（一）内幕信息的范围

根据我国证券法第 52 条的规定，内幕信息是指证券交易活动中，涉及发行人的经营、财务或者对该发行人证券的市场价格有重大影响的尚未公开的信息，该法第 80 条第 2 款和第 81 条第 2 款所列重大事件属于内幕信息。其中第 80 条第 2 款所列重大事件包括：（1）公司的经营方针和经营范围的重大变化；（2）公司的重大投资行为，公司在一年内购买、出售重大资产超过公司资产总额 30%，或者公司营业用主要资产的抵押、质押、出售或者报废一次超过该资产的 30%；（3）公司订立重要合同、提供重大担保或者从事关联交易，可能对公司的资产、负债、权益和经营成果产生重要影响；（4）公司发生重大债务和未能清偿到期重大债务的违约情况；（5）公司发生重大亏损或者重大损失；（6）公司生产经营的外部条件发生的重大变化；（7）公司的董事、三分之一以上监事或者经理发生变动，董事长或者经理无法履行职责；（8）持有公司 5%以上股份的股东或者实际控制人持有股份或者控制公司的情况发生较大变化，公司的实际控制人及其控制的其他企业从事与公司相同或者相似业务的情况发生较大变化；（9）公司分配股利、增资的计划，公司股权结构的重要变化，公司减资、合并、分立、解散及申请破产的决定，或者依法进入破产程序、被责令关闭；（10）涉及公司的重大诉讼、仲裁，股东大会、董事会决议被依法撤销或者宣告无效；（11）公司涉嫌犯罪被依法立案调查，公司的控股股东、实际控制人、董事、监事、高级管理人员涉嫌犯罪被依法采取强制措施；（12）国务院证券监督管理机构规定的其他事项。

第 81 条第 2 款所列重大事件包括：（1）公司股权结构或者生产经营状况发生重大变化；（2）公司债券信用评级发生变化；（3）公司重大资产抵押、质押、出

---

① 张军主编：《破坏金融管理秩序罪》，中国人民公安大学出版社 2003 年版，第 240~242 页。

售、转让、报废；（4）公司发生未能清偿到期债务的情况；（5）公司新增借款或者对外提供担保超过上年末净资产的20%；（6）公司放弃债权或者财产超过上年末净资产的10%；（7）公司发生超过上年末净资产10%的重大损失；（8）公司分配股利，作出减资、合并、分立、解散及申请破产的决定，或者依法进入破产程序、被责令关闭；（9）涉及公司的重大诉讼、仲裁；（10）公司涉嫌犯罪被依法立案调查，公司的控股股东、实际控制人、董事、监事、高级管理人员涉嫌犯罪被依法采取强制措施；（11）国务院证券监督管理机构规定的其他事项。

（二）内幕信息的特征

对于内幕信息的特征，理论和实务界存在不同看法，主要有几种观点：第一种观点概括为两特征说，但存在表述方面的差异，如有论者认为内幕信息具有秘密性和重要性两个特征，还有论者认为内幕信息具有未公开性和敏感性两个特征[①]。第二种观点为三特征说，如有学者认为，内幕信息具有以下特征：一是未公开性，即有关的重要信息和资料尚未通过法定的方式向社会公众和投资者公开，该信息尚处于保密状态；二是重要性，主要是指该信息对证券、期货交易价格有重大影响；三是真实性，内幕信息必须客观、符合实际情况，任何谣传、猜测和无根据的信息都不应成为内幕信息。[②] 第三种观点为四特征说，如有学者认为内幕信息应该具备四个条件：第一必须是尚未公开的信息；第二必须是真实、准确的信息；第三必须是与可转让证券发行人或可转让证券有关的信息；第四必须是影响证券、期货市场价格波动的信息。上述不管哪一种观点，都包含了内幕信息最基本的特征，即秘密性（未公开性）和重要性（价格敏感性）。

1. 秘密性（未公开性）

秘密性是指信息尚未公开，对信息尚未公开的判断即信息公开时间点的确定。对于信息公开时间点的确定存在两种标准：一是形式公开标准（公开时间点标准）；二是实质公开标准（市场消化时间标准）。依据形式公开标准，只要信息依照法律、法规规定的方式被公开，该信息便不再具备“未公开性”。我国证券法第

---

① 薛瑞麟主编：《金融犯罪研究》，中国政法大学出版社2000年版，第262页。

② 肖中华、马渊杰：《内幕交易、泄露内幕信息罪认定的若干问题——以“两高”司法解释和证监会规章的比较为视角》，载《贵州大学学报（社会科学版）》2013年第1期。

86条规定，依法披露的信息，应当在证券交易场所的网站和符合国务院证券监督管理机构规定条件的媒体发布，同时将其置备于公司住所、证券交易场所，供社会公众查阅。《股票发行与交易管理暂行条例》规定，公布应以有关信息和文件刊登在中国证监会指定的报刊上为准。公开应以有关信息和文件置于发行人及其证券承销机构的营业地和证券交易所，供投资人查阅为条件。实质公开标准要求判断信息“公开”与否应考虑市场对其的消化程度，从信息公布到市场传播、消化、分析、吸收该信息，并引发证券交易价格变动仍需要一段时间，在此期间，信息实质上仍具有“未公开性”。该观点实际上认为“披露”并不等于“公开”，从一般投资者的接受角度看，公开是一个过程。美国联邦证券法即采用此标准，并在实际案例中利用如下要素进行判断：证券公司的规模与知名度、关联证券的近期交易量、交易方式与变动幅度、一般理性投资者的合理反应时间、信息公开的方式。只有在综合上述诸要素以确认证券交易量发行较大波动时，才能认定市场已经消化吸收该消息，该信息的“未公开性”已经消失。[①]

我国相关司法解释采用的是形式公开标准，《最高人民法院、最高人民检察院关于办理内幕交易、泄露内幕信息刑事案件具体应用法律若干问题的解释》（以下简称《内幕交易罪司法解释》）第5条第4款规定，内幕信息的公开，是指内幕信息在国务院证券、期货监督管理机构指定的报刊、网站等媒体披露。该司法解释起草者认为，由于刑法明文规定内幕交易、泄露内幕信息犯罪的时间点是内幕信息尚未公开前，严格从法律意义上讲，内幕信息公开了就不再是内幕信息，利用这些信息就不可能构成犯罪。另外，作为股民，应当第一时间了解和掌握国务院证券监督管理机构指定报刊、媒体发布的信息，不积极了解和掌握这些信息所造成的不利后果应当归结于本人的责任。对不具有第一时间了解和掌握信息条件的股民而言，其不利条件在其入市炒股时就应考虑在内，从这一角度而言，不存在是否公平的问题。在司法解释的起草过程中，有观点认为内幕信息公布后的较短时间内，公布的信息难以反馈到广大民众，内幕信息的部分影响力仍然存在，

---

① 张小宁：《论内幕交易罪中内幕信息的界定》，载《昆明理工大学学报（社会科学版）》2009年第3期。

因此内幕信息敏感期的截止期限应从实质影响力上把握，一般应为内幕信息公布后的24小时或者12小时。尽管上述观点符合一定的实践需要，但毕竟刑法明文规定内幕交易、泄露内幕信息罪的时间点必须是内幕信息尚未公开前，严格从法律意义上讲，内幕信息公开了就不应认定为内幕信息。[①]

另外，对于内幕信息形成时间的认定也比较重要。《内幕交易罪司法解释》第5条第2款规定了内幕信息形成时间的一般情形，《证券法》（2005年修订）第67条所列“重大事件”的发生时间以及期货交易管理条例第85条第11项规定的“政策”“决定”等的形成时间，应当认定为内幕信息的形成之时。而对于内幕信息形成的动议者、筹划者或决策者而言，由于其能左右内幕信息的形成，内幕信息的敏感期应自其动议、决意或作出决策之时开始起算。因此，该解释第5条第3款规定了内幕交易形成时间认定的特殊情形，即影响内幕信息形成的动议、筹划、决策或者执行人员，其动议、筹划、决策或者执行初始时间，应当认定为内幕信息的形成之时。

2. 重要性（价格敏感性）

除秘密性外，学者也一致认同重要性（价格敏感性）是内幕信息的重要特征，我国法律也规定了内幕信息重要性的要件，如证券法第52条规定，证券交易活动中，涉及发行人的经营、财务或者对该发行人证券的市场价格有重大影响的尚未公开的信息，为内幕信息；刑法第180条表述为对证券、期货交易价格有重大影响的信息。

我国证券法第80条和第81条以列举方式明确规定了21种内幕信息，力图使规定具有可操作性。为避免列举式不能穷尽所有情形的缺陷，还规定“国务院证券监督管理机构规定的其他事项”作为兜底条款。然而，这样一个兜底条款，使得认定何谓“可能影响证券价格的重大信息”又缺乏可操作性，通常在司法实践中产生争议。美国最高法院以理智投资者作为认定标准，如果一个理智的投资者在他作出投资时，可以认为这个被忽略的事实是重要的，那么这个事实就是重要

---

① 陈国庆、韩耀元、王文利：《〈最高人民法院、最高人民检察院关于办理内幕交易、泄露内幕信息刑事案件具体应用法律若干问题的解释〉解读》，载《人民检察》2012年第11期。

的。[1] 对于重要性的判断，应注意以下两个方面：一是要以一般投资人的认识标准进行衡量，即该信息对于一般投资人、大多数公众的投资而言，是否具有重大影响，是否足以使特定公司的证券、期货交易价格发生变动。如果特定人员、专业人员可能基于专业知识、行业信息的优先知悉便利，并不认为某项信息对于特定公司的证券、期货交易价格会带来变动，但是一般投资人、社会公众可能对于该信息产生完全不同的认识，认为该信息对证券、期货交易价格产生重大影响，那么此种情况下该信息仍具有重要性。二是要以“客观、相对确定性”的标准对涉案信息是否具有重要性、是否属于内幕信息进行判断。证券法等法律、行政法规没有将真实性或客观性作为内幕信息的特征加以明确规定，而实践中经常产生内幕信息是否应当具有真实、客观性的争论。作为内幕信息特征之一的重要性，其确定有赖于对涉案信息在交易当时是否客观存在、相对确定进行判断，这种“客观、相对确定性”的判断，是对重要性特征的实质解释、合理延伸。如果行为人依据谣传、猜测、无根据或者无公司针对性的信息进行证券、期货交易，或者将该信息泄露，不应被判断为内幕交易或泄露内幕信息行为。[2]

二、内幕交易、泄露内幕信息行为方式的认定

刑法第 180 条对内幕交易、泄露内幕信息罪客观行为方式的规定包括四种行为方式：一是买入或者卖出该证券；二是从事与该内幕信息有关的期货交易；三是泄露该信息；四是明示、暗示他人从事上述交易活动。

（一）内幕交易行为

内幕交易行为是知悉内幕信息的人自己开设账户进行证券、期货买卖，这样的操作极易被查处，因而在司法实践中并不多见。对内幕交易行为认定存在争议的是行为人未获得利益甚至亏损是否可以构成该罪。“肯定说”认为未获益也可构成本罪，因为本罪侵犯的客体是国家对证券、期货市场的管理秩序，而这也是我国刑法将其归于破坏社会主义市场经济秩序类犯罪的原因。故此，只要行为人实

---

① 张军主编：《破坏金融管理秩序罪》，中国人民公安大学出版社 2003 年版，第 249 页。
② 肖中华：《内幕交易、泄露内幕信息罪之规范解释》，载《法治研究》2016 年第 4 期。

施了侵害上述客体的行为就可构成本罪。[①]“否定说”则认为，本罪的客体是证券市场的保密制度和投资者的合法权益，属于复杂客体，要考虑情节，只有达到刑法第180条规定的“情节严重”的标准才构成本罪，未获益的情况不宜认定为本罪。[②]

笔者认为司法实务采纳的观点是未获益的情况可认定为本罪，《内幕交易罪司法解释》规定，除获利或者避免损失数额在15万元以上的情形外，证券交易成交额在50万元以上、期货交易占用保证金数额在30万元以上的、实施内幕交易行为3次上的都是情节严重的表现形式。

（二）泄露内幕信息行为

泄露内幕信息行为是指行为人将处于保密状态的内幕信息公开，通过明示、暗示、书面、口头等方式，透露给不应该知悉该信息的人员，使信息受领人据此进行证券、期货交易，其有很多表现形式，可以是秘密向少数人透露，也可以在公开场合向不特定多数人透露，可以给出准确具体的内幕信息，也可以透露具有导向性的粗略信息，司法实践中通常是通过对内幕交易人身份以及行为的认定来判断是否存在泄露内幕信息的行为。

泄露内幕消息包括泄密和再泄密，其中泄密是指内幕人员直接将其掌握的内幕信息泄露给他人，再泄密是指非内幕人员在获取内幕信息后，又将该内幕信息泄露给他人，使他人利用该信息买卖证券。对于内幕信息的再泄露是否构成泄露内幕信息罪是司法实践中争议较多的问题。一些国家对于内幕信息泄露的层级有具体规定，但我国没有类似规定。法定内幕信息知情人员基于受托义务，不论其处在信息传递的第几层级，都不能泄露内幕信息，但非法定内幕信息知情人员对于内幕信息再泄露是否构成本罪有不同观点。有论者认为，非法定内幕知情人员对内幕信息再泄露是否构成犯罪的标准是非内幕人员获取内幕信息是主动还是被动的。如果非内幕人员自己积极主动获取内幕信息，不论是盗取还是设法从内幕人员那里探听，其再泄露都构成犯罪，如果非内幕人员是被动的信息接收者，则

---

① 苏长青、章志祥：《新刑法导论》，中国人民大学出版社1999年版，第402页。

② 高铭暄、马克昌主编：《刑法学》，北京大学出版社、高等教育出版社2011年版，第344页。

其再泄露行为不构成本罪。理由是在主动获取的情况下，非内幕人员对获取的内幕信息有不得利用并保密的义务，其再泄露是对保密义务的违反，承担责任是理所当然的。而在被动知悉的情况下，非内幕人员是消极的内幕信息知情者，不存在承担保密的义务，即使第三人根据该信息进行了交易，也不应当认定为内幕交易。[①]

笔者不赞同上述观点，认为非内幕人员的再泄密行为可以构成泄露内幕信息罪。主要理由有二：一是不应知悉内幕信息的人员，不管其获取内幕信息的途径是主动获取，还是被动获取，在明知是内幕信息知情人员泄露的内幕信息或者明知是他人非法获取的内幕信息的情况下，其在获取内幕信息时都应承担保密义务，如果违反该保密义务理应承担相应责任；二是内幕信息的再泄露与初次泄露一样，都会严重影响证券市场的正常秩序，甚至会比初次泄露后果更严重，因为内幕信息再传递范围会比前一次更广，传播人数可会呈指数倍增长。因此，对于内幕信息的再泄露应当纳入到刑法的规制范围。

（三）明示、暗示他人从事上述交易活动行为

“明示或暗示他人从事上述交易活动”这一行为方式为刑法修正案（七）新增，在刑法修正法（七）颁布之前，我国在《禁止证券欺诈行为暂行办法》（已失效）中曾使用“建议行为”的表述来认定这类行为。“建议行为”可以由“内幕交易行为”“泄露内幕信息行为”所包含，但有关内幕交易行为和泄露内幕信息行为很难取证，内幕人员一般都不会自己从事交易，而是以明示或者暗示的方式让他人操作，故而刑法修正案（七）采用“明示或暗示”的方式来规定该类行为降低司法取证难度，以提高执法效率，加强刑法对证券、期货市场的保护。

对于明示和暗示的区别，法律和司法解释并未作出具体规定，笔者认为明示或暗示的区分标准在于是否告知被建议者内幕信息内容。所谓明示就是清楚明白的指示，即明确告知他人内幕信息的内容，提示他人买入或卖出与该内幕信息有关的证券或者期货合约；而暗示是指不明确告知内幕信息的内容，用含蓄的言语或举动提示他人从事特定的证券或期货交易。

---

① 张军主编：《破坏金融管理秩序罪》，中国人民公安大学出版社 2003 年版，第 251~252 页。

对于内幕信息知情人员或非法获取人员明示、暗示他人从事相关交易，被建议者实际执行该交易，明示或暗示的行为人都可构成犯罪。但如果被建议者没有按照行为人的建议进行证券交易，行为人是否构成犯罪要看行为人是明示还是暗示。在明示的情况下，被建议者虽然没有实际从事相关证券、期货交易，缺失了内幕交易的交易属性，不能认定为明示或暗示他人从事交易活动，但由于明示行为明确告知了被建议者内幕信息的内容，行为人仍实施了泄露内幕信息的行为，应当构成泄露内幕信息罪。在暗示的情况下，由于行为人既没有泄露内幕信息本身的内容，也没有产生后续被建议人基于内幕信息而进行的证券、期货交易行为，不应纳入内幕交易、泄露内幕信息罪的规制范围。

（四）内幕交易、泄露内幕信息的除外情形

为防止内幕交易、泄露内幕信息犯罪认定的扩大化，《内幕交易罪司法解释》第 4 条根据实际情况，规定了内幕交易、泄露内幕信息的除外情形，即具有下列情形之一的，不属于从事内幕交易：（1）持有或者通过协议、其他安排与他人共同持有上市公司 5%以上股份的自然人、法人或者其他组织收购该上市公司股份的；（2）按照事先订立的书面合同、指令、计划从事相关证券、期货交易的；（3）依据已被他人披露的信息而交易的；（4）交易具有其他正当理由或者正当信息来源的。

其中第 1 项是依据证券法有关规定而作出的规定。证券法第 53 条第 1 款规定，证券交易内幕信息的知情人和非法获取内幕信息的人，在内幕信息公开前，不得买卖该公司的证券，或者泄露该信息，或者建议他人买卖该证券，该款是禁止性规定。同时第 2 款又作了除外规定，即持有或者通过协议、其他安排与他人共同持有公司 5%以上股份的自然人、法人、非法人组织收购上市公司的股份，本法另有规定的，适用其规定。第 2 项是根据证券、期货市场的一般规则作出的规定。如果行为人按照事先订立的书面合同、指令、计划从事相关证券、期货交易，那么表明即使没有内幕信息，其也会从事该交易行为，证明其是出于正当的理由而从事交易行为的。第 3 项明确规定根据已被他人披露的信息进行交易不属于内幕交易。已被披露的信息由于被不特定多数人知晓，已不再属于内幕信息，行为人根据已被他人披露的信息进行交易，不属于内幕交易。为了防止遗漏，第 4 项还设置了兜底条款，即交易具有其他正当理由或者正当信息来源的。

三、内幕交易、泄露内幕信息罪主体的认定

根据刑法第 180 条第 1 款的规定，内幕交易、泄露内幕信息罪的主体有两类：一是证券、期货交易内幕信息的知情人员；二是非法获取证券、期货交易内幕信息的人员。

（一）证券、期货交易内幕信息的知情人员

刑法第 180 条第 3 款采取引证方式规定："内幕信息、知情人员的范围，依照法律、行政法规的规定确定。"内幕信息的知情人员包括基于管理地位、监督地位、职业地位或者通过职务行为能够接触或者获得内幕信息的人员。《内幕交易罪司法解释》第 1 条对"证券、期货交易内幕信息的知情人员"进行明确指引，规定"下列人员应当认定为刑法第一百八十条第一款规定的'证券、期货交易内幕信息的知情人员'"，即证券法第 51 条规定的人员和《期货交易管理条例》第 81 条规定的人员。

根据证券法第 51 条的规定，知悉证券交易内幕信息的知情人员包括：（1）发行人及其董事、监事、高级管理人员；（2）持有公司 5%以上股份的股东及其董事、监事、高级管理人员，公司的实际控制人及其董事、监事、高级管理人员；（3）发行人控股或者实际控制的公司及其董事、监事、高级管理人员；（4）由于所任公司职务或者因与公司业务往来可以获取公司有关内幕信息的人员；（5）上市公司收购人或者重大资产交易方及其控股股东、实际控制人、董事、监事和高级管理人员；（6）因职务、工作可以获取内幕信息的证券交易场所、证券公司、证券登记结算机构、证券服务机构的有关人员；（7）因职责、工作可以获取内幕信息的证券监督管理机构工作人员；（8）因法定职责对证券的发行、交易或者对上市公司及其收购、重大资产交易进行管理可以获取内幕信息的有关主管部门、监管机构的工作人员；（9）国务院证券监督管理机构规定的可以获取内幕信息的其他人员。

根据《期货交易管理条例》第 81 条规定，期货内幕信息的知情人员是指由于其管理地位、监督地位或者职业地位，或者作为雇员、专业顾问履行职务，能够接触或者获得内幕信息的人员，包括：期货交易所的管理人员以及其他由于任职可获取内幕信息的从业人员，国务院期货监督管理机构和其他有关部门的工作人员以及国务院期货监督管理机构规定的其他人员。

需要注意的是，在司法实践中不能简单地从职业或业务的形式上将“可能接触内幕信息的人”认定为内幕信息知情人员，如发行人及其董事、监事、高级管理人员，发行人、上市公司的控股股东、实际控制人控制的其他公司及其董事、监事、高级管理人员等。《内幕交易罪司法解释》起草人员指出，在解释起草过程中，有观点建议增加列举发行人、上市公司的控股股东、实际控制人控制的其他公司的董事、监事、高级管理人员，以及上市公司并购重组参与方有关人员为内幕信息知情人员，理由是这类人员可以通过发行人、上市公司的内部传阅文件或者参与上市公司并购重组工作获悉内幕信息，且较为典型，因此应当将这两类人员明确为内幕信息知情人员。后经调研，这两类人员身份性质比较复杂，其获悉内幕信息的途径是否皆因履行工作职责很难确定，实践中也仅是存在可能而非必然知悉内幕信息，因而不宜直接规定为内幕信息知情人员。并且，现有证券法律、行政法规并未明确将这两类人员列举为内幕信息知情人员，因而司法解释也不宜明确列举。①

（二）非法获取证券、期货交易内幕信息的人员

对于“非法获取”的理解，存在不同看法，第一种观点认为非法获取是指采用具有违法性手段的积极获取；第二种观点则认为不能局限于采用具有违法性手段，如有论者认为，对“非法获取”的理解不能过于狭窄，不能仅仅将其限于积极的且具有违法性的手段，而应从较为宽泛的角度加以解释，“非法获取”实际上应指“不该获得而获得”，“不该获得”是指行为人与内幕信息之间并无职务或业务上的紧密关系，行为人属于被相关法律法规禁止接触或获取证券、期货交易内幕信息的人员。② 还有论者指出，对于“非法获取”这一概念的认定不能简单理解为以“非法途径获取”，还应包括“不该获取而获取”的所有情形，非法获取内幕信息人员中应包括被动获取内幕信息的人。有人认为，第二种观点不符合刑

---

① 陈国庆、韩耀元、王文利：《〈最高人民法院、最高人民检察院关于办理内幕交易、泄露内幕信息刑事案件具体应用法律若干问题的解释〉解读》，载《人民检察》2012 年第 11 期。

② 刘宪权：《金融犯罪刑法学专论》，北京大学出版社 2010 年版，第 365 页。

法主客观相一致的原则，刑法规定的“非法获取”在客观上应有主动行为，主观上必须明知是内幕信息而积极取得，如果对仅是被动知悉的也视为“非法获取”，会不当地扩大打击面。因此，《内幕交易罪司法解释》第2条规定具有下列行为的人员应当认定为“非法获取证券、期货交易内幕信息”的人员：一是利用窃取、骗取、套取、窃听、利诱、刺探或者私下交易等手段获取内幕信息的；二是内幕信息知情人员的近亲属或者其他与内幕信息知情人员关系密切的人员，在内幕信息敏感期内，从事或者明示、暗示他人从事，或者泄露内幕信息导致他人从事与该内幕信息有关的证券、期货交易，相关交易行为明显异常，且无正当理由或者正当信息来源的；三是在内幕信息敏感期内，与内幕信息知情人员联络、接触，从事或者明示、暗示他人从事，或者泄露内幕信息导致他人从事与该内幕信息有关的证券、期货交易，相关交易行为明显异常，且无正当理由或者正当信息来源的。

《内幕交易罪司法解释》第2条第1项规定的是以非法手段获取内幕信息的人员，即利用窃取、骗取、套取、窃听、利诱、刺探或者私下交易等手段获取内幕信息，这类人员是典型的非法获取内幕信息人员。司法解释在规定时，对“非法获取”的具体手段进行列举，包括窃取、骗取、套取、窃听、利诱、刺探或者私下交易，同时考虑到周延性，还在列举之后加了“等”字。“窃取”是指行为人通过采取非法手段秘密取得，“骗取”是指用欺骗方法获取，“套取”是指在与他人谈话时旁敲侧击、从他人话语中获取，“窃听”是指使用专用器材、设备偷听他人的谈话或者通话，“利诱”是指承诺给予他人金钱或物质利益以诱使他人主动提供而获得，“刺探”是指通过各种途径和手段非法探知，“私下交易”是指秘密以金钱或者其他物质利益为对价非法换取。①

《内幕交易罪司法解释》第2条第2项规定的是特定身份型非法获取内幕信息的人员，即内幕信息知情人员的近亲属或者其他与内幕信息知情人员关系密切的人员。对于近亲属的范围，司法解释起草人员指出，在起草初期，基于打击面的

---

① 陈国庆、韩耀元、王文利：《〈最高人民法院、最高人民检察院关于办理内幕交易、泄露内幕信息刑事案件具体应用法律若干问题的解释〉解读》，载《人民检察》2012年第11期。

考虑，解释将特定身份型非法获取内幕信息的人员范围限定为内幕信息知情人员的配偶、父母、子女，后考虑到内幕信息知情人员的兄弟姐妹、（外）祖父母、（外）孙子女以及其他近亲属与内幕信息知情人员的配偶、父母、子女具有同等便利，如果仅将特定身份型非法获取内幕信息的人员范围限制为配偶、父母、子女，容易给内幕交易犯罪分子留下非常大的规避法律的空间。基于这一考虑，司法解释将特定身份型非法获取内幕信息的人员范围扩展到内幕信息知情人员的所有近亲属。与内幕信息知情人员关系密切的人，如内幕信息知情人员的情妇（夫）以及其他与其关系密切的人，就获取内幕信息而言，具有与内幕信息知情人员的近亲属同等的便利条件，司法解释将该类人员明确为非法获取内幕信息的人员。内幕信息知情人员的近亲属或者其他与内幕信息知情人员关系密切的人员被认定为非法获取内幕信息的人须符合以下条件：一是在内幕信息敏感期内从事或者明示、暗示他人从事与内幕信息有关的证券、期货交易，或者泄露该内幕信息；二是相关交易行为明显异常，且无正当理由或者正当信息来源的。《内幕交易罪司法解释》第2条第3项规定的是除第1项、第2项外的人员在何种情形下应当被认定为非法获取内幕信息的人员。

对于以非法手段获取内幕信息的人员，司法机关必须有证据来证明其对相关内幕信息是利用非法手段主动获取、知悉的，如果行为人有正当信息来源或者有正当理由相信该内幕信息已公开或者事先不知道泄露信息者为内幕信息知情人员或者所泄露的信息系内幕信息的，则不能判断为非法获取内幕信息的人员。对特定身份型非法获取内幕信息人员的认定，则由司法机关认定相关交易行为是否明显异常，而不必提供证明行为人从内幕信息知情人员处获取内幕信息、如何获取的证据；行为人辩解自己无罪，则应提供交易行为具有正当理由或正当来源的证据，否则辩解不能成立，即对无正当理由或者无正当信息来源的，应当认定行为人为非法获取内幕信息的人员。

对于相关交易行为中的异常交易行为有三种：一是内幕信息的知情人员从事的与该内幕信息有关的证券、期货交易；二是被明示、暗示的人员从事的与内幕信息有关的证券、期货交易；三是非法获取内幕信息的人员从事的与内幕信息有关的证券、期货交易。《内幕交易罪司法解释》第3条明确从以下三个方面综合把握相关交易行为是否明显异常：一是时间吻合程度，即从行为时间与内幕信息形成、变化、公开的时间吻合程度把握。所要比对的时间主要有以下三类：行为人开户、销户、激活资金账户或者指定交易（托管）、撤销指定交易（转托管）时间；资金变化时间；相关证券、期货合约买入或者卖出时间。二是交易背离程度，即从交易行为与正常交易的背离程度把握。正常交易主要体现在以下两点：基于平时交易习惯而采取的交易行为；基于证券、期货公开信息反映的基本面而理应采取的交易行为。三是利益关联程度，即从账户交易资金进出与该内幕信息的知情人员或者非法获取人员有无关联或者利害关系把握。考虑到实际情况错综复杂，第3条除明确列举7种情形外，还在第8项规定了兜底条款，即其他交易行为明显异常情形。

四、情节严重和情节特别严重的认定

（一）情节严重和情节特别严重的标准

根据刑法规定，构成内幕交易、泄露内幕信息罪行为人的行为必须达到情节严重的程度。按照《内幕交易罪司法解释》第6条规定，在内幕信息敏感期内从事或者明示、暗示他人从事或者泄露内幕信息导致他人从事与该内幕信息有关的证券、期货交易，具有下列情形之一的，应当认定为刑法第180条第1款规定的“情节严重”：（1）证券交易成交额在50万元以上的；（2）期货交易占用保证金数额在30万元以上的；（3）获利或者避免损失数额在15万元以上的；（4）三次以上的；（5）具有其他严重情节的。

行为人情节特别严重的，量刑升格。《内幕交易罪司法解释》第7条规定，在内幕信息敏感期内从事或者明示、暗示他人从事或者泄露内幕信息导致他人从事与该内幕信息有关的证券、期货交易，具有下列情形之一的，应当认定为刑法第180条第1款规定的“情节特别严重”：（1）证券交易成交额在250万元以上的；（2）期货交易占用保证金数额在150万元以上的；（3）获利或者避免损失数额在75五万元以上的；（4）具有其他特别严重情节的。

（二）二次以上内幕交易、泄露内幕信息相关交易数额计算

如果行为人实施二次以上内幕交易或者泄露内幕信息，基于“一事不再理”的原则，对于已经作行政处理、刑事处理的不纳入累计范围，对于未经行政处理

或者刑事处理的，其违法交易数额应累计计算。《内幕交易罪司法解释》第 8 条规定，实施内幕交易或者泄露内幕信息二次以上，未经行政处理或者刑事处理的，应当对相关交易数额依法累计计算。

（三）犯罪数额构成不同情节的处罚

成交额、占用保证金额、获利额均可作为内幕交易、泄露内幕信息罪定罪量刑的依据，而该罪又有情节严重和情节特别严重两个法定刑幅度，因而可能出现成交额、占用保证金额、获利或者避免损失额分别构成情节严重、情节特别严重的情形。《内幕交易罪司法解释》第 9 条第 1 款对犯罪数额构成不同情节的犯罪规定了处罚原则。在内幕交易、泄露内幕信息案件中，只要成交额（期货案件为占用保证金额）、获利额其中之一达到入罪标准，就构成犯罪。同一案件中，成交额、占用保证金额、获利或者避免损失额分别构成情节严重、情节特别严重的，按照处罚较重的数额定罪处罚。

（四）违法所得数额的计算

刑法第 180 条第 1 款对内幕交易、泄露内幕信息罪规定了并处或者单处违法所得 1 倍以上 5 倍以下罚金。对于违法所得数额，通常的理解是获利数额，但证券、期货交易是高风险的投资行业，获悉内幕信息后，买入行为可能获取暴利，卖出行为可能避免损失，因此，本罪中的违法所得应包括行为人获悉内幕信息后卖出证券、期货所避免的损失。《内幕交易罪司法解释》第 10 条也规定，违法所得是指通过内幕交易行为获利或者避免的损失。

本罪的主体还有泄露内幕信息者，明示、暗示他人交易者，对于上述主体的违法所得数额，是指内幕交易违法所得还是指因泄露内幕信息或者明示、暗示行为而获取的报酬，存在不同认识。第一种观点认为，在不构成共犯的情形下，泄露内幕信息者未参与内幕交易，也就未从交易行为中获取所得，其违法所得只能是因其泄露而获取的报酬，而不能理解为内幕交易者的违法所得。获取内幕信息者可能自己未从事内幕交易但将内幕信息再泄露，如此连锁泄露多次，根据所有人的内幕交易违法所得对泄露行为者进行处罚显失公平。第二种观点认为违法所得均应当理解为利用内幕信息进行交易的违法所得，本罪的立法本意在于打击内幕交易、泄露内幕信息的犯罪行为，而这种行为的社会危害性在于其利用内幕信息在证券、期货市场中非法获利，利用内幕信息进行交易非法获利的多少决定了其社会危害程度的大小。因此，本罪规定的违法所得应当是利用内幕信息进行交易非法获利的数额。而且对于泄露给其关系密切的人的情形下，泄露者可能根本不存在什么报酬，如果将“违法所得”理解为泄露行为的报酬，则不能对泄露者处以罚金，不符合立法原意。

综合分析上述观点后，《内幕交易罪司法解释》采用了第二种观点，认为本罪规定的违法所得应当是利用内幕信息进行交易非法获利的数额，内幕信息的泄露人员或者内幕交易的明示、暗示人员未实际从事内幕交易的，其罚金数额也按照因泄露而获悉内幕信息人员或者被明示、暗示人员从事内幕交易的违法所得计算。

（五）共同犯罪的数额认定和处罚

《内幕交易罪司法解释》第 9 条规定了共同犯罪的定罪处罚。一是构成内幕交易、泄露内幕信息罪共同犯罪的，按照共同犯罪行为人的成交总额、占用保证金总额、获利或者避免损失总额定罪处罚。二是考虑到共同犯罪的处罚的有效性，司法解释规定判处罚金的总额应掌握在获利或者避免损失总额的 1 倍以上 5 倍以下。

【办案依据】

一、刑法规定

第一百八十条 证券、期货交易内幕信息的知情人员或者非法获取证券、期货交易内幕信息的人员，在涉及证券的发行，证券、期货交易或者其他对证券、期货交易价格有重大影响的信息尚未公开前，买入或者卖出该证券，或者从事与该内幕信息有关的期货交易，或者泄露该信息，或者明示、暗示他人从事上述交易活动，情节严重的，处五年以下有期徒刑或者拘役，并处或者单处违法所得一倍以上五倍以下罚金；情节特别严重的，处五年以上十年以下有期徒刑，并处违法所得一倍以上五倍以下罚金。

单位犯前款罪的，对单位判处罚金，并对其直接负责的主管人员和其他直接责任人员，处五年以下有期徒刑或者拘役。

内幕信息、知情人员的范围，依照法律、行政法规的规定确定。

证券交易所、期货交易所、证券公司、期货经纪公司、基金管理公司、商业银行、保险公司等金融机构的从业人员以及有关监管部门或者行业协会的工作人员，利用因职务便利获取的内幕信息以外的其他未公开的信息，违反规定，从事与该信息相关的证券、期货交易活动，或者明示、暗示他人从事相关交易活动，情节严重的，依照第一款的规定处罚。

二、司法解释

《最高人民法院、最高人民检察院关于办理内幕交易、泄露内幕信息刑事案件具体应用法律若干问题的解释》（2012年6月1日　法释〔2012〕6号）

第一条　下列人员应当认定为刑法第一百八十条第一款规定的“证券、期货交易内幕信息的知情人员”：

（一）证券法第七十四条规定的人员；

（二）期货交易管理条例第八十五条第十二项规定的人员。

第二条　具有下列行为的人员应当认定为刑法第一百八十条第一款规定的“非法获取证券、期货交易内幕信息的人员”：

（一）利用窃取、骗取、套取、窃听、利诱、刺探或者私下交易等手段获取内幕信息的；

（二）内幕信息知情人员的近亲属或者其他与内幕信息知情人员关系密切的人员，在内幕信息敏感期内，从事或者明示、暗示他人从事，或者泄露内幕信息导致他人从事与该内幕信息有关的证券、期货交易，相关交易行为明显异常，且无正当理由或者正当信息来源的；

（三）在内幕信息敏感期内，与内幕信息知情人员联络、接触，从事或者明示、暗示他人从事，或者泄露内幕信息导致他人从事与该内幕信息有关的证券、期货交易，相关交易行为明显异常，且无正当理由或者正当信息来源的。

第三条　本解释第二条第二项、第三项规定的“相关交易行为明显异常”，要综合以下情形，从时间吻合程度、交易背离程度和利益关联程度等方面予以认定：

（一）开户、销户、激活资金账户或者指定交易（托管）、撤销指定交易（转托管）的时间与该内幕信息形成、变化、公开时间基本一致的；

（二）资金变化与该内幕信息形成、变化、公开时间基本一致的；

（三）买入或者卖出与内幕信息有关的证券、期货合约时间与内幕信息的形成、变化和公开时间基本一致的；

（四）买入或者卖出与内幕信息有关的证券、期货合约时间与获悉内幕信息的时间基本一致的；

（五）买入或者卖出证券、期货合约行为明显与平时交易习惯不同的；

（六）买入或者卖出证券、期货合约行为，或者集中持有证券、期货合约行为与该证券、期货公开信息反映的基本面明显背离的；

（七）账户交易资金进出与该内幕信息知情人员或者非法获取人员有关联或者利害关系的；

（八）其他交易行为明显异常情形。

第四条　具有下列情形之一的，不属于刑法第一百八十条第一款规定的从事与内幕信息有关的证券、期货交易：

（一）持有或者通过协议、其他安排与他人共同持有上市公司百分之五以上股份的自然人、法人或者其他组织收购该上市公司股份的；

（二）按照事先订立的书面合同、指令、计划从事相关证券、期货交易的；

（三）依据已被他人披露的信息而交易的；

（四）交易具有其他正当理由或者正当信息来源的。

第五条　本解释所称“内幕信息敏感期”是指内幕信息自形成至公开的期间。

证券法第六十七条第二款所列“重大事件”的发生时间，第七十五条规定的“计划”、“方案”以及期货交易管理条例第八十五条第十一项规定的“政策”、“决定”等的形成时间，应当认定为内幕信息的形成之时。

影响内幕信息形成的动议、筹划、决策或者执行人员，其动议、筹划、决策或者执行初始时间，应当认定为内幕信息的形成之时。

内幕信息的公开，是指内幕信息在国务院证券、期货监督管理机构指定的报刊、网站等媒体披露。

第六条　在内幕信息敏感期内从事或者明示、暗示他人从事或者泄露内幕信息导致他人从事与该内幕信息有关的证券、期货交易，具有下列情形之一的，应当认定为刑法第一百八十条第一款规定的“情节严重”：

（一）证券交易成交额在五十万元以上的；

（二）期货交易占用保证金数额在三十万元以上的；

（三）获利或者避免损失数额在十五万元以上的；

（四）三次以上的；

（五）具有其他严重情节的。

第七条 在内幕信息敏感期内从事或者明示、暗示他人从事或者泄露内幕信息导致他人从事与该内幕信息有关的证券、期货交易，具有下列情形之一的，应当认定为刑法第一百八十条第一款规定的“情节特别严重”：

（一）证券交易成交额在二百五十万元以上的；

（二）期货交易占用保证金数额在一百五十万元以上的；

（三）获利或者避免损失数额在七十五万元以上的；

（四）具有其他特别严重情节的。

第八条 二次以上实施内幕交易或者泄露内幕信息行为，未经行政处理或者刑事处理的，应当对相关交易数额依法累计计算。

第九条 同一案件中，成交额、占用保证金额、获利或者避免损失额分别构成情节严重、情节特别严重的，按照处罚较重的数额定罪处罚。

构成共同犯罪的，按照共同犯罪行为人的成交总额、占用保证金总额、获利或者避免损失总额定罪处罚，但判处各被告人罚金的总额应掌握在获利或者避免损失总额的一倍以上五倍以下。

第十条 刑法第一百八十条第一款规定的“违法所得”，是指通过内幕交易行为所获利益或者避免的损失。

内幕信息的泄露人员或者内幕交易的明示、暗示人员未实际从事内幕交易的，其罚金数额按照因泄露而获悉内幕信息人员或者被明示、暗示人员从事内幕交易的违法所得计算。

第十一条 单位实施刑法第一百八十条第一款规定的行为，具有本解释第六条规定情形之一的，按照刑法第一百八十条第二款的规定定罪处罚。

三、司法文件

《最高人民检察院、公安部关于公安机关管辖的刑事案件立案追诉标准的规定（二）》（2022年4月6日）

第三十条　【内幕交易、泄露内幕信息案（刑法第一百八十条第一款）】证券、期货交易内幕信息的知情人员、单位或者非法获取证券、期货交易内幕信息的人员、单位，在涉及证券的发行，证券、期货交易或者其他对证券、期货交易价格有重大影响的信息尚未公开前，买入或者卖出该证券，或者从事与该内幕信息有关的期货交易，或者泄露该信息，或者明示、暗示他人从事上述交易活动，涉嫌下列情形之一的，应予立案追诉：

（一）获利或者避免损失数额在五十万元以上的；

（二）证券交易成交额在二百万元以上的；

（三）期货交易占用保证金数额在一百万元以上的；

（四）二年内三次以上实施内幕交易、泄露内幕信息行为的；

（五）明示、暗示三人以上从事与内幕信息相关的证券、期货交易活动的；

（六）具有其他严重情节的。

内幕交易获利或者避免损失数额在二十五万元以上，或者证券交易成交额在一百万元以上，或者期货交易占用保证金数额在五十万元以上，同时涉嫌下列情形之一的，应予立案追诉：

（一）证券法规定的证券交易内幕信息的知情人实施或者与他人共同实施内幕交易行为的；

（二）以出售或者变相出售内幕信息等方式，明示、暗示他人从事与该内幕信息相关的交易活动的；

（三）因证券、期货犯罪行为受过刑事追究的；

（四）二年内因证券、期货违法行为受过行政处罚的；

（五）造成其他严重后果的。

四、其他法规

《中华人民共和国证券法》（2019年12月28日，中华人民共和国主席令第37号）

第五十一条　证券交易内幕信息的知情人包括：

（一）发行人及其董事、监事、高级管理人员；

（二）持有公司百分之五以上股份的股东及其董事、监事、高级管理人员，公司的实际控制人及其董事、监事、高级管理人员；

（三）发行人控股或者实际控制的公司及其董事、监事、高级管理人员；

（四）由于所任公司职务或者因与公司业务往来可以获取公司有关内幕信息的人员；

（五）上市公司收购人或者重大资产交易方及其控股股东、实际控制人、董事、监事和高级管理人员；

（六）因职务、工作可以获取内幕信息的证券交易场所、证券公司、证券登记结算机构、证券服务机构的有关人员；

（七）因职责、工作可以获取内幕信息的证券监督管理机构工作人员；

（八）因法定职责对证券的发行、交易或者对上市公司及其收购、重大资产交易进行管理可以获取内幕信息的有关主管部门、监管机构的工作人员；

（九）国务院证券监督管理机构规定的可以获取内幕信息的其他人员。

第五十二条 证券交易活动中，涉及发行人的经营、财务或者对该发行人证券的市场价格有重大影响的尚未公开的信息，为内幕信息。

本法第八十条第二款、第八十一条第二款所列重大事件属于内幕信息。

第八十条 发生可能对上市公司、股票在国务院批准的其他全国性证券交易场所交易的公司的股票交易价格产生较大影响的重大事件，投资者尚未得知时，公司应当立即将有关该重大事件的情况向国务院证券监督管理机构和证券交易场所报送临时报告，并予公告，说明事件的起因、目前的状态和可能产生的法律后果。

前款所称重大事件包括：

（一）公司的经营方针和经营范围的重大变化；

（二）公司的重大投资行为，公司在一年内购买、出售重大资产超过公司资产总额百分之三十，或者公司营业用主要资产的抵押、质押、出售或者报废一次超过该资产的百分之三十；

（三）公司订立重要合同、提供重大担保或者从事关联交易，可能对公司的资产、负债、权益和经营成果产生重要影响；

（四）公司发生重大债务和未能清偿到期重大债务的违约情况；

（五）公司发生重大亏损或者重大损失；

（六）公司生产经营的外部条件发生的重大变化；

（七）公司的董事、三分之一以上监事或者经理发生变动，董事长或者经理无法履行职责；

（八）持有公司百分之五以上股份的股东或者实际控制人持有股份或者控制公司的情况发生较大变化，公司的实际控制人及其控制的其他企业从事与公司相同或者相似业务的情况发生较大变化；

（九）公司分配股利、增资的计划，公司股权结构的重要变化，公司减资、合并、分立、解散及申请破产的决定，或者依法进入破产程序、被责令关闭；

（十）涉及公司的重大诉讼、仲裁，股东大会、董事会决议被依法撤销或者宣告无效；

（十一）公司涉嫌犯罪被依法立案调查，公司的控股股东、实际控制人、董事、监事、高级管理人员涉嫌犯罪被依法采取强制措施；

（十二）国务院证券监督管理机构规定的其他事项。

公司的控股股东或者实际控制人对重大事件的发生、进展产生较大影响的，应当及时将其知悉的有关情况书面告知公司，并配合公司履行信息披露义务。

第八十一条 发生可能对上市交易公司债券的交易价格产生较大影响的重大事件，投资者尚未得知时，公司应当立即将有关该重大事件的情况向国务院证券监督管理机构和证券交易场所报送临时报告，并予公告，说明事件的起因、目前的状态和可能产生的法律后果。

前款所称重大事件包括：

（一）公司股权结构或者生产经营状况发生重大变化；

（二）公司债券信用评级发生变化；

（三）公司重大资产抵押、质押、出售、转让、报废；

（四）公司发生未能清偿到期债务的情况；

（五）公司新增借款或者对外提供担保超过上年末净资产的百分之二十；

（六）公司放弃债权或者财产超过上年末净资产的百分之十；

（七）公司发生超过上年末净资产百分之十的重大损失；

（八）公司分配股利，作出减资、合并、分立、解散及申请破产的决定，或者依法进入破产程序、被责令关闭；

（九）涉及公司的重大诉讼、仲裁；

（十）公司涉嫌犯罪被依法立案调查，公司的控股股东、实际控制人、董事、监事、高级管理人员涉嫌犯罪被依法采取强制措施；

（十一）国务院证券监督管理机构规定的其他事项。

第十八章　利用未公开信息交易罪

【立案追诉标准】

利用未公开信息交易案（刑法第 180 条第 4 款）

证券交易所、期货交易所、证券公司、期货公司、基金管理公司、商业银行、保险公司等金融机构的从业人员以及有关监管部门或者行业协会的工作人员，利用因职务便利获取的内幕信息以外的其他未公开的信息，违反规定，从事与该信息相关的证券、期货交易活动，或者明示、暗示他人从事相关交易活动，涉嫌下列情形之一的，应予立案追诉：

（一）获利或者避免损失数额在一百万元以上的；

（二）二年内三次以上利用未公开信息交易的；

（三）明示、暗示三人以上从事相关交易活动的；

（四）具有其他严重情节的。

利用未公开信息交易，获利或者避免损失数额在五十万元以上，或者证券交易成交额在五百万元以上，或者期货交易占用保证金数额在一百万元以上，同时涉嫌下列情形之一的，应予立案追诉：

（一）以出售或者变相出售未公开信息等方式，明示、暗示他人从事相关交易活动的；

（二）因证券、期货犯罪行为受过刑事追究的；

（三）二年内因证券、期货违法行为受过行政处罚的；

（四）造成其他严重后果的。

《最高人民检察院、公安部关于公安机关管辖的刑事案件立案追诉标准的规定（二）》（2022年4月6日）

【犯罪构成及刑事责任】

利用未公开信息交易罪是指证券交易所、期货交易所、证券公司、期货经纪公司、基金管理公司、商业银行、保险公司等金融机构的从业人员以及有关监管部门或者行业协会的工作人员，利用因职务便利获取的内幕信息以外的其他未公开的信息，违反规定，从事与该信息相关的证券、期货交易活动，或者明示、暗示他人从事相关交易活动，情节严重的行为。构成本罪需要具备以下四个要件：

1. 客体要件。本罪侵犯的客体是国家对证券、期货市场的管理秩序和投资者的合法权益。

2. 客观要件。客观方面表现为行为人利用职务便利获取的内幕信息以外的其他未公开的信息，违反规定，从事与该信息相关的证券、期货交易活动，或者明示、暗示他人从事相关交易活动，情节严重的行为。

3. 主体要件。本罪主体是特殊主体，包括：一是证券交易所、期货交易所、证券公司、期货经纪公司、基金管理公司、商业银行、保险公司等金融机构的从业人员；二是有关监管部门或者行业协会的工作人员，主要是证监会、银保监会等具有金融证券监管职能的监管部门和证券业协会、银行业协会、期货业协会、基金业协会、保险业协会等接受金融监管部门监督管理与业务指导的自律性金融行业协会的工作人员。

4. 主观要件。本罪在主观方面是故意，即明知是未公开信息，而积极利用此信息进行相关交易，或者明示、暗示他人进行相关交易。

根据刑法第180条第4款的规定，证券交易所、期货交易所、证券公司、期货经纪公司、基金管理公司、商业银行、保险公司等金融机构的从业人员以及有关监管部门或者行业协会的工作人员，利用因职务便利获取的内幕信息以外的其他未公开的信息，违反规定，从事与该信息相关的证券、期货交易活动，或者明示、暗示他人从事相关交易活动，情节严重的，依照第1款的规定处罚（处5年以下有期徒刑或者拘役，并处或者单处违法所得1倍以上5倍以下罚金；情节特别严重的，处5年以上10年以下有期徒刑，并处违法所得1倍以上5倍以下罚金）。

【疑难指导】

一、“未公开信息”的界定

本罪为刑法修正案（七）增加的罪名，至此打击“老鼠仓”行为有了明确的刑法依据。《关于〈中华人民共和国刑法修正案（七）（草案）〉的说明》指出，一些证券投资基金管理公司、证券公司等金融机构的从业人员，利用因其职务便利知悉的法定内幕信息以外的其他未公开的经营信息，如本单位受托管理基金的交易信息等，违反规定从事相关交易活动，牟取非法利益或者转嫁风险，这种“老鼠仓”行为严重破坏金融管理秩序，损害公众投资者利益，应当作为犯罪追究刑事责任。[①] 刑法修正案（七）仅对未公开信息的外延“内幕信息以外”进行了原则性规定，修正案颁布之初没有相关的法律、法规规章等规范作为认定依据，未公开信息的内容、范围、特征、实质等处于不确定状态，极易造成法律适用上的混乱。2019年最高人民法院、最高人民检察院出台《关于办理利用未公开信息交易刑事案件适用法律若干问题的解释》（以下简称《利用未公开信息交易罪司法解释》），针对利用未公开信息交易刑事案件司法实践中的突出问题，对利用未公开信息交易刑事案件适用法律相关问题作出规定。

《利用未公开信息交易罪司法解释》第1条规定未公开信息的范围有三项：（1）证券、期货的投资决策、交易执行信息。这是未公开信息的常见类型，包括基金投资公司即将建仓、出仓的信息等，“老鼠仓”案件所涉信息基本上都属于此类信息。（2）证券持仓数量及变化、资金数量及变化、交易动向信息。这类信息通常是指证券交易所、证券结算中心等金融机构工作人员利用职务便利能够获取，

① 李适时：《关于〈中华人民共和国刑法修正案（七）（草案）〉的说明——2008年8月25日在第十一届全国人民代表大会常务委员会第四次会议上》，载“中国人大网”，http://www.npc.gov.cn/wxzl/gongbao/2009-06/09/content_1517174.htm，2021年8月29日访问。

并且应当予以保密的重要信息，如本单位受托管理的资金的运营情况，客户的交易信息等。因其不属于证券法规定的内幕信息，但又对证券交易活动具有影响，因而作为“未公开信息”来认定。需要特别注意的是，这类信息只限于证券信息，由于《期货管理条例》明确规定此类信息属于“内幕信息”，因而在期货领域，利用此类信息进行非法交易的，应当以内幕交易、泄露内幕信息罪论处。(3) 其他可能影响证券、期货交易活动的信息。由于我国证券、期货领域的相关政策以及相关法律、法规正在不断发展完善中，司法解释专门设计兜底性质规定，以适应不断变化的法律法规。对于内幕信息以外的其他未公开的信息难以认定的，司法机关可以在有关行政主（监）管部门的认定意见的基础上，根据案件事实和法律规定作出认定。

二、“明示、暗示他人从事相关交易活动”的认定

本罪规定了两种行为方式，一是交易行为，即从事与未公开信息相关的证券、期货交易；二是建议行为，即明示、暗示他人从事相关交易活动。资本市场关系复杂，犯罪分子往往具有较深的专业背景，熟悉资本市场运行规则和信息技术，经常利用规则和制度的漏洞逃避法律追究，对于明示、暗示他人从事相关交易活动，查处和认定中存在困难。《利用未公开信息交易罪司法解释》第 4 条规定，应当从以下几个方面进行综合认定。

（一）行为人具有获取未公开信息的职务便利

本罪是特殊主体，行为人必须具备获取未公开信息的职务便利。行为人的职务不是金融机构的一般职务，而是涉密岗位的相关职务。对于非涉密岗位人员（如银行中与证券、期货投资无关的工作人员）偶然听到未公开信息而从事相关交易的，则不属于利用职务之便获取未公开信息。此外，还要看行为人是否违反所在金融机构对涉案信息的保密规定或者禁止交易的相关规定。

（二）行为人获取未公开信息的初始时间与他人从事相关交易活动的初始时间具有关联性

从时间关联性来判断他人从事相关交易活动是否受到行为人的明示或者暗示。行为人系股票投资基金的决策者，他人在行为人投资决策期间买入相关股票，行为人明示、暗示他人交易的关联性较强；如果他人系行为人投资决策之后买入相

关股票，亦具有关联性，但关联性相对较弱，须结合其他项的规定进行综合判断；如果他人在行为人投资决策前或该信息失效后买入相关股票，则不具有关联性，应排除行为人明示、暗示他人从事相关交易活动的嫌疑。因此，要根据他人从事相关交易的初始时间，与未公开信息的生成时间、行为人获取信息的初始时间进行关联判断，是案件证据审查的重点内容之一。

（三）行为人与他人之间具有亲友关系、利益关联、交易终端关联等关联关系

从行为人与他人之间的关联关系判断他人从事相关交易活动是否受到行为人的明示或者暗示。实践中，通常是从交易者与未公开信息知情人之间是否存在亲友关系、交易终端关联以及利益关联等方面进行排查，并据此发现明示、暗示他人交易的犯罪嫌疑人。如果交易者与行为人之间存在夫妻、父母、子女等密切关系，或者交易终端关联等，一般可以锁定嫌疑人。如果交易者与某未公开信息知情人仅具有一般朋友关系，该知情人是否为明示、暗示人，则要结合其他证据进行综合判断。

（四）他人从事相关交易的证券、期货品种、交易时间与未公开信息所涉证券、期货品种、交易时间等方面基本一致

从他人从事相关交易的证券、期货品种、交易时间与未公开信息所涉证券、期货品种、交易时间等方面是否基本一致，判断他人从事相关交易活动是否受到行为人的明示或者暗示。例如，某个人账户与机构账户交易的多只股票重合度高，且在相近时间同买、同卖，即两个账户交易的股票品种及交易时间基本一致，实践中又称为“高度趋同交易”，这种情况下，明示、暗示他人从事相关交易活动的可能性就很大。趋同度的高低，通常是由证券交易所等监管机构以两个账户相近时间、交易方向相同的品种重合度等客观方面，再结合概率统计等科学方法，以百分比的方式计算趋同度。司法实践中，“高度趋同”一般是以趋同度达到60%以上为标准。这是认定他人利用未公开信息从事相关交易活动的重要客观依据。

（五）行为人对明示、暗示他人从事相关交易活动没有合理解释

对明示、暗示他人从事相关交易活动的行为人和被明示、暗示人给予合理辩解的机会，并着重提示监管稽查人员及司法人员应当充分听取有关辩解，并查证辩解的合理性。需要注意的是，行为人明示、暗示他人从事相关交易活动，如果

"他人"是行为人的配偶、父母等特殊亲属，行为人与"他人"系不可分割的利益共同体，则可认定为共同犯罪。[①]

三、"情节严重"的认定标准

行为人利用未公开信息从事相关的证券、期货交易活动，或者明示、暗示他人从事相关交易活动，目的是获得巨额利益，这种行为严重破坏金融管理秩序，损害市场公平、公正、公开的交易秩序，损害客户投资者的利益。《利用未公开信息交易罪司法解释》第5条和第6条规定了"情节严重"的认定标准。

第5条规定了情节严重的一般认定标准，即三种应当认定为"情节严重"的情形：（1）违法所得数额在100万元以上的；（2）二年内三次以上利用未公开信息交易的；（3）明示、暗示三人以上从事相关交易活动的。对于情节严重的认定标准，以违法所得数额作为入罪的主要标准，同时将"二年内三次以上利用未公开信息交易的""明示、暗示三人以上从事相关交易活动的"作为"情节严重"的情形。二年内三次以上利用未公开信息交易的，是指利用不同的未公开信息进行三次以上交易，利用同一未公开信息进行三次以上交易不属于本款规定情形，另外这三次以上的交易均须达到依法应予行政处理或者刑事处理但尚未经处理的标准。对于明示、暗示三人以上从事相关交易活动的行为，三人以上是指不同的人，如果明示、暗示的是同一人从事相关交易活动的，则不符合本项规定要求。另外，如果被明示、暗示的人没有从事相关交易活动的，也不符合本项规定要求。

为更有效打击犯罪，第6条还规定了情节严重认定的补充标准，即以"数额+情节"作为入罪标准，利用未公开信息交易，违法所得数额在50万元以上，或者证券交易成交额在500万元以上，或者期货交易占用保证金数额在100万元以上，具有下列情形之一的，应当认定为刑法第180条第4款规定的"情节严重"：（1）以出售或者变相出售未公开信息等方式，明示、暗示他人从事相关交易活动的；（2）因证券、期货犯罪行为受过刑事追究的；（3）二年内因证券、期货违法

---

① 五个方面具体内容分析摘自姜永义、陈学永、王尚明：《〈关于办理利用未公开信息交易刑事案件适用法律若干问题的解释〉的理解与适用》，载《人民法院报》2020年4月30日。

行为受过行政处罚的；（4）造成恶劣社会影响或者其他严重后果的。

如前所述，《利用未公开信息交易罪司法解释》还把证券交易成交额、期货交易占用保证金数额作为内幕交易犯罪的入罪标准，但本罪并未将证券交易成交额、期货交易占用保证金额单独作为入罪标准，因为利用未公开信息交易罪的社会危害性主要体现在非法获利上，大多数情况下证券交易成交额、期货交易占用保证金数额可以通过违法所得这一入罪标准体现，规定单一的数额标准可以避免不同数额标准的交叉重叠。

四、“情节特别严重”的认定标准

刑法分则“罪状+法定刑”的立法模式，决定了在性质相近、危害程度相当的犯罪的法条规范上，经常采用援引法定刑的立法技术。其中绝大多数表述是明确的，司法实践中一般不会产生歧义。但由于有的法条罪状表述特殊，容易产生如刑法第 180 条第 4 款援引法定刑是全部援引还是部分援引的争议。[①] 该款规定情节严重的，依照第 1 款的规定处罚，实践中对本罪是否包括第 1 款中情节特别严重的情形存在较大分歧。2014 年 12 月，最高人民检察院针对马某利用未公开信息交易罪二审判决，以适用法律错误而导致量刑明显失当为由提出抗诉，最高人民法院对该案再审作出改判，明确利用未公开信息交易罪具有“情节严重”“情节特别严重”两档量刑情节，统一了法律适用标准。此后，《利用未公开信息交易罪司法解释》中明确规定，刑法第 180 条第 4 款规定的“依照第一款的规定处罚”，包括该条第 1 款关于“情节特别严重”的规定。

《利用未公开信息交易罪司法解释》根据司法实践中的具体情况，参照有关司法解释，按照“情节严重”违法所得数额标准的 10 倍确定“情节特别严重”的数额标准，即利用未公开信息交易，违法所得数额在 1000 万元以上的，应当认定为“情节特别严重”。违法所得数额在 500 万元以上，或者证券交易成交额在 5000 万元以上，或者期货交易占用保证金数额在 1000 万元以上，具有以出售或者变相出售未公开信息等方式，明示、暗示他人从事相关交易活动的，或者因证券、期货

---

① 孙谦：《援引法定刑的刑法解释——以马某利用未公开信息交易案为例》，载《法学研究》2016 年第 1 期。

犯罪行为受过刑事追究的，或者二年内因证券、期货违法行为受过行政处罚的，或者造成恶劣社会影响或者其他严重后果的，应当认定为“情节特别严重”。

五、共同犯罪的认定

如前所述，利用未公开信息交易罪有两种基本行为，一是具有特定身份的主体利用职务便利获取未公开信息从事的证券、期货交易行为；二是具有特定身份的主体将未公开信息明示、暗示他人从事相关交易活动的建议行为，建议行为通常涉及共同犯罪的问题。

在行为人明示、暗示他人从事相关交易活动情况下，如果被明示、暗示的他人并未从事与未公开信息内容相关的证券、期货交易，由于单纯泄露未公开信息的行为并不属于利用未公开信息交易行为的范畴，行为人和被明示、暗示的他人均不构成利用未公开信息交易罪。

利用未公开信息交易共同犯罪应以事前通谋为前提，因为利用未公开信息交易罪对主体身份有要求，因而一般主体只能构成利用未公开信息交易罪的教唆犯或者帮助犯。

【办案依据】

一、刑法规定

第一百八十条第四款 证券交易所、期货交易所、证券公司、期货经纪公司、基金管理公司、商业银行、保险公司等金融机构的从业人员以及有关监管部门或者行业协会的工作人员，利用因职务便利获取的内幕信息以外的其他未公开的信息，违反规定，从事与该信息相关的证券、期货交易活动，或者明示、暗示他人从事相关交易活动，情节严重的，依照第一款的规定处罚。

二、司法解释

《最高人民法院、最高人民检察院关于办理利用未公开信息交易刑事案件适用法律若干问题的解释》（2019年7月1日　法释〔2019〕10号）

第一条 刑法第一百八十条第四款规定的“内幕信息以外的其他未公开的信息”，包括下列信息：

（一）证券、期货的投资决策、交易执行信息；

（二）证券持仓数量及变化、资金数量及变化、交易动向信息；

（三）其他可能影响证券、期货交易活动的信息。

第二条　内幕信息以外的其他未公开的信息难以认定的，司法机关可以在有关行政主（监）管部门的认定意见的基础上，根据案件事实和法律规定作出认定。

第三条　刑法第一百八十条第四款规定的“违反规定”，是指违反法律、行政法规、部门规章、全国性行业规范有关证券、期货未公开信息保护的规定，以及行为人所在的金融机构有关信息保密、禁止交易、禁止利益输送等规定。

第四条　刑法第一百八十条第四款规定的行为人“明示、暗示他人从事相关交易活动”，应当综合以下方面进行认定：

（一）行为人具有获取未公开信息的职务便利；

（二）行为人获取未公开信息的初始时间与他人从事相关交易活动的初始时间具有关联性；

（三）行为人与他人之间具有亲友关系、利益关联、交易终端关联等关联关系；

（四）他人从事相关交易的证券、期货品种、交易时间与未公开信息所涉证券、期货品种、交易时间等方面基本一致；

（五）他人从事的相关交易活动明显不具有符合交易习惯、专业判断等正当理由；

（六）行为人对明示、暗示他人从事相关交易活动没有合理解释。

第五条　利用未公开信息交易，具有下列情形之一的，应当认定为刑法第一百八十条第四款规定的“情节严重”：

（一）违法所得数额在一百万元以上的；

（二）二年内三次以上利用未公开信息交易的；

（三）明示、暗示三人以上从事相关交易活动的。

第六条　利用未公开信息交易，违法所得数额在五十万元以上，或者证券交易成交额在五百万元以上，或者期货交易占用保证金数额在一百万元以上，具有下列情形之一的，应当认定为刑法第一百八十条第四款规定的“情节严重”：

（一）以出售或者变相出售未公开信息等方式，明示、暗示他人从事相关交易活动的；

（二）因证券、期货犯罪行为受过刑事追究的；

（三）二年内因证券、期货违法行为受过行政处罚的；

（四）造成恶劣社会影响或者其他严重后果的。

第七条 刑法第一百八十条第四款规定的“依照第一款的规定处罚”，包括该条第一款关于“情节特别严重”的规定。

利用未公开信息交易，违法所得数额在一千万元以上的，应当认定为“情节特别严重”。

违法所得数额在五百万元以上，或者证券交易成交额在五千万元以上，或者期货交易占用保证金数额在一千万元以上，具有本解释第六条规定的四种情形之一的，应当认定为“情节特别严重”。

第八条 二次以上利用未公开信息交易，依法应予行政处理或者刑事处理而未经处理的，相关交易数额或者违法所得数额累计计算。

第九条 本解释所称“违法所得”，是指行为人利用未公开信息从事与该信息相关的证券、期货交易活动所获利益或者避免的损失。

行为人明示、暗示他人利用未公开信息从事相关交易活动，被明示、暗示人员从事相关交易活动所获利益或者避免的损失，应当认定为“违法所得”。

第十条 行为人未实际从事与未公开信息相关的证券、期货交易活动的，其罚金数额按照被明示、暗示人员从事相关交易活动的违法所得计算。

第十一条 符合本解释第五条、第六条规定的标准，行为人如实供述犯罪事实，认罪悔罪，并积极配合调查，退缴违法所得的，可以从轻处罚；其中犯罪情节轻微的，可以依法不起诉或者免予刑事处罚。

符合刑事诉讼法规定的认罪认罚从宽适用范围和条件的，依照刑事诉讼法的规定处理。

第十二条 本解释自2019年7月1日起施行。

三、司法文件

《最高人民检察院、公安部关于公安机关管辖的刑事案件立案追诉标准的规定（二）》（2022年4月6日）

第三十一条 【利用未公开信息交易案（刑法第一百八十条第四款）】 证券

交易所、期货交易所、证券公司、期货公司、基金管理公司、商业银行、保险公司等金融机构的从业人员以及有关监管部门或者行业协会的工作人员，利用因职务便利获取的内幕信息以外的其他未公开的信息，违反规定，从事与该信息相关的证券、期货交易活动，或者明示、暗示他人从事相关交易活动，涉嫌下列情形之一的，应予立案追诉：

（一）获利或者避免损失数额在一百万元以上的；

（二）二年内三次以上利用未公开信息交易的；

（三）明示、暗示三人以上从事相关交易活动的；

（四）具有其他严重情节的。

利用未公开信息交易，获利或者避免损失数额在五十万元以上，或者证券交易成交额在五百万元以上，或者期货交易占用保证金数额在一百万元以上，同时涉嫌下列情形之一的，应予立案追诉：

（一）以出售或者变相出售未公开信息等方式，明示、暗示他人从事相关交易活动的；

（二）因证券、期货犯罪行为受过刑事追究的；

（三）二年内因证券、期货违法行为受过行政处罚的；

（四）造成其他严重后果的。

【指导性案例】

（一）最高人民检察院指导性案例第65号王某等人利用未公开信息交易案①

（2019年7月10日最高人民检察院第十三届检察委员会第二十一次会议决定，2020年2月5日发布）

【关键词】

利用未公开信息交易　间接证据　证明方法

---

① 《第十七批指导性案例——王某等人利用未公开信息交易案（检例第65号）》，载“最高人民检察院”网站，https：//www.spp.gov.cn/jczdal/202003/t20200325_457287.shtml，2022年3月4日访问。

【要旨】

具有获取未公开信息职务便利条件的金融机构从业人员及其近亲属从事相关证券交易行为明显异常，且与未公开信息相关交易高度趋同，即使其拒不供述未公开信息传递过程等犯罪事实，但其他证据之间相互印证，能够形成证明利用未公开信息犯罪的完整证明体系，足以排除其他可能的，可以依法认定犯罪事实。

【基本案情】

被告人王某，男，某基金管理有限公司原债券交易员。

被告人王某强，男，无业，系王某父亲。

被告人宋某祥，女，无业，系王某母亲。

2008年11月至2014年5月，被告人王某担任某基金公司交易管理部债券交易员。在工作期间，王某作为债券交易员的个人账号为6610。因工作需要，某基金公司为王某等债券交易员开通了恒生系统6609账号的站点权限。自2008年7月7日起，该6609账号开通了股票交易指令查询权限，王某有权查询证券买卖方向、投资类别、证券代码、交易价格、成交金额、下达人等股票交易相关未公开信息；自2009年7月6日起又陆续增加了包含委托流水、证券成交回报、证券资金流水、组合证券持仓、基金资产情况等未公开信息查询权限。2011年8月9日，因新系统启用，某基金公司交易管理部申请关闭了所有债券交易员登录6609账号的权限。

2009年3月2日至2011年8月8日期间，被告人王某多次登录6609账号获取某基金公司股票交易指令等未公开信息，王某强、宋某祥操作牛某、宋某祥、宋某珍的证券账户，同期或稍晚于某基金公司进行证券交易，与某基金公司交易指令高度趋同，证券交易金额共计8.78亿余元，非法获利共计1773万余元。其中，王某强交易金额9661万余元，非法获利201万余元；宋某祥交易金额7.8亿余元，非法获利1572万余元。

【指控与证明犯罪】

2015 年 6 月 5 日，重庆市公安局以被告人王某、王某强、宋某祥涉嫌利用未公开信息交易罪移送重庆市人民检察院第一分院审查起诉。

审查起诉阶段，重庆市人民检察院第一分院审查了全案卷宗，讯问了被告人。被告人王某辩称，没有获取未公开信息的条件，也没有向其父母传递过未公开信息。被告人王某强、宋某祥辩称，王某没有向其传递过未公开信息，买卖股票均根据自己的判断进行。针对三人均不供认犯罪事实的情况，为进一步查清王某与王某强、宋某祥是否存在利用未公开信息交易行为，重庆市人民检察院第一分院将本案两次退回重庆市公安局补充侦查，并提出补充侦查意见：（1）继续讯问三被告人，以查明三人之间传递未公开信息的情况；（2）询问某基金公司有关工作人员，调取工作制度规定，核查工作区通信设备保管情况，调取某基金债券交易工作区现场图，以查明王某是否具有传递信息的条件；（3）调查王某强、宋某祥的亲友关系，买卖股票的资金来源及获利去向，以查明王某是否为未公开信息的唯一来源，三人是否共同参与利用未公开信息交易；（4）询问某基金公司其他债券交易员，收集相关债券交易员登录工作账号与 6609 账号的查询记录，以查明王某登录 6609 账号是否具有异常性；（5）调取王某强、宋某祥在王某不具有获取未公开信息的职务便利期间买卖股票情况、与某基金股票交易指令趋同情况，以查明王某强、宋某祥在被指控犯罪时段的交易行为与其他时段的交易行为是否明显异常。经补充侦查，三被告人仍不供认犯罪事实，重庆市公安局补充收集了前述第 2 项至第 5 项证据，进一步补强证明王某具有获取和传递信息的条件，王某强、宋某祥交易习惯的显著异常性等事实。

2015 年 12 月 18 日，重庆市人民检察院第一分院以利用未公开信息交易罪对王某、王某强、宋某祥提起公诉。重庆市第一中级人民法院公开开庭审理本案。

法庭调查阶段，公诉人宣读起诉书指控三名被告人构成利用未公开信息交易罪，并对三名被告人进行了讯问。三被告人均不供认犯罪事实。公诉人全面出示证据，并针对被告人不供认犯罪事实的情况进行重点举证。

第一，出示王某与某基金公司的《劳动合同》、《保密管理办法》、6609 账号使用权限、操作方法和操作日志、某基金公司交易室照片等证据，证实：王某在2009年1月15日至2011年8月9日期间能够通过6609账号登录恒生系统查询到某基金公司对股票和债券的整体持仓和交易情况、指令下达情况、实时头寸变化情况等，王某具有获取某基金公司未公开信息的条件。

第二，出示王某登录6610个人账号的日志、6609账号权限设置和登录日志、某基金公司工作人员证言等证据，证实：交易员的账号只能在本人电脑上登录，具有唯一性，可以锁定王某的电脑只有王某一人使用；王某通过登录6609账号查看了未公开信息，且登录次数明显多于6610个人账号，与其他债券交易员登录6609账号情况相比存在异常。

第三，出示某基金公司股票指令下达执行情况，牛某、宋某祥、宋某珍三个证券账户不同阶段的账户资金对账单、资金流水、委托流水及成交流水以及牛某、宋某祥、宋某珍的证言等证据，证实：（1）三个证券账户均替王某强、宋某祥开设并由他们使用。（2）三个账户证券交易与某基金公司交易指令高度趋同。在王某拥有登录6609账号权限之后，王某强操作牛某证券账户进行股票交易，牛某证券账户在2009年3月6日至2011年8月2日期间，买入与某基金旗下股票基金产品趋同股票233只、占比93.95%，累计趋同买入成交金额9661.26万元、占比95.25%。宋某祥操作宋某祥、宋某珍证券账户进行股票交易，宋某祥证券账户在2009年3月2日至2011年8月8日期间，买入趋同股票343只、占比83.05%，累计趋同买入成交金额1.04亿余元、占比90.87%。宋某珍证券账户在2010年5月13日至2011年8月8日期间，买入趋同股票183只、占比96.32%，累计趋同买入成交金额6.76亿元、占比97.03%。（3）交易异常频繁，明显背离三个账户在王某具有获取未公开信息条件前的交易习惯。从买入股数看，2009年之前每笔买入股数一般为数百股，2009年之后买入股数多为数千股甚至上万股；从买卖间隔看，2009年之前买卖间隔时间多为几天甚至更久，但2009年之后买卖交易频繁，买卖间隔时间明显缩短，多为一天至两天后卖出。（4）牛某、宋某祥、宋某珍三个账户停止股票交易时间与王某无权查看6609账号时间即2011年8月9日高度一致。

第四，出示王某、王某强、宋某祥和牛某、宋某祥、宋某珍的银行账户资料、交易明细、取款转账凭证等证据，证实：三个账户证券交易资金来源于王某强、宋某祥和王某，王某与宋某祥、王某强及其控制的账户之间存在大额资金往来记录。

法庭辩论阶段，公诉人发表公诉意见指出，虽然三名被告人均拒不供认犯罪事实，但在案其他证据能够相互印证，形成完整的证据链条，足以证明：王某具有获取某基金公司未公开信息的条件，王某强、宋某祥操作的证券账户在王某具有获取未公开信息条件期间的交易行为与某基金公司的股票交易指令高度趋同，且二人的交易行为与其在其他时间段的交易习惯存在重大差异，明显异常。对上述异常交易行为，二人均不能作出合理解释。王某作为基金公司的从业人员，在利用职务便利获取未公开信息后，由王某强、宋某祥操作他人账户从事与该信息相关的证券交易活动，情节特别严重，均应当以利用未公开信息交易罪追究刑事责任。

王某辩称，没有利用职务便利获取未公开信息，亦未提供信息让王某强、宋某祥交易股票，对王某强、宋某祥交易股票的事情并不知情；其辩护人认为，现有证据只能证明王某有条件获取未公开信息，而不能证明王某实际获取了该信息，同时也不能证明王某本人利用未公开信息从事交易活动，或王某让王某强、宋某祥从事相关交易活动。王某强辩称，王某从未向其传递过未公开信息，王某到某基金公司后就不知道其还在进行证券交易；其辩护人认为，现有证据不能证实王某向王某强传递了未公开信息，及王某强利用了王某传递的未公开信息进行证券交易。宋某祥辩称，没有利用王某的职务之便获取未公开信息，也未利用未公开信息进行证券交易；其辩护人认为，宋某祥不是本罪的适格主体，本案指控证据不足。

针对被告人及其辩护人辩护意见，公诉人结合在案证据进行答辩，进一步论证本案证据确实、充分，足以排除其他可能。首先，王某强、宋某祥与王某为亲子关系，关系十分密切，从王某强、宋某祥的年龄、从业经历、交易习惯来看，王某强、宋某祥不具备专业股票投资人的背景和经验，且始终无法对交易异常行为作出合理解释。其次，王某在证监会到某基金公司对其调查时，畏罪出逃，且离开后再没有回到某基金公司工作，亦未办理请假或离职手续。其辩称系因担心证监会工作人员到他家中调查才离开，逃跑行为及理由明显不符合常理。最后，刑法规定利用未公开信息罪的主体为特殊主体，虽然王某强、宋某祥本人不具有特殊主体身份，但其与具有特殊主体身份的王某系共同犯罪，主体适格。

法庭经审理认为，本案现有证据已形成完整锁链，能够排除合理怀疑，足以认定王某、王某强、宋某祥构成利用未公开信息交易罪，被告人及其辩护人提出的本案证据不足的意见不予采纳。

2018 年 3 月 28 日，重庆市第一中级人民法院作出一审判决，以利用未公开信息交易罪，分别判处被告人王某有期徒刑六年六个月，并处罚金人民币 900 万元；判处被告人宋某祥有期徒刑四年，并处罚金人民币 690 万元；判处被告人王某强有期徒刑三年六个月，并处罚金人民币 210 万元。对三被告人违法所得依法予以追缴，上缴国库。宣判后，三名被告人均未提出上诉，判决已生效。

【指导意义】

经济金融犯罪大多属于精心准备、组织实施的故意犯罪，犯罪嫌疑人、被告人熟悉法律规定和相关行业规则，犯罪隐蔽性强、专业程度高，证据容易被隐匿、毁灭，证明犯罪难度大。特别是在犯罪嫌疑人、被告人不供认犯罪事实、缺乏直接证据的情形下，要加强对间接证据的审查判断，拓宽证明思路和证明方法，通过对间接证据的组织运用，构建证明体系，准确认定案件事实。

1. 明确指控的思路和方法，全面客观补充完善证据。检察机关办案人员应当准确把握犯罪的主要特征和证明的基本要求，明确指控思路和方法，构建清晰明确的证明体系。对于证明体系中证明环节有缺陷的以及关键节点需要补强证据的，要充分发挥检察机关主导作用，通过引导侦查取证、退回补充侦查，准确引导侦查取证方向，明确侦查取证的目的和要求，及时补充完善证据。必要时要与侦查人员直接沟通，说明案件的证明思路、证明方法以及需要补充完善的证据在证明体系中的证明价值、证明方向和证明作用。在涉嫌利用未公开信息交易的犯罪嫌疑人、被告人不供认犯罪事实，缺乏证明犯意联络、信息传递和利用的直接证据的情形下，应当根据指控思路，围绕犯罪嫌疑人、被告人获取信息的便利条件、时间吻合程度、交易异常程度、利益关联程度、行为人专业背景等关键要素，通过引导侦查取证、退回补充侦查或者自行侦查，全面收集相关证据。

2. 加强对间接证据的审查，根据证据反映的客观事实判断案件事实。在缺乏直接证据的情形下，通过对间接证据证明的客观事实的综合判断，运用经验法则和逻辑规则，依法认定案件事实，建立从间接证据证明客观事实，再从客观事实判断案件事实的完整证明体系。本案中，办案人员首先通过对三名被告人被指控犯罪时段和其他时段证券交易数据、未公开信息相关交易信息等证据，证明其交易与未公开信息的关联性、趋同度及与其平常交易习惯的差异性；通过身份关系、资金往来等证据，证明双方具备传递信息的动机和条件；通过专业背景、职业经历、接触人员等证据，证明交易行为不符合其个人能力经验；然后借助证券市场的基本规律和一般人的经验常识，对上述客观事实进行综合判断，认定了案件事实。

3. 合理排除证据矛盾，确保证明结论唯一。运用间接证据证明案件事实，构成证明体系的间接证据应当相互衔接、相互支撑、相互印证，证据链条完整、证明结论唯一。基于经验和逻辑作出的判断结论并不必然具有唯一性，还要通过审查证据，进一步分析是否存在与指控方向相反的信息，排除其他可能性。既要审查证明体系中单一证据所包含的信息之间以及不同证据之间是否存在矛盾，又要注重审查证明体系之外的其他证据中是否存在相反信息。在犯罪嫌疑人、被告人不供述、不认罪案件中，要高度重视犯罪嫌疑人、被告人的辩解和其他相反证据，综合判断上述证据中的相反信息是否会实质性阻断由各项客观事实到案件事实的判断过程、是否会削弱整个证据链条的证明效力。与证明体系存在实质矛盾并且不能排除其他可能性的，不能认定案件事实。但不能因为犯罪嫌疑人、被告人不供述或者提出辩解，就认为无法排除其他可能性。犯罪嫌疑人、被告人的辩解不具有合理性、正当性，可以认定证明结论唯一。

【相关规定】

《中华人民共和国刑法》第一百八十条第四款

《中华人民共和国刑事诉讼法》（2018 修正）第五十五条

《最高人民法院、最高人民检察院关于办理利用未公开信息交易刑事案件适用法律若干问题的解释》（法释〔2019〕10 号）第四条

（二）最高人民法院指导性案例第61号马某利用未公开信息交易案[①]

（最高人民法院审判委员会讨论通过，2016年6月30日发布）

【裁判要点】

刑法第一百八十条第四款规定的利用未公开信息交易罪援引法定刑的情形，应当是对第一款内幕交易、泄露内幕信息罪全部法定刑的引用，即利用未公开信息交易罪应有“情节严重”“情节特别严重”两种情形和两个量刑档次。

【相关法条】

《中华人民共和国刑法》第180条

【基本案情】

2011年3月9日至2013年5月30日期间，被告人马某担任某基金管理有限公司旗下的某精选股票证券投资经理，全权负责投资基金投资股票市场，掌握了某精选股票证券投资基金交易的标的股票、交易时间和交易数量等未公开信息。马某在任职期间利用其掌控的上述未公开信息，从事与该信息相关的证券交易活动，操作自己控制的“金某”“严某甲”“严某乙”三个股票账户，通过临时购买的不记名神州行电话卡下单，先于（1~5个交易日）、同期或稍晚于（1~2个交易日）其管理的“某精选”基金账户买卖相同股票76只，累计成交金额10.5亿余元，非法获利18833374.74元。2013年7月17日，马某主动到深圳市公安局投案，且到案之后能如实供述其所犯罪行，属自首；马某认罪态度良好，违法所得能从扣押、冻结的财产中全额返还，判处的罚金亦能全额缴纳。

【裁判结果】

广东省深圳市中级人民法院（2014）深中法刑二初字第27号刑事判决认为，

---

① 《指导案例61号：马某利用未公开信息交易案》，载“最高人民法院”网站，https://www.court.gov.cn/shenpan-xiangqing-27541.html，2022年3月4日访问。

被告人马某的行为已构成利用未公开信息交易罪。但刑法中并未对利用未公开信息交易罪规定“情节特别严重”的情形，因此只能认定马某的行为属于“情节严重”。马某自首，依法可以从轻处罚；马某认罪态度良好，违法所得能全额返还，罚金亦能全额缴纳，确有悔罪表现；另经深圳市福田区司法局社区矫正和安置帮教科调查评估，对马某宣告缓刑对其所居住的社区没有重大不良影响，符合适用缓刑的条件。遂以利用未公开信息交易罪判处马某有期徒刑三年，缓刑五年，并处罚金人民币 1884 万元；违法所得人民币 18833374.74 元依法予以追缴，上缴国库。

宣判后，深圳市人民检察院提出抗诉认为，被告人马某的行为应认定为犯罪情节特别严重，依照“情节特别严重”的量刑档次处罚。一审判决适用法律错误，量刑明显不当，应当依法改判。

广东省高级人民法院（2014）粤高法刑二终字第 137 号刑事裁定认为，刑法第一百八十条第四款规定，利用未公开信息交易，情节严重的，依照第一款的规定处罚，该条款并未对利用未公开信息交易罪规定有“情节特别严重”情形；而根据第一百八十条第一款的规定，情节严重的，处五年以下有期徒刑或者拘役，并处或者单处违法所得一倍以上五倍以下罚金，故马某利用未公开信息交易，属于犯罪情节严重，应在该量刑幅度内判处刑罚。原审判决量刑适当，抗诉机关的抗诉理由不成立，不予采纳。遂裁定驳回抗诉，维持原判。

二审裁定生效后，广东省人民检察院提请最高人民检察院按照审判监督程序向最高人民法院提出抗诉。最高人民检察院抗诉提出，刑法第一百八十条第四款属于援引法定刑的情形，应当引用第一款处罚的全部规定；利用未公开信息交易罪与内幕交易、泄露内幕信息罪的违法与责任程度相当，法定刑亦应相当；马某的行为应当认定为犯罪情节特别严重，对其适用缓刑明显不当。本案终审裁定以刑法第一百八十条第四款未对利用未公开信息交易罪规定有“情节特别严重”为由，降格评价马某的犯罪行为，属于适用法律确有错误，导致量刑不当，应当依法纠正。

最高人民法院依法组成合议庭对该案直接进行再审，并公开开庭审理了本案。再审查明的事实与原审基本相同，原审认定被告人马某非法获利数额为

18833374.74元存在计算错误，实际为19120246.98元，依法应当予以更正。最高人民法院（2015）刑抗字第1号刑事判决认为，原审被告人马某的行为已构成利用未公开信息交易罪。马某利用未公开信息交易股票76只，累计成交额10.5亿余元，非法获利1912万余元，属于情节特别严重。鉴于马某具有主动从境外回国投案自首法定从轻、减刑处罚情节；在未受控制的情况下，将股票兑成现金存在涉案三个账户中并主动向中国证券监督管理委员会说明情况，退还了全部违法所得，认罪悔罪态度好，赃款未挥霍，原判罚金刑得以全部履行等酌定从轻处罚情节，对马某可予减轻处罚。第一审判决、第二审裁定认定事实清楚，证据确实、充分，定罪准确，但因对法律条文理解错误，导致量刑不当，应予纠正。依照《中华人民共和国刑法》第一百八十条第四款、第一款、第六十七条第一款、第五十二条、第五十三条、第六十四条及最高人民法院《关于适用〈中华人民共和国刑事诉讼法〉的解释》第三百八十九条第三项的规定，判决如下：一、维持广东省高级人民法院（2014）粤高法刑二终字第137号刑事裁定和深圳市中级人民法院（2014）深中法刑二初字第27号刑事判决中对原审被告人马某的定罪部分；二、撤销广东省高级人民法院（2014）粤高法刑二终字第137号刑事裁定和深圳市中级人民法院（2014）深中法刑二初字第27号刑事判决中对原审被告人马某的量刑及追缴违法所得部分；三、原审被告人马某犯利用未公开信息交易罪，判处有期徒刑三年，并处罚金人民币1913万元；四、违法所得人民币19120246.98元依法予以追缴，上缴国库。

【裁判理由】

法院生效裁判认为：本案事实清楚，定罪准确，争议的焦点在于如何正确理解刑法第一百八十条第四款对于第一款的援引以及如何把握利用未公开信息交易罪“情节特别严重”的认定标准。

一、对刑法第一百八十条第四款援引第一款量刑情节的理解和把握

刑法第一百八十条第一款对内幕交易、泄露内幕信息罪规定为：“证券、期货交易内幕信息的知情人员或者非法获取证券、期货交易内幕信息的人员，在涉及证券的发行，证券、期货交易或者其他对证券、期货交易价格有重大影响的信息

尚未公开前，买入或者卖出该证券，或者从事与该内幕信息有关的期货交易，或者泄露该信息，或者明示、暗示他人从事上述交易活动，情节严重的，处五年以下有期徒刑或者拘役，并处或者单处违法所得一倍以上五倍以下罚金；情节特别严重的，处五年以上十年以下有期徒刑，并处违法所得一倍以上五倍以下罚金。”第四款对利用未公开信息交易罪规定为：“证券交易所、期货交易所、证券公司、期货经纪公司、基金管理公司、商业银行、保险公司等金融机构的从业人员以及有关监管部门或者行业协会的工作人员，利用因职务便利获取的内幕信息以外的其他未公开的信息，违反规定，从事与该信息相关的证券、期货交易活动，或者明示、暗示他人从事相关交易活动，情节严重的，依照第一款的规定处罚。”

对于第四款中“情节严重的，依照第一款的规定处罚”应如何理解，在司法实践中存在不同的认识。一种观点认为，第四款中只规定了“情节严重”的情形，而未规定“情节特别严重”的情形，因此，这里的“情节严重的，依照第一款的规定处罚”只能是依照第一款中“情节严重”的量刑档次予以处罚；另一种观点认为，第四款中的“情节严重”只是入罪条款，即达到了情节严重以上的情形，依据第一款的规定处罚。至于具体处罚，应看符合第一款中的“情节严重”还是“情节特别严重”的情形，分别情况依法判处。情节严重的，“处五年以下有期徒刑”，情节特别严重的，“处五年以上十年以下有期徒刑”。

最高人民法院认为，刑法第一百八十条第四款援引法定刑的情形，应当是对第一款全部法定刑的引用，即利用未公开信息交易罪应有“情节严重”“情节特别严重”两种情形和两个量刑档次。这样理解的具体理由如下：

（1）符合刑法的立法目的。由于我国基金、证券、期货等领域中，利用未公开信息交易行为比较多发，行为人利用公众投入的巨额资金作后盾，以提前买入或者提前卖出的手段获得巨额非法利益，将风险与损失转嫁到其他投资者，不仅对其任职单位的财产利益造成损害，而且严重破坏了公开、公正、公平的证券市场原则，严重损害客户投资者或处于信息弱势的散户利益，严重损害金融行业信誉，影响投资者对金融机构的信任，进而对资产管理和基金、证券、期货市场的健康发展产生严重影响。为此，《中华人民共和国刑法修正案（七）》新增利用未公开信息交易罪，并将该罪与内幕交易、泄露内幕信息罪规定在同一法条中，说明两罪的违法与责任程度相当。利用未公开信息交易罪也应当适用“情节特别严重”。

（2）符合法条的文意。首先，刑法第一百八十条第四款中的“情节严重”是入罪条款。《最高人民检察院、公安部关于公安机关管辖的刑事案件立案追诉标准的规定（二）》，对利用未公开信息交易罪规定了追诉的情节标准，说明该罪需达到“情节严重”才能被追诉。利用未公开信息交易罪属情节犯，立法要明确其情节犯属性，就必须借助“情节严重”的表述，以避免“情节不严重”的行为入罪。其次，该款中“情节严重”并不兼具量刑条款的性质。刑法条文中大量存在“情节严重”兼具定罪条款及量刑条款性质的情形，但无一例外均在其后列明了具体的法定刑。刑法第一百八十条第四款中“情节严重”之后，并未列明具体的法定刑，而是参照内幕交易、泄露内幕信息罪的法定刑。因此，本款中的“情节严重”仅具有定罪条款的性质，而不具有量刑条款的性质。

（3）符合援引法定刑立法技术的理解。援引法定刑是指对某一犯罪并不规定独立的法定刑，而是援引其他犯罪的法定刑作为该犯罪的法定刑。刑法第一百八十条第四款援引法定刑是为了避免法条文字表述重复，并不属于法律规定不明确的情形。

综上，刑法第一百八十条第四款虽然没有明确表述“情节特别严重”，但是根据本条款设立的立法目的、法条文意及立法技术，应当包含“情节特别严重”的情形和量刑档次。

二、利用未公开信息交易罪“情节特别严重”的认定标准

目前虽然没有关于利用未公开信息交易罪“情节特别严重”认定标准的专门规定，但鉴于刑法规定利用未公开信息交易罪是参照内幕交易、泄露内幕信息罪的规定处罚，《最高人民法院、最高人民检察院关于办理内幕交易、泄露内幕信息刑事案件具体应用法律若干问题的解释》将成交额250万元以上、获利75万元以上等情形认定为内幕交易、泄露内幕信息罪“情节特别严重”的标准，利用未公开信息交易罪也应当遵循相同的标准。马某利用未公开信息进行交易活动，累计成交额达10.5亿余元，非法获利达1912万余元，已远远超过上述标准，且在案发时属全国查获的该类犯罪数额最大者，参照《最高人民法院、最高人民检察院关

于办理内幕交易、泄露内幕信息刑事案件具体应用法律若干问题的解释》，马某的犯罪情节应当属于“情节特别严重”。

（三）最高人民检察院指导性案例第24号马某利用未公开信息交易案[①]

（2016年5月13日最高人民检察院第十二届检察委员会第五十一次会议决定，2016年5月31日发布）

【关键词】

适用法律错误　刑事抗诉　援引法定刑　情节特别严重

【要旨】

刑法第一百八十条第四款利用未公开信息交易罪为援引法定刑的情形，应当是对第一款法定刑的全部援引。其中，“情节严重”是入罪标准，在处罚上应当依照本条第一款内幕交易、泄露内幕信息罪的全部法定刑处罚，即区分不同情形分别依照第一款规定的“情节严重”和“情节特别严重”两个量刑档次处罚。

【相关法律规定】

《中华人民共和国刑法》第一百八十条

【基本案情】

马某，男，1982年8月生。

2011年3月9日至2013年5月30日期间，马某担任某基金管理有限公司旗下某精选股票证券投资基金经理，全权负责投资基金投资股票市场，掌握了某精选股票证券投资基金交易的标的股票、交易时点和交易数量等未公开信息。马某在

---

① 《第七批指导性案例——马某利用未公开信息交易案（检例第24号）》，载“最高人民检察院”网站，https：//www. spp. gov. cn/jczdal/201608/t20160811_163240. shtml，2022年3月4日访问。

任职期间利用其掌控的上述未公开信息，操作自己控制的“金某”“严某进”“严某雯”三个股票账户，通过临时购买的不记名神州行电话卡下单，从事相关证券交易活动，先于、同期或稍晚于其管理的“某精选”基金账户，买卖相同股票76只，累计成交金额人民币10.5亿余元，非法获利人民币19120246.98元。

【诉讼过程】

2013年6月21日，中国证监会决定对马某涉嫌利用未公开信息交易行为立案稽查，交深圳证监局办理。2013年7月17日，马某到广东省深圳市公安局投案。2014年1月2日，深圳市人民检察院向深圳市中级人民法院提起公诉，指控被告人马某构成利用未公开信息交易罪，情节特别严重。2014年3月24日，深圳市中级人民法院作出一审判决，认定马某构成利用未公开信息交易罪，鉴于刑法第一百八十条第四款未对利用未公开信息交易罪情节特别严重作出相关规定，马某属于犯罪情节严重，同时考虑其具有自首、退赃、认罪态度良好、罚金能全额缴纳等可以从轻处罚情节，因此判处其有期徒刑三年，缓刑五年，并处罚金1884万元，同时对其违法所得1883万余元予以追缴。

深圳市人民检察院于2014年4月4日向广东省高级人民法院提出抗诉，认为被告人马某的行为应当认定为犯罪情节特别严重，依照“情节特别严重”的量刑档次处罚；马某的行为不属于退赃，应当认定为司法机关追赃。一审判决适用法律错误，量刑明显不当，应当依法改判。2014年8月28日，广东省人民检察院向广东省高级人民法院发出《支持刑事抗诉意见书》，认为一审判决认定情节错误，导致量刑不当，应当依法纠正。

广东省高级人民法院于2014年10月20日作出终审裁定，认为刑法第一百八十条第四款并未对利用未公开信息交易罪规定有“情节特别严重”情形，马某的行为属“情节严重”，应在该量刑幅度内判处刑罚，抗诉机关提出马某的行为应认定为“情节特别严重”缺乏法律依据；驳回抗诉，维持原判。

广东省人民检察院认为终审裁定理解法律规定错误，导致认定情节错误，适用缓刑不当，于2014年11月27日提请最高人民检察院抗诉。2014年12月8日，最高人民检察院按照审判监督程序向最高人民法院提出抗诉。

【抗诉理由】

最高人民检察院审查认为，原审被告人马某利用因职务便利获取的未公开信息，违反规定从事相关证券交易活动，累计成交额人民币 10.5 亿余元，非法获利人民币 1883 万余元，属于利用未公开信息交易罪“情节特别严重”的情形。本案终审裁定以刑法第一百八十条第四款并未对利用未公开信息交易罪有“情节特别严重”规定为由，对此情形不作认定，降格评价被告人的犯罪行为，属于适用法律确有错误，导致量刑不当。理由如下：

1. 刑法第一百八十条第四款属于援引法定刑的情形，应当引用第一款处罚的全部规定。按照立法精神，刑法第一百八十条第四款中的“情节严重”是入罪标准，在处罚上应当依照本条第一款的全部罚则处罚，即区分情形依照第一款规定的“情节严重”和“情节特别严重”两个量刑档次处罚。首先，援引的重要作用就是减少法条重复表述，只需就该罪的基本构成要件作出表述，法定刑全部援引即可；如果法定刑不是全部援引，才需要对不同量刑档次作出明确表述，规定独立的罚则。刑法分则多个条文都存在此种情形，这是业已形成共识的立法技术问题。其次，刑法第一百八十条第四款“情节严重”的规定是入罪标准，作此规定是为了避免“情节不严重”也入罪，而非量刑档次的限缩。最后，从立法和司法解释先例来看，刑法第二百八十五条第三款也存在相同的文字表述，2011 年《最高人民法院、最高人民检察院关于办理危害计算机信息系统安全刑事案件应用法律若干问题的解释》第三条明确规定了刑法第二百八十五条第三款包含有“情节严重”“情节特别严重”两个量刑档次。司法解释的这一规定，表明了最高司法机关对援引法定刑立法例的一贯理解。

2. 利用未公开信息交易罪与内幕交易、泄露内幕信息罪的违法与责任程度相当，法定刑亦应相当。内幕交易、泄露内幕信息罪和利用未公开信息交易罪，都属于特定人员利用未公开的可能对证券、期货市场交易价格产生影响的信息从事交易活动的犯罪。两罪的主要差别在于信息范围不同，其通过信息的未公开性和价格影响性获利的本质相同，均严重破坏了金融管理秩序，损害了公众投资者利益。刑法将两罪放在第一百八十条中分款予以规定，亦是对两罪违法和责任程度相当的确认。因此，从社会危害性理解，两罪的法定刑也应相当。

3. 马某的行为应当认定为“情节特别严重”，对其适用缓刑明显不当。《最高人民检察院、公安部关于公安机关管辖的刑事案件立案追诉标准的规定（二）》对内幕交易、泄露内幕信息罪和利用未公开信息交易罪“情节严重”规定了相同的追诉标准，《最高人民法院、最高人民检察院关于办理内幕交易、泄露内幕信息刑事案件具体应用法律若干问题的解释》将成交额250万元以上、获利75万元以上等情形认定为内幕交易、泄露内幕信息罪“情节特别严重”。如前所述，利用未公开信息交易罪“情节特别严重”的，也应当依照第一款的规定，遵循相同的标准。马某利用未公开信息进行交易活动，累计成交额人民币10.5亿余元，从中非法获利人民币1883万余元，显然属于“情节特别严重”，应当在“五年以上十年以下有期徒刑”的幅度内量刑。其虽有自首情节，但适用缓刑无法体现罪责刑相适应，无法实现惩罚和预防犯罪的目的，量刑明显不当。

4. 本案所涉法律问题的正确理解和适用，对司法实践和维护我国金融市场的健康发展具有重要意义。自刑法修正案（七）增设利用未公开信息交易罪以来，司法机关对该罪是否存在“情节特别严重”、是否有两个量刑档次长期存在分歧，亟需统一认识。正确理解和适用本案所涉法律问题，对明确同类案件的处理、同类从业人员犯罪的处罚具有重要指导作用，对于加大打击“老鼠仓”等严重破坏金融管理秩序的行为，维护社会主义市场经济秩序，保障资本市场健康发展具有重要意义。

【案件结果】

2015年7月8日，最高人民法院第一巡回法庭公开开庭审理此案，最高人民检察院依法派员出庭履行职务，原审被告人马某的辩护人当庭发表了辩护意见。最高人民法院审理认为，最高人民检察院对刑法第一百八十条第四款援引法定刑的理解及原审被告人马某的行为属于犯罪情节特别严重的抗诉意见正确，应予采纳；辩护人的辩护意见不能成立，不予采纳。原审裁判因对刑法第一百八十条第四款援引法定刑的理解错误，导致降格认定了马某的犯罪情节，进而对马某判处缓刑确属不当，应予纠正。

2015 年 12 月 11 日，最高人民法院作出再审终审判决：维持原刑事判决中对被告人马某的定罪部分；撤销原刑事判决中对原审被告人马某的量刑及追缴违法所得部分；原审被告人马某犯利用未公开信息交易罪，判处有期徒刑三年，并处罚金人民币 1913 万元；违法所得人民币 19120246.98 元依法予以追缴，上缴国库。

【指导意义】

我国刑法分则“罪状+法定刑”的立法模式决定了在性质相近、危害相当罪名的法条规范上，基本采用援引法定刑的立法技术。本案对刑法第一百八十条第四款援引法定刑理解的争议是刑法解释的理论问题。正确理解刑法条文，应当以文义解释为起点，综合运用体系解释、目的解释等多种解释方法，按照罪刑法定原则和罪责刑相适应原则的要求，从整个刑法体系中把握立法目的，平衡法益保护。

1. 从法条文义理解，刑法第一百八十条第四款中的“情节严重”是入罪条款，为犯罪构成要件，表明该罪情节犯的属性，具有限定处罚范围的作用，以避免“情节不严重”的行为也入罪，而非量刑档次的限缩。本条款中“情节严重”之后并未列明具体的法定刑，不兼具量刑条款的性质，量刑条款为“依照第一款的规定处罚”，应当理解为对第一款法定刑的全部援引而非部分援引，即同时存在“情节严重”“情节特别严重”两种情形和两个量刑档次。

2. 从刑法体系的协调性考量，一方面，刑法中存在与第一百八十条第四款表述类似的条款，印证了援引法定刑为全部援引。如刑法第二百八十五条第三款规定“情节严重的，依照前款的规定处罚”，《最高人民法院、最高人民检察院关于办理危害计算机信息系统安全刑事案件应用法律若干问题的解释》第三条明确了本款包含有“情节严重”“情节特别严重”两个量刑档次。另一方面，从刑法其他条文的反面例证看，法定刑设置存在细微差别时即无法援引。如刑法第一百八十条第二款关于内幕交易、泄露内幕信息罪单位犯罪的规定，没有援引前款个人犯罪的法定刑，而是单独明确规定处五年以下有期徒刑或者拘役。这是因为第一款规定了情节严重、情节特别严重两个量刑档次，而第二款只有一个量刑档次，并且不对直接负责的主管人员和其他直接责任人员并处罚金。在这种情况下，为避免发生歧义，立法不会采用援引法定刑的方式，而是对相关法定刑作出明确表述。

3. 从设置利用未公开信息交易罪的立法目的分析，刑法将本罪与内幕交易、泄露内幕信息罪一并放在第一百八十条中分款予以规定，就是由于两罪虽然信息范围不同，但是其通过信息的未公开性和价格影响性获利的本质相同，对公众投资者利益和金融管理秩序的实质危害性相当，行为人的主观恶性相当，应当适用相同的法定量刑幅度，具体量刑标准也应一致。如果只截取情节严重部分的法定刑进行援引，势必违反罪刑法定原则和罪刑相适应原则，无法实现惩罚和预防犯罪的目的。

第十九章　编造并传播证券、期货交易虚假信息罪

【立案追诉标准】

编造并传播证券、期货交易虚假信息案（刑法第一百八十一条第一款）

编造并且传播影响证券、期货交易的虚假信息，扰乱证券、期货交易市场，涉嫌下列情形之一的，应予立案追诉：

（一）获利或者避免损失数额在五万元以上的；

（二）造成投资者直接经济损失数额在五十万元以上的；

（三）虽未达到上述数额标准，但多次编造并且传播影响证券、期货交易的虚假信息的；

（四）致使交易价格或者交易量异常波动的；

（五）造成其他严重后果的。

《最高人民检察院、公安部关于公安机关管辖的刑事案件立案追诉标准的规定（二）》（2022 年 4 月 6 日）

【犯罪构成及刑事责任】

编造并传播证券、期货交易虚假信息罪是指编造并且传播影响证券、期货交易的虚假信息，扰乱证券、期货交易市场，造成严重后果的行为。构成本罪需要具备以下四个要件：

1. 客体要件。本罪侵犯的客体是国家对证券、期货交易市场的管理秩序和投资者的合法权益。

2. 客观要件。客观方面表现为行为人实施了编造并且传播影响证券、期货交易的虚假信息，扰乱证券、期货交易市场，造成严重后果的行为。

3. 主体要件。本罪主体是达到法定刑事责任年龄且具备刑事责任能力的自然人和单位。

4. 主观要件。本罪在主观方面是故意。

根据刑法第 181 条第 1 款和第 3 款的规定，编造并且传播影响证券、期货交易的虚假信息，扰乱证券、期货交易市场，造成严重后果的，处 5 年以下有期徒刑或者拘役，并处或者单处 1 万元以上 10 万元以下罚金。单位犯前两款罪的，对单位判处罚金，并对其直接负责的主管人员和其他直接责任人员，处 5 年以下有期徒刑或者拘役。

【疑难指导】

一、虚假信息的认定

对于虚假信息的内容和范围如何确定，存在不同认识。有观点认为，编造并传播的证券、期货交易虚假信息必须是重要内容，否则不构成本罪。是否重要的判断标准是，是否会误导投资者的投资决定，或者误导证券、期货市场价格的变化。如有论者认为，"影响证券交易的虚假信息"，是指可能对上市公司证券交易价格产生重大影响的虚假信息，其具体的认定标准就是在 1993 年 9 月 2 日国务院证券管理委员会发布的《禁止证券欺诈行为暂行办法》中所确定的重大信息与内幕信息事项。[①] 也有论者认为既可以是编造的国内、国际的重大事件，影响不特定证券的交易价格的虚假信息，也可以是只针对特定的公司、企业编造的，影响某一特定证券的交易价格，如涉及某公司分配股利或者增资的计划；某公司债务担保的重大变更；某公司发生重大亏损或遭受重大损失；公司减资、合并、分立、解散的虚假信息等。[②] 还有论者认为本罪的虚假信息还应包括编造并传播政治、经济等多种对证券、期货交易有影响的其他重大信息。行为人编造并传播的虚假信

---

① 马克昌主编：《经济犯罪新论——破坏社会主义市场经济秩序罪研究》，武汉大学出版社 1998 年版，第 299 页。

② 周道鸾、张军：《刑法罪名精解》，人民法院出版社 2003 年版，第 239 页。

息单就信息本身而言，并不能算作重大信息，但与当时的客观环境、社会政治、经济条件相结合却能对证券、期货交易产生较大的影响，这种信息应被视为本罪中的虚假信息。[①] 也有观点认为，影响证券交易的虚假信息判定标准就是证券市场上大盘或个股的飙升与暴跌。[②] 也就是说，本罪中所指编造并传播的虚假信息宜以市场的反应而定，如市场对此信息反应强烈，则属影响证券交易的虚假信息。[③] 笔者认为，本罪中的虚假信息应具备重大性特征，即行为人编造并传播的虚假信息，必须可能对证券、期货市场的投资者造成重大影响，或者可能对特定金融商品的市场价格产生重大影响。

二、预测错误行为的定性

根据证券、期货市场前期变化规律，经过综合分析论证，对市场价格的变化趋势做出预测是必要的。但预测作为一种推断，受各种主客观因素的影响，出现偏差和错误比较常见，对于有误导性的错误预测行为是否构成本罪，理论和实务中都认为不能一概而论，有观点认为，区分预测偏差、错误与本罪的界限主要应把握四个方面：一是考察其预测是否出于善意。善意是指预测的目的和动机不是为了欺骗投资者，不是出于不正当目的或其他犯罪意图。二是考察预测是否有合理根据，即行为人的预测不是凭空捏造而是以有关事实为依据。三是考察预测人的资格，即审查预测人的素质、职业、经历等，判断预测人是否具有预测能力和其他应具备的条件。四是考察预测方法、途径是否科学、合理，如果预测具有合理根据，行为人也是出于善意，具有一定的预测能力，预测过程比较合理，预测偏差、错误的产生是因为客观因素，如突发事件或主体素质限制而导致的，则不能认为行为构成变造并传播证券交易虚假信息罪。[④] 笔者认为，以上观点非常全面区分了预测偏差、错误与本罪的界限。简言之，区分预测错误行为与本罪的界限，首先要看行为人是否出于个人目的，如果主观上并不存在故意编造并传播的目的，则不能认定构成本罪。其次要看预测（或有关报道和评论）中所引用的信息是不

---

① 薛瑞麟：《金融犯罪研究》，中国政法大学出版社 2000 年版，第 278 页。
② 王作富：《刑法分则实务研究（上）》，中国方正出版社 2001 年版，第 477 页。
③ 马松建：《证券期货犯罪研究》，郑州大学出版社 2003 年版，第 193 页。
④ 张军主编：《破坏金融管理秩序罪》，中国人民公安大学出版社 2003 年版，第 289~290 页。

是虚假的信息，且行为人所引用的虚假信息是不是编造出来的，如果其所引用的不是虚假信息，或者即使是虚假信息，但不是行为人编造出来而是有正当的来源和出处，那么也不能认定构成本罪。

三、主观方面的认定

本罪的主观方面是故意，但究竟是只有直接故意，还是包括间接故意，存在不同观点。一种观点认为，既可以是直接故意，也可以是间接故意，如有论者认为由于本罪的危害结果是破坏了证券交易的正常秩序，扰乱了证券市场，很显然，行为人对此结果既可能是希望它发生，也可能对造成这种结果听之任之，放任它发生。因此，本罪主观方面既可以是直接故意，也可以是间接故意。[①] 还有论者认为，行为人明知自己编造并传播证券、期货交易虚假信息的行为会扰乱证券、期货市场而故意实施，希望或放任扰乱证券、期货交易市场的严重后果发生，从行为人对编造并传播虚假信息的态度来讲是直接故意，但从对行为造成的扰乱证券、期货交易市场结果来讲，则可能是直接故意也可能是间接故意。由于我国刑法没有规定目的是本罪的构成要件，因而只要行为人是出于故意，不管是直接故意还是间接故意，都可以构成本罪，犯罪目的不影响本罪的成立。[②] 另一种观点认为，只能是直接故意，如有论者认为扰乱证券、期货市场行为是一种目的性很强的活动，如果行为人没有明确的活动目的，是不可能费尽心机地编造出虚假信息并加以传播，从而扰乱证券、期货交易市场的，由此决定了如果行为人抱着一种放任的心态，是不可能实施这一犯罪的，因而本罪的主观方面只能由直接故意构成，过失和间接故意不符合本罪的发生、运行规律。[③] 笔者认为，变造并传播证券、期货交易虚假信息罪的主观方面应为直接故意。这是因为，行为人明知自己的行为违法，但为了谋取利益而采用编造并传播证券、期货交易虚假信息的行为来达到其目的，从而使自己能够在证券、期货市场交易中获取非法利益。从这一行为过程分析，行为人明知自己的行为会发生危害社会的结果，并积极实施这一行为，其为了牟利而对危害结果是持积极追求的态度，而非放任的态度，因而本罪的主观方面是直接故意。

---

① 王作富：《刑法分则实务研究（上）》，中国方正出版社2001年版，第482页。

② 胡启忠等：《金融犯罪论》，西南财经大学出版社2001年版，第277页。

③ 张军主编：《破坏金融管理秩序罪》，中国人民公安大学出版社2003年版，第287页。

四、罪与非罪的界限

在司法实践中，确定编造并传播证券、期货交易虚假信息罪与非罪的界限，最根本的几个方面就是把握好几个问题的认定，即准确把握虚假信息的性质界定罪与非罪，正确界定预测错误的责任区分罪与非罪，从客观危害后果角度和行为人主观过错角度确定罪与非罪。

行为人所编造并传播的虚假信息在性质上必须与证券、期货交易市场相关联，对证券、期货市场正常的交易秩序有破坏力，如果行为人所编造并传播的虚假信息与证券、期货交易市场无关，不会对证券、期货交易市场产生不利影响，则行为人不构成本罪。

如果行为人具有一定的预测能力，其预测不具有不正当的目的或犯罪意图，预测具有合理根据，则即使在预测错误的情况下，行为人也不构成本罪。

本罪是结果犯，构成要件中包括造成严重后果，因而如果行为人编造并传播的虚假信息没有扰乱证券、期货市场，或者程度较轻，未产生严重后果，行为人不构成本罪。

本罪是故意犯罪，如果行为人因工作马虎不负责任而提供虚假信息，造成危害后果的，由于行为人不具有主观故意，也不构成本罪。

【办案依据】

一、刑法规定

第一百八十一条第一款　编造并且传播影响证券、期货交易的虚假信息，扰乱证券、期货交易市场，造成严重后果的，处五年以下有期徒刑或者拘役，并处或者单处一万元以上十万元以下罚金。

第三款　单位犯前两款罪的，对单位判处罚金，并对其直接负责的主管人员和其他直接责任人员，处五年以下有期徒刑或者拘役。

二、司法文件

《最高人民检察院、公安部关于公安机关管辖的刑事案件立案追诉标准的规定（二）》（2022年4月6日）

第三十二条　【编造并传播证券、期货交易虚假信息案（刑法第一百八十一

条第一款）】编造并且传播影响证券、期货交易的虚假信息，扰乱证券、期货交易市场，涉嫌下列情形之一的，应予立案追诉：

（一）获利或者避免损失数额在五万元以上的；

（二）造成投资者直接经济损失数额在五十万元以上的；

（三）虽未达到上述数额标准，但多次编造并且传播影响证券、期货交易的虚假信息的；

（四）致使交易价格或者交易量异常波动的；

（五）造成其他严重后果的。

第二十章　诱骗投资者买卖证券、期货合约罪

【立案追诉标准】

诱骗投资者买卖证券、期货合约案（刑法第181条第2款）

证券交易所、期货交易所、证券公司、期货公司的从业人员，证券业协会、期货业协会或者证券期货监督管理部门的工作人员，故意提供虚假信息或者伪造、变造、销毁交易记录，诱骗投资者买卖证券、期货合约，涉嫌下列情形之一的，应予立案追诉：

（一）获利或者避免损失数额在五万元以上的；

（二）造成投资者直接经济损失数额在五十万元以上的；

（三）虽未达到上述数额标准，但多次诱骗投资者买卖证券、期货合约的；

（四）致使交易价格或者交易量异常波动的；

（五）造成其他严重后果的。

《最高人民检察院、公安部关于公安机关管辖的刑事案件立案追诉标准的规定（二）》（2022年4月6日）

【犯罪构成及刑事责任】

诱骗投资者买卖证券、期货合约罪是指证券交易所、期货交易所、证券公司、期货经纪公司的从业人员，证券业协会、期货业协会或者证券期货监督管理部门的工作人员，故意提供虚假信息或者伪造、变造、销毁交易记录，诱骗投资者买

卖证券、期货合约，造成严重后果的行为。构成本罪需要具备以下四个要件：

1. 客体要件。本罪侵犯的客体是国家对证券、期货交易市场的管理秩序和投资者的合法权益。

2. 客观要件。客观方面表现为证券交易所、期货交易所、证券公司、期货经纪公司的从业人员，证券业协会、期货业协会或者证券期货监督管理部门的工作人员，故意提供虚假信息或者伪造、变造、销毁交易记录，诱骗投资者买卖证券、期货合约，造成严重后果的行为。

3. 主体要件。本罪主体是特殊主体，包括证券交易所、期货交易所、证券公司、期货经纪公司的从业人员，证券业协会、期货业协会或者证券期货监督管理部门的工作人员。

4. 主观要件。本罪在主观方面是故意。

根据刑法第 181 条第 2 款和第 3 款的规定，证券交易所、期货交易所、证券公司、期货经纪公司的从业人员，证券业协会、期货业协会或者证券期货监督管理部门的工作人员，故意提供虚假信息或者伪造、变造、销毁交易记录，诱骗投资者买卖证券、期货合约，造成严重后果的，处 5 年以下有期徒刑或者拘役，并处或者单处 1 万元以上 10 万元以下罚金；情节特别恶劣的，处 5 年以上 10 年以下有期徒刑，并处 2 万元以上 20 万元以下罚金。单位犯前两款罪的，对单位判处罚金，并对其直接负责的主管人员和其他直接责任人员，处五年以下有期徒刑或者拘役。

【疑难指导】

证券、期货市场立法的根本出发点是保护投资者特别是中小投资者的合法利益，维护公平、公正、公开的证券、期货市场交易环境，使投资者能够通过自己的独立判断作出决定。我国 1979 年刑法中并没有规定诱骗投资者买卖证券、期货合约罪，本罪是 1997 年刑法设立的罪名，当时的罪名是诱骗投资者买卖证券罪，1999 年刑法修正案对本罪增加了关于期货市场的内容，罪名变为诱骗投资者买卖证券、期货合约罪。本罪中，诱骗投资者买卖证券、期货合约是行为人实施欺诈行为的后果，而提供虚假信息或伪造、变造、销毁交易记录是诱骗的手段方式。

一、提供虚假信息或者伪造、变造、销毁交易记录行为的认定

（一）提供虚假信息

提供虚假信息是指通过各种方式，供给投资者足以影响证券交易价格的虚构的及不真实的信息。提供的对象是特定或不特定的投资者，由于行为人提供虚假信息的目的是诱骗投资者买卖证券、期货，因而行为人当然是把虚假信息提供给投资者，而且既可能是向特定的投资者提供，以引诱该投资者买卖证券、期货，也可能是向不特定的人传播，以引诱不特定的多数人买卖证券、期货。

提供虚假信息的方式多种多样：行为人可以是主动提供，也可以是应投资者的要求被动提供；可以是口头提供，也可以是书面或者利用报纸、杂志、广播、电视、互联网等大众传媒提供；可以是明示提供，也可以是暗示提供（暗示提供应以接受者能明白其意思为前提）；可以是有偿提供，也可以是无偿提供。不管是何种方式提供，只要行为人以故意的心态为诱骗投资者买卖证券而提供，使虚假信息被投资者知悉就属于本罪中的提供。需要注意的是，如果行为人将虚假信息有偿提供给他人，目的并不是诱骗投资者买卖证券，而是想骗取投资者的信息费，则这时的提供虚假信息行为不构成诱骗投资者买卖证券罪，如果骗取的信息费数额较大，可构成诈骗罪。

虚假信息是与事实不符的信息，本罪中的虚假信息，是指可能影响证券、期货交易市场价格的信息。对于虚假信息的认定，应当注意以下四点：一是虚假信息的来源，既可以是行为人自己编造的，也可以是他人编造行为人传播的，这与编造并传播证券、期货交易虚假信息罪中编造与传播二者必须同时具备明显不同。二是如果虚假信息的来源人是行为人自己提供的情况下，要准确区分编造行为与推测行为，编造是指凭想象创造，而推测是根据已经知道的事实来想象不知道的事情，也就是说，推测具有一定的事实根据，而编造则没有事实根据，完全凭空想象。三是虚假信息是客观事实，而不是主观推测。如果行为人明确告知投资者其所提供的信息是自己推测的，即使客观上与事实不符，或者行为人虽然没有告知投资者其所提供的信息是自己推测的，但投资者知道该信息是行为人自己推测的，不能认为是行为人提供了虚假信息。四是不管信息在客观上是否真实，只要行为人自己认为所提供的信息是虚假信息，即可构成本罪的提供虚假信息。

（二）伪造、变造、销毁交易记录

伪造、变造、销毁交易记录行为是并列的独立的行为，只要具备其中之一即可认定，不需要三种形式同时具备。伪造交易记录是指无权制作与证券、期货发行、交易有关的业务记录的人，冒用他人名义，按照证券、期货交易记录的数据、样式，采取各种方法制作假的证券、期货交易记录冒充真的证券、期货交易记录的行为。变造交易记录是指通过涂改、擦消、拼凑、挖补等方法对真实的证券、期货交易记录进行加工改变其内容，或者在电脑系统上删改证券、期货交易数据，改变证券、期货交易记录内容。销毁交易记录是指将真实的证券、期货交易记录予以毁灭的行为，如毁灭纸质的交易记录，删除电脑系统记录的交易数据等。

行为人伪造、变造、毁灭交易记录，是为了掩盖、隐瞒某些可能影响投资者买卖证券的事实，以达到诱骗投资者违背其真实意愿买卖证券的目的。这些行为人企图隐瞒的事实通常包括：证券经营机构将自营业务与代理业务混合操作；证券经营机构违背客户的指令为其买卖证券；证券经营机构不按国家有关规定和证券交易业务规则的规定处理证券买卖委托；证券经营机构不在规定的时间内向客户提供证券买卖书面确认文件；证券登记、清算机构不按国家有关规定和本机构业务规则的规定办理清算、交割、过户、登记手续；证券登记、清算机构擅自将顾客委托保管的证券用于抵押；其他违背被代理人意志，损害其利益的行为。[①]

二、诱骗投资者买卖证券、期货合约的认定

对于诱骗投资者买卖证券、期货合约的认定，应当包含几个关键环节：一是证券交易所、期货交易所、证券公司、期货经纪公司的从业人员，证券业协会、期货业协会或者证券期货监督管理部门的工作人员，通过提供虚假信息或伪造、变造、销毁交易记录的方式，对投资者进行诱骗；二是投资者在上述行为人的诱骗下陷入错误认识；三是投资者基于错误认识作出了不利于自己的投资决定；四是行为人的诱骗行为造成了严重后果。

对于上述几个环节需要明确的是，第一，投资者必须是在行为人的诱骗下陷

---

① 陈兴良：《罪名指南（上册）》，中国政法大学出版社1999年版，第408页。

入错误认识并作出不利于自己的投资决定，如果投资者是听信了其他来源的诱导而作出不利于自己的投资决定，那么由此造成的损失不能归因于行为人的诱骗。第二，投资者买卖证券、期货合约的决定必须是自己作出的，即投资者买卖证券、期货合约的行为是投资者自己的指令。第三，投资者买卖证券、期货合约的决定是在受到诱骗后作出的，也就是说，如果没有行为人的诱骗，投资者不可能作出这样的决定，这样的决定本质上是违背了投资者的本来的意愿。第四，行为人的诱骗行为必须造成了严重后果，不管行为人是出于多赚佣金目的，还是其他目的，其动机在所不问。

三、造成严重后果的认定

按照刑法规定，成立本罪必须造成严重后果，关于严重后果的标准，《最高人民检察院、公安部关于公安机关管辖的刑事案件立案追诉标准的规定（二）》明确规定，证券交易所、期货交易所、证券公司、期货公司的从业人员，证券业协会、期货业协会或者证券期货监督管理部门的工作人员，故意提供虚假信息或者伪造、变造、销毁交易记录，诱骗投资者买卖证券、期货合约，涉嫌下列情形之一的，应予立案追诉：（1）获利或者避免损失数额在5万元以上的；（2）造成投资者直接经济损失数额在50万元以上的；（3）虽未达到上述数额标准，但多次诱骗投资者买卖证券、期货合约的；（4）致使交易价格或者交易量异常波动的；（5）造成其他严重后果的。

直接经济损失是指给投资者造成的直接财产减少的实际价值，不包括间接经济损失，只要行为人的行为给投资者造成的直接经济损失累计达到50万元以上，就属于造成严重后果，应当予以追诉。致使交易价格和交易量异常波动主要是指行为人诱骗投资者买卖证券的行为，造成证券价格和交易量反常的情形，至于具体标准，应当结合证券市场行情进行综合分析认定。造成恶劣影响是指致使交易价格和交易量异常波动以外的其他造成恶劣影响的行为，如因行为人的诱骗行为而导致证券所涉公司、企业倒闭、破产的，给其他证券权利人造成重大损失的，严重影响党和政府形象的，诱发社会上不安定因素等。总之，只有行为人的行为造成严重后果，才能构成本罪。

【办案依据】

一、刑法规定

第一百八十一条第二款 证券交易所、期货交易所、证券公司、期货经纪公司的从业人员，证券业协会、期货业协会或者证券期货监督管理部门的工作人员，故意提供虚假信息或者伪造、变造、销毁交易记录，诱骗投资者买卖证券、期货合约，造成严重后果的，处五年以下有期徒刑或者拘役，并处或者单处一万元以上十万元以下罚金；情节特别恶劣的，处五年以上十年以下有期徒刑，并处二万元以上二十万元以下罚金。

第三款 单位犯前两款罪的，对单位判处罚金，并对其直接负责的主管人员和其他直接责任人员，处五年以下有期徒刑或者拘役。

二、司法文件

《最高人民检察院、公安部关于公安机关管辖的刑事案件立案追诉标准的规定（二）》（2022年4月6日）

第三十三条 【诱骗投资者买卖证券、期货合约案（刑法第一百八十一条第二款）】 证券交易所、期货交易所、证券公司、期货公司的从业人员，证券业协会、期货业协会或者证券期货监督管理部门的工作人员，故意提供虚假信息或者伪造、变造、销毁交易记录，诱骗投资者买卖证券、期货合约，涉嫌下列情形之一的，应予立案追诉：

（一）获利或者避免损失数额在五万元以上的；

（二）造成投资者直接经济损失数额在五十万元以上的；

（三）虽未达到上述数额标准，但多次诱骗投资者买卖证券、期货合约的；

（四）致使交易价格或者交易量异常波动的；

（五）造成其他严重后果的。

第二十一章　操纵证券、期货市场罪

【立案追诉标准】

操纵证券、期货市场案（刑法第182条）

操纵证券、期货市场，影响证券、期货交易价格或者证券、期货交易量，涉嫌下列情形之一的，应予立案追诉：

（一）持有或者实际控制证券的流通股份数量达到该证券的实际流通股份总量百分之十以上，实施刑法第一百八十二条第一款第一项操纵证券市场行为，连续十个交易日的累计成交量达到同期该证券总成交量百分之二十以上的；

（二）实施刑法第一百八十二条第一款第二项、第三项操纵证券市场行为，连续十个交易日的累计成交量达到同期该证券总成交量百分之二十以上的；

（三）利用虚假或者不确定的重大信息，诱导投资者进行证券交易，行为人进行相关证券交易的成交额在一千万元以上的；

（四）对证券、证券发行人公开作出评价、预测或者投资建议，同时进行反向证券交易，证券交易成交额在一千万元以上的；

（五）通过策划、实施资产收购或者重组、投资新业务、股权转让、上市公司收购等虚假重大事项，误导投资者作出投资决策，并进行相关交易或者谋取相关利益，证券交易成交额在一千万元以上的；

（六）通过控制发行人、上市公司信息的生成或者控制信息披露的内容、时点、节奏，误导投资者作出投资决策，并进行相关交易或者谋取相关利益，证券交易成交额在一千万元以上的；

（七）实施刑法第一百八十二条第一款第一项操纵期货市场行为，实际控制的帐户合并持仓连续十个交易日的最高值超过期货交易所限仓标准的二倍，累计成交量达到同期该期货合约总成交量百分之二十以上，且期货交易占用保证金数额在五百万元以上的；

（八）通过囤积现货，影响特定期货品种市场行情，并进行相关期货交易，实际控制的帐户合并持仓连续十个交易日的最高值超过期货交易所限仓标准的二倍，累计成交量达到同期该期货合约总成交量百分之二十以上，且期货交易占用保证金数额在五百万元以上的；

（九）实施刑法第一百八十二条第一款第二项、第三项操纵期货市场行为，实际控制的帐户连续十个交易日的累计成交量达到同期该期货合约总成交量百分之二十以上，且期货交易占用保证金数额在五百万元以上的；

（十）利用虚假或者不确定的重大信息，诱导投资者进行期货交易，行为人进行相关期货交易，实际控制的帐户连续十个交易日的累计成交量达到同期该期货合约总成交量百分之二十以上，且期货交易占用保证金数额在五百万元以上的；

（十一）对期货交易标的公开作出评价、预测或者投资建议，同时进行相关期货交易，实际控制的帐户连续十个交易日的累计成交量达到同期该期货合约总成交量的百分之二十以上，且期货交易占用保证金数额在五百万元以上的；

（十二）不以成交为目的，频繁或者大量申报买入、卖出证券、期货合约并撤销申报，当日累计撤回申报量达到同期该证券、期货合约总申报量百分之五十以上，且证券撤回申报额在一千万元以上、撤回申报的期货合约占用保证金数额在五百万元以上的；

（十三）实施操纵证券、期货市场行为，获利或者避免损失数额在一百万元以上的。

操纵证券、期货市场，影响证券、期货交易价格或者证券、期货交易量，获利或者避免损失数额在五十万元以上，同时涉嫌下列情形之一的，应予立案追诉：

（一）发行人、上市公司及其董事、监事、高级管理人员、控股股东或者实际控制人实施操纵证券、期货市场行为的；

（二）收购人、重大资产重组的交易对方及其董事、监事、高级管理人员、控股股东或者实际控制人实施操纵证券、期货市场行为的；

（三）行为人明知操纵证券、期货市场行为被有关部门调查，仍继续实施的；

（四）因操纵证券、期货市场行为受过刑事追究的；

（五）二年内因操纵证券、期货市场行为受过行政处罚的；

（六）在市场出现重大异常波动等特定时段操纵证券、期货市场的；

（七）造成其他严重后果的。

对于在全国中小企业股份转让系统中实施操纵证券市场行为，社会危害性大，严重破坏公平公正的市场秩序的，比照本条的规定执行，但本条第一款第一项和第二项除外。

《最高人民检察院、公安部关于公安机关管辖的刑事案件立案追诉标准的规定（二）》（2022年4月6日）

【犯罪构成及刑事责任】

操纵证券、期货市场罪是指操纵证券、期货市场，影响证券、期货交易价格或者证券、期货交易量，情节严重的行为。构成本罪需要具备以下四个要件：

1. 客体要件。本罪侵犯的客体是国家对证券、期货交易市场的管理秩序和投资者的合法权益。

2. 客观要件。客观方面主要表现为行为人操纵证券、期货市场，影响证券、期货交易价格或者证券、期货交易量，情节严重的行为，具体包括七种方式：（1）单独或者合谋，集中资金优势、持股或者持仓优势或者利用信息优势联合或者连续买卖的；（2）与他人串通，以事先约定的时间、价格和方式相互进行证券、期货交易的；（3）在自己实际控制的账户之间进行证券交易，或者以自己为交易对象，自买自卖期货合约的；（4）不以成交为目的，频繁或者大量申报买入、卖出证券、期货合约并撤销申报的；（5）利用虚假或者不确定的重大信息，诱导投资者进行证券、期货交易的；（6）对证券、证券发行人、期货交易标的公开作出评价、预测或者投资建议，同时进行反向证券交易或者相关期货交易的；（7）以其他方法操纵证券、期货市场的。

3. 主体要件。本罪主体是达到法定刑事责任年龄且具备刑事责任能力的自然人和单位。

4. 主观要件。本罪在主观方面是故意。

根据刑法第182条的规定，有下列情形之一，操纵证券、期货市场，影响证券、期货交易价格或者证券、期货交易量，情节严重的，处5年以下有期徒刑或者拘役，并处或者单处罚金；情节特别严重的，处5年以上10年以下有期徒刑，并处罚金：（1）单独或者合谋，集中资金优势、持股或者持仓优势或者利用信息优势联合或者连续买卖的；（2）与他人串通，以事先约定的时间、价格和方式相互进行证券、期货交易的；（3）在自己实际控制的账户之间进行证券交易，或者以自己为交易对象，自买自卖期货合约的；（4）不以成交为目的，频繁或者大量申报买入、卖出证券、期货合约并撤销申报的；（5）利用虚假或者不确定的重大信息，诱导投资者进行证券、期货交易的；（6）对证券、证券发行人、期货交易标的公开作出评价、预测或者投资建议，同时进行反向证券交易或者相关期货交易的；（7）以其他方法操纵证券、期货市场的。单位犯前款罪的，对单位判处罚金，并对其直接负责的主管人员和其他直接责任人员，依照前款的规定处罚。

【疑难指导】

一、操纵证券、期货市场罪的立法变化

我国 1979 年刑法中没有关于证券犯罪的规定，1997 年修订刑法时，在第 182 条中增设了操纵证券交易及价格罪，为证券市场的发展提供刑法保障。该条规定，有下列情形之一，操纵证券交易价格，获取不正当利益或者转嫁风险，情节严重的，处 5 年以下有期徒刑或者拘役，并处或者单处违法所得 1 倍以上 5 倍以下罚金：（1）单独或者合谋，集中资金优势、持股优势或者利用信息优势联合或者连续买卖，操纵证券交易价格的；（2）与他人串通，以事先约定的时间、价格和方式相互进行证券交易或者相互买卖并不持有的证券，影响证券交易价格或者证券交易量的；（3）以自己为交易对象，进行不转移证券所有权的自买自卖，影响证券交易价格或者证券交易量的；（4）以其他方法操纵证券交易价格的。单位犯前款罪的，对单位判处罚金，并对其直接负责的主管人员和其他直接责任人员，处 5 年以下有期徒刑或者拘役。

1999 年刑法修正案（一）第 6 条规定，将刑法第 182 条修改为："有下列情形之一，操纵证券、期货交易价格，获取不正当利益或者转嫁风险，情节严重的，处五年以下有期徒刑或者拘役，并处或者单处违法所得一倍以上五倍以下罚金：（一）单独或者合谋，集中资金优势、持股或者持仓优势或者利用信息优势联合或者连续买卖，操纵证券、期货交易价格的；（二）与他人串通，以事先约定的时间、价格和方式相互进行证券、期货交易，或者相互买卖并不持有的证券，影响证券、期货交易价格或者证券、期货交易量的；（三）以自己为交易对象，进行不转移证券所有权的自买自卖，或者以自己为交易对象，自买自卖期货合约，影响证券、期货交易价格或者证券、期货交易量的；（四）以其他方法操纵证券、期货交易价格的。单位犯前款罪的，对单位判处罚金，并对其直接负责的主管人员和其他直接责任人员，处五年以下有期徒刑或者拘役。"本次修改增加了期货作为犯罪对象，并增加了"以自己为交易对象，自买自卖期货合约"行为，该罪罪名修改为操纵证券、期货交易价格罪。

2006 年刑法修正案（六）又一次对第 182 条作出修正，将犯罪对象改为"证

券、期货市场”，删掉了“获取不正当利益或者转嫁风险”这一主观要件，增加了情节加重犯的规定，即情节特别严重的，处五年以上十年以下有期徒刑，并处罚金，该罪罪名修改为操纵证券、期货市场罪。

2020年刑法修正案（十一）对操纵证券、期货市场罪进一步修改，涉及两个方面的内容：一是把刑法第182条所列的三项具体操纵行为中都包含的“操纵证券、期货市场，影响证券、期货交易价格或者证券、期货交易量”的表述，在罪状中统一规定，使法条表述更简练、严谨、准确。同时，把犯罪行为对价格和交易量的影响作为该罪名成立的构成要件。二是增加了三项操纵行为，这三项操纵行为来源于最高人民法院、最高人民法院颁布的《关于办理操纵证券、期货市场刑事案件适用法律若干问题的解释》（以下简称《操纵证券、期货市场罪司法解释》），该解释第1条对刑法第182条中的“以其他方法操纵证券、期货市场”进行了列举式的明确，刑法修正案（十一）把其中的先申报后撤单的虚假申报操纵行为，利用虚假或不确定的重大信息进行的蛊惑交易操纵行为，在公开评价、预测或者建议后，自己从事反向交易的“抢帽子”交易操纵行为列入刑法第182条，使本罪的客观行为从四项增加到七项。

二、操纵证券、期货市场客观方面的认定

根据刑法修正案（十一）的规定，本罪的客观方面主要表现为行为人实施了操纵证券、期货市场，影响证券、期货交易价格或者证券、期货交易量，情节严重的行为，包括七种方式，即六种具体操纵行为和兜底条款。

（一）单独或者合谋，集中资金优势、持股或者持仓优势或者利用信息优势联合或者连续买卖

此种方式是行为人滥用资源优势来操纵证券、期货市场，如资金大户、持股或者持仓大户等利用其具有的大量资金或持有的大量股票或者大的仓位进行单独或者通谋买卖，对某种股票或者某一期货品种连续以高价买进或者连续以低价卖出，造成该股票或期货品种价格见涨或见跌的现象，诱使其他投资者错误地追涨或抛售，而自己则做出相反行为，以获取不当利益。行为人滥用的资源优势包括资金优势、持股优势、持仓优势、信息优势等。

1. 信息优势中“信息”的范围

关于信息优势中“信息”的范围一直存在争议，争议的焦点在于是否以内幕信息为限。肯定说认为优势信息的范围以内幕信息为限。如有论者从信息的重要性以及信息对市场的影响程度考虑，内幕信息重要性决定了其更有可能对证券、期货交易价格、交易量造成影响，而其他无关紧要的信息难以用来操纵市场，无谓地扩大优势信息的范围会模糊了操纵市场与合法交易的界限，错误地约束合法交易行为。否定说认为优势信息不应仅限于内幕信息，这种观点更多是从操纵市场行为本身去考虑，只要行为人实际操纵了证券交易价格，无论其利用了何种信息，均有可能构成本罪。如有论者认为此罪的本质是行为人对证券、期货市场的操纵，为达此目的，行为人将重大信息之外的一般信息加以包装和渲染，同样也能成为其操纵行情的武器。信息优势不应仅限于未公开的信息。因为信息从公开到传播需有一个过程，由于行为人与上市公司有某种关系，事先得知信息将于某日公开，在买卖股票时可先人一步，抢时间差，同样可达到获取高额利润或转嫁风险的目的。[①]

笔者认为，本罪中的优势信息不应局限于内幕信息。证券、期货市场是对信息极为敏感的市场，信息是本罪中的行为人实施操纵行为的工具，行为人利用一般的信息就可以达到操纵证券、期货市场的目的。因此，优势信息不应局限于内幕信息，而应为包括任何与证券、期货交易有关的信息，其既可以是内部消息，也可以是还未公开但已事先知悉的信息；既可以是重大信息，也可以是一般信息；既可以是真实的信息，也可以是基于真实信息而有所改动的信息，还可以是捏造的、虚假的信息。只要行为人实际操纵证券、期货交易价格，不管其利用了何种信息，符合本罪入罪条件即可构成本罪。司法实践中也多赞成此种观点，如国内首例信息优势连续买卖操纵市场的徐某案即如此。

2. 连续买卖

连续买卖是指行为人以影响行情为目的，对某种证券、期货合约连续买进卖出，以显示该证券、期货交易活跃，给人形成见涨或见跌的印象，诱使投资大众

---

① 宋茂荣、张庆国：《略论操纵证券交易价格罪》，载《云南法学》1998 年第 2 期。

信以为真而上当受骗，行为人则通过连续买卖行为，达到抬高或者压低证券、期货交易价格的目的，从而控制价格从中获利。对于连续买卖的认定，涉及两个问题：一是多少次买卖属于连续，二是数次买卖是否有时间限制。对于这两个问题，有些国家对此作出明确规定，如澳大利亚证券法规定，在任何时间内，买卖同一公司的证券只要超过一次，就可能构成连续交易。[①] 也有一些国家的证券法并无相关规定，如美国和日本都留给司法来认定，美国证券交易委员会和法院的判例一般认为三次以上才构成连续交易。我国法律也没有明确规定，一般认为，连续买卖是指两次以上同方向的买进成交或者卖出成交。

时间限制对连续买卖的认定十分重要，如果时间限制过短，容易把一些不应当受到规制的合法连续买卖纳入刑法规制范畴，而如果时间限制过长，连续交易对市场行情的影响难以达到操纵市场的目的。关于“连续”的认定我国理论界存在不同观点：第一种观点认为，投资者每笔买卖委托成交或限期结束后，再一次地对同种证券进行同交易方向上的委托，就可能构成连续交易。[②] 第二种观点认为，在一个交易日内对同种证券、期货进行两次以上交易或在两个交易日内对同种证券、期货进行三次以上交易。此观点在时间限制上，两次以上的同证券交易只有发生在同一天或连续两日以内才构成连续交易操纵，还是单纯以时间、次数来认定“连续”，但相较于第一种观点多了限制。第三种观点不采用在一段时间内设定次数限制的方式，而是根据两次交易的间隔时间是否合理来判断是否构成连续交易操纵。第四种观点不考虑次数、时间限制等形式要件，而是从连续交易是否实质性造成市场操纵的结果来判断，该观点认为对连续交易操纵认定的重心应当从形式要件转移到实质性分析。

实际上，操纵资本市场要有雄厚的资金、持股持仓力量，行为人经常通过实际控制的多个账户进行操纵，多个账户在短时间内进行交易而构成连续交易的事实非常明显，因而，司法实践中对连续买卖操纵中“连续”的认定较为灵活，多数判决书也没有大篇幅地围绕“连续”作深入论证。

---

① 张军主编：《破坏金融管理秩序罪》，中国人民公安大学出版社2003年版，第323页。

② 张军主编：《破坏金融管理秩序罪》，中国人民公安大学出版社2003年版，第323页。

3. 联合买卖

联合买卖是比较常见的一种操纵行为，是指两个以上的利益主体，按照事先约定，通过联合买或联合卖等操纵市场手段共同操纵市场，主要表现为机构与机构、机构与大户、大户与大户为了共同的不法利益，利用资金、持股和信息等优势，联合起来操纵某一证券、期货的价格；也有承销商出面组织证券、期货投资者共同操纵某一证券、期货的价格；证券、期货发行公司与证券、期货承销公司之间，为了共同利益，共同操纵某证券、期货价格，以达到证券、期货顺利发行的目的等。

（二）与他人串通，以事先约定的时间、价格和方式相互进行证券、期货交易

这种操纵证券、期货市场的行为一般被称为通谋买卖，通谋买卖是在行为人之间相互串通、事先约定情况下进行，当此行为反复进行时，即可抬高或压低某一证券、期货合约的价格，行为人在价格抬高时抛售，在价格降低时买入，获取不正当利益。

通谋买卖也称相对委托，其成立需要符合一定条件。有论者指出，相对委托的成立，并不要求行为人之间的买卖的成立，但构成相对委托，必须要求在时间和价格上具有相似性，在数量上具有一致性，时间相似性不是指时间完全相同，而是允许买卖双方在时间上存在少许差距，在此时间差距内买卖的申报必须仍然有效存在；价格相似性方面，约定价格是指双方的委托有相对成交可能性范围；数量一致性是指即使委托数量大小不一，但只要不是差距过大，仍构成相对委托。[①] 相对委托的成立，须以行为人之间存在通谋为前提，共同以获取不正当利益或者转嫁风险为目的，进行意思联络，并事先就时间、价格和方式等达成一致，但并不要求行为人之间的买卖成立，也不苛求在时间、价格和数量上完全一致，因为现行集中交易市场以电脑竞价方式撮合成交，操纵者所买进与卖出的证券、期货合约具有同一性几乎不可能，应容许存在少许差距。

（三）在自己实际控制的账户之间进行证券交易，或者以自己为交易对象，自买自卖期货合约

这种操纵证券、期货市场的行为，通常被称为“自买自卖”“虚买虚卖”“冲

---

① 张军主编:《破坏金融管理秩序罪》，中国人民公安大学出版社2003年版，第324~325页。

洗买卖”“洗售”等，是同一利益主体以自己为交易对象，既当买方又当卖方，仅作形式上的证券、期货买进或卖出，人为制造市场的假象，误导其他投资者跟随买卖，从而抬高或者压低某证券、期货交易价格，行为人趁机牟利或者转移风险。实践中，以自买自卖方式操纵证券、期货价格的行为，通常都是同一利益主体违规开设两个以上账户，以自己的不同账户在大致相同的时间内进行价格和数量相同或近似、形式相反的交易。构成自买自卖一般应符合以下条件：一是行为人自行充当证券、期货交易的买卖双方当事人；二是证券、期货合约虽然在不同账户之间发生转移，但不同账户为同一利益主体所控制和支配，所有权实质上并没有发生转移，也就是说自买自卖行为不转移证券、期货所有权；三是自买自卖行为对证券、期货交易价格或交易量产生了实质影响，诱导其他投资者跟进。

（四）不以成交为目的，频繁或者大量申报买入、卖出证券、期货合约并撤销申报

这种操纵证券、期货市场的行为是刑法修正案（十一）吸纳《操纵证券、期货市场罪司法解释》规定而列入刑法条文的新增行为。该行为又称为“虚假申报操纵”或“幌骗交易操纵”，其特征是行为人通过不以成交为目的的频繁申报、撤单或者大额申报、撤单，误导其他投资者交易或者不交易，影响特定证券、期货的交易价格、交易量，并进行反向交易或者谋取相关利益。虚假申报操纵行为一般有三个步骤：一是申报阶段行为人集中优势进行大量或者频繁地买入或者卖出申报挂单，以此作为诱饵引起其他投资者的关注，进而引发其他投资者跟进买入或者卖出；二是撤销申报阶段，在执行之前将申报阶段的报单撤销；三是撤单的同时进行反向申报并完成交易，以实现获利。虚假申报操纵行为虽然没有直接影响证券、期货市场的交易价格或者交易量，但其通过报撤单行为对其他投资者进行误导而间接影响市场，使证券、期货市场的交易价格失去公正性，破坏正常的交易秩序，损害其他投资者的利益。

在认定是否构成虚假申报操纵行为时，主观上不以成交为目的以及客观上是否影响证券、期货交易价格或者交易量，都需要结合报撤单的情况以及其他行为特征进行综合判断，判断核心在于是否频繁或者大量报撤单。而是否频繁可以根据特定时间段内行为人撤单次数与申报次数的比重、撤单次数占同时段市场撤单

总数的比重、撤单的时间间隔等因素进行判断；是否大量可以根据特定时间段内撤单量占申报量的比重、撤单量占同时段内市场撤单总量的比重、单笔撤单量以及撤单总量等因素进行判断。

（五）利用虚假或者不确定的重大信息，诱导投资者进行证券、期货交易

这种操纵证券、期货市场的行为也是刑法修正案（十一）吸纳《操纵证券、期货市场罪司法解释》规定而列入刑法条文的新增行为。相较于司法解释中的规定，刑法修正案（十一）删除了“进行相关交易或者谋取相关利益”的表述，而将其描述为“利用虚假或者不确定的重大信息，诱导投资者进行证券、期货交易的”。该行为又称为“蛊惑交易”，本质上是行为人滥用自己的信息优势，有意误导投资者基于虚假或不确定的重大信息作出特定投资决策，并进行反向交易获取利益的行为。

蛊惑交易操纵行为的复杂性在于其对交易价格或者交易量的影响并不是直接的，而是通过编造、传播虚假的、不准确的或者不确定的重大信息，诱导投资者从事相关交易活动，进而引起证券、期货市场的价格波动。蛊惑交易中利用的重大信息必须是能够对证券、期货市场价格造成明显影响的信息，只有利用具有价格敏感性的信息才能使行为人具有滥用信息优势的可能。在认定重大信息时，可以参考其他证券、期货犯罪中有关信息重大性的判断标准。另外，在认定蛊惑交易时，须利用虚假或者不确定的信息，也就是说客观上应当存在编造或者传播的信息欺诈行为，但并不要求受到欺诈的投资者具有公众性和多数性。因为证券、期货市场信息传播的本质在于引起证券、期货市场波动的效果，受到欺诈的投资者是否具有公众性、不特定性与引起市场波动之间也并不必然关联，若特定客户的交易资金或者持仓量特别巨大，也可以影响到证券、期货的交易价格或者交易量。

（六）对证券、证券发行人、期货交易标的公开作出评价、预测或者投资建议，同时进行反向证券交易或者相关期货交易

这种操纵证券、期货市场的行为也是刑法修正案（十一）吸纳《操纵证券、期货市场罪司法解释》的规定而列入刑法条文的新增行为。该行为又称为“抢帽子”，指的是行为人利用自己的信息优势，先行对证券发行人、期货标的等内容发

布评价，对投资建议作出预期，并自行从事相反交易获利的行为。“抢帽子”交易行为是否应当认定为操纵证券、期货市场罪曾引发较大的争议。最高人民检察院指导性案例朱某明操纵证券市场案（检例第 39 号）[①] 是典型的“抢帽子”行为，2017 年法院作出一审判决，以操纵证券市场罪判处被告人朱某明有期徒刑 11 个月，并处罚金人民币 76 万元，没收违法所得，由此可以看出，司法机关对“抢帽子”行为有明确的入罪态度；《操纵证券、期货市场罪司法解释》明确将“抢帽子”行为作为以其他方式操纵证券、期货市场行为入罪；刑法修正案（十一）又吸纳了《操纵证券、期货市场罪司法解释》的规定，将“抢帽子”行为正式纳入罪状表述。本罪罪状表述并未明确犯罪主体的限定，则一般主体从事“抢帽子”行为在行为特征上都是构成本罪的，这也意味着证券公司、证券期货从业人员、从事证券期货投资推荐人员在出具投资建议时需要格外谨慎，如借机通过相反交易获利达到入罪标准，则将构成操纵证券、期货市场罪。

“抢帽子”交易一般有三个阶段，第一个阶段为买入持仓，第二个阶段为公开荐股，第三个阶段为反向卖出。行为人要从中牟利，其公开荐股前的买入持仓行为和公开荐股后的卖出行为均早于投资者，即在公开发布信息前先行买入持有证券，在公开发布信息，证券交易价量达到其所期望的水平后，行为人反向实施交易行为卖出证券，从而牟利。因此，在认定“抢帽子”时，关键在于行为人实施证券交易行为的时间节点。如果行为人实施的买入持仓和反向卖出两个行为中，任何一个步骤未抢先，则不构成“抢帽子”。

（七）以其他方法操纵证券、期货市场

《操纵证券、期货市场罪司法解释》对刑法修正案（十一）出台前本罪中的兜底条款“以其他方法操纵证券、期货市场”进行解释，列举了六种具体行为。刑法修正案（十一）将其中三种行为列入刑法条文规范，此次修改尚未列举在内，但存于《操纵证券、期货市场罪司法解释》明确列举范围的具体情形包括：（1）通过策划、实施资产收购或者重组、投资新业务、股权转让、上市公司收购等虚假

---

① 《第十批指导性案例——朱某明操纵证券市场案（检例第 39 号）》，载“最高人民检察院”网站，https：//www. spp. gov. cn/zxjy/qwfb/201807/t20180712_ 384670. shtml，2022 年 3 月 7 日访问。

重大事项，误导投资者作出投资决策，影响证券交易价格或者证券交易量，并进行相关交易或者谋取相关利益的；（2）通过控制发行人、上市公司信息的生成或者控制信息披露的内容、时点、节奏，误导投资者作出投资决策，影响证券交易价格或者证券交易量，并进行相关交易或者谋取相关利益的；（3）通过囤积现货，影响特定期货品种市场行情，并进行相关期货交易的。在司法实践中，对符合上述情形的行为仍然会适用操纵证券、期货市场罪。

1. 重大事项操纵

重大事项操纵的特征是行为人通过策划、实施虚假重组、虚假投资、虚假股权转让、虚假收购等重大事项，影响特定证券的交易价格、交易量，从中谋取利益。根据《操纵证券、期货市场罪司法解释》第 1 条第 3 项的规定，操纵证券、期货市场犯罪行为中涉及的重大事项包括“资产收购或者重组、投资新业务、股权转让、上市公司收购等”。这里的重大事项必须是虚假的，否则利用这些重大事项信息进行交易就可能构成内幕交易、泄露内幕信息罪。重大事项操纵与蛊惑交易操纵都是通过滥用信息的方式对证券、期货市场实施非法控制，两者的主要区别在于行为人是否实施具体的虚假行为：重大事项操纵中存在实际发生的欺骗投资者的虚假行为，而蛊惑交易操纵中行为人只是利用虚假或者不确定的重大信息，并不存在实际的虚假行为。

2. 利用信息优势操纵

利用信息优势操纵的特征是行为人通过控制发行人、上市公司信息的生成或者控制信息披露的内容、时点、节奏，影响特定证券的交易价格、交易量，从中谋取利益。《操纵证券、期货市场罪司法解释》对此前司法解释规定进行修改，将该行为主体修改为一般主体。主要原因是从近年来查办的案件来看，大量出现的是其他人员与上述人员内外勾结，共同通过控制发行人、上市公司信息的生成与发布，误导投资者，进行市场操纵，参与的主体身份越来越广泛，限定为特殊主体不具有合理性。

利用信息优势操纵是主要的信息操纵类型，除此之外，蛊惑交易操纵、重大事项操纵等也都属于信息型操纵。对利用信息优势操纵类型案件的讨论源于著名的“徐某等人操纵证券市场案”。在该案中，徐某等人通过控制上市公司择机发布

“高送转”方案、引入热点题材等方式进行证券交易获取高额利润，属于典型的控制信息操纵。从某种意义上说，此案的发生推动了《操纵证券、期货市场罪司法解释》第 1 条第 4 项对控制信息操纵专门规定的出台。[①]

3. 跨期、现货市场操纵

由于跨期、现货市场操纵中最为常见的行为方式为囤积现货，因此《操纵证券、期货市场罪司法解释》第 1 条第 6 项将囤积现货的跨期、现货市场交易行为纳入了规制范围，其特征是行为人超过自己实际需要大量囤积现货，影响特定期货品种市场行情，并进行相关期货交易。跨期、现货市场操纵属于跨市场操纵，其利用现货市场与期货市场之间的价格传导机制使掌握现货筹码的交易者可以通过控制现货市场价格在期货市场中牟利。将跨期、现货市场操纵行为认定为操纵证券、期货市场罪，对于防范期货市场中的异常风险有着重要的作用。

三、“双重兜底”条款的适用

“兜底条款”是刑法稳定性与社会生活复杂多变性发生冲突的情况下，刑法的社会保护机能与权利保障机能相互协调的一种重要途径。刑法的“兜底条款”客观上能够克服因立法者知识有限而造成的立法缺陷及重大遗漏。尤其是在经济犯罪领域，经济刑法规制的犯罪行为生成于发展迅猛的经济生活之中，立法者在立法时基于其认知水平和当时的社会发展水平，不可能预见所有经济犯罪行为的样态，而使用“兜底条款”的立法技术，则可以实现法条蕴含范围的最大化，并可以通过这种有效提升刑法规范张力的方式强化社会保护。[②] 对于操纵证券、期货市场罪，刑法第 182 条明确规定了 6 种具体行为，还规定了兜底条款“以其他方法操纵证券、期货市场”。

对于新型市场操纵行为的法律适用问题主要是兜底条款的适用问题，特别是该条中的兜底条款是个“双重兜底”条款。“双重兜底”条款是指对于一些法定犯而言，认定其是否成立犯罪，不仅刑法本身规定了兜底条款，同时在经济法或行政法等前置法中也规定了兜底条款。认定市场操纵行为是否构成操纵证券、期

① 刘宪权：《操纵证券、期货市场罪司法解释的法理解读》，载《法商研究》2020 年第 1 期。

② 刘宪权：《操纵证券、期货市场罪“兜底条款”解释规则的建构与应用——抢帽子交易刑法属性辨正》，载《中外法学》2013 年第 6 期。

货市场罪就属于典型的“双重兜底”。此罪的“双重兜底”包含两种情况：一是刑法条文和经济法前置法中都规定了兜底条款，刑法第182条关于操纵证券、期货市场罪规定了兜底条款“以其他方法操纵证券、期货市场”，而证券法第55条关于禁止操纵市场的规定中也包含了兜底条款“操纵证券市场的其他手段”。二是在刑法条文和司法解释之间存在“双重兜底”，《操纵证券、期货市场罪司法解释》第1条是对刑法第182条兜底条款的解释，但该解释第7项又规定了一个兜底条款，即“以其他方法操纵证券、期货市场的”，形成了“双重兜底”的情形。

兜底条款的适用过程中一定要保持谨慎的态度，必须遵循同质性解释规则。司法办案中把握同质性解释规则主要应掌握以下几项内容：一是行为方式的相异性。拟适用兜底条款的行为必须是与法条明示行为不同的新行为。刑法第182条有6项明示行为，分别是连续交易、约定交易、洗售交易等，则拟适用兜底条款的行为必须是上述6种行为之外的其他行为，行为的外延不得被6种明示行为包容。二是罪质要素的相同性。拟适用兜底条款的行为必须与法条列举条款具有相同的本质。例如，拟认定为“以其他方法操纵证券市场”的行为，虽然在行为方式上与“连续交易”“约定交易”“洗售交易”等法条明示行为不同，但同样具备违反市场公平准则、以不正当的行为影响证券市场交易价量，扰乱市场秩序等操纵证券市场罪的本质特征。三是社会危害的相当性。拟适用兜底条款行为的社会危害程度应与法条明示行为相当甚至更重。“抢帽子”操纵行为面向不特定的社会公众，任何接受行为人公开荐股信息的受众都是潜在被误导的投资者，往往会导致市场遭受难以预测且无法控制的影响，具有严重的社会危害，完全符合操纵证券市场犯罪的危害程度。总之，行为方式的相异性、罪质要素的相同性、社会危害的相当性是适用刑法兜底条款的基本规则。[①]

对于“双重兜底”的适用更应如此，应当以最严格的标准适用“双重兜底”条款。一是对于与行政法、经济法等前置法形成的“双重兜底”条款，应当保留一定的适用空间。虽然“双重兜底”条款比一般的兜底条款更具有不确定性，但

---

① 顾佳：《证券犯罪案件的若干实务问题——以指导性案例为视角》，载杨迎泽等主编：《刑事检察实务培训讲义》，中国检察出版社2019年版，第481~482页。

还是应当为其保留一定的适用空间，否则兜底条款的存在意义就荡然无存。前置性法律、法规的属性仍然是法律，其与刑法一样具有滞后性，需要兜底条款进行调节。如果认为前置性法律、法规没有明确将某种行为纳入规范就无法适用刑法中的兜底条款，那么就是直接闲置刑法中的兜底条款。因为在许多情况下，刑法中例示条款的设置直接参考了前置性法律、法规的内容，刑法的规定与前置性法律、法规的规定具有相当的重合性。此时，一旦出现新类型的、尚未被立法者考虑到的犯罪行为，可以由司法解释明确该行为的性质，这也是司法解释的功能所在。司法解释的存在就是为了弥补成文法本身的局限性。司法解释的主体通过长期从事法律实践活动，能够较为掌握常见的市场操纵行为类型。因此，通过司法解释来明确与行政法、经济法等前置法形成的“双重兜底”条款的具体适用情形是合理且妥当的，也是解决此类“双重兜底”条款适用困境的最佳方案。

二是对于与司法解释形成的“双重兜底”条款应当尽量限制其适用空间，即在司法实践中应当尽可能地避免适用此类条款。兜底条款本身就存在适用争议，需要司法解释对此予以明确，在此情况下如果司法解释再使用“兜底的兜底”解释条款，那么无疑会使刑法中兜底条款的适用情形表现出无限开放的状态，而这必然会带来司法解释的效力与明确性大大降低的效果。在罪刑法定原则的要求下，对于刑法条文中已经作了模糊性的兜底条款规定，而司法解释又没有明确列举的情形，更应该秉持将其做出罪处理的态度。

【办案依据】

一、刑法规定

第一百八十二条 有下列情形之一，操纵证券、期货市场，影响证券、期货交易价格或者证券、期货交易量，情节严重的，处五年以下有期徒刑或者拘役，并处或者单处罚金；情节特别严重的，处五年以上十年以下有期徒刑，并处罚金：

（一）单独或者合谋，集中资金优势、持股或者持仓优势或者利用信息优势联合或者连续买卖的；

（二）与他人串通，以事先约定的时间、价格和方式相互进行证券、期货交易的；

（三）在自己实际控制的帐户之间进行证券交易，或者以自己为交易对象，自买自卖期货合约的；

（四）不以成交为目的，频繁或者大量申报买入、卖出证券、期货合约并撤销申报的；

（五）利用虚假或者不确定的重大信息，诱导投资者进行证券、期货交易的；

（六）对证券、证券发行人、期货交易标的公开作出评价、预测或者投资建议，同时进行反向证券交易或者相关期货交易的；

（七）以其他方法操纵证券、期货市场的。

单位犯前款罪的，对单位判处罚金，并对其直接负责的主管人员和其他直接责任人员，依照前款的规定处罚。

二、司法解释

《最高人民法院、最高人民检察院关于办理操纵证券、期货市场刑事案件适用法律若干问题的解释》（2019年7月1日　法释〔2019〕9号）

第一条　行为人具有下列情形之一的，可以认定为刑法第一百八十二条第一款第四项规定的“以其他方法操纵证券、期货市场”：

（一）利用虚假或者不确定的重大信息，诱导投资者作出投资决策，影响证券、期货交易价格或者证券、期货交易量，并进行相关交易或者谋取相关利益的；

（二）通过对证券及其发行人、上市公司、期货交易标的公开作出评价、预测或者投资建议，误导投资者作出投资决策，影响证券、期货交易价格或者证券、期货交易量，并进行与其评价、预测、投资建议方向相反的证券交易或者相关期货交易的；

（三）通过策划、实施资产收购或者重组、投资新业务、股权转让、上市公司收购等虚假重大事项，误导投资者作出投资决策，影响证券交易价格或者证券交易量，并进行相关交易或者谋取相关利益的；

（四）通过控制发行人、上市公司信息的生成或者控制信息披露的内容、时点、节奏，误导投资者作出投资决策，影响证券交易价格或者证券交易量，并进行相关交易或者谋取相关利益的；

（五）不以成交为目的，频繁申报、撤单或者大额申报、撤单，误导投资者作出投资决策，影响证券、期货交易价格或者证券、期货交易量，并进行与申报相反的交易或者谋取相关利益的；

（六）通过囤积现货，影响特定期货品种市场行情，并进行相关期货交易的；

（七）以其他方法操纵证券、期货市场的。

第二条 操纵证券、期货市场，具有下列情形之一的，应当认定为刑法第一百八十二条第一款规定的“情节严重”：

（一）持有或者实际控制证券的流通股份数量达到该证券的实际流通股份总量百分之十以上，实施刑法第一百八十二条第一款第一项操纵证券市场行为，连续十个交易日的累计成交量达到同期该证券总成交量百分之二十以上的；

（二）实施刑法第一百八十二条第一款第二项、第三项操纵证券市场行为，连续十个交易日的累计成交量达到同期该证券总成交量百分之二十以上的；

（三）实施本解释第一条第一项至第四项操纵证券市场行为，证券交易成交额在一千万元以上的；

（四）实施刑法第一百八十二条第一款第一项及本解释第一条第六项操纵期货市场行为，实际控制的账户合并持仓连续十个交易日的最高值超过期货交易所限仓标准的二倍，累计成交量达到同期该期货合约总成交量百分之二十以上，且期货交易占用保证金数额在五百万元以上的；

（五）实施刑法第一百八十二条第一款第二项、第三项及本解释第一条第一项、第二项操纵期货市场行为，实际控制的账户连续十个交易日的累计成交量达到同期该期货合约总成交量百分之二十以上，且期货交易占用保证金数额在五百万元以上的；

（六）实施本解释第一条第五项操纵证券、期货市场行为，当日累计撤回申报量达到同期该证券、期货合约总申报量百分之五十以上，且证券撤回申报额在一千万元以上、撤回申报的期货合约占用保证金数额在五百万元以上的；

（七）实施操纵证券、期货市场行为，违法所得数额在一百万元以上的。

第三条 操纵证券、期货市场，违法所得数额在五十万元以上，具有下列情形之一的，应当认定为刑法第一百八十二条第一款规定的“情节严重”：

（一）发行人、上市公司及其董事、监事、高级管理人员、控股股东或者实际控制人实施操纵证券、期货市场行为的；

（二）收购人、重大资产重组的交易对方及其董事、监事、高级管理人员、控股股东或者实际控制人实施操纵证券、期货市场行为的；

（三）行为人明知操纵证券、期货市场行为被有关部门调查，仍继续实施的；

（四）因操纵证券、期货市场行为受过刑事追究的；

（五）二年内因操纵证券、期货市场行为受过行政处罚的；

（六）在市场出现重大异常波动等特定时段操纵证券、期货市场的；

（七）造成恶劣社会影响或者其他严重后果的。

第四条　具有下列情形之一的，应当认定为刑法第一百八十二条第一款规定的“情节特别严重”：

（一）持有或者实际控制证券的流通股份数量达到该证券的实际流通股份总量百分之十以上，实施刑法第一百八十二条第一款第一项操纵证券市场行为，连续十个交易日的累计成交量达到同期该证券总成交量百分之五十以上的；

（二）实施刑法第一百八十二条第一款第二项、第三项操纵证券市场行为，连续十个交易日的累计成交量达到同期该证券总成交量百分之五十以上的；

（三）实施本解释第一条第一项至第四项操纵证券市场行为，证券交易成交额在五千万元以上的；

（四）实施刑法第一百八十二条第一款第一项及本解释第一条第六项操纵期货市场行为，实际控制的账户合并持仓连续十个交易日的最高值超过期货交易所限仓标准的五倍，累计成交量达到同期该期货合约总成交量百分之五十以上，且期货交易占用保证金数额在二千五百万元以上的；

（五）实施刑法第一百八十二条第一款第二项、第三项及本解释第一条第一项、第二项操纵期货市场行为，实际控制的账户连续十个交易日的累计成交量达到同期该期货合约总成交量百分之五十以上，且期货交易占用保证金数额在二千五百万元以上的；

（六）实施操纵证券、期货市场行为，违法所得数额在一千万元以上的。

实施操纵证券、期货市场行为，违法所得数额在五百万元以上，并具有本解释第三条规定的七种情形之一的，应当认定为“情节特别严重”。

第五条 下列账户应当认定为刑法第一百八十二条中规定的“自己实际控制的账户”：

（一）行为人以自己名义开户并使用的实名账户；

（二）行为人向账户转入或者从账户转出资金，并承担实际损益的他人账户；

（三）行为人通过第一项、第二项以外的方式管理、支配或者使用的他人账户；

（四）行为人通过投资关系、协议等方式对账户内资产行使交易决策权的他人账户；

（五）其他有证据证明行为人具有交易决策权的账户。

有证据证明行为人对前款第一项至第三项账户内资产没有交易决策权的除外。

第六条 二次以上实施操纵证券、期货市场行为，依法应予行政处理或者刑事处理而未经处理的，相关交易数额或者违法所得数额累计计算。

第七条 符合本解释第二条、第三条规定的标准，行为人如实供述犯罪事实，认罪悔罪，并积极配合调查，退缴违法所得的，可以从轻处罚；其中犯罪情节轻微的，可以依法不起诉或者免予刑事处罚。

符合刑事诉讼法规定的认罪认罚从宽适用范围和条件的，依照刑事诉讼法的规定处理。

第八条 单位实施刑法第一百八十二条第一款行为的，依照本解释规定的定罪量刑标准，对其直接负责的主管人员和其他直接责任人员定罪处罚，并对单位判处罚金。

第九条 本解释所称“违法所得”，是指通过操纵证券、期货市场所获利益或者避免的损失。

本解释所称“连续十个交易日”，是指证券、期货市场开市交易的连续十个交易日，并非指行为人连续交易的十个交易日。

第十条 对于在全国中小企业股份转让系统中实施操纵证券市场行为，社会危害性大，严重破坏公平公正的市场秩序的，比照本解释的规定执行，但本解释第二条第一项、第二项和第四条第一项、第二项除外。

第十一条 本解释自2019年7月1日起施行。

三、司法文件

《最高人民检察院、公安部关于公安机关管辖的刑事案件立案追诉标准的规定（二）》（2022年4月6日）

第三十四条 【操纵证券、期货市场案（刑法第一百八十二条）】 操纵证券、期货市场，影响证券、期货交易价格或者证券、期货交易量，涉嫌下列情形之一的，应予立案追诉：

（一）持有或者实际控制证券的流通股份数量达到该证券的实际流通股份总量百分之十以上，实施刑法第一百八十二条第一款第一项操纵证券市场行为，连续十个交易日的累计成交量达到同期该证券总成交量百分之二十以上的；

（二）实施刑法第一百八十二条第一款第二项、第三项操纵证券市场行为，连续十个交易日的累计成交量达到同期该证券总成交量百分之二十以上的；

（三）利用虚假或者不确定的重大信息，诱导投资者进行证券交易，行为人进行相关证券交易的成交额在一千万元以上的；

（四）对证券、证券发行人公开作出评价、预测或者投资建议，同时进行反向证券交易，证券交易成交额在一千万元以上的；

（五）通过策划、实施资产收购或者重组、投资新业务、股权转让、上市公司收购等虚假重大事项，误导投资者作出投资决策，并进行相关交易或者谋取相关利益，证券交易成交额在一千万元以上的；

（六）通过控制发行人、上市公司信息的生成或者控制信息披露的内容、时点、节奏，误导投资者作出投资决策，并进行相关交易或者谋取相关利益，证券交易成交额在一千万元以上的；

（七）实施刑法第一百八十二条第一款第一项操纵期货市场行为，实际控制的帐户合并持仓连续十个交易日的最高值超过期货交易所限仓标准的二倍，累计成交量达到同期该期货合约总成交量百分之二十以上，且期货交易占用保证金数额在五百万元以上的；

（八）通过囤积现货，影响特定期货品种市场行情，并进行相关期货交易，实际控制的帐户合并持仓连续十个交易日的最高值超过期货交易所限仓标准的二倍，累计成交量达到同期该期货合约总成交量百分之二十以上，且期货交易占用保证金数额在五百万元以上的；

（九）实施刑法第一百八十二条第一款第二项、第三项操纵期货市场行为，实际控制的帐户连续十个交易日的累计成交量达到同期该期货合约总成交量百分之二十以上，且期货交易占用保证金数额在五百万元以上的；

（十）利用虚假或者不确定的重大信息，诱导投资者进行期货交易，行为人进行相关期货交易，实际控制的帐户连续十个交易日的累计成交量达到同期该期货合约总成交量百分之二十以上，且期货交易占用保证金数额在五百万元以上的；

（十一）对期货交易标的公开作出评价、预测或者投资建议，同时进行相关期货交易，实际控制的帐户连续十个交易日的累计成交量达到同期该期货合约总成交量的百分之二十以上，且期货交易占用保证金数额在五百万元以上的；

（十二）不以成交为目的，频繁或者大量申报买入、卖出证券、期货合约并撤销申报，当日累计撤回申报量达到同期该证券、期货合约总申报量百分之五十以上，且证券撤回申报额在一千万元以上、撤回申报的期货合约占用保证金数额在五百万元以上的；

（十三）实施操纵证券、期货市场行为，获利或者避免损失数额在一百万元以上的。

操纵证券、期货市场，影响证券、期货交易价格或者证券、期货交易量，获利或者避免损失数额在五十万元以上，同时涉嫌下列情形之一的，应予立案追诉：

（一）发行人、上市公司及其董事、监事、高级管理人员、控股股东或者实际控制人实施操纵证券、期货市场行为的；

（二）收购人、重大资产重组的交易对方及其董事、监事、高级管理人员、控股股东或者实际控制人实施操纵证券、期货市场行为的；

（三）行为人明知操纵证券、期货市场行为被有关部门调查，仍继续实施的；

（四）因操纵证券、期货市场行为受过刑事追究的；

（五）二年内因操纵证券、期货市场行为受过行政处罚的；

（六）在市场出现重大异常波动等特定时段操纵证券、期货市场的；

（七）造成其他严重后果的。

对于在全国中小企业股份转让系统中实施操纵证券市场行为，社会危害性大，严重破坏公平公正的市场秩序的，比照本条的规定执行，但本条第一款第一项和第二项除外。

【指导性案例】

最高人民检察院指导性案例第39号朱某明操纵证券市场案[①]

（2018年6月13日最高人民检察院第十三届检察委员会第二次会议决定，2018年7月3日发布）

【关键词】

操纵证券市场 “抢帽子”交易 公开荐股

【基本案情】

被告人朱某明，男，1982年7月出生，原系某证券有限责任公司上海龙华西路证券营业部（以下简称某证券营业部）证券经纪人，上海电视台第一财经频道《谈股论金》节目（以下简称《谈股论金》节目）特邀嘉宾。

2013年2月1日至2014年8月26日，被告人朱某明在任某证券营业部证券经纪人期间，先后多次在其担任特邀嘉宾的《谈股论金》电视节目播出前，使用实际控制的三个证券账户买入多支股票，于当日或次日在《谈股论金》节目播出中，以特邀嘉宾身份对其先期买入的股票进行公开评价、预测及推介，并于节目首播后一至二个交易日内抛售相关股票，人为地影响前述股票的交易量和交易价格，获取利益。经查，其买入股票交易金额共计人民币2094.22万余元，卖出股票交易金额共计人民币2169.70万余元，非法获利75.48万余元。

【要旨】

证券公司、证券咨询机构、专业中介机构及其工作人员违背从业禁止规定，

---

① 《第十批指导性案例——朱某明操纵证券市场案（检例第39号）》，载“最高人民检察院”网站，https://www.spp.gov.cn/zxjy/qwfb/201807/t20180712_384670.shtml，2022年3月7日访问。

买卖或者持有证券，并在对相关证券作出公开评价、预测或者投资建议后，通过预期的市场波动反向操作，谋取利益，情节严重的，以操纵证券市场罪追究其刑事责任。

【指控与证明犯罪】

2016年11月29日，上海市公安局以朱某明涉嫌操纵证券市场罪移送上海市人民检察院第一分院审查起诉。

审查起诉阶段，朱某明辩称：1. 涉案账户系其父亲朱某实际控制，其本人并未建议和参与相关涉案股票的买卖；2. 节目播出时，已隐去股票名称和代码，仅展示K线图、描述股票特征及信息，不属于公开评价、预测、推介个股；3. 涉案账户资金系家庭共同财产，其本人并未从中受益。

检察机关审查认为，现有证据足以认定犯罪嫌疑人在媒体上公开进行了股票推介行为，并且涉案账户在公开推介前后进行了涉案股票反向操作。但是，犯罪嫌疑人与涉案账户的实际控制关系，公开推介是否构成“抢帽子”交易操纵中的“公开荐股”以及行为能否认定为“操纵证券市场”等问题，有待进一步查证。针对需要进一步查证的问题，上海市人民检察院第一分院分别于2017年1月13日、3月24日二次将案件退回上海市公安局补充侦查，要求公安机关补充查证犯罪嫌疑人的淘宝、网银等IP地址、MAC地址（硬件设备地址，用来定义网络设备的位置），并与涉案账户证券交易IP地址做筛选比对；将涉案账户资金出入与犯罪嫌疑人个人账户资金往来做关联比对；进一步对其父朱某在关键细节上做针对性询问，以核实朱某明的辩解；由证券监管部门对本案犯罪嫌疑人的行为是否构成“公开荐股”“操纵证券市场”提出认定意见。

经补充侦查，上海市公安局进一步收集了朱某明父亲朱某等证人证言、中国证监会对朱某明操纵证券市场行为性质的认定函、司法会计鉴定意见书等证据。中国证监会出具的认定函认定：2013年2月1日至2014年8月26日，朱某明在《谈股论金》节目中通过明示股票名称或描述股票特征的方法，对15支股票进行公开评价和预测。朱某明通过其控制的三个证券账户在节目播出前一至二个交易日或当天买入推荐的股票，交易金额2094.22万余元，并于节目播出后一至二个交易日内卖出上述股票，交易金额2169.70万余元，获利75.48万余元。朱某明所荐股票次日交易价量明显上涨，偏离行业板块和大盘走势。其行为构成操纵证券市场，扰乱了证券市场秩序，并造成了严重社会影响。

结合补充收集的证据，上海市人民检察院第一分院办案人员再次提讯朱某明，并听取其辩护律师意见。朱某明在展示的证据面前，承认其在节目中公开荐股，称其明知所推荐股票价格在节目播出后会有所上升，故在公开荐股前建议其父朱某买入涉案15支股票，并在节目播出后随即卖出，以谋取利益。但对于指控其实际控制涉案账户买卖股票的事实予以否认。

针对其辩解，办案人员将相关证据向朱某明及其辩护人出示，并一一阐明证据与朱某明行为之间的证明关系。1. 账户登录、交易IP地址大量位于朱某明所在的办公地点，与朱某明出行等电脑数据轨迹一致。例如，2014年7月17日、18日，涉案的朱某证券账户登录、交易IP地址在重庆，与朱某明的出行记录一致。2. 涉案三个账户之间与朱某明个人账户资金往来频繁，初始资金有部分来自于朱某明账户，转出资金中有部分转入朱某明银行账户后由其消费，证明涉案账户资金由朱某明控制。经过上述证据展示，朱某明对自己实施“抢帽子”交易操纵他人证券账户买卖股票牟利的事实供认不讳。

2017年5月18日，上海市人民检察院第一分院以被告人朱某明犯操纵证券市场罪向上海市第一中级人民法院提起公诉。7月20日，上海市第一中级人民法院公开开庭审理了本案。

法庭调查阶段，公诉人宣读起诉书指控被告人朱某明违反从业禁止规定，以“抢帽子”交易的手段操纵证券市场谋取利益，其行为构成操纵证券市场罪。对以上指控的犯罪事实，公诉人出示了四组证据予以证明：

一是关于被告人朱某明主体身份情况的证据。包括：1. 某证券公司与朱某明签订的劳动合同、委托代理合同等工作关系书证；2.《谈股论金》节目编辑陈某等证人证言；3. 户籍资料、从业资格证书等书证；4. 被告人朱某明的供述。证明：朱某明于2013年2月至2014年8月担任某证券营业部证券经纪人期间，先后多次受邀担任《谈股论金》节目特邀嘉宾。

二是关于涉案账户登录异常的证据。包括：1. 证人朱某等证人的证言；2. 朱某明出入境及国内出行记录等书证；3. 司法会计鉴定意见书、搜查笔录等；4. 被告人朱某明的供述。证明：2013 年 2 月至 2014 年 8 月，“朱某”“孙某”“张某”三个涉案证券账户的实际控制人为朱某明。

三是关于涉案账户交易异常的证据。包括：1. 证人陈某等证人的证言；2. 证监会行政处罚决定书及相关认定意见、调查报告等书证；3. 司法会计鉴定意见书；4. 节目视频拷贝光盘、QQ 群聊天记录等视听资料、电子数据；5. 被告人朱某明的供述。证明：朱某明在节目中推荐的 15 支股票，均被其在节目播出前一至二个交易日或播出当天买入，并于节目播出后一至二个交易日内卖出。

四是关于涉案证券账户资金来源及获利的证据。包括：1. 证人朱某的证言；2. 证监会查询通知书等书证；3. 司法会计鉴定意见书等；4. 被告人朱某明的供述。证明：朱某明在公开推荐股票后，股票交易量、交易价格涨幅明显。“朱某”“孙某”“张某”三个证券账户交易初始资金大部分来自朱某明，且与朱某明个人账户资金往来频繁。上述账户在涉案期间累计交易金额人民币 4263.92 万余元，获利人民币 75.48 万余元。

法庭辩论阶段，公诉人发表公诉意见：

第一，关于本案定性。证券公司、证券咨询机构、专业中介机构及其工作人员，买卖或者持有相关证券，并对该证券或其发行人、上市公司公开作出评价、预测或者投资建议，以便通过期待的市场波动取得经济利益的行为是“抢帽子”交易操纵行为。根据刑法第一百八十二条第一款第四项的规定，属于“以其他方法操纵”证券市场，情节严重的，构成操纵证券市场罪。

第二，关于控制他人账户的认定。综合本案证据，可以认定朱某明通过实际控制的“朱某”“孙某”“张某”三个证券账户在公开荐股前买入涉案 15 支股票，荐股后随即卖出谋取利益，涉案股票价量均因荐股有实际影响，朱某明实际获利 75 万余元。

第三，关于公开荐股的认定。结合证据，朱某明在电视节目中，或明示股票名称，或介绍股票标识性信息、展示 K 线图等，投资者可以依据上述信息确定涉案股票名称，系在电视节目中对涉案股票公开作出评价、预测、推介，可以认定构成公开荐股。

第四，关于本案量刑建议。根据刑法第一百八十二条的规定，被告人朱某明的行为构成操纵证券市场罪，依法应在五年以下有期徒刑至拘役之间量刑，并处违法所得一倍以上五倍以下罚金。建议对被告人朱某明酌情判处三年以下有期徒刑，并处违法所得一倍以上的罚金。

被告人朱某明及其辩护人对公诉意见没有异议，被告人当庭表示愿意退缴违法所得。辩护人提出，考虑被告人认罪态度好，建议从轻处罚。

法庭经审理，认定公诉人提交的证据能够相互印证，予以确认。综合考虑全案犯罪事实、情节，对朱某明处以相应刑罚。2017 年 7 月 28 日，上海市第一中级人民法院作出一审判决，以操纵证券市场罪判处被告人朱某明有期徒刑 11 个月，并处罚金人民币 76 万元，其违法所得予以没收。一审宣判后，被告人未上诉，判决已生效。

【指导意义】

证券公司、证券咨询机构、专业中介机构及其工作人员，违反规定买卖或者持有相关证券后，对该证券或者其发行人、上市公司作出公开评价、预测或者提出投资建议，通过期待的市场波动谋取利益的，构成“抢帽子”交易操纵行为。发布投资咨询意见的机构或者证券从业人员往往具有一定的社会知名度，他们借助影响力较大的传播平台发布诱导性信息，容易对普通投资者交易决策产生影响。其在发布信息后，又利用证券价格波动实施与投资者反向交易的行为获利，破坏了证券市场管理秩序，违反了证券市场公开、公平、公正原则，具有较大的社会危害性，情节严重的，构成操纵证券市场罪。

证券犯罪具有专业性、隐蔽性、间接性等特征，检察机关办理该类案件时，应当根据证券犯罪案件特点，引导公安机关从证券交易记录、资金流向等问题切入，全面收集涉及犯罪的书证、电子数据、证人证言等证据，并结合案件特点开展证据审查。对书证，要重点审查涉及证券交易记录的凭据，有关交易数量、交易额、成交价格、资金走向等证据。对电子数据，要重点审查收集程序是否合法，是否采取必要的保全措施，是否经过篡改，是否感染病毒等。对证人证言，要重点审查证人与犯罪嫌疑人的关系，证言能否与客观证据相印证等。

办案中，犯罪嫌疑人或被告人及其辩护人经常会提出涉案账户实际控制人及操作人非其本人的辩解。对此，检察机关可以通过行为人资金往来记录，MAC 地址（硬件设备地址）、IP 地址与互联网访问轨迹的重合度与连贯性，身份关系和资金关系的紧密度，涉案股票买卖与公开荐股在时间及资金比例上的高度关联性，相关证人证言在细节上是否吻合等入手，构建严密证据体系，确定被告人与涉案账户的实际控制关系。

非法证券活动涉嫌犯罪的案件，来源往往是证券监管部门向公安机关移送。审查案件过程中，人民检察院可以与证券监管部门加强联系和沟通。证券监管部门在行政执法和查办案件中收集的物证、书证、视听资料、电子数据等证据材料，在刑事诉讼中可以作为证据使用。检察机关通过办理证券犯罪案件，可以建议证券监管部门针对案件反映出的问题，加强资本市场监管和相关制度建设。

【相关规定】

《中华人民共和国刑法》第一百八十二条

《最高人民检察院、公安部关于公安机关管辖的刑事案件立案追诉标准的规定（二）》第三十九条[①]

① 现为第三十四条。

第二十二章　背信运用受托财产罪

【立案追诉标准】

背信运用受托财产案（刑法第 185 条之一第 1 款）

商业银行、证券交易所、期货交易所、证券公司、期货公司、保险公司或者其他金融机构，违背受托义务，擅自运用客户资金或者其他委托、信托的财产，涉嫌下列情形之一的，应予立案追诉：

（一）擅自运用客户资金或者其他委托、信托的财产数额在三十万元以上的；

（二）虽未达到上述数额标准，但多次擅自运用客户资金或者其他委托、信托的财产，或者擅自运用多个客户资金或者其他委托、信托的财产的；

（三）其他情节严重的情形。

《最高人民检察院、公安部关于公安机关管辖的刑事案件立案追诉标准的规定（二）》（2022 年 4 月 6 日）

【犯罪构成及刑事责任】

背信运用受托财产罪是指商业银行、证券交易所、期货交易所、证券公司、期货经纪公司、保险公司或者其他金融机构，违背受托义务，擅自运用客户资金或者其他委托、信托的财产，情节严重的行为。构成本罪需要具备以下四个要件：

1. 客体要件。本罪侵犯的客体是国家对客户资金、其他信托资产的管理秩序及广大投资者的财产利益。

2. 客观要件。客观方面表现为商业银行、证券交易所、期货交易所、证券公司、期货经纪公司、保险公司或者其他金融机构，违背受托义务，擅自运用客户资金或者其他委托、信托的财产，情节严重的行为。

3. 主体要件。本罪主体为特殊主体，仅限于依法具有相关金融业务经营资质的金融机构，具体包括商业银行、证券交易所、期货交易所、证券公司、期货经纪公司、保险公司或者其他金融机构。

4. 主观要件。本罪在主观方面是故意。

根据刑法第185条之一第1款的规定，商业银行、证券交易所、期货交易所、证券公司、期货经纪公司、保险公司或者其他金融机构，违背受托义务，擅自运用客户资金或者其他委托、信托的财产，情节严重的，对单位判处罚金，并对其直接负责的主管人员和其他直接责任人员，处3年以下有期徒刑或者拘役，并处3万元以上30万元以下罚金；情节特别严重的，处3年以上10年以下有期徒刑，并处5万元以上50万元以下罚金。

【疑难指导】

刑法修正案（六）出台前，对于金融机构擅自运用客户委托资金或财产的案件往往只能对相关人员以挪用公款罪、挪用资金罪或者非法吸收公众存款罪定罪处罚。在相关单位强烈呼吁下，刑法修正案（六）通过刑法第185条之一的规定，新增背信运用受托财产罪，专门用以规制金融机构违背受托义务，擅自运用客户资金或者其他委托、受托财产的行为。

一、违背受托义务的认定

对于本罪中的“受托义务”，当然包括金融机构基于与客户之间签订的委托合同而具有的约定义务，也包括基于法律、行政法规、部门规章的规定而具有的法定义务。立法机关研究后认为，本条所谓“违背受托义务”，不能简单地认为仅限于违背了委托人与受托人之间具体约定的义务，首先应当包括违背了法律、行政法规、部门规章规定的受托人应尽的义务。[①]

① 黄太云：《〈刑法修正案（六）〉的理解与适用（下）》，载《人民检察》2006年第15期。

也就是说，受托义务不仅包括金融机构与客户之间合同的约定义务，也包括商业银行法、证券法、保险法、信托法等金融法律所规定的法定义务。这些法律对金融机构受托后必须履行的职责及禁止的行为都作出了明确规定，如信托法第25条至第30条规定了受托金融机构的义务，包括：（1）受托人应当遵守信托文件的规定，为受益人的最大利益处理信托事务。（2）受托人管理信托财产，必须恪尽职守，履行诚实、信用、谨慎、有效管理的义务。（3）受托人除依照本法规定取得报酬外，不得利用信托财产为自己谋取利益，受托人违反前款规定，利用信托财产为自己谋取利益的，所得利益归入信托财产。（4）受托人不得将信托财产转为其固有财产。受托人将信托财产转为其固有财产的，必须恢复该信托财产的原状；造成信托财产损失的，应当承担赔偿责任。（5）受托人不得将其固有财产与信托财产进行交易或者将不同委托人的信托财产进行相互交易，但信托文件另有规定或者经委托人或者受益人同意，并以公平的市场价格进行交易的除外，受托人违反前款规定，造成信托财产损失的，应当承担赔偿责任。（6）受托人必须将信托财产与其固有财产分别管理、分别记帐，并将不同委托人的信托财产分别管理、分别记帐。（7）受托人应当自己处理信托事务，但信托文件另有规定或者有不得已事由的，可以委托他人代为处理。受托人依法将信托事务委托他人代理的，应当对他人处理信托事务的行为承担责任。对于实务中出现的金融机构采取格式合同或者格式条款的方式逃避法定义务的情形，若资金操作涉嫌违规违法，受托人不能仅以“未违反合同义务”为由规避责任。

二、“擅自运用”的认定

“擅自运用”是指金融机构未经委托人或受益人同意，私自将信托资金运用于指定用途以外的其他用途。“运用”包括动用、提取等，针对的是资产的使用权而非所有权，如果是占有、侵占客户资金或委托财产的，应以职务侵占罪或贪污罪论处；擅自运用的对象是客户按约定存放在各类金融机构或者委托金融机构经营的资金活资产，包含存款、证券交易资金、期货交易资金以及受托理财业务中的客户资产、信托业务中的信托财产等，不是金融机构所有的资金，如果对象是金融机构的资金，则可能构成挪用类犯罪。

另外，擅自运用强调的是未经同意、超出授权范围运用，应与不当运用区别开来。二者的根本区别在于是否违背受托义务，是否有客户的明确授权，其内容根据相应法律法规的具体规定和信托文件的具体约定而定。一般来说，对于信托行为，由于一般授权比较概括，受托人的投资选择也相对自由，如果信托文件没有特别约定，只要不违背为受益人的最大利益处理信托事务的原则，即使由于受托人的过失导致决策失误，进而致使信托财产遭受重大损失，也不应以本罪论处。

三、主观方面的认定

一般认为，本罪的主观方面是故意，过失不能构成本罪。另外，从本罪的行为要件也可以看出，“擅自运用”意味着未经委托人同意和超出授权范围使用资金，行为人对该行为要素是明知的。

刑法并未明确规定背信运用受托财产罪是否必须具有特定的目的，有学者认为，我国的财产犯罪中，特定目的往往是不成文的构成要件，对于背信运用受托财产罪，应理解为目的犯，即金融机构必须具有为本单位或第三人谋取不正当利益的目的（牟利目的）或者损害受托人利益的目的（加害目的），才能构成背信运用受托财产罪。即在委托理财过程中，只要受托人按照设立信托的目的，基于善意实施管理，就可以认为是履行了受托义务，不属于“擅自运用”。投资总是存在风险，对受托人不可能要求其永远不犯错误，在受托人运用信托财产投资失败给委托人造成损失时，只要受托人不具有为本单位或第三人谋取不正当利益的目的或者损害委托人利益的目的，就可以认为其履行了受托义务，就算投资行为存在一定过失或者不完全符合受托人的意思，也不属于擅自运用信托财产，不构成背信运用受托财产罪。[①]

笔者并不赞同这种观点，本罪不是目的犯。主要理由有二：一是并非所有的犯罪构成要件都可以不在刑法条文中明确规定。我国刑法仅是将理论和实践中存在共识且显而易见的一些犯罪构成要件不在刑法条文中加以明确规定，如盗窃罪和诈骗罪等，其具有非法占有的目的已成为共识，刑法才没在条文中加以具体规定，对于其他没有形成共识的犯罪，其构成要件都应在刑法条文中予以明确规定。刑法并未规定本罪是目的犯，因而，不能想当然地以不成文构成要件要素为由，

---

① 赖正直：《论背信运用受托财产罪的若干基本问题》，载《社科纵横》2008年第4期。

将本罪认定为目的犯。二是目的犯加重了司法证明难度，不利于本罪的司法适用。目的犯将特定目的作为主观要件，在需要司法机关加以证明，但目的是主观上的因素，司法实践中往往难以证明，在很多情况下需要根据客观行为推定，加重了司法证明难度，有时可能因为特定目的无法证明导致案件无法认定。刑法修正案（六）为了加强对相关犯罪的惩治，取消了一些犯罪的特定目的，如取消了操纵证券、期货市场罪中的获取不正当利益或者转嫁风险的特定目的，取消了吸收客户资金不入账罪中牟利的特定目的，在骗取贷款、票据承兑、金融票证罪中也没有作特定目的的要求。在考虑司法成本的立法背景下，背信运用受托财产罪没有明确规定特定目的，意味着本罪并不要求具备特定目的。因而，即使受托人以为客户赚取更多利益为目的，超出客户授权范围，未经客户同意、未尽审慎义务，投资风险过高的理财产品，导致客户财产损失，同样可以构成本罪。

四、与挪用资金罪、挪用公款罪的界限

背信运用受托财产罪与挪用资金罪、挪用公款罪容易产生混淆，我们可以从犯罪构成方面进行区分。

首先，犯罪主体不同。本罪的犯罪主体是单位，包括商业银行、证券交易所、期货交易所、证券公司、期货公司、保险公司或者其他金融机构，挪用资金罪、挪用公款罪和犯罪主体是自然人。区分单位犯罪和个人犯罪的关键标准是支配实行行为的意志是谁作出的，如果是单位意志，则是单位犯罪；如果是个人意志，则是个人犯罪。单位意志虽是由个人实施，但其是由单位的决策机构按照单位的决策程序决定，因而如果挪用客户资金的行为是有关人员按单位指令，以单位名义、为单位利益实施的，则应视情形以背信运用受托财产罪论处；如果该行为是金融机构中有关工作人员个人的行为，则应视情形以挪用资金罪或者挪用公款罪论处。

其次，犯罪对象不同。如前所述，本罪的犯罪对象是客户按约定存放在各类金融机构或者委托金融机构经营的资金活资产，包含存款、证券交易资金、期货交易资金以及受托理财业务中的客户资产、信托业务中的信托财产等，而挪用资金罪、挪用公款罪的犯罪对象则为单位所有的资金。

最后，挪用资金罪、挪用公款罪对于资金被挪用后的具体用途和使用时间有严格限制，而本罪对于相关单位违背受托义务，擅自运用客户资金或者其他委托、信托财产的情况对于资金被运用后的具体用途和使用时间长短等无特别要求。

【办案依据】

一、刑法规定

第一百八十五条第一款 商业银行、证券交易所、期货交易所、证券公司、期货经纪公司、保险公司或者其他金融机构的工作人员利用职务上的便利，挪用本单位或者客户资金的，依照本法第二百七十二条的规定定罪处罚。

二、司法文件

《最高人民检察院、公安部关于公安机关管辖的刑事案件立案追诉标准的规定（二）》（2022年4月6日）

第三十五条 【背信运用受托财产案（刑法第一百八十五条之一第一款）】 商业银行、证券交易所、期货交易所、证券公司、期货公司、保险公司或者其他金融机构，违背受托义务，擅自运用客户资金或者其他委托、信托的财产，涉嫌下列情形之一的，应予立案追诉：

（一）擅自运用客户资金或者其他委托、信托的财产数额在三十万元以上的；

（二）虽未达到上述数额标准，但多次擅自运用客户资金或者其他委托、信托的财产，或者擅自运用多个客户资金或者其他委托、信托的财产的；

（三）其他情节严重的情形。

第二十三章 违法运用资金罪

【立案追诉标准】

违法运用资金案（刑法第 185 条之一第 2 款）

社会保障基金管理机构、住房公积金管理机构等公众资金管理机构，以及保险公司、保险资产管理公司、证券投资基金管理公司，违反国家规定运用资金，涉嫌下列情形之一的，应予立案追诉：

（一）违反国家规定运用资金数额在三十万元以上的；

（二）虽未达到上述数额标准，但多次违反国家规定运用资金的；

（三）其他情节严重的情形。

《最高人民检察院、公安部关于公安机关管辖的刑事案件立案追诉标准的规定（二）》（2022 年 4 月 6 日）

【犯罪构成及刑事责任】

违法运用资金罪是指社会保障基金管理机构、住房公积金管理机构等公众资金管理机构，以及保险公司、保险资产管理公司、证券投资基金管理公司，违反国家规定运用资金的行为。构成本罪需要具备以下四个要件：

1. 客体要件。本罪侵犯的客体是国家对公众资金的管理秩序和社会公众合法的财产利益。

2. 客观要件。客观方面表现为社会保障基金管理机构、住房公积金管理机构等公众资金管理机构，以及保险公司、保险资产管理公司、证券投资基金管理公司，违反国家规定运用资金的行为。

3. 主体要件。本罪主体是特殊主体，即社会保障基金管理机构、住房公积金管理机构等公众资金管理机构，以及保险公司、保险资产管理公司、证券投资基金管理公司。

4. 主观要件。本罪在主观方面是故意，即行为人明知不该违反国家规定运用客户资金，但仍有意实施该行为。

根据刑法第185条之一第2款的规定，社会保障基金管理机构、住房公积金管理机构等公众资金管理机构，以及保险公司、保险资产管理公司、证券投资基金管理公司，违反国家规定运用资金的，对其直接负责的主管人员和其他直接责任人员，依照前款的规定处罚（处三年以下有期徒刑或者拘役，并处3万元以上30万元以下罚金；情节特别严重的，处3年以上10年以下有期徒刑，并处5万元以上50万元以下罚金）。

【疑难指导】

本罪是刑法修正案（六）中增加的罪名。有观点认为，立法过程中，有些部门提出，负责经营、管理保险资金、社会保障基金、住房公积金等公众资金的单位，违反国家规定运用资金的，将会严重影响公众资金的安全，影响社会稳定，对情节严重的，应当追究刑事责任。立法部门经同有关部门研究，在刑法中增加规定……对保险公司、保险资产管理公司、证券投资基金管理公司、社会保障基金管理机构、住房公积金管理机构等公众资金经营、管理机构，违反国家规定运用资金，情节严重的，则追究刑事责任。①

一、公众资金管理机构的理解

本罪主体是特殊主体，即社会保障基金管理机构、住房公积金管理机构等公众资金管理机构，以及保险公司、保险资产管理公司、证券投资基金管理公司。社会保障基金是指在法律的强制规定下，通过向劳动者及其所在用人单位征缴社会保险费，或由国家财政直接拨款而集中起来，用于社会保险、社会福利、社会

---

① 黄太云：《〈刑法修正案（六）〉的理解与适用（下）》，载《人民检察》2006年第15期。

救济和公费医疗事业等社会保障事业的一种专项基金。基金按社会保障的项目可分为用于支付劳动者养老待遇的养老保险基金、对因失业而造成的劳动风险损失给予补偿失业保险基金、为劳动者提供疾病所需医疗费用的医疗保险基金、专门针对女性劳动者的生育保险基金和对劳动者因工作而受伤、患病、残疾乃至死亡，暂时或永久丧失劳动能力，从国家和社会获得医疗、生活保障及必要的经济补偿所需要的工伤保险基金。社会保障基金管理机构则是指依法取得社会保障基金管理业务资格，受托运作和管理社会保障基金的专业性投资管理机构，如相对独立和集中的负责社会保险基金的管理和投资营运社会保险银行、社会保险基金管理公司或基金会等专门机构。

住房公积金是指国家机关、国有企业、城镇集体企业、外商投资企业、城镇私营企业及其他城镇企业、事业单位、民办非企业单位、社会团体及其在职职工缴存的长期住房储金。住房公积金管理机构即住房公积金管理中心，根据相关规定，直辖市和省、自治区人民政府所在地的市以及其他设区的市（地、州、盟）应当按照精简、效能的原则，设立住房公积金管理中心，负责住房公积金的管理运作。

其他“公众基金管理机构”是指根据我国目前以多元分散型和专门机构集中管理模式，接受社会保障基金管理机构委托对社会保障基金进行资产管理的保险公司、保险资产管理公司、证券投资管理公司等机构。

二、“国家规定”的范围

根据刑法第 96 条的规定，刑法中所称的“违反国家规定”是指违反全国人民代表大会及其常务委员会制定的法律和决定，国务院制定的行政法规、规定的行政措施、发布的决定和命令。也就是说，本罪的违法依据——国家规定的制定主体为全国人大及其常委会和国务院。

具体来说，本罪中的国家规定应包括以下两个方面：一是国家关于社会保障基金、住房公积金运用的相关规定，如《住房公积金管理条例》等。二是国家对保险公司、保险资产管理公司、证券投资管理公司运用资金的规定，如保险法、证券法、证券投资基金法、《证券投资基金管理公司管理办法》等。当然，随着社会经济的不断发展，上述规定中资金运用范围的限制会随之发生变化，如 2009 年修订保险法时，就拓宽了保险资金的投资渠道。2009 年修订之前的保险法第 105 条规定，保险公司的资金运用限于银行存款、买卖政府债券、金融债券和国务院规定的其他资金运用形式；保险公司的资金不得用于设立证券经营机构，不得用于设立保险业以外的企业；保险公司运用的资金和具体项目的资金占其资金总额的具体比例，由保险监督管理机构规定。而 2009 年修订之后，对于保险资金的用途中“买卖政府债券、金融债券”拓宽为“买卖债券、股票、证券投资资金份额等有价证券”，并增加了“投资不动产”的内容，同时删除了“保险公司的资金不得用于设立证券经营机构，不得用于设立保险业以外的企业”的规定。在这种情况下，如果相关主体的行为违反了当时的国家规定，后又因法律法规的调整而归于合法，则根据“从旧兼从轻”原则，不能将该行为认定为犯罪。

三、“情节严重”是否为本罪的构成要件

对于情节严重是否为本罪的构成要件，存在不同认识。一种观点认为，情节严重不是本罪的构成要件，如有学者认为本罪是行为犯，只要行为一实施就可以构成本罪，不以“情节严重”或“后果严重”为成立要件。[1] 也有学者认为，成立本罪虽然不要求情节严重，有行为即构成犯罪，但是需要确定行为达到犯罪的程度。[2] 另一种观点认为，情节严重是本罪的构成要件，如有学者指出，本罪虽然在法条中没有明确规定要以给公众利益造成较大损失等情节作为构成犯罪的要件，但这并不意味着构成本罪不需要“情节严重”或“后果严重”的要件，据此，我们当然不能认为本罪是行为犯。在司法实践中，对于本罪的认定，仍然应当充分考虑并严格区分罪与非罪的界限，行为人的行为只有达到“情节严重”的程度，才能追究相应的刑事责任。[3] 笔者认为，对于本罪的认定，需要达到情节严重的程度。主要理由有三：一是“情节严重”作为本罪构成的要件符合刑法对该罪的规定。刑法对本罪的法定刑规定援引了第 185 条之一第 1 款背信运用受托财产罪的规定，而背信运用受托财产罪规定了“情节严重”和“情节特别严重”两种情形和

---

① 顾肖荣：《论我国刑法中的背信类犯罪及其立法完善》，载《社会科学》2008 年第 10 期。

② 黄晓亮、许成磊：《破坏金融管理秩序罪立案追诉标准与司法认定实务》，中国人民公安大学出版社 2010 年版，第 275~276 页。

③ 刘宪权、周舟：《违法运用资金罪的刑法分析》，载《法学杂志》2010 年第 9 期。

两个量刑档次，本罪和背信运用受托财产罪具有同质性，情节严重作为本罪构成要件符合刑法对该罪的规定。二是“情节严重”作为本罪构成的要件符合该罪立案追诉标准规定的精神。本罪的立案追诉标准规定，社会保障基金管理机构、住房公积金管理机构等公众资金管理机构，以及保险公司、保险资产管理公司、证券投资基金管理公司，违反国家规定运用资金，涉嫌下列情形之一的，应予立案追诉：（1）违反国家规定运用资金数额在 30 万元以上的；（2）虽未达到上述数额标准，但多次违反国家规定运用资金的；（3）其他情节严重的情形。上述规定中，将犯罪数额、次数作为独立的情节评价标准，即违反国家规定运用资金数额在 30 万元以上，或者虽未达到上述数额标准，但多次违反国家规定运用资金的，即达到情节严重的定罪标准。三是司法实践认可情节严重是本罪的定罪条款兼量刑条款。法院在违法运用资金罪追究相关人员刑事责任的第一例刑事案件——陈某等人违法运用资金案中认为，对于违法运用资金罪的入罪情节，须达到违反国家规定运用资金且情节严重，即情节严重是本罪的基本犯。法院认为情节严重是本罪的定罪条款兼量刑条款，并结合《最高人民检察院、公安部关于公安机关管辖的刑事案件立案追诉标准的规定（二）》的相关规定和案件实际情况对涉案主体的行为是否构成“情节严重”进行了分析，最终认定该案被告人陈某、王某的行为属于情节严重，犯违法运用资金罪，判处有期徒刑，并处罚金。该案审判人员进一步撰文指出，情节严重是违法运用资金罪的入罪标准，同时存在情节轻微、情节严重、情节特别严重三种量刑情节。入罪情节和量刑情节的两个“情节”分属于不同的维度，服务于不同的审判需要，并不矛盾，亦不冲突。违法运用资金罪情节轻重认定应结合犯罪数额、保险资金运用规模巨大的特点、是否造成损失、是否产生恶劣社会影响或其他严重后果等因素综合评价。情节特别严重是违法运用资金罪的情节加重犯，其认定尚无明文规定，结合刑法基本理论，其加重情节的具体判断仍应当以主客观相统一为标准，结合加重数额、加重结果等客观加重条件及犯罪目的、犯罪动机等主观加重因素予以认定。[①]

---

① 陈胜涛、王钰楠：《违法运用资金罪的情节认定——陈某等人违法运用资金案》，载《法律适用》2020 年第 12 期。

四、与相关犯罪的界限

（一）违法运用资金罪与背信运用受托财产罪的界限

违法运用资金罪和背信运用受托财产罪都是刑法修正案（六）的新增罪名，并且都规定在刑法第185条之中，两罪存在不少相同或相似之处，如侵犯的客体基本一样，客观上行为人均违背法定义务或者受托义务，不适当地运用了资金或财产。两罪的区别主要表现为：一是犯罪主体不同。违法运用资金罪的犯罪主体是社会保障基金管理机构、住房公积金管理机构等公众资金管理机构，以及保险公司、保险资产管理公司、证券投资基金管理公司，而背信运用受托财产罪的主体则是商业银行、证券交易所、期货交易所、证券公司、期货经纪公司、保险公司或者其他金融机构。二是违法性表现不同。违法运用资金罪的行为人是违反了国家相关对运用社会保障基金、住房公积金以及其他一些公众资金的规定，而背信运用受托财产罪的行为人则是违背了受托义务，其义务内容既包括与客户约定的义务，也包括法律、法规规定的义务。三是客观行为表现不同。违法运用资金罪表现为违反国家规定运用资金，而背信运用受托财产罪的行为表现为违背客户意愿擅自运用资金。四是行为对象不同。违法运用资金罪的行为对象仅限于资金，而背信运用受托财产罪的行为对象包括客户资金和其他委托、信托的财产。

（二）违法运用资金罪与挪用资金罪、挪用公款罪的界限

违法运用资金罪与挪用资金罪、挪用公款罪也存在一定相似之处，如都是违反规定擅自运用单位资金等，但违法运用资金罪与挪用资金罪、挪用公款罪还是存在较大区别的。一是犯罪主体不同。违法运用资金罪的主体是特殊主体，即社会保障基金管理机构、住房公积金管理机构等公众资金管理机构，以及保险公司、保险资产管理公司、证券投资基金管理公司，而挪用资金罪的主体是不具有国家工作人员身份的自然人，挪用公款罪的主体是国家工作人员。二是犯罪对象不同。违法运用资金罪的犯罪对象是特定资金，包括社会保障金、住房公积金、保险资金、证券投资基金以及其他一些公众资金等，而挪用资金罪和挪用公款罪的犯罪对象是单位资金，对于金融机构的工作人员来说，挪用所谓的客户资金，实际上是挪用客户委托给金融机构管理，在金融机构控制下的单位资金。三是客观方面不同。违法运用资金罪是违反国家规定运用资金，即违反了款项的特定使用途径，

但款项还是本单位使用，而挪用资金罪和挪用公款罪则表现为利用职务上的便利，挪用资金或者公款为个人使用，其侵犯的是资金使用权，其用途既有合法活动，也有营利活动、非法活动。如果社会保障基金管理机构、住房公积金管理机构等公众资金管理机构，以及保险公司、保险资产管理公司、证券投资基金管理公司等金融机构中直接负责的主管人员和其他直接责任人员利用职务上的便利，私自决定将社会保障金、住房公积金、保险资金、证券投资基金以及其他一些公众资金挪给本人自用或挪给其他自然人使用，或者以个人名义将社会保障金、住房公积金、保险资金、证券投资基金以及其他一些公众资金借给其他个人或单位使用，应以挪用资金罪或挪用公款罪论处。四是处罚对象不同。违法运用资金罪的主体是特殊主体，其处罚的对象是单位直接负责的主管人员和其他直接责任人员，而挪用资金罪和挪用公款罪的主体是一般主体，其处罚的是自然人。

【办案依据】

一、刑法规定

第一百八十五条之一第二款 社会保障基金管理机构、住房公积金管理机构等公众资金管理机构，以及保险公司、保险资产管理公司、证券投资基金管理公司，违反国家规定运用资金的，对其直接负责的主管人员和其他直接责任人员，依照前款的规定处罚。

二、司法文件

《最高人民检察院、公安部关于公安机关管辖的刑事案件立案追诉标准的规定（二）》（2022年4月6日）

第三十六条 【违法运用资金案（刑法第一百八十五条之一第二款）】社会保障基金管理机构、住房公积金管理机构等公众资金管理机构，以及保险公司、保险资产管理公司、证券投资基金管理公司，违反国家规定运用资金，涉嫌下列情形之一的，应予立案追诉：

（一）违反国家规定运用资金数额在三十万元以上的；

（二）虽未达到上述数额标准，但多次违反国家规定运用资金的；

（三）其他情节严重的情形。

第二十四章　违法发放贷款罪

【立案追诉标准】

违法发放贷款案（刑法第186条）

银行或者其他金融机构及其工作人员违反国家规定发放贷款，涉嫌下列情形之一的，应予立案追诉：

（一）违法发放贷款，数额在二百万元以上的；

（二）违法发放贷款，造成直接经济损失数额在五十万元以上的。

《最高人民检察院、公安部关于公安机关管辖的刑事案件立案追诉标准的规定（二）》（2022年4月6日）

【犯罪构成及刑事责任】

违法发放贷款罪是指银行或者其他金融机构及其工作人员违反国家规定发放贷款，数额巨大或者造成重大损失的行为。构成本罪需要具备以下四个要件：

1. 客体要件。本罪侵犯的客体是国家的信贷管理制度。

2. 客观要件。客观方面表现为银行或者其他金融机构及其工作人员违反国家规定发放贷款，数额巨大或者造成重大损失的行为。

3. 主体要件。本罪主体是特殊主体，包括单位和自然人，单位是指银行或其他金融机构，自然人是银行或其他金融机构的工作人员。

4. 主观要件。本罪在主观方面既可能是故意，也可能是过失。

根据刑法第186条的规定，银行或者其他金融机构的工作人员违反国家规定发放贷款，数额巨大或者造成重大损失的，处5年以下有期徒刑或者拘役，并处1万元以上10万元以下罚金；数额特别巨大或者造成特别重大损失的，处5年以上有期徒刑，并处2万元以上20万元以下罚金。银行或者其他金融机构的工作人员违反国家规定，向关系人发放贷款的，依照前款的规定从重处罚。单位犯前两款罪的，对单位判处罚金，并对其直接负责的主管人员和其他直接责任人员，依照前两款的规定处罚。关系人的范围，依照商业银行法和有关金融法规确定。

【疑难指导】

全国人大常委会1995年6月30日发布的《关于惩治破坏金融管理秩序犯罪的决定》，其中第9条规定，银行或者其他金融机构的工作人员违反法律、行政法规规定，向关系人发放信用贷款或者发放担保贷款的条件优于其他借款人同类贷款的条件，造成较大损失的，处5年以下有期徒刑或者拘役，并处1万元以上10万元以下罚金，造成重大损失的，处5年以上有期徒刑，并处2万元以上20万元以下罚金。银行或者其他金融机构的工作人员违反法律、行政法规规定，玩忽职守或者滥用职权，向关系人以外的其他人发放贷款，造成重大损失的，处5年以下有期徒刑或者拘役，并处1万元以上10万元以下罚金，造成特别重大损失的，处5年以上有期徒刑，并处2万元以上20万元以下罚金。单位犯前两款罪的，对单位判处罚金，并对其直接负责的主管人员和其他直接责任人员，依照前两款的规定处罚。

这是关于违法发放贷款罪的最初规定，1997年修订刑法时，将该决定第9条吸收，作为刑法第186条，并规定为两个罪名，即违法向关系人发放贷款罪和违法发放贷款罪。2006年刑法修正案（六）对此又进行了修正，统一了违法向关系人发放贷款罪和违法发放贷款罪的定罪量刑标准，将两个罪名整合为一个罪名，即违法发放贷款罪，同时规定，对违法向关系人发放贷款的，从重处罚。另外，将违法发放贷款的数额增设为本罪的定罪量刑标准之一，与“造成重大损失”标准并列，并在罪状描述上将“违反法律、行政法规规定”修改为“违反国家规定”。

一、“国家规定”的范围

在刑法修正案（六）出台前，学界对于原违法向关系人发放贷款罪和违法发放贷款罪中“违反法律、行政法规”的理解争议很大，争议的主要焦点是法律行政法规是否包括中国人民银行的有关规范性文件。刑法修正案（六）将“违反法律、行政法规规定”的表述修改为“违反国家规定”，这一修改表明对违法发放贷款罪的违法依据采取严格解释。我国刑法第96条规定，违反国家规定，是指违反全国人民代表大会及其常务委员会制定的法律和决定，国务院制定的行政法规、规定的行政措施、发布的决定和命令。该规定严格限定了违法发放贷款罪的认定依据是由全国人大及其常委会和国务院制定的法律、行政法规，规章、地方性法规及内部规定不能作为本罪认定依据。

由于贷款的发放与管理具有较强的专业性和可操作性，不便于由全国人大或国务院直接作出具体规定，国务院下属的金融主管部门（如中国人民银行、银监会等）根据全国人大或国务院颁布的原则性规定所作的细则性规定或其他行业指导性规定，应理解为法律，国务院制定的行政法规、规定的行政措施、发布的决定和命令授权中国人民银行及银监会制定相关金融业务规则的权力，对我国的金融机构的贷款业务有统一的约束力和执行力，也应属于“国家规定”的范围。而银行内部颁发的有关贷款发放的规章制度属于公司企业的内部管理文件，一方面无法律或者国务院法规、命令的授权，另一方面有可能增加贷款人员的义务，因而基于罪刑法定原则明确化的要求，此类制度不应当成为判断银行业金融机构贷款工作人员是否违反国家规定的标准。

因此，本罪所指的“国家规定”主要包括中国人民银行法、商业银行法、银行业监督管理法、《金融违法行为处罚办法》《个人贷款管理暂行办法》《流动资金贷款管理暂行办法》等有关贷款管理的法律和行政法规、部委规章。上述法律法规分别对商业银行贷款的审查、审批、担保方式、借款合同的签订、借款用途、利率等作了规定，对银行业金融机构的违法行为和处罚方式作了具体规定，以列举的方式规定了金融机构办理贷款业务中出现的违规行为及相应处罚方式，指明了在何种情形下才被追究刑事责任。主管机关部门规章主要规定了银行贷款发放的条件，贷款审查的方式、程序以及贷后管理和防范贷款风险的方法，是对法律法规的进一步细化。

二、“关系人”范围的确定

本罪将违法向关系人发放贷款的行为作为从重处罚情节，对于这一情节中的关系人如何确定，刑法第186条第4款规定，关系人的范围，依照商业银行法和有关金融法规确定。商业银行法第40条的规定，关系人是指商业银行的董事、监事、管理人员、信贷业务人员及其近亲属，以及上述人员投资或者担任高级管理职务的公司、企业和其他经济组织。另外，除商业银行可以办理贷款业务外，城市信用合作社和农村信用合作社也可以办理贷款业务，因而商业银行法第93条规定，城市信用合作社、农村信用合作社办理存款、贷款和结算等业务，适用本法有关规定。也就是说，商业银行法第40条关于关系人的规定同样适用于城市信用合作社和农村信用合作社。

另外需要明确的是近亲属的范围。根据民法典第1045条的规定，近亲属包括配偶、父母、子女、兄弟姐妹、祖父母、外祖父母、孙子女、外孙子女。

因而，本罪中的关系人包括商业银行、城市信用合作社和农村信用合作社的董事、监事、管理人员、信贷业务人员及其近亲属（配偶、父母、子女、兄弟姐妹、祖父母、外祖父母、孙子女、外孙子女），以及上述人员投资或者担任高级管理职务的公司、企业和其他经济组织。

三、损失的确定

《最高人民检察院、公安部关于公安机关管辖的刑事案件立案追诉标准的规定（二）》第37条规定，银行或者其他金融机构及其工作人员违反国家规定发放贷款，涉嫌下列情形之一的，应予立案追诉：（1）违法发放贷款，数额在200万元以上的；（2）违法发放贷款，造成直接经济损失数额在50万元以上的。这是违法发放贷款罪的追诉标准，对于第2项中“损失”如何界定有不同认识。

金融机构发放的贷款，无论合法还是违法，都可能出现逾期不能归还的问题，但不能仅仅因为借款人拒不还贷或拖延还贷就认定贷款为金融机构的损失，如果金融机构或违法发放贷款人通过合法手段可以收回的贷款则不构成损失。对于违法发放贷款罪中的“损失”在刑事法律未作出规定之时，可以适用部门规章的规定。中国人民银行《贷款风险分类指引》第5条规定，商业银行应按照本指引，至少将贷款划分为正常、关注、次级、可疑和损失五类，后三类合称为不良贷款。正常：借款人能够履行合同，没有足够理由怀疑贷款本息不能按时足额偿还。关注：尽管借款人目前有能力偿还贷款本息，但存在一些可能对偿还产生不利影响的因素。次级：借款人的还款能力出现明显问题，完全依靠其正常营业收入无法足额偿还贷款本息，即使执行担保，也可能会造成一定损失。可疑：借款人无法足额偿还贷款本息，即使执行担保，也肯定要造成较大损失。损失：在采取所有可能的措施或一切必要的法律程序之后，本息仍然无法收回，或只能收回极少部分。

对于仅仅由于贷款逾期不能视为银行或金融机构已经造成的损失已成为共识，但对于不良贷款是否一概视为银行或金融机构的损失存在争议。有学者认为，发放贷款只有列为损失时，才是银行的实际损失。① 也有学者认为，一般而言，因行为人违法发放贷款，造成贷款长期无法收回或已无法收回，应该认定为不能收回给银行等金融机构实际造成较大损失，构成犯罪。② 笔者认为，只要银行采取了合理的补救措施，确认无法收回的贷款，即视为损失。不良贷款一概不作为损失的观点较为片面，贷款在逾期超过一定年限后，经法院判决并依法强制执行后仍不能归还的，可以视为损失。不能要求银行穷尽一切手段而无法收回的贷款，才属于损失，这对损失的要求过于严格。

四、主观罪过的认定

关于本罪的主观罪过争议较大，究竟是故意还是过失可构成本罪，刑法理论和司法实践存在不同观点。第一种观点认为，本罪在主观上表现为故意，如有论者认为在实践中一般是间接故意。③ 第二种观点认为，本罪的罪过形式为过失，持这种观点的论者认为，本罪的主观方面为过失，即行为人对其违法发放贷款的行为可能造成的重大损失出于过失，这种过失一般是过于自信的过失。④ 还有论者进一步指出，行为人实施的发放贷款行为本身是出于故意，尤其是滥用职权，更是

① 马克昌主编：《经济犯罪新论——破坏社会主义市场经济秩序罪研究》，武汉大学出版社1998年版，第326页。

② 周振想主编：《金融犯罪的理论与实务》，中国人民公安大学出版社1998年版，第262页。

③ 曲新久：《金融与金融犯罪》，中信出版社2003年版，第230页。

④ 宫厚军：《经济犯罪与经济刑法研究》，中国方正出版社2003年版，第225页。

故意而为，但本罪属于结果犯，行为人对行为的故意并不影响其对结果的过失，因而本罪仍属于过失犯罪。[①] 第三种观点认为，本罪的主观方面可能是故意，也可能是过失。如有论者认为，本罪的罪过形式是过失和间接故意，过失即行为人应当预见违法发放贷款可能给放贷的金融机构造成重大损失，但由于疏忽大意没有预见，或者已经预见但轻信可以避免，间接故意即行为人已经预见到其违法发放贷款的行为可能给放贷的金融机构造成重大损失，而放任损失的发生。[②] 也有论者认为违法发放贷款罪行为人主观方面既可能是故意，也可能是过失，从其主观方面对违法发放贷款的行为的认识与意志因素来看，行为人既可能是明知违法而为之，也可能是工作极不负责，疏忽大意或过于自信而为之。从行为人主观方面对贷款受到重大损失的结果的认识与意志因素来看，多数情况下出于过失，但也不排除特殊情况下出于故意。[③] 以上观点主要是刑法修正案（六）出台前学者的意见，其主要分歧在与行为人的主观罪过是指行为人对违法发放贷款行为本身的心理态度还是对行为造成损失结果的心理态度。笔者认为按照刑法原理判断主观罪过，应当以行为人对其所实施的行为的危害结果所持的心理态度为标准，而不是以行为人对行为本身的心理态度为标准。修正后违法发放贷款罪，入罪标准有二：一是违法放贷造成重大损失；二是无法放贷没有造成重大损失但放贷数额巨大。就本罪而言，行为人违反国家规定显然是故意的，但其对贷款是否会发生损失既可能是故意的，也可能是过失的。如对不具备贷款条件的借款人发放贷款，损失的发生至少是可能的，那么，违法放贷的行为就构成故意；如借款人完全具备借款的条件，行为人只是违反了审贷分离或分级审批的程序规定而发放了数额巨大的贷款，那么，行为人的行为同样构成犯罪，但其对损失的发生就没有预见或轻信能够避免。因此，从罪过理论看，故意或过失均可构成本罪，行为人在违法放贷造成重大损失时主观罪过是过失或间接故意，而在行为人违法放贷没有造成重大损失但放贷数额巨大构成本罪时，只能以行为人对其行为的心理态度认定其罪

---

① 谷福生、胡耀民、杨振祥：《金融、税务、工商移送涉嫌犯罪案件标准及认定界限》，中国检察出版社 2003 年版，第 74 页。

② 胡启忠等：《金融刑法适用论》，中国检察出版社 2003 年版，第 345 页。

③ 张军主编：《破坏金融管理秩序罪》，中国人民公安大学出版社 2003 年版，第 362 页。

过，此时行为人主观罪过是直接故意。

五、与挪用资金罪、挪用公款罪的界限

本罪与挪用资金罪、挪用公款罪都可以表现为特定的工作人员将本单位资金违规借贷给他人使用，都有一定的渎职性，罪名间有一定的交叉竞合之处，但也存在明显的差别。本罪与挪用公款罪、挪用资金罪的区别主要有五个方面：一是主体不同。本罪的主体包括单位和自然人；后两罪的主体仅为自然人特殊主体。二是客体和对象不同。本罪的客体为金融管理秩序，对象为贷款；后两罪的客体为单位资金使用权，对象为本单位资金。三是客观方面不同。本罪表现为违规发放贷款，不强调利用职务之便，但强调违反国家规定；后两罪表现为挪用资金，更强调利用职务之便，且既可以是自己使用，也可以是借贷给他人使用。四是公开的程度不同。本罪中行为人往往利用借贷合同而披着合法的“外衣”，甚至经过“形式”上的审批，在金融机构的账目上也明确体现为对外贷款，具有一定的公开性；后两罪中在挪用者与本单位之间往往不存在借款合同，没有经过内部审批，挪用的款项在单位的账目上一般没有明确体现，具有较强的私密性。五是限定处罚范围的条件不同。构成本罪需要数额巨大或损失重大；后两罪则强调超期未归还、进行营利活动、进行非法活动。

【办案依据】

一、刑法规定

第一百八十六条 银行或者其他金融机构的工作人员违反国家规定发放贷款，数额巨大或者造成重大损失的，处五年以下有期徒刑或者拘役，并处一万元以上十万元以下罚金；数额特别巨大或者造成特别重大损失的，处五年以上有期徒刑，并处二万元以上二十万元以下罚金。

银行或者其他金融机构的工作人员违反国家规定，向关系人发放贷款的，依照前款的规定从重处罚。

单位犯前两款罪的，对单位判处罚金，并对其直接负责的主管人员和其他直接责任人员，依照前两款的规定处罚。

关系人的范围，依照《中华人民共和国商业银行法》和有关金融法规确定。

二、司法文件

《最高人民检察院、公安部关于公安机关管辖的刑事案件立案追诉标准的规定（二）》（2022年4月6日）

第三十七条　【违法发放贷款案（刑法第一百八十六条）】 银行或者其他金融机构及其工作人员违反国家规定发放贷款，涉嫌下列情形之一的，应予立案追诉：

（一）违法发放贷款，数额在二百万元以上的；

（二）违法发放贷款，造成直接经济损失数额在五十万元以上的。

第二十五章　吸收客户资金不入帐罪

【立案追诉标准】

吸收客户资金不入帐案（刑法第 187 条）

银行或者其他金融机构及其工作人员吸收客户资金不入帐，涉嫌下列情形之一的，应予立案追诉：

（一）吸收客户资金不入帐，数额在二百万元以上的；

（二）吸收客户资金不入帐，造成直接经济损失数额在五十万元以上的。

《最高人民检察院、公安部关于公安机关管辖的刑事案件立案追诉标准的规定（二）》（2022 年 4 月 6 日）

【犯罪构成及刑事责任】

吸收客户资金不入帐罪是指银行或者其他金融机构及其工作人员吸收客户资金不入帐，数额巨大或者造成重大损失的行为。构成本罪需要具备以下四个要件：

1. 客体要件。本罪侵犯的客体是国家关于信贷资金的管理秩序与金融机构的财产权利。

2. 客观要件。客观方面表现为银行或者其他金融机构及其工作人员吸收客户资金不入帐，数额巨大或者造成重大损失的行为。

3. 主体要件。本罪主体是特殊主体，即银行或者其他金融机构及其工作人员。

4. 主观要件。本罪在主观方面是故意，即行为人明知自己的行为违反法律规定，仍然在吸收数额巨大的客户资金后不入帐。

根据刑法第 187 条的规定，银行或者其他金融机构的工作人员吸收客户资金不入帐，数额巨大或者造成重大损失的，处 5 年以下有期徒刑或者拘役，并处 2 万元以上 20 万元以下罚金；数额特别巨大或者造成特别重大损失的，处 5 年以上有期徒刑，并处 5 万元以上 50 万元以下罚金。单位犯前款罪的，对单位判处罚金，并对其直接负责的主管人员和其他直接责任人员，依照前款的规定处罚。

【疑难指导】

我国 1997 年刑法专门设立了用账外客户资金非法拆借、发放贷款罪，对于金融机构的工作人员以牟利为目的采取吸收客户资金不入帐的方式，将资金用于非法拆借、发放贷款造成重大损失的行为规定为犯罪，由于用账外客户资金非法拆借、发放贷款罪强调以牟利为目的，并明确规定了只有将这些资金用于非法拆借、发放贷款造成重大损失才构成犯罪，导致司法实践中对本罪认定较为困难，不利于对该种犯罪行为的打击。刑法修正案（六）对 1997 年刑法第 187 条作出修正，删除了“以牟利为目的”这一犯罪主观构成要件，删除了原规定中“将资金用于非法拆借、发放贷款”的用途要求，并将量刑标准由原规定的“造成重大损失”“造成特别重大损失”修改为“数额巨大或者造成重大损失”“数额特别巨大或者造成特别重大损失”。据此修正，最高人民检察院、最高人民法院明确以“吸收客户资金不入帐罪”替代原“用账外客户资金非法拆借、发放贷款罪”的罪名。

一、吸收客户资金不入帐行为的界定

（一）行为方式

银行或者其他金融机构开展业务时，必须实行严格的账户管理制度。商业银行法第 55 条规定，商业银行应当按照国家有关规定，真实记录并全面反映其业务活动和财务状况，编制年度财务会计报告，及时向国务院银行业监督管理机构、中国人民银行和国务院财政部门报送。商业银行不得在法定的会计账册外另立会计账册。

银行等金融机构吸收存款、发放贷款、资金拆借等都必须如实记入会计账目

以供金融监管机构和金融机构内部稽核部门监督。吸收客户资金不入帐是指行为人违反国家法律法规规定，收取客户资金，并给客户出具存单、存折等单据，但是对收受客户的存款不如实记入银行或其他金融机构的法定存款账目，账目上反映不出该笔存款业务，以逃避国家金融监管的行为。不入帐的情况既包括将客户资金全部不入帐，也包括部分不入帐；既包括将客户资金未记入金融机构的正式账目，也包括将客户资金形式上入帐，但记入的内容没有如实反映吸收客户资金的情况。没有将存款资金记入金融机构的法定账户是构成本罪的必要条件，因而《全国法院审理金融犯罪案件工作座谈会纪要》指出，吸收客户资金不入帐，是指不记入金融机构的法定存款账目，以逃避国家金融监督，至于是否记入法定账目以外设立的账目，不影响本罪的成立。

《金融违法行为处罚办法》第 11 条规定，金融机构不得以下列方式从事账外经营行为：（1）办理存款、贷款等业务不按照会计制度记账、登记，或者不在会计报表中反映；（2）将存款与贷款等不同业务在同一账户内轧差处理；（3）经营收入未列入会计账册；（4）其他方式的账外经营行为。因而，金融机构在法定账户之外设置账外账的，或者在会计账目中记载的资金数额与实际收储的资金数额不符的，不依照法律规定将新增存款金额、放贷资金去向和利差收入计入法定银行财务会计科目的，都属于不入帐的行为方式。

（二）行为对象

本罪的行为对象是客户资金。所谓客户资金，既包括个人储蓄，也包括单位存款；既包括以合法方式吸收的公众存款，也包括以违反规定提高利率或者其他不正当方式吸收的存款。客户资金的来源不影响本罪的成立。

（三）行为后果

刑法修正案（六）将本罪的定罪量刑标准修改为“数额巨大或者造成重大损失”“数额特别巨大或者造成特别重大损失”，也就是说本罪的行为后果为两个，数额方面是巨大或者特别巨大，损失方面是造成重大损失或者造成特别重大损失。《最高人民检察院、公安部关于公安机关管辖的刑事案件立案追诉标准的规定（二）》规定，银行或者其他金融机构及其工作人员吸收客户资金不入帐，涉嫌下列情形之一的，应予立案追诉：（1）吸收客户资金不入帐，数额在 200 万元以上的；（2）吸收客户资金不入帐，造成直接经济损失数额在50万元以上的。对于数额方面的行为后果较为容易理解和操作，直接以不入帐的客户资金数额认定，但对于损失方面的认定则较为困难。

对于损失的认定要注意区分法律上的损失和事实上的损失。一般来说，行为人的违法行为并不会导致银行资产权利在法律上消灭，如行为人非法拆借之资金，银行享有追回的权利，但是享有法律上的权利未必意味着没有受到损失，因为法律上的权利能否在经济上实现，取决于借款人的资信状况，借款人无力偿还的情况经常出现。因此，对于借款人无力偿还的资金，应当认定为损失。另外，由于行为人进行非法拆借、发放贷款往往采用高息吸储的办法，客户所收取的超出正常利率部分的利息属于不当得利应当返还银行，但在实践中不一定能收回，对于不能收回部分的利息，应当计入行为人违法行为所造成的损失。

二、与挪用公款罪、挪用资金罪的界限

吸收客户资金不入帐罪与挪用公款罪、挪用资金罪具有一定的相似之处，如都是故意犯罪，都是利用自己经营资金的权利，将国家或单位的资金借给他人使用，存在一定的内外勾结形式，侵犯的都只是国家或单位资金的使用权，而非所有权，并且大多都是以账外经营的形式出现。但是，吸收客户资金不入帐罪与挪用公款罪、挪用资金罪存在本质区别，界分的关键是把握好客观方面的差异。一是从资金的来源看，吸收客户资金不入帐罪的犯罪对象即资金，系行为人所吸收的不入帐的客户资金，即该资金进入银行或其他金融机构的目的，一般是用于非法拆借或发放贷款，因而未进入银行或金融机构的“大账”。挪用公款罪、挪用资金罪也可能是行为人利用职务之便，将单位的资金不入帐，如将单位应入帐的应收款在尚未入帐的情况下，借给他人使用，但是，该笔被挪用的资金并非基于拆借或放贷的特定目的，而进入有关银行或金融机构。二是从客户对资金不入帐一事是否明知，行为人将客户资金不记入银行账户，一般要与存款的客户相沟通，客户同意后，其行为才属于吸收客户资金不入帐罪。一般情况下，银行对其拉来的存款，往往采取谁拉来存款，就将此笔“放贷规模外”存款的全部或大部分返贷给谁的办法。因此，吸收客户资金入帐罪客观上一般表现为行为人与客户事前进行沟通，在取得客户同意后，将其资金用于非法拆借、发放贷款。而挪用公款罪、挪用资金罪中，客户根本不知道其资金未入银行或其他金融机构的账户，而被用于非法拆借、发放贷款。三是从银行或其他金融机构是否须对客户资金的损失负责看，吸收客户资金不入帐罪是情节犯和结果犯，要求数额巨大或者造成重大损失。如果客户事先明知其资金是不入帐的，为获取所谓高收益而同意或默许，其自身对损失结果存在一定责任，自然会影响到银行或其他金融机构的赔偿责任大小。而在挪用公款罪、挪用资金罪中，客户将资金通过正常渠道进入银行或其他金融机构，不论吸收资金的人是否将其进入银行或其他金融机构的法定账户，这笔资金到期后的本金、利息均应由银行或其他金融机构偿还。若行为人将资金挪用给他人使用，造成资金损失的，由行为人所在的银行或其他金融机构承担赔偿资金的责任。

三、与非法吸收公众存款罪的界限

吸收客户资金不入帐罪与非法吸收公众存款罪也有一定相似之处。从构成要件上看，两罪的区别在于：一是行为方式不同，吸收客户资金不入帐罪的行为方式是吸收客户资金不入帐，有吸收客户资金和不入帐两个行为，而非法吸收公众存款罪的行为方式只有吸收资金的过程。二是犯罪主体不同，吸收客户资金不入帐罪的主体是特殊主体，即银行或者其他金融机构及其工作人员，而非法吸收公众存款罪的主体是一般主体。三是入罪标准不同，吸收客户资金不入帐罪必须达到数额巨大或者造成重大损失的程度才能构成犯罪，而非法吸收公众存款罪只要求扰乱金融秩序即可构成犯罪，不要求发生具体的损失后果。

由于吸收客户资金不入帐罪既包括采用正当手段吸收客户资金不入帐，也包括采用非法手段如非法吸收公众存款手段吸收客户资金不入帐。对于采用非法吸收公众存款手段吸收客户资金不入帐的行为，如果非法吸收公众存款的手段已经构成犯罪，同时吸收存款不入帐的数额巨大或者造成重大损失，又构成吸收客户资金不入帐罪的，视为牵连犯，按重罪即吸收客户资金不入帐罪定罪处罚。如果非法吸收公众存款已入帐或虽未入帐，但未达到数额巨大或者造成重大损失的程度，而行为已达到非法吸收公众存款罪的定罪标准，对行为人的行为则应按照非法吸收公众存款罪定罪处罚。

【办案依据】

一、刑法规定

第一百八十七条　银行或者其他金融机构的工作人员吸收客户资金不入帐，数额巨大或者造成重大损失的，处五年以下有期徒刑或者拘役，并处二万元以上二十万元以下罚金；数额特别巨大或者造成特别重大损失的，处五年以上有期徒刑，并处五万元以上五十万元以下罚金。

单位犯前款罪的，对单位判处罚金，并对其直接负责的主管人员和其他直接责任人员，依照前款的规定处罚。

二、司法文件

《最高人民检察院、公安部关于公安机关管辖的刑事案件立案追诉标准的规定（二）》（2022年4月6日）

第三十八条　【吸收客户资金不入帐案（刑法第一百八十七条）】银行或者其他金融机构及其工作人员吸收客户资金不入帐，涉嫌下列情形之一的，应予立案追诉：

（一）吸收客户资金不入帐，数额在二百万元以上的；

（二）吸收客户资金不入帐，造成直接经济损失数额在五十万元以上的。

三、会议纪要

《全国法院审理金融犯罪案件工作座谈会纪要》（2001年1月21日　法〔2001〕8号）

银行或者其他金融机构及其工作人员以牟利为目的，采取吸收客户资金不入帐的方式，将客户资金用于非法拆借、发放贷款，造成重大损失的，构成用账外客户资金非法拆借、发放贷款罪。以牟利为目的，是指金融机构及其工作人员为本单位或者个人牟利，不具有这种目的，不构成该罪。这里的“牟利”，一般是指谋取用账外客户资金非法拆借、发放贷款所产生的非法收益，如利息、差价等。对于用款人为取得贷款而支付的回扣、手续费等，应根据具体情况分别处理：银行或者其他金融机构用账外客户资金非法拆借、发放贷款，收取的回扣、手续费等，应认定为“牟利”；银行或者其他金融机的工作人员利用职务上的便利，用账外客户资金非法拆借、发放贷款，收取回扣、手续费等，数额较小的，以“牟利”论处；银行或者其他金融机的工作人员将用款人支付给单位的回扣、手续费秘密占为己有，数额较大的，以贪污罪定罪处罚；银行或者其他金融机构的工作人员利用职务便利，用账外客户资金非法拆借、发放贷款，索取用款人的财物，或者非法收受其他财物，或者收取回扣、手续费等，数额较大的，以受贿罪定罪处罚。吸收客户资金不入帐，是指不记入金融机构的法定存款账目，以逃避国家金融监管，至于是否记入法定账目以外设立的账目，不影响该罪成立。

审理银行或者其他金融机构及其工作人员用账外客户资金非法拆借、发放贷款案件，要注意将用账外客户资金非法拆借、发放贷款的行为与挪用公款罪和挪用资金罪区别开来。对于利用职务上的便利，挪用已经记入金融机构法定存款账户的客户资金归个人使用的，或者吸收客户资金不入帐，却给客户开具银行存单，客户也认为将款已存入银行，该款却被行为人以个人名义借贷给他人的，均应认定为挪用公款罪或者挪用资金罪。

第二十六章　违规出具金融票证罪

【立案追诉标准】

违规出具金融票证案（刑法第188条）

银行或者其他金融机构及其工作人员违反规定，为他人出具信用证或者其他保函、票据、存单、资信证明，涉嫌下列情形之一的，应予立案追诉：

（一）违反规定为他人出具信用证或者其他保函、票据、存单、资信证明，数额在二百万元以上的；

（二）违反规定为他人出具信用证或者其他保函、票据、存单、资信证明，造成直接经济损失数额在五十万元以上的；

（三）多次违规出具信用证或者其他保函、票据、存单、资信证明的；

（四）接受贿赂违规出具信用证或者其他保函、票据、存单、资信证明的；

（五）其他情节严重的情形。

《最高人民检察院、公安部关于公安机关管辖的刑事案件立案追诉标准的规定（二）》（2022年4月6日）

【犯罪构成及刑事责任】

违规出具金融票证罪是指银行或者其他金融机构及其工作人员违反规定，为他人出具信用证或者其他保函、票据、存单、资信证明，情节严重的行为。构成本罪需要具备以下四个要件：

1. 客体要件。本罪侵犯的客体是国家金融票证管理制度。

2. 客观要件。客观方面表现为银行或者其他金融机构及其工作人员违反规定，为他人出具信用证或者其他保函、票据、存单、资信证明，情节严重的行为。

3. 主体要件。本罪主体是特殊主体，包括单位主体和自然人主体，单位犯罪主体是指银行或者其他金融机构，自然人主体为银行或者其他金融机构的工作人员。

4. 主观要件。本罪的主观方面包括故意和过失。

根据刑法第188条的规定，银行或者其他金融机构的工作人员违反规定，为他人出具信用证或者其他保函、票据、存单、资信证明，情节严重的，处5年以下有期徒刑或者拘役；情节特别严重的，处5年以上有期徒刑。单位犯前款罪的，对单位判处罚金，并对其直接负责的主管人员和其他直接责任人员，依照前款的规定处罚。

【疑难指导】

我国1979年刑法并没有关于违规出具金融票证罪的相关规定，为适应打击犯罪的需要，《全国人民代表大会常务委员会关于惩治破坏金融秩序犯罪的决定》第15条规定，银行或者其他金融机构的工作人员违反规定为他人出具信用证或者其他保函、票据、资信证明，造成较大损失的，处5年以下有期徒刑或者拘役；造成重大损失的，处5年以上有期徒刑。单位犯前款罪的，对单位判处罚金，并对直接负责的主管人员和其他直接负责人员，依照前款的规定处罚。1997年刑法第188条基本吸收了上述规定，并在犯罪对象上增加列举了“存单”，最高人民法院根据该条规定确定罪名为“非法出具金融票证罪”。2006年刑法修正案（六）对刑法第188条作出修正，将犯罪成立条件“造成较大损失”改为“情节严重”，将结果加重犯情节“造成重大损失”改为“情节特别严重”，最高人民检察院、最高人民法院根据修正案规定，将罪名修改为“违规出具金融票证罪”。

一、金融票证的范围

违规出具金融票证罪的犯罪对象是银行或者其他金融机构及其工作人员违反

规定为他人出具的金融票证，包括信用证、其他保函、票据、存单和资信证明。

信用证是银行根据买方的请求，开给卖方的一种保证承担支付货款责任的书面凭证。根据《国内信用证结算办法》第2条规定，国内信用证是指银行（包括政策性银行、商业银行、农村合作银行、村镇银行和农村信用社）依照申请人的申请开立的、对相符交单予以付款的承诺，是以人民币计价、不可撤销的跟单信用证。在对外贸易中，则适用信用证的国际惯例与规则。根据具体内容不同，信用证有很多种类，如跟单信用证、完票信用证、对开信用证、背对背信用证、循环信用证等。开具信用证对金融机构来说要承担很大风险，因此有关法律法规对于开证行资格、开证申请人资格、保证金、反担保等都有详尽规定，开具信用证必须依照法律规定进行。如果行为人违法法律规定出具信用证，情节严重的构成本罪。

保函是担保人金融机构应申请人或委托人的请求，向第三人即收益人开出的一种无条件或有条件的保证文件，保证当收益人按照保函规定完成了特定义务，申请人或担保人将履行保函所规定的责任和义务，是金融机构以自身信用为他人提供担保的保证书，主要有投标保证书、履约保证书、还款保证书等。金融机构向他人提供担保应当按照规定由他人提供反担保或者对被担保人进行严格的资信调查与评估。中国人民银行不得为任何单位和个人提供担保，商业银行可以依法提供担保服务，但商业银行的工作人员不得违反规定徇私向亲属或者朋友提供担保。违反规定为不具备履约能力或者资信不佳者提供担保或者出具保函，情节严重的构成本罪。

票据是指由出票人依法出具的，具有流通性和无条件支付特点的凭证，包括汇票、本票和支票。汇票是出票人签发的，委托付款人在见票时或者在指定日期无条件支付确定的金额给收款人或者持票人的票据，分为银行汇票和商业汇票。本票是出票人签发的，承诺自己在见票时无条件支付确定的金额给收款人或者持票人的票据，是银行本票。支票是出票人签发的，委托办理支票存款业务的银行或者其他金融机构在见票时无条件支付确定的金额给收款人或者持票人的票据。金融机构开具票据必须遵守相关法律法规的规定，违反规定出票情节严重的构成本罪。

存单是指金融机构收取客户存款而开具的存款人用以提取存款的凭证，包括存单、存折、对账单等收储凭证。银行或者其他金融机构为他人开立存单应以存款人的实际存款据实开具，违反规定开具存单情节严重的构成本罪。

资信证明是指除上述金融票证外，银行或者其他金融机构应他人请求出具的，证明持证人具有相应资产、资金实力和信用的证明文件。资信证明不论以何种名义、形式出具，其核心是证明他人拥有某项资产、债权或者具有何种经济实力等，违反规定出具资信证明情节严重的，可以构成本罪。

二、"违反规定"的理解

本罪的规定中，并未像其他金融犯罪一样规定"违反国家规定"而仅用"违反规定"的表述，刑法第96条对"违反国家规定"作出专门解释，但对"违反规定"没有作出明确解释，因而对"违反规定"的理解存在不同观点。有学者认为，"违反规定"中的规定是指与出具信用证或者其他保函、票据、存单、资信证明有关的所有法律法规。也有学者认为，"违反规定"是指行为人违反了商业银行法、票据法，其他出具信用证、保函、票据、存单、资信证明应当遵守的金融法律、法规以及金融机构内部制定的有关制度。[①]

笔者认为，"违反规定"的范围要比"违反国家规定""违反国家有关规定"更广，是指违反有关金融法律法规、部门规章（如商业银行法、票据法等），以及金融机构制定的重要业务规则和管理制度。也就是说，对于法律法规规章没有或者不宜明确规定的情况下，金融机构内部业务规则可以作为认定行为人是否违反规定的依据（金融机构内部业务规则与法律抵触的除外），行为人违反金融机构内部业务规则越权办理信用证业务的，也可能构成违规出具金融票证罪。

三、"为他人出具"的理解

"为他人出具"是指为单位或个人非法开出相关金融票证，只要违反上述规定，无论是为单位还是为个人，凡出具了信用证、保函、票据、存单、资信证明的，均可构成本罪。其中"他人"是指除出具人外的其他人，包括单位与个人，

---

① 马克昌主编：《经济犯罪新论——破坏社会主义市场经济秩序罪研究》，武汉大学出版社1998年版，第278页。

银行内部机构的工作人员以本部门与他人合办的公司为受益人，违反规定出具信用证，属于为他人非法出具信用证。“出具”是指开出或写出，出具的范围仅限于信用证或者保函、票据、存单、资信证明，不包括承兑、付款、保证等附属票据行为，对于违反规定承兑、付款、保证的，由刑法第 189 条规定的对违法票据承兑、付款、保证罪规制。

根据行为人出具的金融票证种类的不同，可以将违规出具金融票证行为分为五类：第一类是银行或者其他金融机构及其工作人员违反规定开立信用证，如明知买卖双方无真实的贸易合同仍开立信用证；第二类是银行或者其他金融机构及其工作人员违反规定出具保函；第三类是在金融票据业务中，银行或者其他金融机构及其工作人员违反规定签发没有真实的交易关系和债券债务关系的票据；第四类是在金融存款业务中，银行或者其他金融机构及其工作人员违反规定开出与存款人无真实存款关系的存单；第五类是银行或者其他金融机构及其工作人员违反规定为当事人提供虚假的资信证明，虚构当事人的资信能力等。

能否认定为本罪中的出具，应当结合行为人及其所在金融机构的业务资格、获得金融票证者的资格与条件、具体金融票证的开具程序与条件分析。例如，对于担保性质的金融票证，关键看行为人违反规定出具金融票证的行为是否使银行或其他金融机构承当了不当风险，或者对善意第三人的权益受到威胁；对于票据，关键看行为人出具的票据是否可能使善意第三人受到非法票据的欺骗，金融机构因此可能承担对第三人受到损害的赔偿责任。

四、“情节严重”的理解

刑法修正案（六）将本罪的行为后果从“造成较大损失”修改为“情节严重”，以打击此类犯罪，维护金融秩序。“情节严重”不仅包括给金融机构造成了较大损失，还包括虽然还没有造成较大损失，但违规出具金融票证涉及金额巨大，或者多次违规出具金融票证等情形。《最高人民检察院、公安部关于公安机关管辖的刑事案件立案追诉标准的规定（二）》第 39 条关于本罪的追诉标准规定，银行或者其他金融机构及其工作人员违反规定，为他人出具信用证或者其他保函、票据、存单、资信证明，涉嫌下列情形之一的，应予立案追诉：（1）违反规定为他人出具信用证或者其他保函、票据、存单、资信证明，数额在 200 万元以上的；

（2）违反规定为他人出具信用证或者其他保函、票据、存单、资信证明，造成直接经济损失数额在 50 万元以上的；（3）多次违规出具信用证或者其他保函、票据、存单、资信证明的；（4）接受贿赂违规出具信用证或者其他保函、票据、存单、资信证明的；（5）其他情节严重的情形。

数额大小能直观体现情节严重的程度，一般来说违规出具的金额或者造成损失的金额越大，社会危害性也就越大。关于具体数额的认定，在前述立案标准中，与数额相关的是违规开具金融票证的金额和给银行造成的直接损失金额。开具金融票证的金额比较好理解，在司法实践中可直接根据犯罪事实计算得出，而对于给银行或者其他金融机构造成损失金额的计算则存在一定的争议。在实践中违规出具金融票证的行为会给银行或者其他金融机构的商誉和信誉造成损害，而商誉和信誉等无形资产在交易活动中发挥着重要作用，商誉和信誉的降低会给银行或者其他金融机构带来一定的经济损失，这种损失是否属于本罪的损失，立案追诉标准明确造成损失应为直接经济损失，因而这种抽象的、无形的损失不应该包括在内。

每一次违规出具金融票证行为都是对本罪保护法益的实质性侵害，次数体现了对侵害的严重程度，因此对于多次违规出具金融票证，但是在犯罪数额与损失数额均没有达到入罪标准的情况下，司法解释作出明确规定，将其认定为情节严重作为犯罪处理。

五、本罪的主观罪过

对于本罪的主观罪过，理论上存在不同观点。第一种观点认为，本罪的主观方面表现为故意，如有论者指出本罪行为人主观方面表现为故意，即明知自己的行为不符合有关规定而决意为之。[①] 第二种观点认为，本罪的主观方面是过失，如有论者指出，虽然行为人实施的出具信用证、保函、票据、存单、资信证明本身是出于故意，但行为人对于出具信用证、保函、票据、存单、资信证明可能造成的重大损失是由于过失，这种过失一般表现为过于自信的过失。由于本罪是结果

① 张军主编：《破坏金融管理秩序罪》，中国人民公安大学出版社 2003 年版，第 397 页。

犯，行为人对行为的故意并不影响对结果的过失，因而本罪属于过失犯罪。[①] 第三种观点认为，本罪的主观方面主要是过失，也可能出于间接故意，如有论者指出，对行为可能造成的损失，行为人疏忽大意没有预见或者自信能够避免，但是行为违反规定的是明知故犯。当然也不排斥行为人对结果持放任态度，即主观方面可表现为间接故意。[②] 第四种观点认为，本罪的主观方面既可以是故意也可以是过失，如有论者认为本罪的故意既包括直接故意也包括间接故意，否定本罪可以由直接故意构成，会导致法网疏漏，罪与非罪之间的不平衡。[③]

笔者认为，本罪的主观罪过包括故意和过失，故意包括直接故意和间接故意。理论上对违规出具金融票证罪的主观罪过存在不同认识，主要针对的是非法出具行为还是非法出具行为所造成的结果。刑法修正案（六）将非法出具行为的结果修改为“情节严重”，其范围大于之前的“造成较大损失”，即除造成较大损失外，其他虽然没有造成较大损失但情节严重的行为如出具金融票证涉及的数额巨大也可以构成本罪。在这种情况下，行为人的主观罪过当然包括直接故意。

【办案依据】

一、刑法规定

第一百八十八条　银行或者其他金融机构的工作人员违反规定，为他人出具信用证或者其他保函、票据、存单、资信证明，情节严重的，处五年以下有期徒刑或者拘役；情节特别严重的，处五年以上有期徒刑。

单位犯前款罪的，对单位判处罚金，并对其直接负责的主管人员和其他直接责任人员，依照前款的规定处罚。

---

① 刘家琛主编：《新刑法条文释义》，人民法院出版社 1997 年版，第 787 页。

② 吴大华等：《新刑法典罪名及司法解释要义》，中国人民公安大学出版社 1998 年版，第 184 页。

③ 薛瑞麟主编：《金融犯罪研究》，中国政法大学出版社 2000 年版，第 185 页。

二、司法文件

《最高人民检察院、公安部关于公安机关管辖的刑事案件立案追诉标准的规定（二）》（2022年4月6日）

第三十九条　【违规出具金融票证案（刑法第一百八十八条）】 银行或者其他金融机构及其工作人员违反规定，为他人出具信用证或者其他保函、票据、存单、资信证明，涉嫌下列情形之一的，应予立案追诉：

（一）违反规定为他人出具信用证或者其他保函、票据、存单、资信证明，数额在二百万元以上的；

（二）违反规定为他人出具信用证或者其他保函、票据、存单、资信证明，造成直接经济损失数额在五十万元以上的；

（三）多次违规出具信用证或者其他保函、票据、存单、资信证明的；

（四）接受贿赂违规出具信用证或者其他保函、票据、存单、资信证明的；

（五）其他情节严重的情形。

第二十七章　对违法票据承兑、付款、保证罪

【立案追诉标准】

对违法票据承兑、付款、保证案（刑法第 189 条）

银行或者其他金融机构及其工作人员在票据业务中，对违反票据法规定的票据予以承兑、付款或者保证，造成直接经济损失数额在五十万元以上的，应予立案追诉。

《最高人民检察院、公安部关于公安机关管辖的刑事案件立案追诉标准的规定（二）》（2022 年 4 月 6 日）

【犯罪构成及刑事责任】

对违法票据承兑、付款、保证罪是指银行或者其他金融机构及其工作人员在票据业务中，对违反票据法规定的票据予以承兑、付款或者保证，造成重大损失的行为。构成本罪需要具备以下四个要件：

1. 客体要件。本罪侵犯的客体是国家票据管理制度。

2. 客观要件。客观方面表现为银行或者其他金融机构及其工作人员在票据业务中，对违反票据法规定的票据予以承兑、付款或者保证，造成重大损失的行为。

3. 主体要件。本罪主体是特殊主体，包括单位和自然人，单位是银行和其他金融机构，自然人是银行和其他金融机构的工作人员。

4. 主观要件。本罪在主观方面包括故意和过失。

根据刑法第 189 条的规定，银行或者其他金融机构的工作人员在票据业务中，

对违反票据法规定的票据予以承兑、付款或者保证，造成重大损失的，处5年以下有期徒刑或者拘役；造成特别重大损失的，处5年以上有期徒刑。单位犯前款罪的，对单位判处罚金，并对其直接负责的主管人员和其他直接责任人员，依照前款的规定处罚。

【疑难指导】

对违法票据承兑、付款、保证罪是1997年刑法规定的罪名，在此之前，理论上一般认为，对于此类行为按照票据法中的规定，金融机构工作人员在票据业务中玩忽职守对违反本法规定的票据予以承兑、付款或者保证的，给予处分，造成重大损失构成犯罪的，依法追究刑事责任，对于行为人按照玩忽职守罪处理。1997年刑法将对违法票据承兑、付款、保证罪作为独立罪名规定，更有利于打击此类犯罪。

一、违法票据的范围

违反票据法规定的票据是指因违反票据法有关规定而无效、失效或者存在瑕疵或者其他原因而不应予以承兑、付款或者保证的票据。根据票据法规定，对于违反票据法规定的票据，银行等金融机构有权拒绝承兑、付款，不得予以保证。违反票据法规定的票据主要有以下四种：一是记载事项违反票据法规定的票据。票据法第8条规定，票据金额以中文大写和数码同时记载，二者必须一致，二者不一致的，票据无效。第9条规定，票据上的记载事项必须符合本法的规定。票据金额、日期、收款人名称不得更改，更改的票据无效。这种违法票据主要包括伪造、变造、涂改的票据等，是记载内容不真实以致引起票据权利义务的实现受到影响的票据。二是欠缺必要记载事项的票据。票据是文义证券，欠缺必要的记载事项就使当事人的意思表示不成立，因而票据就不成立，不能承兑、付款、保证。三是超过有效期限或被挂失止付的票据。四是其他违反票据法规的票据。

票据是一种信用工具，票据法律关系当事人之间的权利义务的实现具有时间上的间隔性和空间上的分离性，因此票据法对票据作出特殊规定，如票据权利的无因性、独立性，票据抗辩切断制度即不得以对直接当事人的抗辩事由对抗非直接当事人等，以确保票据的信用基础与安全。这是由于票据权利的特殊性，银行或者其他金融机构工作人员一旦对违法票据予以承兑、付款、保证，就必须对合法持票人承担无条件付款的义务。例如，对于出票人出具空头支票的，银行工作人员违法予以保付，银行对合法持票人必须无条件付款，虽然银行对出具空头支票的出票人有追索权，但这种债权可能由于出票人无法偿还而使银行造成损失。因此，对于违法票据承兑、付款、保证造成重大损失的行为可构成本罪。

二、承兑、付款、保证行为的理解和认定

票据业务包括票据出票、承兑、付款、保证转账结算、贴现、挂失止付、行使追索权等一切业务活动，银行的票据业务一般包括汇票、本票的出票，票据的承兑、付款、保证、贴现、挂失止付等。本罪中规定的行为仅包括对违法票据的承兑、付款和保证行为。

（一）承兑的理解和认定

承兑是汇票独有的一种票据行为，是指汇票付款人在汇票上承诺接受出票人的委托，负担支付票面金额的义务并在汇票上表示愿意按照票据文义付款的行为。付款人有权拒绝对汇票进行承兑，如果付款人拒绝承兑，则持票人只能向出票人追索。拒绝承兑的付款人及时拒绝违法也不承担票据责任，但可能因违反与出票人之间的委托合同而承担其他民事或行政责任。承兑的效力在于接受出票人的付款委托，使付款人由原来的非票据债务人变成票据主债务人，负有按汇票文义向持票人无条件支付汇票金额的义务。承兑的效力是绝对的，即使签章出票人是伪造的，该汇票属无效汇票，但为保护善意第三人，维护票据交易安全，在伪造的票据上的真实签章仍然有效，一旦付款人予以承兑，就不得以汇票系伪造为由拒绝付款。对于不应予以承兑的汇票承兑给银行或者其他金融机构造成较大损失的，构成本罪。

承兑包含参加承兑，即汇票的出票人或背书人可以在付款人之外再记载一人为预备付款人，以便在汇票不能获得付款人承兑时，由持票人持票向预备付款人提示票据，申请该预备付款人代替付款人承兑或付款。第三人也可以为了特定票据债务人的利益而参加承兑。参加承兑人是票据的从债务人，仅于付款不能或者拒绝承兑时才负有支付义务。如果银行或者其他金融机构及其工作人员违反规定，对本不应予以参加承兑的汇票参加承兑，使银行或者其他金融机构承担了本不应当承担的票据责任，造成较大损失的，也可以构成本罪。

（二）付款的理解和认定

付款是指票据付款人向票据权利人支付票据金额使票据关系消灭的行为。汇票的付款人是承兑人，本票的付款人是出票人，支票的付款人是出票人委托的与其有资金关系的银行。与本罪有关的付款，是指银行或者其他金融机构作为汇票、本票的出票人对其票据债务的履行，作为汇票的承兑人或参加承兑人对汇票债务的履行，作为汇票、本票的保证人，对遭到拒绝承兑、付款的票据权利人履行票据债务；作为支票的保付人对支票的权利人履行票据债务。

付款直接关系到财产所有权的转移，付款人负有一定的审查义务。对于汇票，付款时应注意审查票据有无因违法而无效的情形，对于到期前的给付请求，银行有权拒绝支付，如果未拒绝支付而造成重大损失的，可能构成本罪。另外，根据票据法第 57 条规定，付款人及其代理付款人付款时，应当审查汇票背书的连续性，并审查提示付款人的合法身份证明或有效证件。审查义务包括两个方面：一是票据本身的记载合法性，即出票人签章与在银行中预留印章是否一致，以确定票据的真伪，同时审查背书是否连续，以确定提示付款人是否享有该票据权利。二是提示付款人身份的核查，以确定提示付款人是否为票据权利人。对于设置背书汇票，如果质权人请求支付的，应提交实现质权的合法证明文件，对于已经挂失止付的汇票，处于公示催告程序、诉讼程序中的汇票和已经作出除权判决的汇票，不得付款。根据票据法的规定，已过消灭时效的票据，不应付款，如果持票人仍享有民事权利的，可以请求承兑人返还其与未支付票据金额相当的利益，但这是民法上不当得利的返还请求，而非票据法上的权利。对于本票的付款，应审查本票有无因违法而无效的情形，本票的背书是否连续，提示付款人的合法身份证明或者其他有效证件等。对于支票的付款，应审查支票有无因违法而无效的情形，支票、本票的背书是否连续，提示付款人的合法身份证明或者其他有效证件，出票人账户上的金额是否足以支付等。挂失支付等应审查的内容也适用于本票和支票。

（三）保证的理解和认定

票据保证是指票据债务人以外的第三人以担保特定债务人履行票据债务为目的，而在票据上所为的附属票据行为。票据保证一经成立，保证人即负有与被保证人完全相同的责任，与其他债务人对持票人承担连带清偿责任。这种保证责任具有独立性，即使被保证人的债务无效，保证人仍需承担票据上的义务，保证人清偿票据债务后取得持票人的地位，并因其与被保证人的实质关系而享有对承兑人、被保证人及其前手的追索权。合法的保证取决于被保证人的可保性及被保证票据的形式有效性，即使票据有伪造、变造等违法情形也不影响其可保性。

三、损失的认定

本罪以“造成重大损失”为构成犯罪的必要要件。对于损失的认定，有观点认为应将对违法票据承兑、付款、保证行为所导致的间接损失计算在“重大损失”“特别重大损失”之中，但《最高人民检察院、公安部关于公安机关管辖的刑事案件立案追诉标准的规定（二）》规定，银行或者其他金融机构及其工作人员在票据业务中，对违反票据法规定的票据予以承兑、付款或者保证，造成直接经济损失数额在50万元以上的，应予立案追诉，该规定明确追诉标准中损失的计算依据为直接损失。直接损失的范围包括票据金额不能收回的部分，违法付款之日或者承担责任之日至依法收回资金之日期间的利息、行使追索权所支出的必要费用，具体应根据违法票据的种类和违法行为加以认定。另外，本罪的追诉标准为造成直接经济损失数额在50万元以上，这是否就是重大损失的认定标准，而且对于特别重大损失的认定标准，需要进一步明确。

关于损失的主体，多数学者认为既包括银行或者其他金融机构，也包括其他票据权利人。从我国法律规定和司法实践情况来看，银行或者其他金融机构及其工作人员如果对违法票据予以承兑、付款、保证，则银行或者其他金融机构将对票据权利人承担票据责任，或者对第三人承担损害赔偿责任，因而损失的主体一般来说应当是银行或者其他金融机构。但在特殊情况下，也不排除第三人损失的可能，如在银行或者其他金融机构破产，无法偿还其对第三人损失的赔偿责任时，损失的主体则为第三人。

四、主观方面的理解和认定

对于本罪的主观方面认识分歧较大，主要有三种观点。第一种观点认为，本罪的主观方面是过失，如有论者认为本罪从玩忽职守罪分离出来，主观方面表现为过失，对于承兑、付款、保证的票据不符合票据法律的规定，行为人往往是知道的，但对于造成重大损失的结果并非所愿。[①] 第二种观点认为，本罪的主观方面是过失或者间接故意，如有论者认为对票据承兑、付款所造成的重大损失的结果是出于疏忽大意的过失或者过于自信的过失，或者虽不希望但放任这种结果的发生（当然，对于实施对违法票据承兑、付款、保证的行为往往是出于故意，也可能出于过失）。[②] 第三种观点认为，本罪的主观方面包括故意和过失，如有论者认为本罪行为人主观方面多表现为故意，但也有表现为过失的情况。[③]

出现上述分歧的主要原因在于，对于罪过的评价对象是行为人对违法票据的承兑、付款、保证行为，还是行为人对违法票据的承兑、付款、保证行为所造成的结果。主张以行为人对行为结果的主观认识作为罪过形态的学者持过失说，或者过失和间接故意说，而主张以行为人对违法行为本身的主观认识为认定罪过标准的学者则持故意说或者故意与过失说。笔者认为，不管是以行为人对行为本身还是对行为的结果所持的主观态度为认定罪过的标准，本罪的罪过形式既可以是故意，也可以是过失。

第一，本罪的罪过形式可以是故意。1997 年刑法在吸收票据法规定过程中删去“玩忽职守”的限制，这并非立法者疏漏，而是体现了立法者的用意，从实际上确认了本罪也可能是出于滥用职权的原因。滥用职权的罪过形式是故意，既包括直接故意也包括间接故意，如行为人明知他人所持票据无效，出于对本单位不满，有意假装未审查出来而予以付款但并未与持票人恶意串通的，由于我国刑法上并不承认片面共犯，因此行为人的行为并不构成票据诈骗罪共犯，而只能以本罪论处。对于对违法票据承兑、付款、保证的行为人，如果与让人具有共同故意，即在事先有同谋的情况下，明知他人所持的票据是违反票据法规定的，仍然予以承兑、付款、保证，并对造成重大损失的结果持希望的态度，此种情况下是故意为票据诈骗等犯罪行为提供条件，构成票据诈骗等犯罪的共犯。

第二，本罪的罪过形式也可以是过失。虽然刑法总则规定，过失犯罪法律有

---

① 张穹主编：《修订刑法条文实用解说》，中国检察出版社 1997 年版，第 248 页。

② 马克昌主编：《经济犯罪新论——破坏社会主义市场经济秩序罪研究》，武汉大学出版社 1998 年版，第 286 页。

③ 张军主编：《破坏金融管理秩序罪》，中国人民公安大学出版社 2003 年版，第 412 页。

规定的才负刑事责任，但本条不能认为未规定过失犯罪。本罪的发生主要是由于金融机构工作人员工作不认真负责、审查不严格所致，属于玩忽职守行为，理论界公认这是一种过失的罪过形式。而且在刑法本罪作出规定前，票据法对此明确规定金融机构工作人员在票据业务中玩忽职守对违反本法规定的票据予以承兑、付款或者保证的，给予处分，造成重大损失构成犯罪的，依法追究刑事责任，因此本罪的罪过形式可以是过失。

五、行为人注意义务的范围和对违法票据认识能力的判断标准

（一）行为人注意义务的范围

行为人在票据业务中是否履行了注意义务是决定其是否承担对违法票据承兑、付款、保证的责任的首要因素，因而需要确定其注意义务的范围。在票据业务中，行为人承担的注意义务是直接由法律和内部规章制度确定的，这些规定对行为人的要求是多方面的，不仅包括应该注意票据本身的真伪瑕疵情况，同时也应该对持票人等其他非票据因素承担必要注意义务，这样才能保证票据行为的合法性。但本罪的构成，在主观方面并非要求行为人承担业务中所有的注意义务范围，而只是承担其中有关票据本身的部分义务，即票据本身的真伪、瑕疵情况及是否符合承兑、保证、付兑条件。只有行为人违反了这些义务，从而导致对违法票据承兑、付款、保证的，才能构成本罪。

（二）行为人对违法票据认识能力的判断标准

根据刑法关于过失犯罪的一般理论，对于行为人预见能力的判断标准有不同观点。主观说以个人的注意能力为判断标准，客观说以社会一般人或平均的判断能力为标准，折中说认为，行为人的注意能力高于一般人者以一般人的注意能力为标准，低于一般人者以行为人本人的注意能力为标准。对于办理票据业务的金融机构工作人员应该采取何种标准判断其对违法票据的认识能力，需要考虑一些因素。一是对票据业务正常开展的影响。由于行为人认识能力判断标准的确立直接影响到责任的承担。如果过松，则不利于票据活动的正常进行，影响金融机构的可依赖性。二是危险分配的合理性。在票据行为中，金融机构的工作人员应承担一定的注意义务，但为了便于票据流通，其应对持票人以合理信任，即相信其主张的票据权利是合法的，只有在明知或应当认识到票据违法的情况下进行承兑、

付款、保证才应当承担责任。票据的使用人或票据相关人员应正确进行票据活动，防范票据被伪造、变造等情况，如果没有履行这种义务其也应承担因此导致的一定危险。危险分配合理性的确立，有利于促使金融机构工作人员正确履行职责。基于此，行为人对违法票据认识能力的判断标准应是金融机构从事票据业务的工作人员的平均水平。

【办案依据】

一、刑法规定

第一百八十九条 银行或者其他金融机构的工作人员在票据业务中，对违反票据法规定的票据予以承兑、付款或者保证，造成重大损失的，处五年以下有期徒刑或者拘役；造成特别重大损失的，处五年以上有期徒刑。

单位犯前款罪的，对单位判处罚金，并对其直接负责的主管人员和其他直接责任人员，依照前款的规定处罚。

二、司法文件

《最高人民检察院、公安部关于公安机关管辖的刑事案件立案追诉标准的规定（二）》（2022年4月6日）

第四十条 【对违法票据承兑、付款、保证案（刑法第一百八十九条）】银行或者其他金融机构及其工作人员在票据业务中，对违反票据法规定的票据予以承兑、付款或者保证，造成直接经济损失数额在五十万元以上的，应予立案追诉。

第二十八章　逃汇罪

【立案追诉标准】

逃汇案（刑法第 190 条）

公司、企业或者其他单位，违反国家规定，擅自将外汇存放境外，或者将境内的外汇非法转移到境外，单笔在二百万美元以上或者累计数额在五百万美元以上的，应予立案追诉。

《最高人民检察院、公安部关于公安机关管辖的刑事案件立案追诉标准的规定（二）》（2022 年 4 月 6 日）

【犯罪构成及刑事责任】

逃汇罪是指公司、企业或者其他单位，违反国家规定，擅自将外汇存放境外，或者将境内的外汇非法转移到境外，数额较大的行为。构成本罪需要具备以下四个要件：

1. 客体要件。本罪侵犯的客体是国家外汇管理制度。

2. 客观要件。客观方面表现为公司、企业或者其他单位，违反国家规定，擅自将外汇存放境外，或者将境内的外汇非法转移到境外，数额较大的行为。

3. 主体要件。本罪主体是公司、企业或者其他单位，自然人不能独立构成本罪。

4. 主观要件。本罪在主观方面是故意。

根据刑法第 190 条的规定，公司、企业或者其他单位，违反国家规定，擅自将外汇存放境外，或者将境内的外汇非法转移到境外，数额较大的，对单位判处逃汇数额5%以上30%以下罚金，并对其直接负责的主管人员和其他直接责任人员，处5年以下有期徒刑或者拘役；数额巨大或者有其他严重情节的，对单位判处逃汇数额5%以上30%以下罚金，并对其直接负责的主管人员和其他直接责任人员，处5年以上有期徒刑。

【疑难指导】

关于逃汇犯罪的规定，最早（1952年）海关总署规定，逃汇、套汇，不论采取何种方式，其结果与走私出口黄金、外币无异，均应作为走私案件处理。

1979年刑法首次以刑法典的立法形式将非法买卖外汇行为以投机倒把罪予以规制。

1988年《全国人民代表大会常务委员会关于惩治走私罪的补充规定》（已失效，下文不再赘述）首次将逃汇罪作为独立罪名予以规定，同时明确了逃汇罪的构成要件和法定刑设置。该补充规定第9条第1款规定，全民所有制、集体所有制企业事业单位、机关、团体违反外汇管理法规，在境外取得的外汇，应该调回境内而不调回，或者不存入国家指定的银行，或者把境内的外汇非法转移到境外，或者把国家拨给的外汇非法出售牟利的，由外汇管理机关依照外汇管理法规强制收兑外汇、没收违法所得，可以并处罚款，并对其直接负责的主管人员和其他直接责任人员，由其所在单位或者上级主管机关酌情给予行政处分；情节严重的，除依照外汇管理法规强制收兑外汇、没收违法所得外，判处罚金，并对其直接负责的主管人员和其他直接责任人员，处5年以下有期徒刑或者拘役。

1997年刑法在《全国人民代表大会常务委员会关于惩治走私罪的补充规定》的基础上，从罪名设定、罪状等方面对逃汇罪作了全新规定：一是取消了套汇犯罪的规定，因为1996年11月27日我国政府宣布从当年12月1日起实行人民币经常项目下的可兑换，2008年修订外汇管理条例，规定国家对经常性国际支付和转移不予限制。二是明确了逃汇罪的罪状，即擅自将外汇存放境外或者将境内的外汇非法转移到境外。三是将犯罪主体由“全民所有制、集体所有制企业事业单位、机关、团体”修改为“国有公司、企业或者其他国有单位”。

1997年亚洲爆发金融危机，出现大量利用保税区海关监管的疏漏、伪造海关备案清单，购汇后汇出境外的套汇和骗购外汇行为，全国人民代表大会常务委员会通过《关于惩治骗购外汇、逃汇和非法买卖外汇犯罪的决定》，加大对逃汇罪打击，并增加骗购外汇罪。该决定一是扩大了逃汇罪犯罪主体的范围，将犯罪主体由原来的“国有公司、企业或者其他单位”扩大至“公司、企业或者其他单位”；二是将定罪起点由原来的“情节严重”修改为“数额较大”；三是提高了法定刑，将量刑由原来的“对单位判处罚金，并对其直接负责的主管人员和其他直接责任的人员，处五年以下有期徒刑或者拘役”修改为“对单位判处逃汇数额百分之五以上百分之三十以下罚金，并对其直接负责的主管人员和其他直接责任人员处五年以下有期徒刑或者拘役；数额巨大或者有其他严重情节的，对单位判处逃汇数额百分之五以上百分之三十以下罚金，并对其直接负责的主管人员和其他直接责任人员处五年以上有期徒刑”。

一、违反国家规定的理解

根据刑法第 96 条的规定，违反国家规定是指违反全国人大及其常委会制定的法律和决定，国务院制定的行政法规、规定的行政措施、发布的决定和命令。因而本罪中的违反国家规定是指违反法律、行政法规，如外汇管理条例等规定中有关外汇存放境外的规定。

由于本罪中明确规定是违反国家规定擅自将外汇存入境外，因而部委制定的规章、细则、办法等不能直接作为本罪判断依据，如《个人外汇管理办法》《境内外汇账户管理规定》《携带外币现钞出入境管理暂行办法》等。但是由于外汇管理条例规定得较为原则化，很多条款中的具体行为均规定由国务院外汇管理部门根据管理需要作出规定，如外汇管理条例第 9 条规定，境内机构、境内个人的外汇收入可以调回境内或者存放境外，调回境内或者存放境外的条件、期限等，由国务院外汇管理部门根据国际收支状况和外汇管理的需要作出规定；第 13 条规定，经常项目外汇收入，可以按照国家有关规定保留或者卖给经营结汇、售汇业务的金融机构；第 15 条规定，携带、申报外币现钞出入境的限额，由国务院外汇管理部门规定。因而国务院外汇管理部门制定的规章、办法等虽不能直接作为本罪判断依据，但这些规定提供了认定行为性质较为具体的标准，对于本罪行为的违法性确认具有参考作用。

二、擅自将外汇存放境外的理解

擅自将外汇存放境外是针对从境内携出、汇出的外汇，或者在境外取得的外汇收入等在境外的外汇而言的。擅自是指未经外汇管理机关批准自行将外汇存放境外。境内机构的外汇收入可以存放境外，存放境外的条件、期限等，由国务院外汇管理部门根据国际收支状况和外汇管理的需要作出规定，而境内机构可以在境外开立外汇账户的情形有：（1）在境外有经常性零星收入，需在境外开立外汇账户，将收入集整后汇回境内的；（2）在境外有经常性零星支出，需在境外开立外汇账户的；（3）从事境外承包工程项目，需在境外开立外汇账户的；（4）在境外发行外币有价证券，需在境外开立外汇账户的；（5）因业务上特殊需要必须在境外开立外汇账户的。如果不符合上述条件，未得到外汇管理机关批准，仍然在境外开立外汇账户存放外汇的，即属于擅自将外汇存放境外。

存放并非一般字义上的储存、寄存，而是外汇不调回国内的一种事实状态，不仅包括将外汇存入境外金融机构，或者私自保存，或者托付别人保存，也包括将外汇在境外营运或者挪作他用。也就是说，只要将应调回的外汇未调回国内，不管该外汇是储存寄存，还是投资挪作他用，都认为是存放境外。

司法实践中擅自将外汇存放境外表现为以下行为：一是未经外汇管理部门批准，以企事业单位或私人名义，将外汇存放在境外的外资银行或企业、中资银行或企业及其他机构；二是以虚报货价、佣金等手段截留国家外汇收入，存放境外；三是驻外机构和企事业单位的应调回外汇收入，国家拨给的专项外汇资金的剩余部分，不按规定及时调回境内；四是驻外临时机构、代表团、工作组及其人员以及因公短期出国人员，将出国经费或从事业务活动所得外汇存放境外；五是接受外汇捐赠隐瞒不报，私自存放境外；六是境内机构以项目融资方式筹集的外汇资金未经外汇管理机构批准存放境外；七是境内机构借入国际商业贷款，未经外汇管理机构批准存放境外；八是境外投资企业依法宣告停业或者解散后，其境内投资者在清理结束后未按规定将中方应得的外汇调回境内；九是未按国家规定将从境外获得的利润调回境内等。[①]

---

① 张军主编：《破坏金融管理秩序罪》，中国人民公安大学出版社2003年版，第433页。

三、将境内的外汇非法转移到境外的理解

将境内的外汇非法转移到境外是针对携入、汇入境内的外汇，或者在境内取得的外汇收入等境内的外汇而言的。所谓非法转移到境外是指违反有关外汇转移境外的法律、法规和其他有关规定，携带外汇出境，或者将外汇汇出境外，或者未经外汇管理机关批准，擅自将外币存款凭证、外币有价证券携带或者邮寄出境等。《中华人民共和国外汇管理条例》《个人外汇管理办法》《携带外币现钞出入境管理暂行办法》等都对居民将外汇带出或汇出境外作了规定，另外居民邮寄外币存款凭证、外币有价证券出境的，也需要经过外汇管理机关批准。凡是违反这些规定而将外汇带出或者汇出的，都属于非法转移到境外。

四、与相关犯罪的界限

（一）逃汇罪与走私罪的界限

外汇管理制度是国家对外贸实施管制的措施之一，在理论上对于进出境而逃汇、套汇的，曾认为应以走私罪论处，而在《全国人民代表大会常务委员会关于惩治走私罪的补充规定》颁布之前，逃汇也曾被规定在走私罪中。走私罪和逃汇罪在客体上关系非常密切，都可能导致国家外汇收入减少。1997 年刑法将逃汇罪列为独立罪名，两者的区别还是比较明显的，这也正是逃汇罪独立成罪的原因。

一是侵犯的客体不同。逃汇罪侵犯的客体是国家的外汇管理制度；而走私罪侵犯的客体则是国家的对外贸易管理制度。

二是客观方面不同。逃汇罪的客观方面表现为违反国家规定，擅自将外汇存放境外或者将境内货币非法转移境外，数额较大的行为；而走私罪的客观方面表现为违反海关法规，逃避海关监管，非法运输、携带或邮寄各种货物、物品进出国（边）境的行为。

三是犯罪对象不同。逃汇罪的犯罪对象只能是外汇；而走私罪的犯罪对象十分广泛，包括各种违禁品、限制进出境物品以及其他偷逃关税的货物、物品，如黄金、白银、武器、弹药、假币、珍贵文物、珍稀动植物等。

四是犯罪主体不同。逃汇罪的犯罪主体只能是公司、企业或者其他单位，是纯正的单位犯罪；而走私罪的犯罪主体为一般主体，包括自然人和单位。

对于两罪的界限，争议较大的问题是对于携带外汇出境的，是按走私罪处理

还是按逃汇罪处理，也就是说外汇能否作为走私罪的对象。对此，有的观点认为，走私罪的对象不可能有外汇，如果行为人逃避海关监管非法携带外汇出境的，不能作为走私罪处理，应按逃汇罪论处。[①] 也有观点认为，由于外汇是限制进出境的物品，可以成为走私罪的对象。行为人将境内的货币非法转移到境外的行为，违反海关法律法规，逃避海关监管，具备走私性质。行为人所实施的行为不仅触犯逃汇罪，而且可能构成走私罪，属于刑法理论中一行为同时触犯数罪名的想象竞合犯情形，对此应按照想象竞合犯“从一重罪处断”的原则，择一重罪从重处罚。[②] 当然，还有论者认为，上述情形构成牵连犯，应按照牵连犯的处理原则，择一重罪处断。[③] 笔者认为，外汇可以成为走私罪的对象，但对于携带外汇出境行为定性应具体问题具体分析。对于自然人实施携带外汇出境行为，因为不符合逃汇罪的主体要件，只能以走私罪处理；如果单位实施携带外汇出境的行为，则产生逃汇罪与走私罪的竞合，应择一重罪处断。

（二）逃汇罪与隐瞒境外存款罪的界限

隐瞒境外存款罪是指国家工作人员违反国家有关规定，对于个人境外存款应当申报而隐瞒不报，数额较大的行为。逃汇罪与隐瞒境外存款罪在客观上具有将外汇存放境外的行为，两罪的主要区别有以下三点：

一是犯罪客体不同。逃汇罪的犯罪客体是国家的外汇管理制度；而隐瞒境外存款罪的犯罪客体是国家工作人员职务的廉洁性。

二是客观方面不同。逃汇罪的客观方面表现为违反国家规定，擅自将外汇存放境外或者将境内货币非法转移境外，数额较大的行为，包括作为与不作为两种方式；而隐瞒境外存款罪的客观方面表现为对于属于个人的资金存放境外的情况违反规定隐瞒不报，数额较大的行为，只能是不作为的方式，对于该罪中存放境外行为的性质可能并非合法，其非法性在于隐瞒不报。

三是犯罪主体不同。逃汇罪的犯罪主体是公司、企业或者其他单位，是纯正的单位犯罪；而隐瞒境外存款罪的犯罪主体是自然人犯罪，而且是特殊主体，只

① 胡启忠等：《金融犯罪论》，西南财经大学出版社2001年版，第339页。

② 张军主编：《破坏金融管理秩序罪》，中国人民公安大学出版社2003年版，第443~445页。

③ 马克昌主编：《经济犯罪新论》，武汉大学出版社1998年版，第339页。

能由国家工作人员构成。

（三）逃汇罪与非法经营罪的界限

《全国人民代表大会常务委员会关于惩治骗购外汇、逃汇和非法买卖外汇犯罪的决定》将非法买卖外汇的行为明确规定为非法经营罪，因而区分逃汇罪与非法经营罪主要是区别逃汇行为与非法买卖外汇行为。两罪的区别如下。

一是犯罪客体不同。逃汇罪的犯罪客体是国家的外汇管理制度；而非法经营罪的犯罪客体是市场秩序。

二是犯罪客观方面不同。逃汇罪的客观方面表现为违反国家规定，擅自将外汇存放境外或者将境内货币非法转移境外，数额较大的行为；而非法经营罪的客观方面表现为违反国家规定，在我国境内，国家规定的交易场所以外非法买卖外汇，扰乱市场秩序，情节严重的行为。

三是犯罪主体不同。逃汇罪的犯罪主体是公司、企业或者其他单位，是纯正的单位犯罪；而非法经营罪的犯罪主体既可以是自然人，也可以是单位。

五、犯罪特殊形态的认定

（一）犯罪停止形态的认定

理论上通常认为，逃汇罪以“数额较大”为构成犯罪的必备要件，属于典型的数额犯，只要行为人实际逃汇的数额达到较大的程度，即构成既遂，本罪只有既遂形态，不存在犯罪预备、中止和未遂等未完成形态。[①] 笔者认为，数额犯也存在未遂形态，如行为人企图转移或者非法存放大量外汇到境外，但因意志外的因素而受阻，对此可按照逃汇罪的犯罪未遂来处理。

（二）共同犯罪的认定

《全国人民代表大会常务委员会关于惩治骗购外汇、逃汇和非法买卖外汇犯罪的决定》第 5 条规定，海关、外汇管理部门以及金融机构、从事对外贸经营活动的公司、企业或者其他单位的工作人员与骗购外汇或者逃汇的行为人通谋，为其提供购买外汇的有关凭证或者其他便利的，或者明知是伪造、变造的凭证和单据而售汇、付汇的，以共犯论，依照本决定从重处罚。

---

① 张军主编：《破坏金融管理秩序罪》，中国人民公安大学出版社 2003 年版，第 445 页。

本罪是单位犯罪，自然人不能独立构成。尽管单位不是一种特殊身份，但相对于自然人来说单位可以看作一种特殊身份，因而本罪的单位与自然人共同犯罪问题类似于具有特定身份的人与没有特定身份的人共同犯罪的问题，是否可以构成共同实行犯在理论上存在争议。笔者认为，身份是犯罪主体的构成要素之一，决定着犯罪主体的性质，对犯罪行为也有决定意义，没有特殊身份的人不可能实施法律要求犯罪主体具有特定身份的犯罪的实行行为，因而在单位和自然人共同犯罪的情况下，自然人实施的为非实行行为。

对于单位与单位之间的共同犯罪，刑法理论中成为共同单位犯罪。① 实践中也有两个以上单位相互勾结逃汇的情况，在认定逃汇罪的共同单位犯罪时，需要把握两个问题：一是犯罪主体均为单位，对于无资金、无场所、无设备、无从业人员的公司逃汇的，不能视为共同单位犯罪；二是共同单位犯罪需具有犯罪的共同故意，即两个以上单位具有逃汇的共同故意，一般情况下这种共同故意是通过单位的代表人通谋实现。

（三）罪数的认定

行为人在实施犯罪行为时，可能同时触犯刑法规定的其他罪名，对于罪数的认定，可以从牵连犯、想象竞合犯和吸收犯等方面具体分析。

根据我国外汇管理法律法规规定，行为人向境外携出、汇出或者邮出外汇时，一般需要向有关部门出具有效凭证，如携带外汇出境的，需要向海关交检携带外汇出境许可证。司法实践中有些行为人采取伪造、变造有关凭证、单据的手段欺骗有关部门，而将外汇非法转移到境外。对此，行为人所采取的伪造、变造有关凭证、单据的行为构成犯罪的，同时其将外汇转移境外的行为又触犯了逃汇罪，这在理论上属于牵连犯，根据牵连犯“从一重罪处断”原则，以重罪逃汇罪从重处罚。

司法实践中本罪还涉及想象竞合犯的问题，即在行为人将境内的外汇非法转移到境外的行为，如前所述，因具备走私性质还可能构成走私罪，对此根据想象竞合犯处断原则择一重罪从重处罚。

对于司法实践中经常发生的行为人骗购外汇后，又将外汇转移到境外的情形，

---

① 陈兴良：《共同犯罪论》，中国社会科学出版社 1992 年版，第 355 页。

如果行为人所实施的骗购外汇行为与逃汇行为是在一个牵连意图的支配下实施的，则骗购外汇行为是原因行为，逃汇行为是结果行为，两罪构成牵连犯从一重罪处断。如果行为人实施的骗购外汇行为与逃汇行为之间缺乏牵连意图，则属于吸收犯情形，根据吸收犯重行为吸收情形为原则，以骗购外汇罪从重处罚。

【办案依据】

一、刑法规定

第一百九十条 公司、企业或者其他单位，违反国家规定，擅自将外汇存放境外，或者将境内的外汇非法转移到境外，数额较大的，对单位判处逃汇数额百分之五以上百分之三十以下罚金，并对其直接负责的主管人员和其他直接责任人员，处五年以下有期徒刑或者拘役；数额巨大或者有其他严重情节的，对单位判处逃汇数额百分之五以上百分之三十以下罚金，并对其直接负责的主管人员和其他直接责任人员，处五年以上有期徒刑。

二、司法解释

《最高人民法院关于审理骗购外汇、非法买卖外汇刑事案件具体应用法律若干问题的解释》（1998年9月1日 法释〔1998〕20号）

第一条 以进行走私、逃汇、洗钱、骗税等犯罪活动为目的，使用虚假、无效的凭证、商业单据或者采取其他手段向外汇指定银行骗购外汇的，应当分别按照刑法分则第三章第二节、第一百九十条、第一百九十一条和第二百零四条等规定定罪处罚。

非国有公司、企业或者其他单位，与国有公司、企业或者其他国有单位勾结逃汇的，以逃汇罪的共犯处罚。

三、司法文件

《最高人民检察院、公安部关于公安机关管辖的刑事案件立案追诉标准的规定（二）》（2022年4月6日）

第四十一条 【逃汇案（刑法第一百九十条）】 公司、企业或者其他单位，违反国家规定，擅自将外汇存放境外，或者将境内的外汇非法转移到境外，单笔在二百万美元以上或者累计数额在五百万美元以上的，应予立案追诉。

四、会议纪要

《最高人民法院、最高人民检察院、公安部办理骗汇、逃汇犯罪案件联席会议纪要》（1999年3月16日）

公安机关侦查骗汇、逃汇犯罪案件，要及时全面收集和固定犯罪证据，抓紧缉捕犯罪分子 。人民检察院和人民法院对正在办理的骗汇、逃汇犯罪案件，只要基本犯罪事实清楚，基本证据确实充分，应当及时依法起诉、审判。主犯在逃或者骗购外汇所需人民币资金的来源无法彻底查清，但证明在案的其他犯罪嫌疑人实施犯罪的基本证据确实充分的，为在法定时限内结案，可以对在案的其他犯罪嫌疑人先行处理。对于已收集到外汇指定银行汇出凭证和境外收汇银行收款凭证等证据，能够证明所骗购外汇确已汇至港澳台地区或国外的，应视为骗购外汇既遂。

第二十九章　骗购外汇罪

【立案追诉标准】

骗购外汇案（《全国人民代表大会常务委员会关于惩治骗购外汇、逃汇和非法买卖外汇犯罪的决定》第1条）

骗购外汇，数额在五十万美元以上的，应予立案追诉。

《最高人民检察院、公安部关于公安机关管辖的刑事案件立案追诉标准的规定（二）》（2022年4月6日）

【犯罪构成及刑事责任】

骗购外汇罪是指使用伪造、变造的海关签发的报关单、进口证明、外汇管理部门核准件等凭证和单据，或者重复使用海关签发的报关单、进口证明、外汇管理部门核准件等凭证和单据，或者以其他方式骗购外汇，数额较大的行为。构成本罪需要具备以下四个要件：

1. 客体要件。本罪侵犯的客体是国家的外汇管理制度。

2. 客观要件。客观方面表现为使用伪造、变造的海关签发的报关单、进口证明、外汇管理部门核准件等凭证和单据，或者重复使用海关签发的报关单、进口证明、外汇管理部门核准件等凭证和单据，或者以其他方式骗购外汇，数额较大的行为。

3. 主体要件。本罪主体是达到法定刑事责任年龄且具备刑事责任能力的自然人和单位。

4. 主观要件。本罪在主观方面是故意。

根据《全国人民代表大会常务委员会关于惩治骗购外汇、逃汇和非法买卖外汇犯罪的决定》第1条的规定，有下列情形之一，骗购外汇，数额较大的，处5年以下有期徒刑或者拘役，并处骗购外汇数额5%以上30%以下罚金；数额巨大或者有其他严重情节的，处5年以上10年以下有期徒刑，并处骗购外汇数额5%以上30%以下罚金；数额特别巨大或者有其他特别严重情节的，处10年以上有期徒刑或者无期徒刑，并处骗购外汇数额5%以上30%以下罚金或者没收财产：（1）使用伪造、变造的海关签发的报关单、进口证明、外汇管理部门核准件等凭证和单据的；（2）重复使用海关签发的报关单、进口证明、外汇管理部门核准件等凭证和单据的；（3）以其他方式骗购外汇的。伪造、变造的海关签发的报关单、进口证明、外汇管理部门核准件等凭证和单据，并用于骗购外汇的，依照前款的规定从重处罚。明知用于骗购外汇而提供人民币资金的，以共犯论处。单位犯前三款罪的，对单位依照第1款的规定判处罚金，并对其直接负责的主管人员和其他直接责任人员，处5年以下有期徒刑或者拘役；数额巨大或者有其他严重情节的，处5年以上10年以下有期徒刑；数额特别巨大或者有其他特别严重情节的，处10年以上有期徒刑或者无期徒刑。

【疑难指导】

1988年《全国人民代表大会常务委员会关于惩治走私罪的补充规定》是我国刑事立法上第一次明确规定逃汇罪、套汇罪，以骗购外汇为行为方式之一的套汇罪与走私罪相分离，作为独立的罪名被确定。

1996年6月，中国人民银行公布，从1996年7月1日起将全国外商投资企业经常项目下外汇收支纳入银行结售汇体系。1997年1月，取消了对非贸易非经营性经常项目外汇的限制，实现了人民币经常项目下的可兑换，这意味着套汇行为将不再作为违法行为来处理。考虑到在外汇准许自由兑换的国家，套汇交易被视为一种正当的外汇交易方式，1997年刑法取消了套汇罪的规定，作为套汇行为方式之一的骗取外汇行为也随之非犯罪化。

1997年刑法实施不久，亚洲爆发金融危机，出现大量利用保税区海关监管的疏漏、伪造海关备案清单，购汇后汇出境外的套汇和骗购外汇行为，《全国人民代表大会常务委员会关于惩治骗购外汇、逃汇和非法买卖外汇犯罪的决定》，加大对逃汇罪打击，并增加骗购外汇罪。我国刑事立法对骗购外汇行为的惩治，经历了由犯罪化（走私罪、套汇罪）—非犯罪化—再犯罪化（骗购外汇罪）的过程。

一、骗购外汇的行为方式

（一）使用伪造、变造的海关签发的报关单、进口证明、外汇管理部门的核准件等凭证和单据骗购外汇

这种情形是典型的骗购外汇行为。报关单是指进出口商向海关申报进出口的主要单证，只有经过海关签发，才能认定进出口行为合法。海关签发的报关单包括进出口货物报关单和登记手册等。进出口货物报关单是指进出口单位向海关申报货物进、出口的单证，它由海关依固定格式印制。进出口货物登记手册包括进料加工手册和加工装配、中小型补偿贸易进出口货物登记手册。进口证明是指报关单位在申请进口付汇时向海关提交的除报关单外的各种证明进口事项的单据和凭证，包括进口许可证、进口合同、进口登记证明等。外汇管理部门核准件是指在进口付汇过程中，由进口单位及受委托单位填写的、外汇管理部门（包括外汇管理局及其分局）审核批准的外汇指定银行据以付汇的文件、凭证，如出口收汇核销单证等。其他凭证和单据，包括商业发票、运输单据、收费单据等。

这些凭证和单据，既可以是自己伪造和变造的，也可以是通过各种方式从他人手中获得的。伪造是指仿真制造足以使一般人误以为是真实有效的凭证和单据的行为。变造是指对真实有效的凭证和单据，通过涂改、挖补、剪贴等方法进行加工改造的行为。

（二）重复使用报关单、进口证明、外汇管理部门的核准件骗购外汇

重复使用是指将已经办理过购买外汇手续的有关凭证、单据再次使用，既包括重复一次使用，也包括重复多次使用，重复使用的次数不受限制。重复使用的凭证、单据虽然是无效的，但应当是真实的，是用已经购买外汇的凭证和单据再次使用，不能是伪造、变造的。已经办理过购买外汇手续的有关凭证、单据不再具有购买外汇的资格，行为人重复使用购买外汇，具有骗购外汇的性质，应作为骗购外汇罪进行处理。

（三）以其他方式骗购外汇

以其他方式骗购外汇是兜底性规定，是指以上述两种骗购外汇行为方式以外但与其具有相当性的行为骗购外汇，如以签订虚假合同方式骗购外汇，使用无效的、过期的、捡来的凭证和单据骗购外汇，或者与海关、外汇管理部门、金融机构中从事对外贸易经营的公司、企业或者其他单位的工作人员串通，由其提供凭证和单据骗购外汇。

二、主观罪过的理解

对于本罪的主观罪过，学界通说认为只能是故意，不包括过失。骗购外汇罪可以直接故意构成这毫无异议，但是否可以由间接故意存在不同看法。有论者指出，《全国人民代表大会常务委员会关于惩治骗购外汇、逃汇和非法买卖外汇犯罪的决定》并没有将骗购外汇罪的故意限定在直接故意范围，没有规定骗购外汇罪的目的，表明立法本意未对故意的范围作任何限定，而且从实践中发生的案件看，放任骗购外汇结果发生的案件并不在少数，因此骗购外汇罪在主观上包括直接故意和间接故意。[①] 笔者认为，本罪只能由直接故意构成。本罪行为人的行为是欺骗行为和购买行为的结合，行为人对购买外汇所持的主观态度是积极追求，不可能是放任。另外，《全国人民代表大会常务委员会关于惩治骗购外汇、逃汇和非法买卖外汇犯罪的决定》虽然并没有规定骗购外汇罪的目的，但其骗购行为必然具有目的，这种目的不言自明，无须法律作出特别限定，刑法中的许多犯罪目的也都为表明在条文之中，因此以法律没有规定目的论证本罪可以不具有目的不能成立。

三、与相关犯罪的界限

（一）骗购外汇罪与逃汇罪的界限

本罪与逃汇罪同为外汇犯罪，有许多共同之处，如都侵犯了外汇管理制度，主观方面都是故意，定罪起点都要求数额较大，但二者仍然存在不同。

一是犯罪客体不同。骗购外汇罪侵犯的直接客体是国家外汇管理秩序中的进

---

① 张相军：《骗购外汇罪的认定与处理》，载《刑事司法指南》2000年第1辑，法律出版社2000年版，第80页。

出口售汇核销管理制度；而逃汇罪的直接客体是国家外汇管理秩序中的外汇管制制度。

二是行为方式不同。骗购外汇罪的行为方式是使用伪造、变造的海关签发的报关单、进口证明、外汇管理部门核准件等凭证和单据，或者重复使用海关签发的报关单、进口证明、外汇管理部门核准件等凭证和单据，或者以其他方式骗购外汇；而逃汇罪的行为方式是违反国家规定，擅自将外汇存放境外或者将境内的外汇非法转移到境外。

三是犯罪主体不同。骗购外汇罪的主体既包括自然人，也包括单位；而逃汇罪的主体只能是单位，不包括自然人。

四主观目的不同。本罪要求行为人具有骗购外汇的目的；而逃汇罪不要求行为人具有某种目的。

（二）骗购外汇罪与诈骗罪的界限

骗购外汇罪与诈骗罪中都有骗的因素，但二者区别较大。

一是犯罪客体不同。骗购外汇罪的客体是国家外汇管理秩序中的进出口售汇核销管理制度；而诈骗罪的客体是他人公私财物的所有权。

二是客观要件不同。骗购外汇罪的行为方式是使用伪造、变造的海关签发的报关单、进口证明、外汇管理部门核准件等凭证和单据，或者重复使用海关签发的报关单、进口证明、外汇管理部门核准件等凭证和单据，或者以其他方式骗购外汇；而诈骗罪的行为方式是使用虚构事实、隐瞒真相的方法骗取他人财物。

三是犯罪对象不同。骗购外汇罪的犯罪对象只能是外汇，不包括人民币；而诈骗罪的犯罪对象是财物，既可以是外汇，也可以是人民币，还可以是有价证券和其他物品，其范围非常广泛。

四是犯罪主体不同。骗购外汇罪的犯罪主体既可以是自然人，也可以是单位；而诈骗罪的犯罪主体只能是自然人，不能是单位。

五是被害人不同。骗购外汇罪的被害人只能是外汇指定银行；而诈骗罪的被害人既可以是自然人，也可以是单位。

六是受财产损失不同。骗购外汇罪中外汇指定银行虽然也受了骗，但因行为人系按国家规定汇率购买外汇，外汇指定银行的财产权利并未受到侵害，它并未遭受财产损失，诈骗罪的被害人则因为上当受骗而“自愿”地将自己的财产交给对方，其财产权利受到了侵犯，遭受了财产损失，这是两罪最根本的区别。

（三）骗购外汇罪与非法经营罪的界限

骗购外汇罪是破坏金融秩序的犯罪，非法经营罪是扰乱市场秩序的犯罪，两罪在犯罪客体和犯罪客观方面都有明显区别。由于《全国人民代表大会常务委员会关于惩治骗购外汇、逃汇和非法买卖外汇犯罪的决定》将非法买卖外汇的行为明确规定为非法经营罪的行为方式之一，因而有必要对两罪界限予以把握。

骗购外汇罪与非法买卖外汇构成的非法经营罪的主要区别在于犯罪客观方面不同，骗购外汇罪表现为使用伪造、变造的海关签发的报关单、进口证明、外汇管理部门核准件等凭证和单据，或者重复使用海关签发的报关单、进口证明、外汇管理部门核准件等凭证和单据，或者以其他方式骗购外汇；而非法买卖外汇构成的非法经营罪则表现为在国家规定的交易场所以外非法买卖外汇，扰乱市场秩序，情节严重的行为。

四、犯罪特殊形态的认定

（一）共同犯罪的认定

1. 明知用于骗购外汇而提供人民币资金

《全国人民代表大会常务委员会关于惩治骗购外汇、逃汇和非法买卖外汇犯罪的决定》第1条第3款明确规定，明知用于骗购外汇而提供人民币资金的，以骗购外汇罪的共犯论处。对此规定，有观点认为这只是对刑法总则中共犯理论的描述，是法条虚置。笔者认为，这并非仅仅是提示性规定，若提供人民币资金的行为人和实施骗购外汇的行为人之间有通谋，根据刑法总则中共犯理论构成骗购外汇罪共犯自不待言；但是两行为人之间若无通谋，实施骗购外汇的行为人并不知道他人在为其提供人民币资金帮助，提供资金帮助一方是片面共犯，但我国刑法并不承认片面共犯。因此，本款规定意味着对于明知用于骗购外汇而提供人民币资金的行为人，即使实施骗购的行为人不知道他人在为其提供帮助，两行为人也构成共犯，因而本款规定并非虚置。

理解该款规定时应注意以下两点：一是提供人民币资金帮助的行为人主观方面出于故意，包括直接故意和间接故意，即行为人明知其提供的人民币资金必然或可能被他人用于骗购外汇，而执意提供人民币资金。虽然本罪实行犯只能出于直接故意，但理论上一般认为，帮助犯的意志因素是指帮助犯“希望或者放任实行犯所实施的犯罪结果的发生”，也就是说帮助行为可以为间接故意，应当将帮助犯的故意与实行犯的故意加以区别。二是并非所有提供人民币资金的行为都构成帮助行为，如果双方之间本来存在以金钱给付为内容的合法债权债务关系，债务人履行到期债务后债权人用对方给付的人民币资金去骗购外汇，即使债务人对此是明知的，也不应以本款规定追究债务人的刑事责任。

2. 居间骗购外汇与居间介绍骗购外汇

居间骗购外汇是指公司、企业或者其他单位，违反有关外贸代理业务的规定，采用非法手段，或者明知是伪造、变造的凭证、商业单据，为他人向外汇指定银行骗购外汇的行为。对于这种行为，由于《最高人民法院关于审理骗购外汇、非法买卖外汇刑事案件具体应用法律若干问题的解释》出台时并无骗购外汇罪的规定，因此该司法解释第 4 条对该种行为以非法经营罪论处。而后《全国人民代表大会常务委员会关于惩治骗购外汇、逃汇和非法买卖外汇犯罪的决定》增设了骗购外汇罪，居间骗购外汇实际上是骗购外汇罪的共犯行为，为他人骗购外汇的一方是骗购外汇罪的实行犯，委托他人为自己骗购外汇的一方则是骗购外汇罪的教唆犯，因此按照前述决定规定，对于这种行为不应再以非法经营罪定罪处罚，而以骗购外汇罪定罪处罚。

居间介绍骗购外汇是指收取他人人民币，以虚假的购汇凭证委托外贸公司、企业骗购外汇，获取非法利益的行为。如前所述，最高人民法院司法解释对该种行为以非法经营罪定罪处罚，在《全国人民代表大会常务委员会关于惩治骗购外汇、逃汇和非法买卖外汇犯罪的决定》增设了骗购外汇罪后，这种行为是骗购外汇罪的共犯行为，居间介绍人在主观上与直接骗购外汇者有共同骗购外汇的意思联络，客观上又为直接骗购外汇提供了帮助，不再适用司法解释的规定。

3. 内外勾结骗购外汇

《全国人民代表大会常务委员会关于惩治骗购外汇、逃汇和非法买卖外汇犯罪的决定》第 5 条规定，海关、外汇管理部门以及金融机构、从事对外贸易经营活动的公司、企业或者其他单位的工作人员与骗购外汇或者逃汇的行为人通谋，为其提供购买外汇的有关凭证或者其他便利的，或者明知是伪造、变造的凭证和单据而售汇、付汇的，以骗购外汇罪的共犯论处，从重处罚。有论者认为，海关、外汇管理部门以及金融机构、从事对外贸易经营活动的公司、企业或者其他单位的工作人员在主观上与骗购外汇的行为人有通谋，具有共同的犯罪故意，在客观上上述人员也实施了提供购汇凭证、其他便利，或者违规售汇的行为，这些行为是骗购外汇罪的帮助行为，而且在骗购外汇犯罪中只起到次要或者辅助的作用，《全国人民代表大会常务委员会关于惩治骗购外汇、逃汇和非法买卖外汇犯罪的决定》对这种情况规定“以共犯论”，不过是有关刑法共犯理论的具体化，而且对本属从犯范畴的次要实行犯或帮助犯明确规定“依照本决定从重处罚”，有违刑法基本理论和刑法总则关于从犯处罚原则之规定。① 笔者认为，本条规定并不违背刑法基本理论，因为海关、外汇管理部门以及金融机构、从事对外贸易经营活动的公司、企业或者其他单位的工作人员，是具有特殊身份人员，这些特殊身份是一般骗购外汇行为的实施者所不具备的有利条件，对其从重处罚体现了我国刑法对特殊身份者从重处罚的立法精神。

（二）罪数的认定

本罪的行为人在实施骗购外汇犯罪中，往往同时实施了其他违法行为，如伪造、变造购汇凭证和单据，以欺骗方法获取购汇凭证和单据等行为，对此应当正确认定罪数，使罪刑相适应。行为人实施的伪造、变造购汇凭证和单据，以欺骗方法获取购汇凭证和单据等行为是骗购外汇的手段行为，与骗购外汇行为具有牵连关系。当这些行为不独立构成犯罪时，可直接按骗购外汇罪定罪；当这些行为能够独立构成犯罪时，行为人构成牵连犯，按牵连犯的原则定罪处罚。对于伪造、变造海关签发的报关单、进口证明等，然后用此骗购外汇，行为人既构成刑法第280条第1款的伪造、变造、买卖国家机关公文、证件、印章罪，又构成了骗购外汇罪，二罪之间有牵连关系，故行为人已构成牵连犯，应按处理牵连犯的原则处理。《全国人民代表大会常务委员会关于惩治骗购外汇、逃汇和非法买卖外汇犯罪的决定》第1条第2款对此作了明确规定，即伪造、变造海关签发的报关单、进

① 张军主编：《破坏金融管理秩序罪》，中国人民公安大学出版社2003年版，第539页。

口证明、外汇管理部门核准等凭证和单据，并用于骗购外汇的，依照前款的规定从重处罚。

【办案依据】

一、法律规定

《全国人民代表大会常务委员会关于惩治骗购外汇、逃汇和非法买卖外汇犯罪的决定》

一、有下列情形之一，骗购外汇，数额较大的，处五年以下有期徒刑或者拘役，并处骗购外汇数额百分之五以上百分之三十以下罚金；数额巨大或者有其他严重情节的，处五年以上十年以下有期徒刑，并处骗购外汇数额百分之五以上百分之三十以下罚金；数额特别巨大或者有其他特别严重情节的，处十年以上有期徒刑或者无期徒刑，并处骗购外汇数额百分之五以上百分之三十以下罚金或者没收财产：

（一）使用伪造、变造的海关签发的报关单、进口证明、外汇管理部门核准件等凭证和单据的；

（二）重复使用海关签发的报关单、进口证明、外汇管理部门核准件等凭证和单据的；

（三）以其他方式骗购外汇的。

伪造、变造海关签发的报关单、进口证明、外汇管理部门核准件等凭证和单据，并用于骗购外汇的，依照前款的规定从重处罚。

明知用于骗购外汇而提供人民币资金的，以共犯论处。

单位犯前三款罪的，对单位依照第一款的规定判处罚金，并对其直接负责的主管人员和其他直接责任人员，处五年以下有期徒刑或者拘役；数额巨大或者有其他严重情节的，处五年以上十年以下有期徒刑；数额特别巨大或者有其他特别严重情节的，处十年以上有期徒刑或者无期徒刑。

二、司法解释

《最高人民法院关于审理骗购外汇、非法买卖外汇刑事案件具体应用法律若干问题的解释》（1998年9月1日　法释〔1998〕20号）

第五条　海关、银行、外汇管理机关工作人员与骗购外汇的行为人通谋，为其提供购买外汇的有关凭证，或者明知是伪造、变造的凭证和商业单据而出售外汇，构成犯罪的，按照刑法的有关规定从重处罚。

第六条 实施本解释规定的行为，同时触犯二个以上罪名的，择一重罪从重处罚。

第七条 根据刑法第六十四条规定，骗购外汇、非法买卖外汇的，其违法所得予以追缴，用于骗购外汇、非法买卖外汇的资金予以没收，上缴国库。

第八条 骗购、非法买卖不同币种的外汇的，以案发时国家外汇管理机关制定的统一折算率折合后依照本解释处罚。

三、司法文件

《最高人民检察院、公安部关于公安机关管辖的刑事案件立案追诉标准的规定（二）》（2022年4月6日）

第四十二条 **【骗购外汇案（《全国人民代表大会常务委员会关于惩治骗购外汇、逃汇和非法买卖外汇犯罪的决定》第一条）】** 骗购外汇，数额在五十万美元以上的，应予立案追诉。

四、会议纪要

《最高人民法院、最高人民检察院、公安部办理骗汇、逃汇犯罪案件联席会议纪要》（1999年3月16日）

全国人大常委会《关于惩治骗购外汇、逃汇和非法买卖外汇犯罪的决定》（以下简称《决定》）公布施行后发生的犯罪行为，应当依照《决定》办理；对于《决定》公布施行前发生的公布后尚未处理或者正在处理的行为，依照修订后的刑法第十二条第一款规定的原则办理。

最高人民法院1998年8月28日发布的《关于审理骗购外汇、非法买卖外汇刑事案件具体应用法律若干问题的解释》（以下简称《解释》），是对具体应用修订后的刑法有关问题的司法解释，适用于依照修订后的刑法判处的案件。各执法部门对于《解释》应当准确理解，严格执行。

第三十章 洗 钱 罪

【立案追诉标准】

洗钱案（刑法第 191 条）

为掩饰、隐瞒毒品犯罪、黑社会性质的组织犯罪、恐怖活动犯罪、走私犯罪、贪污贿赂犯罪、破坏金融管理秩序犯罪、金融诈骗犯罪的所得及其产生的收益的来源和性质，涉嫌下列情形之一的，应予立案追诉：

（一）提供资金帐户的；

（二）将财产转换为现金、金融票据、有价证券的；

（三）通过转帐或者其他支付结算方式转移资金的；

（四）跨境转移资产的；

（五）以其他方法掩饰、隐瞒犯罪所得及其收益的来源和性质的。

《最高人民检察院、公安部关于公安机关管辖的刑事案件立案追诉标准的规定（二）》（2022 年 4 月 6 日）

【犯罪构成及刑事责任】

洗钱罪是指明知是毒品犯罪、黑社会性质的组织犯罪、恐怖活动犯罪、走私犯罪、贪污贿赂犯罪、破坏金融管理秩序犯罪、金融诈骗犯罪的所得及其产生的收益，而以各种方法掩饰、隐瞒其来源和性质的行为。构成本罪需要具备以下四个要件：

1. 客体要件。本罪侵犯的客体是国家的金融管理秩序。

2. 客观要件。客观方面表现为提供资金账户，或者将财产转换为现金、金融票据、有价证券的，或者通过转账或者其他支付结算方式转移资金，或者跨境转移资产或者以其他方法掩饰、隐瞒毒品犯罪、黑社会性质的组织犯罪、恐怖活动犯罪、走私犯罪、贪污贿赂犯罪、破坏金融管理秩序犯罪、金融诈骗犯罪所得及其收益的来源和性质。

3. 主体要件。本罪主体包括自然人和单位。

4. 主观要件。本罪在主观方面是故意，明知是毒品犯罪、黑社会性质的组织犯罪、恐怖活动犯罪、走私犯罪、贪污贿赂犯罪、破坏金融管理秩序犯罪、金融诈骗犯罪的所得及其产生的收益，而以各种方法掩饰、隐瞒其来源和性质。

根据刑法第 191 条的规定，为掩饰、隐瞒毒品犯罪、黑社会性质的组织犯罪、恐怖活动犯罪、走私犯罪、贪污贿赂犯罪、破坏金融管理秩序犯罪、金融诈骗犯罪的所得及其产生的收益的来源和性质，有下列行为之一的，没收实施以上犯罪的所得及其产生的收益，处 5 年以下有期徒刑或者拘役，并处或者单处罚金；情节严重的，处 5 年以上 10 年以下有期徒刑，并处罚金：（1）提供资金账户的；（2）将财产转换为现金、金融票据、有价证券的；（3）通过转账或者其他支付结算方式转移资金的；（4）跨境转移资产的；（5）以其他方法掩饰、隐瞒犯罪所得及其收益的来源和性质的。单位犯前款罪的，对单位判处罚金，并对其直接负责的主管人员和其他直接责任人员，依照前款的规定处罚。

【疑难指导】

一、洗钱罪的刑事立法变迁

20 世纪 80 年代，毒品犯罪开始在我国出现并呈现上升趋势，而洗钱是与毒品犯罪紧密相连的下游犯罪，在毒品交易中起关键作用。

考虑到洗钱犯罪已不限于毒品犯罪，1997 年修订刑法时，在第 191 条专门设立了洗钱罪，奠定了该罪罪状与法定刑的基本模板。该条规定的上游犯罪类型在毒品犯罪的基础上增加了黑社会性质的组织犯罪、走私犯罪。在客观方面，采取“列举式+兜底式”的立法技术，规定了五种洗钱的行为方式：一是提供资金账户；二是协助将财产转换为现金或者金融票据；三是通过转账或者其他结算方式协助资金转移；四是协助将资金汇往境外；五是以其他方法掩饰、隐瞒犯罪的违法所得及其收益的性质和来源。在主观方面，使用“明知”的术语，要求行为人必须出于故意，对源自上游犯罪的违法所得及其产生的收益，加以掩饰、隐瞒其来源和性质。对于自然人犯洗钱罪，设置两个档次的法定刑：构成犯罪的，处 5 年以下有期徒刑或者拘役；情节严重的，则处 5 年以上 10 年以下有期徒刑。对于单位犯洗钱罪，采取双罚制但仅有一个量刑档次：对单位判处罚金，并对其直接负责的主管人员和其他直接责任人员，处 5 年以下有期徒刑或者拘役。在罚金刑上，采取百分比罚金刑的限额模式，规定并处或者单处洗钱数额 5% 以上 20% 以下罚金。

2001 年刑法修正案（三）对洗钱罪进行第一次修订。此次修订主要有两个方面内容：一是在洗钱罪的上游犯罪范围中，增加了“恐怖活动犯罪”。在 2001 年后，洗钱不再仅被看作清洗主要来自非法毒品交易的犯罪收益，而是被国际社会公认为犯罪分子隐藏其收入和获取资金的渠道，打击犯罪要取得成功，就必须消除犯罪分子的融资能力。二是为了打击犯罪，增加“情节严重”的档次，对单位直接负责的主管人员和其他直接责任人员，规定可处 5 年以上 10 年以下有期徒刑。

为适应打击洗钱犯罪的需要，2006 年刑法修正案（六）对洗钱罪进行第二次修订。此次修订，一是在毒品犯罪、黑社会性质的组织犯罪、走私犯罪和恐怖活动犯罪四类上游犯罪的基础上，增加了贪污贿赂犯罪、破坏金融管理秩序犯罪、金融诈骗犯罪三类犯罪，形成了洗钱罪七类上游犯罪框架。二是针对不法分子利用我国迅速发展的证券市场进行洗钱的新态势，调整了洗钱罪的行为方式内容，在刑法第 191 条原先列举的第二种洗钱方式“协助将财产转换”的两种对象“现金或者金融票据”的基础上增加了“有价证券”。

为了在刑事立法中落实顶层设计中关于完善反洗钱法律制度的要求，履行我国对反洗钱国际互评估后的后续整改义务，刑法修正案（十一）对洗钱罪进行第三次修订。此次修订主要有六个方面：一是将行为人“明知”上游犯罪的规定和“掩饰、隐瞒犯罪所得及其收益的来源和性质的”的行为目的在表述上一并作了修改完善。将“明知是……犯罪的所得及其产生的收益，为掩饰、隐瞒其来源和性质”修改为“为掩饰、隐瞒……犯罪的所得及其产生的收益的来源和性质”。二是删去了本条第1款第2项、第3项、第4项中规定的“协助”，通过修改，将行为人自己实施特定上游犯罪并掩饰、隐瞒其犯罪所得及产生的收益的来源和性质的行为规定为犯罪，即将“自洗钱”行为规定为犯罪。三是在本条第1款第3项规定中增加以“支付”方式转移资金的犯罪行为，以加大对“地下钱庄”的惩处。四是将本条第1款第4项“协助将资金汇往境外”修改为“跨境转移资产”。五是将比例罚金刑“洗钱数额百分之五以上百分之二十以下罚金”修改为不定额罚金刑。六是对单位犯罪中直接责任人员的处罚增加规定了罚金刑。[①]

二、客体的认定

理论界对于洗钱罪客体的认识分歧较大，存在多种观点：一种观点认为，本罪侵犯的客体是国家关于金融活动的管理制度以及司法机关查处犯罪的正常活动。因为正常的金融业务活动禁止通过犯罪而获得的利益，通过金融活动使其“合法化”的洗钱行为则直接侵犯国家有关金融活动的管理制度。同时，因犯罪而获得的收益应属国家没收的范围，其本身也是犯罪成立的证据。洗钱行为，即将“赃钱”“黑钱”进行清洗转换成“合法”财产，严重妨碍国家司法机关对犯罪的查处活动。[②] 另一种观点认为，本罪的客体是复杂客体，即国家对金融活动的管理秩序、社会管理秩序以及正常的司法活动，但主要是或者说直接客体是国家的金融管理秩序。[③] 本罪的客体是复杂客体，即破坏了国家对金融的管理制度和社会治安管理秩序。[④] 上述观点大多认为洗钱罪侵犯的客体是复杂客体，但具体内容不同，有的是国家对金融的管理制度和社会治安管理秩序，有的是国家对金融活动的管理秩序和正常的司法活动，还有的是国家对金融活动的管理秩序、社会管理秩序以及正常的司法活动等。笔者认为，洗钱罪的客体是国家的金融管理秩序。

首先，洗钱罪归属于刑法分则第三章第四节破坏金融管理秩序罪中，决定了洗钱罪所侵犯的客体应是金融管理秩序。从洗钱罪规定的行为方式看，其也仅限

---

① 许永安主编：《中华人民共和国刑法修正案（十一）解读》，中国法制出版社2021年版，第135~136页。

② 高铭暄主编：《新编中国刑法学》，中国人民大学出版社1998年版，第625页。

③ 丁慕英主编：《刑法实施中的重点难点问题研究》，法律出版社1998年版，第673页。

④ 周道鸾等主编：《刑法的修改与适用》，人民法院出版社1997年版，第411页。

于金融领域；另外，反洗钱法规定反洗钱的目的也是预防洗钱活动，维护金融秩序，遏制洗钱犯罪及相关犯罪。

其次，洗钱罪的客体若包括社会管理秩序、司法机关的正常管理秩序，则无法界定洗钱罪与其他赃物犯罪的区别。各国刑事立法存在较大不同，美国等国家和地区的法律中并没有单独处罚赃物犯罪行为的规定，所以泛化了洗钱的含义，将一切针对犯罪所得的非法处分行为都纳入洗钱罪的调控范围。[①] 我国刑法中的洗钱罪是从原赃物犯罪中分离出来的罪名，该罪是借鉴国外立法经验，并结合我国立法实际设立的。在设立洗钱罪后，我国刑法并未取消相关赃物犯罪罪名，在修正了赃物犯罪的构成要件后，形成了与洗钱罪彼此分工、相互配合的立法现状。这种情况下，如果洗钱罪的客体包括社会管理秩序和司法机关的正常管理秩序，则无法界定洗钱罪与其他赃物犯罪的区别。

三、客观方面的认定

（一）上游犯罪的范围

关于洗钱罪的上游犯罪，刑法规定的七种犯罪具有一定的概括性，有的是类罪名，有的是章罪名，也有的是对刑法此方面所有具体犯罪的概括。

1. 毒品犯罪是指刑法分则第六章第七节的犯罪种类。由于洗钱罪的对象是七类犯罪的违法所得及其产生的收益，因而这七类上游犯罪中的具体犯罪是能产生违法所得的犯罪，作为洗钱罪上游犯罪的毒品犯罪应该主要是走私、贩卖、运输、制造毒品罪，走私制毒物品罪，非法买卖制毒物品罪，容留他人吸毒罪，非法种植毒品原植物罪等。

2. 黑社会性质的组织犯罪的外延，有观点认为仅是指组织、领导、参加黑社会性质组织罪，入境发展黑社会性质组织罪，包庇、纵容黑社会性质组织罪这三种犯罪。此观点对黑社会性质的组织犯罪界定过于狭窄，从法条表述逻辑和打击洗钱犯罪的实际看，这里的黑社会性质的组织犯罪不仅包括前述三个罪名，还应包括成立后的黑社会性质的组织实施的各种犯罪，即掩饰、隐瞒利用黑社会性质组织非法获得的经济利益的行为，都可构成洗钱罪。

---

① 应悦：《洗钱罪的上游犯罪问题研究》，载《上海大学学报（社会科学版）》2003年第6期。

3. 恐怖活动犯罪，主要是指恐怖组织实施的各种犯罪，既包括刑法第120条和第120条之一所规定的组织、领导、参加恐怖组织罪和帮助恐怖活动罪，也包括行为人利用恐怖组织实施的各种犯罪活动。

4. 走私犯罪为刑法分则第三章第二节第151条至第157条规定的所有犯罪，包括走私武器、弹药罪，走私核材料罪，走私假币罪，走私文物罪，走私贵重金属罪，走私珍贵动物、珍贵动物制品罪，走私国家禁止进出口的货物、物品罪，走私淫秽物品罪，走私废物罪，走私普通货物、物品罪等。

5. 贪污贿赂犯罪是指刑法分则第八章贪污贿赂罪所包含的所有具体犯罪，包括贪污罪，挪用公款罪，受贿罪，利用影响力受贿罪，行贿罪，对有影响力的人行贿罪，对单位行贿罪，介绍贿赂罪，单位行贿罪，贪污罪，巨额财产来源不明罪，隐瞒境外存款罪，私分国有资产罪，私分罚没财物罪。另外，刑法分则其他章节规定的按照贪污贿赂犯罪认定的其他具体犯罪，均可成为洗钱罪的上游犯罪。但是非国家工作人员受贿罪、对非国家工作人员行贿罪和职务侵占罪不属于洗钱罪的上游犯罪。

6. 破坏金融管理秩序犯罪是刑法分则第三章第四节破坏金融管理秩序罪中规定的所有犯罪，包括伪造货币罪，出售、购买、运输假币罪，金融工作人员购买假币、以假币换取货币罪，持有、使用假币罪，变造货币罪，擅自设立金融机构罪，伪造、变造、转让金融机构经营许可证、批准文件罪，高利转贷罪，骗取贷款、票据承兑、金融票证罪，非法吸收公众存款罪，伪造、变造金融票证罪，妨害信用卡管理罪，窃取、收买、非法提供信用卡信息罪，伪造、变造国家有价证券罪，伪造、变造股票、公司、企业债券罪，擅自发行股票、公司、企业债券罪，内幕交易、泄露内幕信息罪，利用未公开信息交易罪，编造并传播证券、期货交易虚假信息罪，诱骗投资者买卖证券、期货合约罪，操纵证券、期货市场罪，背信运用受托财产罪，违法运用资金罪，违法发放贷款罪，吸收客户资金不入帐罪，违规出具金融票证罪，对违法票据承兑、付款、保证罪，逃汇罪，洗钱罪。

7. 金融诈骗犯罪是刑法分则第三章第五节金融诈骗罪中规定的所有犯罪，包括集资诈骗罪、贷款诈骗罪、票据诈骗罪、金融凭证诈骗罪、信用证诈骗罪、信用卡诈骗罪、有价证券诈骗罪、保险诈骗罪等。

上游犯罪的认定影响到洗钱罪的认定，虽然上游犯罪尚未依法裁判，但查证属实的，或者上游犯罪事实可以确认，但因行为人死亡等原因依法不追究刑事责任的，不影响洗钱罪的认定和审判。

（二）客观行为的认定

刑法第 191 条以“列举+兜底”的方式规定了洗钱罪五种行为，包括：（1）提供资金账户的；（2）将财产转换为现金、金融票据、有价证券的；（3）通过转账或者其他支付结算方式转移资金的；（4）跨境转移财产的；（5）以其他方法掩饰、隐瞒犯罪所得及其收益的来源和性质的。上述洗钱形式都具有“掩饰、隐瞒犯罪所得及其收益的来源和性质”的共性，实践中需要对刑法条文的行为方式进行补充适用。在对兜底规定进行补充认定时，应当与刑法条文中列举的前四种行为方式具有相当性。对于洗钱罪的客观行为，主要应关注两个方面，即行为实质和行为方式。

1. 行为实质

刑法条文中所列五种行为方式都具有“掩饰、隐瞒犯罪所得及其收益的来源和性质”的共性，也就是说洗钱罪客观行为的实质是行为在客观上是否起到了掩饰、隐瞒犯罪所得及其收益的性质和来源的作用，这是洗钱罪客观特征的本质概括。掩饰是指行为人积极主动地采取各种方式对七类上游犯罪的犯罪所得及其收益的来源和性质进行掩盖，使他人误认为财产是合法所得。隐瞒是指行为人明知真实情况而不予说明，并且故意制造假象，干扰检查活动的行为。

实践中，如果行为人客观上将七类上游犯罪所得改变了存在的位置或形态，如将资金跨境汇往境外，或者将现金投资转换为房产、股权、股票，或者使用现金购买汽车、奢侈品、文物、高档家具等高价值的动产，符合刑法第 191 条规定的犯罪所得财产的转移、转换，且财产的归属（权属）也发生了改变，客观上起到了掩饰、隐瞒财产性质或来源的作用。

对于持有、占有、出售、消费等行为方式是否能够认定为洗钱，不应一概而论。对上游犯罪的犯罪所得及其收益的持有、占有，不宜认定为洗钱，这是上游犯罪的自然延伸。但对其他如转移、使用、消费等方式，不能笼统认定。在实践中，消费的形式十分复杂，如行为人实施了洗钱七类上游犯罪的行为，将犯罪所得用于自己消费、使用的，是否能够构成自洗钱，仍需要结合消费、使用的具体方式对待，如果仅是使用现金、银行卡多次、小额购买生活用品等，这种消费行为难以起到转移、转换财产存在位置和形态的作用，也难以达到犯罪人对犯罪所得通过洗白从而“合法”地持有、享用的效果，这种消费不构成自洗钱。

2. 行为方式

（1）提供资金账户。资金账户包括银行的存款、储蓄账户、信用卡账户、外汇账户，证券公司的股票交易账户，基金公司的基金交易账户，期货公司的期货交易账户等，既包括将现有的个人在银行的储蓄账户、单位在银行的存款账户提供给犯罪嫌疑人使用，也包括为犯罪人开设新的资金账户，这些行为都使上游犯罪的犯罪所得及其收益表面合法化，具有洗钱的性质。

（2）将财产转换为现金、金融票据、有价证券。七类上游犯罪的犯罪所得及其产生的收益不一定是资金，也可能是其他不易藏匿的动产和不动产等，将这些财产转换为现金、金融票据、有价证券，可以便于犯罪分子控制。

（3）通过转账或者其他支付结算方式转移资金。转账是指利用支票、本票、汇票等金融票据或者委托，将犯罪所得及其收益从一个账户转往另一个账户，将犯罪所得及其收益混入合法收入中，从而掩饰、隐瞒其非法来源和性质。其他支付结算方式包括汇兑、托收承付、委托收款、电子资金划拨等方法。

（4）跨境转移财产。为逃避国内司法机关对犯罪所得及其收益的追查，以各种名义通过金融机构或者其他方法，将财产转移境外的情形。

（5）以其他方法掩饰、隐瞒犯罪所得及其收益的来源和性质。这是除前述列举的四种洗钱方式外的洗钱方式，对此《最高人民法院关于审理洗钱等刑事案件具体应用法律若干问题的解释》对此进行了明确，“以其他方法掩饰、隐瞒犯罪所得及其收益的来源和性质”包括如下情形：通过典当、租赁、买卖、投资等方式，协助转移、转换犯罪所得及其收益的；通过与商场、饭店、娱乐场所等现金密集型场所的经营收入相混合的方式，协助转移、转换犯罪所得及其收益的；通过虚构交易、虚设债权债务、虚假担保、虚报收入等方式，协助将犯罪所得及其收益转换为“合法”财物的；通过买卖彩票、奖券等方式，协助转换犯罪所得及其收益的；通过赌博方式，协助将犯罪所得及其收益转换为赌博收益的；协助将犯罪所得及其收益携带、运输或者邮寄出入境的；通过前述规定以外的方式协助转移、转换犯罪所得及其收益的。

（三）犯罪所得及其产生的收益

洗钱罪七类上游犯罪所包含的具体罪名，有的犯罪明显有犯罪所得，如贩卖毒品罪、贪污罪等，但有的犯罪不直接产生犯罪收益，如引诱、教唆、欺骗他人吸毒罪等，还有的犯罪非但不产生犯罪收益，反而需要资金予以支持实施，如组织、领导、参加黑社会性质组织罪等。根据国际公约的规定，犯罪所得是指通过实施犯罪而直接或间接产生或者获得的任何财产。理论上说实施任何犯罪都有可能间接产生或者获得财产，这就使犯罪所得的范围十分宽泛，既包括通过实施犯罪而直接获得的财产，如受贿罪中受贿人得到的贿赂款，也包括通过实施犯罪而间接产生或者获得的财产情形，如通过实施恐怖活动犯罪而得到恐怖组织的报酬等。

在理解犯罪所得时应注意与犯罪对象、犯罪组成之物的区别。犯罪对象是犯罪行为直接作用的人或物，犯罪组成之物是满足犯罪构成要件不可缺少之物品，如赌博罪中的赌资、贿赂犯罪中的贿赂款项。犯罪所得、犯罪对象与犯罪组成之物有时可能竞合在同一物品上，如受贿款既是犯罪所得，也是犯罪对象，还是犯罪组成之物。但在有些犯罪中，犯罪组成之物可能是犯罪对象，但不属于犯罪所得，如走私普通货物、物品罪中的普通货物、物品是犯罪对象，也是犯罪组成之物，但不是犯罪所得。犯罪所得是指行为人通过犯罪行为而获取的物品或者利益，走私普通货物、物品罪中的普通货物、物品并不是行为人从犯罪行为中获取的利益，其获取的利益是偷逃的应纳税额。鉴于此，走私者将走私的普通货物、物品予以销售的行为，不能被评价为自洗钱行为，不属于“将财产转换为现金、金融票据、有价证券”的行为。

对于贿赂犯罪而言，贿赂款项是犯罪组成之物，也是犯罪对象。对于行贿人而言，贿赂款项显然不是犯罪所得，因为行贿人由于行贿行为使自己丧失了财物，而对于受贿人而言，贿赂款项显然是犯罪所得。另外，伪造货币罪中伪造的货币是犯罪生成之物，但因伪造的货币没有真正的价值，不能被评价为犯罪所得，因此伪造者自己使用或者他人使用伪造的货币的行为也不可能构成洗钱罪。伪造货币者又使用伪造的货币的，构成伪造货币罪和使用假币罪，按照牵连犯处断原则，对行为人择一重罪从重处罚；伪造货币者之外的人使用伪造的货币的，构成使用假币罪。

四、洗钱罪删除“明知”后的理解

原刑法第 191 条规定，“明知是毒品犯罪、黑社会性质的组织犯罪、恐怖活动犯罪、走私犯罪、贪污贿赂犯罪、破坏金融管理秩序犯罪、金融诈骗犯罪的所得及其产生的收益，为掩饰、隐瞒其来源和性质……”，刑法修正案（十一）第 14 条将刑法第 191 条修改为：“为掩饰、隐瞒毒品犯罪、黑社会性质的组织犯罪、恐怖活动犯罪、走私犯罪、贪污贿赂犯罪、破坏金融管理秩序犯罪、金融诈骗犯罪的所得及其产生的收益的来源和性质……”，原“明知”要件被删除。

（一）删除“明知”并未改变洗钱罪的主观要件仍为故意

我国刑法总则和分则都有关于明知的规定，总则是在故意犯罪的概念规定了“明知”，即明知自己的行为会发生危害社会的结果，并且希望或者放任这种结果发生，因而构成犯罪的，是故意犯罪；而分则目前有 38 个罪名中规定了“明知”要件。对于刑法总则和分则中“明知”的关系，笔者认为，总则中的明知解决的是故意犯罪中的认识因素，而分则中的明知是在具备总则罪过的基础之上，由特殊个罪条文所要求的额外的主观要素。即使没有刑法分则个罪中的“明知”，也不影响具体个罪的主观要件。刑法总则故意犯罪中的“明知”是故意构造自身的要求，是对规范结果与性质的认识，而不是对特定犯罪事实的认识；刑法分则中的“明知”是主观的超过要素，是对特定事实认识的强调。因此，洗钱罪中的“明知”，是主观的超过要素，而不是刑法总则明知的前提要素。刑法修正案（十一）删除洗钱罪的“明知”要件，只是降低对行为对象事实的证明标准，而未改变洗钱罪的主观要件，洗钱罪的主观方面仍为故意。[①]

（二）删除“明知”使自洗钱行为入罪

上游犯罪本犯能否成为洗钱罪的主体一直是我国刑法学界争论的问题。在以往我国刑法第 191 条规定“明知”要件的情况下，该罪特指洗钱犯罪分子明知对

---

① 刘艳红：《洗钱罪删除“明知”要件后的理解与适用》，载《当代法学》2021 年第 4 期。

方所得是来自毒品犯罪、黑社会等犯罪所得及其收益，亦即有“明知”要件时针对的是他洗钱，而不包括为自己赃款洗钱的行为。如2009年《最高人民法院关于审理洗钱等刑事案件具体应用法律若干问题的解释》第1条规定，刑法第191条、第312条规定的“明知”，应当结合被告人的认知能力，接触他人犯罪所得及其收益的情况等因素进行认定。这里的“他人”，都是洗钱犯罪分子之外的实施上游犯罪的人，这一规定将上游毒品犯罪等犯罪分子和下游洗钱犯罪分子区分开来，自己实施上游犯罪又自己洗钱的人亦即上游犯罪本犯不能成为洗钱罪的犯罪主体。

删除“明知”后，扩大了洗钱罪的处罚范围，除传统的他洗钱构成洗钱罪外，为自己实施毒恐等犯罪的犯罪所得或产生的收益进行洗钱的行为亦即“自洗钱”，也被纳入洗钱罪的打击范围。

（三）删除“明知”降低了洗钱罪的入罪标准

对于删除“明知”后，除主观故意外，“他洗钱”的成立是否需要明知要件，学界存在不同看法。有的观点认为“他洗钱”的成立仍需要明知要件，如有论者指出在我国目前规定自洗钱入罪的法定情形下，对于洗钱罪在主观方面的认定，可以分为“自洗钱”与“他洗钱”两种类型来理解适用，对于“自洗钱”不存在对“明知”的证明问题，而“他洗钱”依然需要证明行为人主观要件的成立。[①]也有的观点认为“他洗钱”行为入罪不需要“明知”，如有论者指出，前述看法混淆了主观故意和明知之间的关系，将“他洗钱”是否需要“明知”的问题替换为是否需要主观要件的问题，删掉洗钱罪中的“明知”丝毫不影响犯罪的主观要件为故意，而只是降低了对行为对象事实的认识标准，即洗钱罪只需要有主观故意即可，不再需要明知是毒品等犯罪所得及其收益这一事实。洗钱罪删除“明知”后，不仅意味着“自洗钱”行为入罪，也意味着“他洗钱”行为入罪不需要“明知”，降低了洗钱罪的入罪标准。[②]

笔者认为，虽然从文义解释角度看，删除“明知”要件后，整个洗钱罪都不再有“明知”这一要件，但这不等于从处罚的合理性和必要性这一实质角度也不

① 王新：《洗钱罪入罪的意义与司法适用》，载《检察日报》2021年3月25日，第3版。
② 刘艳红：《洗钱罪删除“明知”要件后的理解与适用》，载《当代法学》2021年第4期。

需要“明知”。对于“自洗钱”，行为人为自己的犯罪所得及其收益洗钱，其洗钱行为本身就是建立在明知的基础之上的，因而无须再证明。而对于“他洗钱”，如果行为人不清楚对方的所得及其收益是毒品等七类上游犯罪所得及其收益，而从事资金流转等服务的就贸然定罪，难以实现处罚的合理性。因此，对于“明知”，应当区分“自洗钱”和“他洗钱”这两种不同的洗钱行为，对于“自洗钱”行为只要实施了洗钱行为即可定罪，而对于“他洗钱”行为则要求应该具备“明知”要件。

五、“自洗钱”入罪后的罪数问题

在自洗钱入罪之后，对于自洗钱与上游犯罪的竞合问题，是从一重罪处罚，还是数罪并罚，刑法修正案（十一）未作规定，这需要结合洗钱行为方式的性质来区分界定。法定七类上游犯罪的本犯所实施的后续行为，倘若是上游犯罪的自然延伸，如对于本人犯罪后自然地占有、窝藏、获取等行为，则不宜认定为洗钱。在这种情形下，法定七类上游犯罪的所得和收益是处于上游犯罪实施后的“物理反应”之自然延伸状态，本犯并没有对其实施动态的“漂白”行为，这符合传统赃物罪的特征，属于“不可罚的事后行为”，故不应划入洗钱的范畴，也就谈不上洗钱罪的适用问题。如果法定七类上游犯罪的本犯在实施上游犯罪行为后，又进行动态的“漂白”行为，致使犯罪所得和犯罪收益呈现出“化学反应”，切断了其来源和性质。在这种情形下，本犯的后续行为就不纯粹是上游犯罪的自然延伸，这已经超出传统赃物罪的特征，应定性为洗钱行为。倘若构成洗钱罪，则与上游犯罪实行数罪并罚。

简言之，行为人对于自己实施法定七类上游犯罪的犯罪所得及其产生的收益，如果采用窝藏、转移的“物理方法”的，则只构成上游犯罪；如果采用掩饰、隐瞒的“化学漂白方法”的，上游犯罪与下游犯罪应当数罪并罚。

六、与相关犯罪的界限

（一）洗钱罪与掩饰、隐瞒犯罪所得、犯罪所得收益罪的界限

刑法修正案（六）对“窝藏、转移、收购、销售赃物罪”的行为方式进行了修正，修正后的罪名确定为“掩饰、隐瞒犯罪所得、犯罪所得收益罪”。洗钱罪与掩饰、隐瞒犯罪所得、犯罪所得收益罪在犯罪构成上较为相似，但也存在较大不同。

一是犯罪客体不同。洗钱罪的犯罪客体是国家的金融管理秩序；而掩饰、隐瞒犯罪所得、犯罪所得收益罪的犯罪客体是司法机关的正常活动。

二是上游犯罪不同。洗钱罪的上游犯罪是毒品犯罪、黑社会性质的组织犯罪、恐怖活动犯罪、走私犯罪、贪污贿赂犯罪、破坏金融管理秩序犯罪、金融诈骗犯罪；而掩饰、隐瞒犯罪所得、犯罪所得收益罪对上游犯罪没有限定，一般认为是除上述七类上游犯罪外的其他犯罪。

三是客观方面不同。洗钱罪的行为方式表现为将毒品犯罪、黑社会性质的组织犯罪、恐怖活动犯罪、走私犯罪、贪污贿赂犯罪、破坏金融管理秩序犯罪、金融诈骗犯罪的所得及其产生的收益，采用提供资金账户，或者将财产转换为现金、金融票据、有价证券，或者通过转帐或者其他支付结算方式转移资金，或者跨境转移资产，或者以其他方法掩饰、隐瞒其来源和性质；而掩饰、隐瞒犯罪所得、犯罪所得收益罪的行为方式是“窝藏、转移、收购、代为销售或者以其他方法掩饰、隐瞒”。根据2021年《最高人民法院关于审理掩饰、隐瞒犯罪所得、犯罪所得收益刑事案件适用法律若干问题的解释》第10条的规定，“其他方法”是指“居间介绍买卖，收受，持有，使用，加工，提供资金账户，协助将财物转换为现金、金融票据、有价证券，协助将资金转移、汇往境外等”。洗钱罪的行为内容主要是掩饰、隐瞒；而掩饰、隐瞒犯罪所得、犯罪所得收益罪的行为内容既可能是掩饰、隐瞒，也可能是窝藏、转移，甚至只是居间介绍买卖、收受、持有、使用等。

（二）洗钱罪中的毒品洗钱行为与包庇毒品犯罪分子罪和窝藏、转移、隐瞒毒品、毒赃罪的界限

洗钱罪的毒品洗钱行为与包庇毒品犯罪分子罪和窝藏、转移、隐瞒毒品、毒赃罪几种犯罪都是有关毒品犯罪的掩饰、隐瞒行为，但也存在较大区别。

一是犯罪客体不同。洗钱罪的犯罪客体是国家的金融管理秩序；而包庇毒品犯罪分子罪和窝藏、转移、隐瞒毒品、毒赃罪的犯罪客体是司法机关的正常活动。

二是犯罪对象不同。洗钱罪中的毒品洗钱行为的犯罪对象是毒品犯罪所得及其收益；而包庇毒品犯罪分子罪的犯罪对象为毒品犯罪分子，窝藏、转移、隐瞒毒品、毒赃罪的犯罪对象为毒品和毒赃。

三是客观方面不同。洗钱罪在客观上表现为五种洗钱行为；而包庇毒品犯罪

分子罪和窝藏、转移、隐瞒毒品、毒赃罪在客观上则表现为包庇毒品犯罪分子和窝藏、转移、隐瞒毒品、毒赃的行为。

四是犯罪主体不同。洗钱罪的犯罪主体包括自然人和单位；而包庇毒品犯罪分子罪和窝藏、转移、隐瞒毒品、毒赃罪的犯罪主体只能是自然人，不包括单位。

【办案依据】

一、刑法规定

第一百九十一条 为掩饰、隐瞒毒品犯罪、黑社会性质的组织犯罪、恐怖活动犯罪、走私犯罪、贪污贿赂犯罪、破坏金融管理秩序犯罪、金融诈骗犯罪的所得及其产生的收益的来源和性质，有下列行为之一的，没收实施以上犯罪的所得及其产生的收益，处五年以下有期徒刑或者拘役，并处或者单处罚金；情节严重的，处五年以上十年以下有期徒刑，并处罚金：

（一）提供资金帐户的；

（二）将财产转换为现金、金融票据、有价证券的；

（三）通过转帐或者其他支付结算方式转移资金的；

（四）跨境转移资产的；

（五）以其他方法掩饰、隐瞒犯罪所得及其收益的来源和性质的。

单位犯前款罪的，对单位判处罚金，并对其直接负责的主管人员和其他直接责任人员，依照前款的规定处罚。

二、司法解释

《最高人民法院关于审理洗钱等刑事案件具体应用法律若干问题的解释》（2009年11月11日　法释〔2009〕15号）

第一条 刑法第一百九十一条、第三百一十二条规定的“明知”，应当结合被告人的认知能力，接触他人犯罪所得及其收益的情况，犯罪所得及其收益的种类、数额，犯罪所得及其收益的转换、转移方式以及被告人的供述等主、客观因素进行认定。

具有下列情形之一的，可以认定被告人明知系犯罪所得及其收益，但有证据证明确实不知道的除外：

（一）知道他人从事犯罪活动，协助转换或者转移财物的；

（二）没有正当理由，通过非法途径协助转换或者转移财物的；

（三）没有正当理由，以明显低于市场的价格收购财物的；

（四）没有正当理由，协助转换或者转移财物，收取明显高于市场的“手续费”的；

（五）没有正当理由，协助他人将巨额现金散存于多个银行账户或者在不同银行账户之间频繁划转的；

（六）协助近亲属或者其他关系密切的人转换或者转移与其职业或者财产状况明显不符的财物的；

（七）其他可以认定行为人明知的情形。

被告人将刑法第一百九十一条规定的某一上游犯罪的犯罪所得及其收益误认为刑法第一百九十一条规定的上游犯罪范围内的其他犯罪所得及其收益的，不影响刑法第一百九十一条规定的“明知”的认定。

第二条 具有下列情形之一的，可以认定为刑法第一百九十一条第一款第（五）项规定的“以其他方法掩饰、隐瞒犯罪所得及其收益的来源和性质”：

（一）通过典当、租赁、买卖、投资等方式，协助转移、转换犯罪所得及其收益的；

（二）通过与商场、饭店、娱乐场所等现金密集型场所的经营收入相混合的方式，协助转移、转换犯罪所得及其收益的；

（三）通过虚构交易、虚设债权债务、虚假担保、虚报收入等方式，协助将犯罪所得及其收益转换为“合法”财物的；

（四）通过买卖彩票、奖券等方式，协助转换犯罪所得及其收益的；

（五）通过赌博方式，协助将犯罪所得及其收益转换为赌博收益的；

（六）协助将犯罪所得及其收益携带、运输或者邮寄出入境的；

（七）通过前述规定以外的方式协助转移、转换犯罪所得及其收益的。

第三条 明知是犯罪所得及其产生的收益而予以掩饰、隐瞒，构成刑法第三百一十二条规定的犯罪，同时又构成刑法第一百九十一条或者第三百四十九条规定的犯罪的，依照处罚较重的规定定罪处罚。

第四条 刑法第一百九十一条、第三百一十二条、第三百四十九条规定的犯罪，应当以上游犯罪事实成立为认定前提。上游犯罪尚未依法裁判，但查证属实的，不影响刑法第一百九十一条、第三百一十二条、第三百四十九条规定的犯罪的审判。

上游犯罪事实可以确认，因行为人死亡等原因依法不予追究刑事责任的，不影响刑法第一百九十一条、第三百一十二条、第三百四十九条规定的犯罪的认定。

上游犯罪事实可以确认，依法以其他罪名定罪处罚的，不影响刑法第一百九十一条、第三百一十二条、第三百四十九条规定的犯罪的认定。

本条所称"上游犯罪"，是指产生刑法第一百九十一条、第三百一十二条、第三百四十九条规定的犯罪所得及其收益的各种犯罪行为。

第五条 刑法第一百二十条之一规定的"资助"，是指为恐怖活动组织或者实施恐怖活动的个人筹集、提供经费、物资或者提供场所以及其他物质便利的行为。

刑法第一百二十条之一规定的"实施恐怖活动的个人"，包括预谋实施、准备实施和实际实施恐怖活动的个人。

三、司法文件

《最高人民检察院、公安部关于公安机关管辖的刑事案件立案追诉标准的规定（二）》（2022年4月6日）

第四十三条 【洗钱案（刑法第一百九十一条）】 为掩饰、隐瞒毒品犯罪、黑社会性质的组织犯罪、恐怖活动犯罪、走私犯罪、贪污贿赂犯罪、破坏金融管理秩序犯罪、金融诈骗犯罪的所得及其产生的收益的来源和性质，涉嫌下列情形之一的，应予立案追诉：

（一）提供资金帐户的；

（二）将财产转换为现金、金融票据、有价证券的；

（三）通过转帐或者其他支付结算方式转移资金的；

（四）跨境转移资产的；

（五）以其他方法掩饰、隐瞒犯罪所得及其收益的来源和性质的。

第二编　金融诈骗罪

第一章　集资诈骗罪

【立案追诉标准】

集资诈骗案（刑法第 192 条）

以非法占有为目的，使用诈骗方法非法集资，数额在十万元以上的，应予立案追诉。

《最高人民检察院、公安部关于公安机关管辖的刑事案件立案追诉标准的规定（二）》（2022 年 4 月 6 日）

【犯罪构成及刑事责任】

集资诈骗罪是指以非法占有为目的，使用诈骗方法非法集资，数额较大的行为。构成本罪需要具备以下四个要件：

1. 客体要件。本罪侵犯的客体是国家的金融管理秩序和公私财产的所有权。

2. 客观要件。客观方面表现为使用诈骗方法非法集资，数额较大的行为。

3. 主体要件。本罪主体是达到法定刑事责任年龄且具备刑事责任能力的自然人和单位。

4. 主观要件。本罪在主观方面是故意，且必须是以非法占有为目的。

根据刑法第 192 条的规定，以非法占有为目的，使用诈骗方法非法集资，数额较大的，处 3 年以上 7 年以下有期徒刑，并处罚金；数额巨大或者有其他严重情节的，处 7 年以上有期徒刑或者无期徒刑，并处罚金或者没收财产。

单位犯前款罪的，对单位判处罚金，并对其直接负责的主管人员和其他直接责任人员，依照前款的规定处罚。

【疑难指导】

一、诈骗方法的认定

诈骗方法就是指行为人采用虚构事实或者隐瞒真相的方法，诱使公众信以为真，错误地相信非法集资者的谎言，以达到其进行非法集资进而非法占有集资款的目的。

不论其采取什么欺骗手段，实质都是为了隐瞒事实真相，法律不可能穷尽诈骗的具体方法。最高人民法院于1996年发布的《关于审理诈骗案件具体应用法律的若干问题的解释》（已废止）指出，根据《全国人民代表大会常务委员会关于惩治破坏金融秩序犯罪的决定》第8条的规定，以非法占有为目的，使用诈骗方法非法集资的，构成集资诈骗罪。"诈骗方法"是指行为人采取虚构集资用途，以虚假的证明文件和高回报率为诱饵，骗取集资款的手段。这一解释并没有阐释诈骗方法的内涵，却限定了诈骗方法的外延。根据这一解释的规定，如果行为人采取的并非虚构资金用途、以虚假的证明文件和高回报率为诱饵的方法，则不构成集资诈骗罪，这显然是不合理的。刑法第192条只是描述了集资诈骗罪的不法类型即使用诈骗方法，并未明确列举其行为方式，前述司法解释将诈骗方法简单限定为"虚构集资用途，以虚假的证明文件和高回报率为诱饵"三种特定诈骗方式，不当缩小了诈骗方法的外延，造成处罚上的漏洞。

《最高人民法院关于审理非法集资刑事案件具体应用法律若干问题的解释》（以下简称《非法集资案件解释》）首先规定了非法吸收公众存款罪的认定标准，在此基础上具有非法占有的目的，则构成集资诈骗罪。该司法解释第1条规定了非法吸收公众存款罪的特征，即违反国家金融管理法律规定，向社会公众（包括单位和个人）吸收资金的行为，同时具备下列四个条件的，除刑法另有规定的以外，应当认定为刑法第176条规定的"非法吸收公众存款或者变相吸收公众存款"：（1）未经有关部门依法许可或者借用合法经营的形式吸收资金；（2）通过网络、媒体、推介会、传单、手机信息等途径向社会公开宣传；（3）承诺在一定期限内以货币、实物、股权等方式还本付息或者给付回报；（4）向社会公众即社会不特定对象吸收资金。第2条规定了非法吸收公众存款的具体类型，包括：（1）不具有房产销售的真实内容或者不以房产销售为主要目的，以返本销售、售后包租、约定回购、销售房产份额等方式非法吸收资金的；（2）以转让林权并代为管护等方式非法吸收资金的；（3）以代种植（养殖）、租种植（养殖）、联合种植（养殖）等方式非法吸收资金的；（4）不具有销售商品、提供服务的真实内容或者不以销售商品、提供服务为主要目的，以商品回购、寄存代售等方式非法吸收资金的；（5）不具有发行股票、债券的真实内容，以虚假转让股权、发售虚构债券等方式非法吸收资金的；（6）不具有募集基金的真实内容，以假借境外基金、发售虚构基金等方式非法吸收资金的；（7）不具有销售保险的真实内容，以假冒保险公司、伪造保险单据等方式非法吸收资金的；（8）以网络借贷、投资入股、虚拟币交易等方式非法吸收资金的；（9）以委托理财、融资租赁等方式非法吸收资金的；（10）以提供“养老服务”、投资“养老项目”、销售“老年产品”等方式非法吸收资金的；（11）利用民间“会”“社”等组织非法吸收资金的；（12）其他非法吸收资金的行为。第7条规定以非法占有为目的，使用诈骗方法实施本解释第2条规定所列行为的，应当依照刑法第192条的规定，以集资诈骗罪定罪处罚。该司法解释对非法吸收公众存款和集资诈骗类型的列举，除11种明确的行为外，还有兜底规定，即其他非法吸收资金的行为，这种规定方式不是对行为类型的限定，而是为司法机关认定犯罪时提供指引。

二、非法集资的认定

“非法集资”是指违反国家金融管理法规，向社会公众（包括单位和个人）吸收资金的行为，应具备非法性、公开性、利诱性和社会性。（关于“四性”的认定，本书第十章非法吸收公众存款罪中已论述内容，此处不再赘述）

（一）非法性

集资的非法性是指违反国家金融管理法律法规规定，国家金融管理法律法规是指所有有关金融管理的法律法规，除法律、行政法规外，还包括相关管理机构制定的部门规章。《最高人民法院、最高人民检察院、公安部关于办理非法集资刑事案件若干问题的意见》（以下简称2019年《意见》）第1条指出，人民法院、人民检察院、公安机关认定非法集资的“非法性”，应当以国家金融管理法律法规作为依据。对于国家金融管理法律法规仅作原则性规定的，可以根据法律规定的精神并参考中国人民银行、中国银行保险监督管理委员会、中国证券监督管理委员会等行政主管部门依照国家金融管理法律法规制定的部门规章或者国家有关金融管理的规定、办法、实施细则等规范性文件的规定予以认定。

非法性即违反国家金融管理法规，包括未经有关部门依法许可和以合法经营的形式掩盖非法吸收资金的实质两种。违反国家金融管理法律规定并不等同于未经有关部门批准，即未经有关部门批准而集资的当然是非法集资，经有关部门批准但是骗取批准或者违反批准内容集资的，也属于非法集资，另外有关部门超越批准权限批准的，也属于非法集资，当然这些非法集资行为是否构成集资诈骗罪还要结合其他因素综合分析。因此，不能简单地认为只要是经有权部门批准的集资就不成立集资诈骗罪。

另外，行政部门对于非法集资的性质认定，不是非法集资刑事案件进入刑事诉讼程序的必经程序。《最高人民法院、最高人民检察院、公安部关于办理非法集资刑事案件适用法律若干问题的意见》（以下简称2014年《意见》）规定，行政部门对于非法集资的性质认定，不是非法集资刑事案件进入刑事诉讼程序的必经程序。行政部门未对非法集资作出性质认定的，不影响非法集资刑事案件的侦查、起诉和审判。公安机关、人民检察院、人民法院应当依法认定案件事实的性质，对于案情复杂、性质认定疑难的案件，可参考有关部门的认定意见，根据案件事实和法律规定作出性质认定。

（二）公开性

公开性是指通过网络、媒体、推介会、传单、手机信息等各种途径向社会公开宣传。公开性并不意味着要为所有人所知悉，集资诈骗行为对于受骗者或者出资人而言是公开的，但是非出资人并不一定知情。从司法实践中的情况看，一些集资者常常只给可能出资的人发信息或者传单，因而，集资诈骗的公开性仅意味着其行为对象的公众性，2014年《意见》第2条规定，“向社会公开宣传”，包括以各种途径向社会公众传播吸收资金的信息，以及明知吸收资金的信息向社会公众扩散而予以放任等情形。向社会公开宣传不限于通过网络、媒体、推介会、传单、手机信息的方式，《非法集资案件解释》在“网络、媒体、推介会、传单、手机信息”这些途径之后使用“等”字，意味着公开宣传的途径并不以此为限，还包括并不限于网络、标语、横幅、宣传册、宣传画、讲座、论坛、研讨会、口口相传等途径，利用社会、单位、个人的媒体平台和个人的手机短信、邮件等均可以成为非法集资的宣传途径。这些宣传途径是否认定为非法集资的信息扩散渠道，关键要看受众接受集资信息的方式是开放的还是秘密的，也即向社会公众传播吸收资金的信息的任何途径都是向社会公开宣传。

向社会公开宣传包括直接故意和间接故意两种主观心态，对于明知吸收资金的信息向社会公众扩散但没有采取避免扩散措施的，也属于向社会公开宣传。如在社会、单位或个人设立的网络平台上，对集资宣传没有采取特殊保密措施，没有设定绝不外泄的严格登录程序，只需要注册登记即可获得相关身份，这样的网络平台并不具有保密性，社会公众都可以轻易获得账号和密码而登录到该网络平台，对于一个庞大的不特定多数人来说，该平台就具有“公开性”。

（三）利诱性

利诱性是指承诺在一定期限内以货币、实物、股权等方式还本付息或者给付回报。利诱性即行为人虚假承诺回报是集资诈骗的前提，这种虚假承诺可以是虚构的确定的回报，也可以是虚构的不确定的回报，只要承诺可能具有一定回报即可。

（四）社会性

社会性是指向社会公众即社会不特定对象吸收资金，不特定对象主要是指人群方向的不确定性，而不是人数的多少，不能因为对象多而认定为非法集资，也不能因为对象少至一人或零而认定不是非法集资。不特定对象有三性，即人员的延散性、不可控性和波及范围的广泛性。《非法集资案件解释》第3条规定非法吸收或者变相吸收公众存款对象150人以上的就构成犯罪。为了防止扩大打击面，该解释第1条第2款同时规定了出罪条款，即未向社会公开宣传，在亲友或者单位内部针对特定对象吸收资金的，不属于非法吸收或者变相吸收公众存款。对于单位内部集资不构成非法集资需符合两个前提条件，即一是集资对象仅限于单位内部人员，二是用于单位生产经营活动是单位内部集资不作为非法集资处理的重要前提，集资资金必须用于单位自身的生产经营活动。

三、以非法占有为目的的认定

集资诈骗罪必须具备“非法占有目的”，即行为人在主观上具有将非法聚集的资金据为己有的目的。非法占有目的可通过供述或者客观事实反映出来，但行为人一般不会供认其具有非法占有目的，司法实践中对集资诈骗人的非法占有目的主要还是通过客观事实进行推定。认定是否具有以非法占有为目的，应当坚持主客观相一致的原则，既要避免以诈骗方法的认定替代非法占有目的的认定，又要避免单纯根据损失结果客观归罪，同时也不能仅凭行为人自己的供述，而是应当根据案件具体情况具体分析。

《非法集资案件解释》第 7 条规定，使用诈骗方法非法集资，具有下列情形之一的，可以认定为“以非法占有为目的”：（1）集资后不用于生产经营活动或者用于生产经营活动与筹集资金规模明显不成比例，致使集资款不能返还的；（2）肆意挥霍集资款，致使集资款不能返还的；（3）携带集资款逃匿的；（4）将集资款用于违法犯罪活动的；（5）抽逃、转移资金、隐匿财产，逃避返还资金的；（6）隐匿、销毁账目，或者搞假破产、假倒闭，逃避返还资金的；（7）拒不交代资金去向，逃避返还资金的；（8）其他可以认定非法占有目的的情形。

对于“集资后不用于生产经营活动或者用于生产经营活动与筹集资金规模明显不成比例”，这是对“明知没有归还能力”的具体化，将集资规模与生产规模联系起来，通过比例关系进行分析判断更科学。对于“肆意挥霍”中的“挥霍”通常指的是消费性支出，但实践中存在挥霍性投资的情形，如行为人仅将投资行为作为对外宣传等行骗手段，不指望从该投资行为获取收益的，也可以视为“挥霍”。如果行为人将大部分资金用于投资或生产经营活动，而将少量资金用于个人消费或挥霍的，不应仅以此认定具有非法占有的目的。对于“携带集资款逃匿”，须逃匿与携款同时存在，逃匿可能出于躲债、筹资等多种原因，只有携款潜逃的，才足以说明行为人具有拒绝返还集资款的主观目的。实践中行为人拒不交代资金去向的情形较为突出，此种情形已经明显反映出非法占有的主观故意。

另外，非法集资犯罪活动持续时间较长，犯罪分子在非法集资之初不一定具有非法占有目的；非法集资犯罪活动参与实施人员众多，部分共犯不一定具有非法占有目的的犯意联络，为避免客观归罪，《非法集资案件解释》第 7 条第 3 款规定，集资诈骗罪中的非法占有目的，应当区分情形进行具体认定。行为人部分非法集资行为具有非法占有目的的，对该部分非法集资行为所涉集资款以集资诈骗罪定罪处罚；非法集资共同犯罪中部分行为人具有非法占有目的，其他行为人没有非法占有集资款的共同故意和行为的，对具有非法占有目的的行为人以集资诈骗罪定罪处罚。

四、与相关犯罪的界限

（一）集资诈骗罪与诈骗罪的界限

诈骗罪是以非法占有为目的，用虚构事实或者隐瞒真相的方法，骗取公私财物，数额较大的行为。集资诈骗罪是一种特殊的诈骗罪，既有一般诈骗罪所具有的共性，也具有自身的特殊性。集资诈骗罪与诈骗罪的区别主要有以下几个方面。

一是犯罪客体不同。集资诈骗罪的犯罪客体是为双重客体，其既侵犯了国家的金融管理制度，也侵犯公私财物所有权；而诈骗罪的犯罪客体是单一客体，即公私财物所有权。

二是犯罪对象不同。集资诈骗罪的犯罪对象是不特定多数人的资金，包括金钱与财物；而诈骗罪的犯罪对象则是特定的，即行为人是针对某一特定的人或单位去实施诈骗行为并获取其钱财。

三是客观方面不同。集资诈骗罪的客观行为不仅要有诈骗方法，而且还要有非法集资的行为，诈骗方法实施的目的就是骗取他人用以集资的钱财；而诈骗罪在客观方面表现为用虚构事实或隐瞒真相直接使被骗人交付财物的行为。

四是主体不同。集资诈骗罪的主体包括自然人和单位；而诈骗罪的主体只能是自然人。

（二）集资诈骗罪与非法吸收公众存款罪的界限

非法吸收公众存款也是一种非法集资的形式，集资诈骗罪与非法吸收公众存款罪的不同之处主要有以下几个方面：

一是犯罪客体不同。集资诈骗罪侵犯的客体为双重客体，其既侵犯了国家的金融管理制度，也侵犯公私财物所有权；而非法吸收公众存款罪侵犯的客体是单一客体，即国家的金融管理制度。

二是犯罪对象不同。集资诈骗罪的犯罪对象是他人用于集资获利所交付的集资款，既可以表现为资金，又可以表现为财物；而非法吸收公众存款罪的对象则是公众的存款，它只能表现为金钱的形式，并且只能以存款人用于存款而获取一定利息的形式出现。

三是客观方面不同。集资诈骗罪是以诈骗的方法去非法聚集资金，表现为诈骗方法与非法集资两种行为的统一，其中诈骗行为属于方法行为，是为非法集资这一目的行为服务的；而非法吸收公众存款罪是以存款的形式非法吸收公众存款，其虽可采用欺骗的方法进行，但不是必备条件。

四是犯罪目的不同。集资诈骗罪具有非法占有之目的，即把非法募集到的集资资金据为己有；而非法吸收公众存款罪的目的是营利或进行投资活动，其不具有占有的目的意图。

（三）集资诈骗罪与擅自发行股票、公司、企业债券罪的界限

擅自发行股票、公司、企业债券罪是指未经国家有关主管部门批准，擅自发行股票或者公司、企业债券，数额巨大、后果严重或者有其他严重情节的行为。集资诈骗罪与擅自发行股票、公司、企业债券罪都扰乱了国家的金融管理秩序。两罪的区别有以下几个方面：

一是犯罪客体不同。集资诈骗罪侵犯的客体为双重客体，其既侵犯了国家的金融管理制度，也侵犯公私财物所有权；而擅自发行股票、公司、企业债券罪侵犯的客体为国家对股票或公司、企业债券发行的管理秩序。

二是行为方式不同。集资诈骗罪是以诈骗的方法非法集资；而擅自发行股票、公司、企业债券罪则表现为行为人违反国家对证券管理的法律法规，未经国家有关主管部门批准而擅自发行股票、公司、企业债券，行为过程中可能会存在一定程度的弄虚作假，但并非以诈骗的方法。

三是犯罪目的不同。集资诈骗罪具有非法占有目的；而擅自发行股票、公司、企业债券罪对筹措的资金不具有非法占有的目的，其目的在于设立公司或者进行经营活动。

五、刑事诉讼中集资参与人的权利保护

根据2019年《意见》的规定，集资参与人是指向非法集资活动投入资金的单位和个人。集资参与人往往人数众多，有的集资参与人为了追回损失，不惜采取

各种极端方式，造成社会不稳定。因此，对这种涉众型犯罪，妥善处理财产的追缴和退赔工作，保护集资参与人的权利，是集资诈骗罪非常重要的问题。

一是在程序选择上，集资参与人的损害赔偿应当通过刑事追赃、退赔的方式解决。对于提起附带民事诉讼，或者另行提起民事诉讼请求返还被非法占有、处置的财产的，人民法院不予受理。

二是在追缴范围上，《最高人民法院关于刑事裁判涉财产部分执行的若干规定》第10条、第11条规定，判处追缴或者责令退赔的，人民法院应当明确追缴或者退赔的金额或财物的名称、数量等相关情况。对赃款赃物及其收益，赃款赃物投资或者置业后形成的财产及其收益，人民法院应当予以追缴。第三人明知是涉案财物、无偿或者以不合理低价取得涉案财物、通过非法手段等恶意方式取得涉案财物的，人民法院也应当予以追缴。

三是在诉讼过程中，人民法院、人民检察院、公安机关应当通过及时公布案件进展、涉案资产处置情况等方式，依法保障集资参与人的知情权。集资参与人可以推选代表人向人民法院提出相关意见和建议；推选不出代表人的，人民法院可以指定代表人。人民法院可以视案件情况决定集资参与人代表人参加或者旁听庭审，以有利于集资参与人原则保障其参与权。对审判时尚未追缴到案或者尚未足额退赔的违法所得，人民法院应当判决继续追缴或者责令退赔，并由人民法院负责执行，人民检察院、公安机关、国家安全机关、司法行政机关等应当予以配合，退赔集资参与人的损失一般优先于其他民事债务以及罚金、没收财产的执行，从程序机制上保障集资参与人的求偿权。

四是在权利救济上，集资参与人对判决中涉案财物处理决定不服的，可以请求人民检察院抗诉。在执行中认为有关财物应当认定为赃款赃物而实际未予认定的，可以向执行法院提出书面异议；可以通过裁定补正的，执行机构应当将异议材料移送刑事审判部门处理；无法通过裁定补正的，应当告知异议人通过审判监督程序处理。人民法院、人民检察院、公安机关、国家安全机关应当建立有效的权利救济机制，对集资参与人提出异议、复议、申诉、投诉或者举报的，应当依法及时受理并反馈处理结果。

【办案依据】

一、刑法规定

第一百九十二条 以非法占有为目的，使用诈骗方法非法集资，数额较大的，处三年以上七年以下有期徒刑，并处罚金；数额巨大或者有其他严重情节的，处七年以上有期徒刑或者无期徒刑，并处罚金或者没收财产。

单位犯前款罪的，对单位判处罚金，并对其直接负责的主管人员和其他直接责任人员，依照前款的规定处罚。

二、司法解释

《最高人民法院关于审理非法集资刑事案件具体应用法律若干问题的解释》（2022年2月23日　法释〔2022〕5号）

第七条 以非法占有为目的，使用诈骗方法实施本解释第二条规定所列行为的，应当依照刑法第一百九十二条的规定，以集资诈骗罪定罪处罚。

使用诈骗方法非法集资，具有下列情形之一的，可以认定为“以非法占有为目的”：

（一）集资后不用于生产经营活动或者用于生产经营活动与筹集资金规模明显不成比例，致使集资款不能返还的；

（二）肆意挥霍集资款，致使集资款不能返还的；

（三）携带集资款逃匿的；

（四）将集资款用于违法犯罪活动的；

（五）抽逃、转移资金、隐匿财产，逃避返还资金的；

（六）隐匿、销毁账目，或者搞假破产、假倒闭，逃避返还资金的；

（七）拒不交代资金去向，逃避返还资金的；

（八）其他可以认定非法占有目的的情形。

集资诈骗罪中的非法占有目的，应当区分情形进行具体认定。行为人部分非法集资行为具有非法占有目的的，对该部分非法集资行为所涉集资款以集资诈骗罪定罪处罚；非法集资共同犯罪中部分行为人具有非法占有目的，其他行为人没有非法占有集资款的共同故意和行为的，对具有非法占有目的的行为人以集资诈骗罪定罪处罚。

第八条　集资诈骗数额在10万元以上的，应当认定为“数额较大”；数额在100万元以上的，应当认定为“数额巨大”。

集资诈骗数额在50万元以上，同时具有本解释第三条第二款第三项情节的，应当认定为刑法第一百九十二条规定的“其他严重情节”。

集资诈骗的数额以行为人实际骗取的数额计算，在案发前已归还的数额应予扣除。行为人为实施集资诈骗活动而支付的广告费、中介费、手续费、回扣，或者用于行贿、赠与等费用，不予扣除。行为人为实施集资诈骗活动而支付的利息，除本金未归还可予折抵本金以外，应当计入诈骗数额。

三、司法文件

（一）《最高人民检察院、公安部关于公安机关管辖的刑事案件立案追诉标准的规定（二）》（2022年4月6日）

第四十四条　【集资诈骗案（刑法第一百九十二条）】以非法占有为目的，使用诈骗方法非法集资，数额在十万元以上的，应予立案追诉。

（二）《最高人民法院、最高人民检察院、公安部关于办理非法集资刑事案件若干问题的意见》（2019年1月30日　高检会〔2019〕2号）

犯罪嫌疑人、被告人使用诈骗方法非法集资，符合《最高人民法院关于审理非法集资刑事案件具体应用法律若干问题的解释》第四条规定的，可以认定为集资诈骗罪中“以非法占有为目的”。

办案机关在办理非法集资刑事案件中，应当根据案件具体情况注意收集运用涉及犯罪嫌疑人、被告人的以下证据：是否使用虚假身份信息对外开展业务；是否虚假订立合同、协议；是否虚假宣传，明显超出经营范围或者夸大经营、投资、服务项目及盈利能力；是否吸收资金后隐匿、销毁合同、协议、账目；是否传授或者接受规避法律、逃避监管的方法，等等。

四、会议纪要

《全国法院审理金融犯罪案件工作座谈会纪要》（2001年1月21日　法〔2001〕8号）

集资诈骗罪的认定和处理：集资诈骗罪和欺诈发行股票、债券罪、非法吸收公众存款罪在客观上均表现为向社会公众非法募集资金。区别的关键在于行为人是否具有非法占有的目的。对于以非法占有为目的而非法集资，或者在非法集资过程中产生了非法占有他人资金的故意，均构成集资诈骗罪。但是，在处理具体案件时要注意以下两点：一是不能仅凭较大数额的非法集资款不能返还的结果，推定行为人具有非法占有的目的；二是行为人将大部分资金用于投资或生产经营活动，而将少量资金用于个人消费或挥霍的，不应仅以此便认定具有非法占有的目的。

【指导性案例】

最高人民检察院指导性案例第40号周某集资诈骗案①

（2018年6月13日最高人民检察院第十三届检察委员会第二次会议决定，2018年7月3日发布）

【关键词】

集资诈骗　非法占有目的　网络借贷信息中介机构

【基本案情】

被告人周某，男，1982年2月出生，原系某投资有限公司（以下简称某投资公司）法定代表人。

2011年2月，被告人周某注册成立某投资公司，担任法定代表人。公司上线运营“某投资”网络平台，借款人（发标人）在网络平台注册、缴纳会费后，可发布各种招标信息，吸引投资人投资。投资人在网络平台注册成为会员后可参与投标，通过银行汇款、支付宝、财付通等方式将投资款汇至周某公布在网站上的8个其个人账户或第三方支付平台账户。借款人可直接从周某处取得所融资金。项目完成后，借款人返还资金，周某将收益给予投标人。

① 《第十批指导性案例——周某集资诈骗案（检例第40号）》，载“最高人民检察院”网站，https：//www.spp.gov.cn/zxjy/qwfb/201807/t20180712_384670.shtml，2022年3月10日访问。

运行前期，周某通过网络平台为13个借款人提供总金额170万余元的融资服务，因部分借款人未能还清借款造成公司亏损。此后，周某除用本人真实身份信息在公司网络平台注册2个会员外，自2011年5月至2013年12月陆续虚构34个借款人，并利用上述虚假身份自行发布大量虚假抵押标、宝石标等，以支付投资人约20%的年化收益率及额外奖励等为诱饵，向社会不特定公众募集资金。所募资金未进入公司账户，全部由周某个人掌控和支配。除部分用于归还投资人到期的本金及收益外，其余主要用于购买房产、高档车辆、首饰等。这些资产绝大部分登记在周某名下或供周某个人使用。2011年5月至案发，周某通过某投资网络平台累计向全国1586名不特定对象非法集资共计10.3亿余元，除支付本金及收益回报6.91亿余元外，尚有3.56亿余元无法归还。案发后，公安机关从周某控制的银行账户内扣押现金1.8亿余元。

【要旨】

网络借贷信息中介机构或其控制人，利用网络借贷平台发布虚假信息，非法建立资金池募集资金，所得资金大部分未用于生产经营活动，主要用于借新还旧和个人挥霍，无法归还所募资金数额巨大，应认定为具有非法占有目的，以集资诈骗罪追究刑事责任。

【指控与证明犯罪】

2014年7月15日，浙江省衢州市公安局以周某涉嫌集资诈骗罪移送衢州市人民检察院审查起诉。

审查起诉阶段，衢州市人民检察院审查了全案卷宗，讯问了犯罪嫌疑人。针对该案犯罪行为涉及面广，众多集资参与人财产遭受损失的情况，检察机关充分听取了辩护人和部分集资参与人意见，进一步核实了非法集资金额，对扣押的房产等作出司法鉴定或价格评估。针对辩护人提出的非法证据排除申请，检察机关审查后发现，涉案证据存在以下瑕疵：公安机关向部分证人取证时存在取证地点不符合刑事诉讼法规定以及个别辨认笔录缺乏见证人等情况。为此，检察机关要求公安机关予以补正或作出合理解释。公安机关作出情况说明：证人从外地赶来，经证人本人同意，取证在宾馆进行。关于此项情况说明，检察机关审查后予以采信。对于缺乏见证人的个别辨认笔录，检察机关审查后予以排除。

2015 年 1 月 19 日，浙江省衢州市人民检察院以周某犯集资诈骗罪向浙江省衢州市中级人民法院提起公诉。6 月 25 日，衢州市中级人民法院公开开庭审理本案。

法庭调查阶段，公诉人宣读起诉书指控被告人周某以高息为诱饵，虚构借款人和借款用途，利用网络 P2P 形式，面向社会公众吸收资金，主要用于个人肆意挥霍，其行为构成集资诈骗罪。对于指控的犯罪事实，公诉人出示了四组证据予以证明：一是被告人周某的立案情况及基本信息；二是某投资公司的发标、招投标情况及相关证人证言；三是集资情况的证据，包括银行交易清单，司法会计鉴定意见书等；四是集资款的去向，包括购买车辆、房产等物证及相关证人证言。

法庭辩论阶段，公诉人发表公诉意见：被告人周某注册网络借贷信息平台，早期从事少量融资信息服务。在公司亏损、经营难以为继的情况下，虚构借款人和借款标的，以欺诈方式面向不特定投资人吸收资金，自建资金池。在公安机关立案查处时，虽暂可通过“拆东墙补西墙”的方式偿还部分旧债维持周转，但根据其所募资金主要用于还本付息和个人肆意挥霍，未投入生产经营，不可能产生利润回报的事实，可以判断其后续资金缺口势必不断扩大，无法归还所募全部资金，故可以认定其具有非法占有的目的，应以集资诈骗罪对其定罪处罚。

辩护人提出：一是周某行为系单位行为；二是周某一直在偿还集资款，主观上不具有非法占有集资款的故意；三是周某利用互联网从事 P2P 借贷融资，不构成集资诈骗罪，构成非法吸收公众存款罪。

公诉人针对辩护意见进行答辩：第一，某投资公司是由被告人周某控制的一人公司，不具有经营实体，不具备单位意志，集资款未纳入公司财务进行核算，而是由周某一人掌控和支配，因此周某的行为不构成单位犯罪。第二，周某本人主观上认识到资金不足，少量投资赚取的收益不足以支付许诺的高额回报，没有将集资款用于生产经营活动，而是主要用于个人肆意挥霍，其主观上对集资款具有非法占有的目的。第三，P2P 网络借贷，是指个人利用中介机构的网络平台，将自己的资金出借给资金短缺者的商业模式。根据中国银行业监管委员会、工业和信息化部、公安部、国家互联网信息办公室制定的《网络借贷信息中介机构业务活动管理暂行办法》等监管规定，P2P 作为新兴金融业态，必须明确其信息中介性质，平台本身不得提供担保，不得归集资金搞资金池，不得非法吸收公众资金。周某吸收资金建资金池，不属于合法的 P2P 网络借贷。非法吸收公众存款罪与集资诈骗罪的区别，关键在于行为人对吸收的资金是否具有非法占有的目的。利用网络平台发布虚假高利借款募集资金，采取借新还旧的手段，短期内募集大量资金，不用于生产经营活动，或者用于生产经营活动与筹集资金规模明显不成比例，致使集资款不能返还的，是典型的利用网络中介平台实施集资诈骗行为。本案中，周某采用编造虚假借款人、虚假投标项目等欺骗手段集资，所融资金未投入生产经营，大量集资款被其个人肆意挥霍，具有明显的非法占有目的，其行为构成集资诈骗罪。

法庭经审理，认为公诉人出示的证据能够相互印证，予以确认。对周某及其辩护人提出的不构成集资诈骗罪及本案属于单位犯罪的辩解、辩护意见，不予采纳。综合考虑犯罪事实和量刑情节，2015 年 8 月 14 日，浙江省衢州市中级人民法院作出一审判决，以集资诈骗罪判处被告人周某有期徒刑 15 年，并处罚金人民币 50 万元。继续追缴违法所得，返还各集资参与人。

一审宣判后，浙江省衢州市人民检察院认为，被告人周某非法集资 10.3 亿余元，属于刑法规定的集资诈骗数额特别巨大并且给人民利益造成特别重大损失的情形，依法应处无期徒刑或者死刑，并处没收财产，一审判决量刑过轻。2015 年 8 月 24 日，向浙江省高级人民法院提出抗诉。被告人周某不服一审判决，提出上诉。其上诉理由是量刑畸重，应判处缓刑。

本案二审期间，2015 年 8 月 29 日，第十二届全国人大常委会第十六次会议审议通过了《中华人民共和国刑法修正案（九）》，删去刑法第一百九十九条关于犯集资诈骗罪“数额特别巨大并且给国家和人民利益造成特别重大损失的，处无期徒刑或者死刑，并处没收财产”的规定。刑法修正案（九）于 2015 年 11 月 1 日起施行。

浙江省高级人民法院经审理后认为，刑法修正案（九）取消了集资诈骗罪死刑的规定，根据从旧兼从轻原则，一审法院判处周某有期徒刑15年符合修订后的法律规定。上诉人周某具有集资诈骗的主观故意及客观行为，原审定性准确。2016年4月29日，二审法院作出裁定，维持原判。终审判决作出后，周某及其父亲不服判决提出申诉，浙江省高级人民法院受理申诉并经审查后，认为原判事实清楚，证据确实充分，定性准确，量刑适当，于2017年12月22日驳回申诉，维持原裁判。

【指导意义】

是否具有非法占有目的，是正确区分非法吸收公众存款罪和集资诈骗罪的关键。对非法占有目的的认定，应当围绕融资项目真实性、资金去向、归还能力等事实、证据进行综合判断。行为人将所吸收资金大部分未用于生产经营活动，或名义上投入生产经营，但又通过各种方式抽逃转移资金，或供其个人肆意挥霍，归还本息主要通过借新还旧来实现，造成数额巨大的募集资金无法归还的，可以认定具有非法占有的目的。

集资诈骗罪是近年来检察机关重点打击的金融犯罪之一。对该类犯罪，检察机关应着重从以下几个方面开展工作：一是强化证据审查。非法集资类案件由于参与人数多、涉及面广，受主客观因素影响，取证工作易出现瑕疵和问题。检察机关对重大复杂案件要及时介入侦查、引导取证。在审查案件中要强化对证据的审查，需要退回补充侦查或者自行补充侦查的，要及时退查或补查，建立起完整、牢固的证据锁链，夯实认定案件事实的证据基础。二是在法庭审理中要突出指控和证明犯罪的重点。要紧紧围绕集资诈骗罪构成要件，特别是行为人主观上具有非法占有目的、客观上以欺骗手段非法集资的事实梳理组合证据，运用完整的证据体系对认定犯罪的关键事实予以清晰证明。三是要将办理案件与追赃挽损相结合。检察机关办理相关案件，要积极配合公安机关、人民法院依法开展追赃挽损、资产处置等工作，最大限度减少人民群众的实际损失。四是要结合办案开展以案释法，增强社会公众的法治观念和风险防范意识，有效预防相关犯罪的发生。

【相关规定】

《中华人民共和国刑法》第一百九十二条

《最高人民法院关于审理非法集资刑事案件具体应用法律若干问题的解释》第四条[1]

《最高人民检察院、公安部关于公安机关管辖的刑事案件立案追诉标准的规定（二）》第四十九条[2]

① 现为第7条。

② 现为第44条。

第二章　贷款诈骗罪

【立案追诉标准】

贷款诈骗案（刑法第 193 条）

以非法占有为目的，诈骗银行或者其他金融机构的贷款，数额在五万元以上的，应予立案追诉。

《最高人民检察院、公安部关于公安机关管辖的刑事案件立案追诉标准的规定（二）》（2022 年 4 月 6 日）

【犯罪构成及刑事责任】

贷款诈骗罪是指以非法占有为目的，使用虚构事实或者隐瞒真相的方法，骗取银行或者其他金融机构的贷款，数额较大的行为。构成本罪需要具备以下四个要件：

1. 客体要件。本罪侵犯的客体是国家对金融机构贷款的管理秩序和金融机构的贷款所有权。

2. 客观要件。客观方面表现为编造引进资金、项目等虚假理由，或者使用虚假的经济合同，或者使用虚假的证明文件，或者使用虚假的产权证明作担保或者超出抵押物价值重复担保，或者以其他方法，诈骗银行或者其他金融机构的贷款，数额较大的行为。

3. 主体要件。本罪主体是达到法定刑事责任年龄且具备刑事责任能力的自然人和单位。

4. 主观要件。本罪在主观方面是故意，且必须是以非法占有为目的。

根据刑法第193条的规定，有下列情形之一，以非法占有为目的，诈骗银行或者其他金融机构的贷款，数额较大的，处5年以下有期徒刑或者拘役，并处2万元以上20万元以下罚金；数额巨大或者有其他严重情节的，处5年以上10年以下有期徒刑，并处5万元以上50万元以下罚金；数额特别巨大或者有其他特别严重情节的，处10年以上有期徒刑或者无期徒刑，并处5万元以上50万元以下罚金或者没收财产：（1）编造引进资金、项目等虚假理由的；（2）使用虚假的经济合同的；（3）使用虚假的证明文件的；（4）使用虚假的产权证明作担保或者超出抵押物价值重复担保的；（5）以其他方法诈骗贷款的。

【疑难指导】

我国1979年刑法没有规定贷款诈骗罪，在之前的司法实践中，对贷款诈骗犯罪行为，一般以诈骗罪定性处罚，或者仅作为民事纠纷处理。1995年《全国人民代表大会常务委员会关于惩治破坏金融秩序犯罪的决定》第10条首次将贷款诈骗罪作为一个独立罪名加以规定。1997年刑法采纳了该决定的内容，并进一步明确了贷款诈骗罪的罪状和法定刑。

一、行为方式的认定

采取虚构事实、隐瞒真相的诈骗方法是诈骗犯罪共同的行为特征。根据刑法第193条的规定，贷款诈骗罪的行为方式有五种，即编造引进资金、项目等虚假理由，或者使用虚假的经济合同，或者使用虚假的证明文件，或者使用虚假的产权证明作担保或者超出抵押物价值重复担保，或者以其他方法诈骗贷款。该条采用的是列举加概括的方式，前四种行为方式是实践中常见方式，“其他方法”的兜底条款补充了列举式罪状的不足，这种立法模式的优势在于兼顾司法认定的可操作性和打击范围的涵盖性。

（一）编造引进资金、项目等虚假理由

申请贷款必须有正当的贷款理由，编造引进资金、项目的虚假理由是常见的行为方式，是指行为人以能够引进资金为名，编造引进资金需要配套资金、需要以贷款为优惠条件等虚假理由，或者编造可能产生良好的经济效益和社会效益的

虚假投资项目，从而骗取贷款。除引进资金、项目外，行为人还可以编造其他的虚假理由，刑法通过“等”字来表示列举未尽之意。

编造是指凭空捏造，即无根据地制造或夸大事实，既可以是根本没有合法的贷款需要而捏造贷款用途，如根本没有待引进的资金却编造有待引进的资金，也可以是虽有贷款需要，但是捏造根据，夸大所需数额，如仅需较小规模的贷款却编造需要大规模的贷款的事实。虚假是指与事实情况不符，虚假的理由既可以是完全不真实的，也可以是部分不真实的。需要注意的是，由于夸大而造成与事实不相符的情况，也不能一概认定为虚假，是否虚假关键看夸大的程度，如果行为人确实有引进资金、项目等理由，只是对引进资金、项目进行了部分夸大，以确保得到贷款或者为了得到更多贷款，不能轻易认定为贷款诈骗罪。

（二）使用虚假的经济合同

实践中常有为履行经济合同急需资金而向银行或金融机构申请贷款的情况，贷款诈骗的行为人也可能通过虚假的经济合同实施诈骗。此处虚假的经济合同范围较广，包括根本不存在的经济合同，也包括不真实的经济合同，如伪造、变造的经济合同，作废的经济合同，无效的经济合同，以及其他不真实、不可能履行的经济合同。

使用虚假的经济合同是指向银行或其他金融机构的工作人员出示、提供虚假的经济合同，使银行或者其他金融机构工作人员信以为真，误以为行为人符合贷款条件进而发放贷款。使用虚假的经济合同进行贷款诈骗的表现形式主要有：伪造合同对方单位公章制作根本不存在的经济合同进行贷款诈骗；虚构主体签订经济合同进行贷款诈骗；通过对经济合同涂改、粘贴、修剪等方法改变合同原有内容进行贷款诈骗；利用他人经济合同进行贷款诈骗；使用无效的或者已经被撤销、解除、变更的经济合同，或者已经履行完毕的经济合同进行贷款诈骗。需要注意的是，如果行为人使用的经济合同虽有部分虚假内容，但从整体上看仍是有效的经济合同，行为人也确实准备履行合同或者正在履行合同的，不能视为使用虚假的经济合同。

（三）使用虚假的证明文件

证明文件是指贷款申请人向银行或者其他金融机构申请贷款时应当提交的能

够证明其身份和资信能力以及其他相关情况的书面材料。证明文件的范围包括需要贷款申请人在向银行或者其他金融机构提出贷款申请时提交的，银行或者其他金融机构能够从重了解其真实身份、资金能力以及经济状况的文件，具体有：反映贷款申请人真实身份的相关证明，如自然人的身份证、企业法人执照、营业执照、法定代表人证明书、授权委托书等；反映贷款申请人基本经济实力情况的证明，如存款证明、公司或金融机构的担保函、划款证明、财政部门或会计（审计）事务所核准的财务报告、项目建议书和可行性报告等；能够证明贷款申请人领导者素质、经济实力、资金结构、履约情况、经营效益和发展前景等因素的其他文件。

虚假的证明文件包括伪造的、变造的、作废的、过期的各种证明文件。在认定使用虚假的证明文件时，应当准确把握虚假的程度，如果行为人基本具备借款的资格与条件，其他方面手续齐全，只有部分证明文件含有轻度虚假内容的，不宜认定为贷款诈骗罪。

（四）使用虚假的产权证明作担保或者超出抵押物价值重复担保

向金融机构申请贷款时，贷款申请人一般需要提供一定的担保。使用虚假的产权证明作担保是指使用伪造的、变造的或者作废的产权证明作为担保，产权证明包括行为人对房屋等不动产或者汽车、货币、可即时兑付的票据等动产具有所有权的证明文件，如房产证、银行存单、股权证明等。

对于将犯罪所得赃物作为自己的所有物向金融机构抵押获得贷款的，最高人民法院刑事审判参考案例认为不应认定为贷款诈骗罪。其理由是：首先，作为抵押物的车辆虽系被告人潘某非法侵占所得，但因经车管所办理了过户登记，贷款银行完全有理由相信被告人潘某对该车辆具有真实、合法的所有权，贷款银行作为抵押权人，对于抵押行为不存在任何过失，属于善意第三人，其依据该信赖而设立的车上抵押权应当认定为合法有效，因抵押权属于担保物权，是一种直接对物享有的权利，银行可依据该抵押权对抗抵押物车辆的所有权人，可以通过拍卖、变卖抵押车辆等形式实现其债权，银行方不会因之遭受实际的经济损失。其次，潘某将其非法占有的车辆用作贷款抵押的行为，应认定是一种对赃物的处置行为，属于职务侵占行为的延伸。不管其主观上是否具有非法占有银行贷款不予归还的目的，因其贷款抵押行为的非法性直接源于职务侵占行为的非法性，也不宜对该种违法性进行二次评价。如果潘某为非法骗取银行贷款而侵占本单位轿车用作贷款抵押，则其侵占行为与骗取银行贷款行为之间，也构成牵连关系，只能从一重罪处罚。根据刑法禁止重复评价的原则，不应也不宜在追究其职务侵占的刑事责任的同时，再行追究其贷款诈骗的刑事责任。[①]

超出抵押物价值重复担保是指将同一项财产同时抵押给几个债权人用于担保，并且超出了抵押物的总价值。根据抵押物的不同，重复抵押方式包括不动产重复抵押进行贷款诈骗、动产重复抵押进行贷款诈骗、权利重复抵押进行贷款诈骗。

（五）以其他方法诈骗贷款

司法实践中贷款诈骗的方法多种多样，刑法不可能一一列举，如果因为列举不全而导致不能以贷款诈骗罪论处，不利于打击犯罪，保护国家的贷款秩序和贷款人的财产安全。因而这里使用了其他方法作为兜底条款，是指除上述四种方法外的，并与上述四种方法具有相当性的方法，即足以使金融机构工作人员陷入可以发放贷款的认识错误的欺骗行为，都属于此处的其他方法。

二、危害结果的认定

贷款诈骗罪的危害结果表现为贷款秩序受到破坏，金融机构的财产遭受损失。根据《最高人民检察院、公安部关于公安机关管辖的刑事案件立案追诉标准的规定（二）》的规定，诈骗银行或者其他金融机构的贷款，数额在5万元以上的，应予立案追诉。

这里的数额是指金融机构实际发放的贷款数额。在通常的贷款业务中，金融机构根据审查情况发放贷款，一般借款人所贷出的贷款数额要低于其申请的数额。因此，在认定数额时，不能以借款人的申请数额为准，而应以金融机构实际发放的贷款数额为准。另外，利息不应记入贷款诈骗数额。虽然利息的损失也是由贷款诈骗行为造成的，但是在贷款诈骗中，金融机构将贷款转给行为人时，行为人的贷款诈骗罪即已既遂，此时银行的直接损失是银行发放的贷款数额，其后续的

---

① 刘娅林、林凉虹：《潘某、王某职务侵占、虚报注册资本、贷款诈骗案——以非法侵占物进行抵押贷款、逾期不还贷行为的定性》，载最高人民法院刑事审判第一庭、第二庭：《刑事审判参考》（总第27辑），法律出版社2002年版，第41页。

利息损失虽然是由贷款诈骗行为造成，但这种损失不是直接损失而是间接损失，如果将其计入数额之内，则会造成损失数额在侦查、起诉、一审、二审的不同阶段处于变化之中。因此，利息作为间接损失，不计入数额。

三、非法占有为目的的认定

贷款诈骗罪的主观方面是故意，且必须是以非法占有为目的，非法占有目的是指意图将银行或其他金融机构发放的贷款据为己有，如果只是一时使用贷款的行为不具有“排除占有意思”，便不能认定非法占有目的。

银行或者其他金融机构不能按期收回贷款而出现呆账、坏账的情况比较常见，这些情况到底是贷款诈骗还是贷款纠纷，核心在于确定借款人是否具有非法占有目的。《全国法院审理金融犯罪案件座谈会纪要》规定，对于合法取得贷款后，没有按规定的用途使用贷款，到期没有归还贷款的，不能以贷款诈骗罪定罪处罚；对于确有证据证明行为人不具有非法占有的目的，因不具备贷款的条件而采取了欺骗手段获取贷款，案发时有能力履行还贷义务，或者案发时不能归还贷款是因为意志以外的原因，如因经营不善、被骗、市场风险等，不应以贷款诈骗罪定罪处罚。

在实务中认定行为人是否具有非法占有目的，应当结合行为时的各种事实为依据进行客观判断，也要参考行为前后的各种事实，合理运用推定的方法。一是行为人的贷款理由是否正当和真实，如果行为人没有从事任何经营活动，却编造虚假项目取得贷款，其贷款的理由不真实，则认定具有非法占有目的。二是行为人在申请贷款时所使用的手段。虽然不能认为只要是采用了期盼的手段获取贷款的，就可以认定行为人具有非法占有的目的，但是在一般情况下，对于行为人的欺骗手段的考察，是认定行为人是否具有非法占有目的的主要依据。三是行为人贷款前的经济状况，是否具有归还能力，虽然经济状况不能直接认定非法占有目的，但是可以作为参考因素。四是行为人获得贷款后对于贷款的实际用途。如果行为人获取贷款后携款逃跑，或者肆意挥霍骗取的贷款，或者抽逃、转移资金，隐匿财产以逃避返还贷款，或者擅自改变贷款用途导致贷款资金脱离金融机构所得预期的经营状况，或者使用骗取的贷款进行违法犯罪活动，或者隐匿销毁账目、或者假破产、假倒闭以逃避返还资金等，当然可以认定行为人具有非法占有目的。

但如果行为人将获取的贷款用于购买发展生产的原材料等，一般可排除行为人具有非法占有目的，即使最后因经营不善出现不能到期归还贷款的情况，也不能按照贷款诈骗罪定罪处罚。五是行为人到期是否归还贷款。对于行为人以欺诈手段取得贷款后到期主动还本付息的，当然不能认为具有非法占有目的而认定为贷款诈骗罪。六是款项到期后的还款意愿。如果行为人贷款的目的是发展生产或者其他正当经营，在贷款之后，一旦行为人有了偿还能力就会积极想办法归还贷款，而如果行为人贷款的目的是诈骗而非法占有，就会采取各种拖延、搪塞的理由。

总之，认定行为人是否具有非法占有目的，不能仅凭被告人供述，也应当避免单纯根据损失结果客观归罪。在处理具体案件的时候，对于有证据证明行为人不具有非法占有目的的，不能单纯以财产不能归还就按贷款诈骗罪处罚，还应当考虑行为人未按时还款，是否提供了真实有效担保，是否有部分还款行为，贷款款项是否用于合法经营，是否因经营不善导致无法还款，是否创造了还款条件等因素。

四、金融机构工作人员单独或者参与骗贷行为的定性

司法实践中经常出现金融机构工作人员利用职务之便冒名贷款或者与非金融机构工作人员内外勾结骗贷的案件，对于这类行为的定性，应当具体问题具体分析。

（一）金融机构工作人员冒名贷款行为的定性

这里的冒名贷款是指金融机构工作人员利用其管理信贷的职务便利，以假冒他人名义或者虚构姓名等方式骗取金融机构贷款归个人所有或使用的行为。

我国刑法中的贪污罪、职务侵占罪包含了利用职务之便，窃取、骗取或者侵吞公共财产或者本单位财物的行为。因此，不管金融机构工作人员是一般信贷人员、贷款审核人员，还是金融机构分管信贷业务的领导，只要其以非法占有为目的，利用职务上的便利，骗取本金融机构的贷款，都符合贪污罪、职务侵占罪的构成要件，如果这些内部人员是国家工作人员的，构成贪污罪，如果是非国家工作人员的，则构成职务侵占罪。

对于金融机构工作人员以转贷牟利为目的，或者以个人使用为目的，利用职

务上的便利骗取本金融机构贷款的，由于行为人主观上不具有非法占有的目的，对行为人不能以贪污罪或者职务侵占罪定罪处罚，而以挪用类犯罪论处。如果这些人员属于国家工作人员的，构成挪用公款罪，如果是非国家工作人员的，则构成挪用资金罪。

对于金融机构工作人员采用冒名贷款或者其他欺骗手段，骗取其他金融机构贷款的，则应认定为贷款诈骗罪。因为贪污罪、职务侵占罪、挪用公款罪和挪用资金罪的对象，只能是行为人管理、支配、控制的财物，行为人利用职务上的便利非法占有或者使用并非自己管理、支配、控制的财物的，不应认定为贪污罪、职务侵占罪、挪用公款罪或挪用资金罪。

（二）内外勾结非法取得贷款行为的定性

内外勾结非法取得贷款是指金融机构工作人员与非金融机构工作人员相互勾结，采取冒名贷款或者其他欺骗手段，从金融机构非法取得贷款的情形。对此也应根据具体情况确定行为人行为的性质。

如果金融机构工作人员以非法占有为目的，主要利用自己职务上的便利，但为了作案需要，请非金融机构工作人员参与作案，事后金融机构工作人员占有大部分贷款，而非金融机构工作人员没有或者获得少量酬劳的，由于金融机构工作人员的行为起决定性作用，对金融机构工作人员和非金融机构工作人员以主犯的身份认定为贪污罪或者职务侵占罪共同犯罪。

如果非金融机构工作人员以非法占有为目的，在告知金融机构工作人员其占有故意的情况下请金融机构工作人员帮助，占有贷款的行为主要是由非金融机构工作人员采取欺骗的方法实施的，由于起主要或者关键作用的是非金融机构工作人员，对他们按照贷款诈骗罪共同犯罪处理。

如果非金融机构工作人员以非法占有为目的，请求金融机构工作人员帮助但未告知占有的故意，且占有贷款的行为主要是由非金融机构工作人员采取欺骗的方法实施的，金融机构工作人员只是在不知情的情况下客观上实施了配合和帮助行为，则对于金融机构工作人员按照违法发放贷款罪定性。

以上三种情况是以非法占有为目的情况的定性，若行为人不具有非法占有目的，但具有以转贷牟利或者其他使用为目的，金融机构工作人员和非金融机构工作人员内外勾结，以欺骗手段套取金融机构贷款的，对金融机构工作人员应以挪用公款罪或者挪用资金罪论处。但如果非金融机构工作人员在故意的产生和行为的实施中均起重要作用的，对相关行为人则应以高利转贷罪或者骗取贷款罪的共同犯罪论处。

五、事后故意不归还贷款行为的定性

行为人以非法占有为目的，以虚构事实、隐瞒真相的方式骗取银行或者其他金融机构贷款的行为，构成贷款诈骗罪。但对于行为人在获取贷款时并无非法占有目的，而在事后由于各种原因产生了非法占有的目的，故意不归还贷款行为的定性，存在争议。第一种观点认为，如果行为人在取得贷款之后产生非法占有目的，不构成贷款诈骗罪，但可按照合同诈骗罪论处。[①] 第二种观点认为，行为人合法取得贷款后产生非法占有目的，并采取诈骗方法不归还贷款的，行为人不仅具有非法占有目的，而且也采取了欺诈方法，如经营没有亏损却谎称亏损，有能力偿还却谎称不能偿还，并且隐藏或转移资金，这本身也是一种虚构事实、隐瞒真相的欺骗方法，构成贷款诈骗罪。如果行为人以欺骗手段暂时非法占有了贷款，之后无力偿还的，则将暂时的非法占有变成了永久的非法占有，也说明行为人具有诈骗贷款的方法与目的，因此构成贷款诈骗罪。[②] 第三种观点认为，行为人合法取得贷款后产生非法占有目的，如果以不还本付息的意图，采用欺骗方法，使贷款人陷入认识错误免除行为人还本付息义务的，只成立普通诈骗罪；如果行为人合法取得贷款后产生非法占有目的，据不还本付息，但没有用欺骗方法使贷款人免除还本付息义务的，不成立贷款诈骗罪，也不成立诈骗罪或侵占罪，只宜作为民事案件（贷款纠纷）处理。[③]

笔者认为，对于事后不归还贷款行为的定性，应该具体问题具体分析。对于行为人合法取得贷款后到期没有归还贷款的情况，即使行为人没有按照规定的用途适用贷款而导致到期没有归还贷款，一般也不能构成贷款诈骗罪。但是如果行为人合法取得贷款后，采取抽逃、转移资金、隐匿财产等手段，以逃避返还资金

---

① 刘航、刘远：《论贷款诈骗罪的认定》，载《河北法学》2002 年第 5 期。

② 侯国云、陈丽华：《金融诈骗罪认定的几个问题》，载《中国刑事法杂志》2001 年第 5 期。

③ 张明楷：《诈骗犯罪论》，法律出版社 2021 年版，第 686 页。

的，尽管行为人是以合法的手段获取贷款，但事后明显产生了非法占有的目的，并实施了逃避返还资金的行为，应构成贷款诈骗罪。对于行为人因不具备贷款的条件而采取了欺骗手段获取贷款后到期没有归还的情况，则应以行为人是否具有非法占有目的为标准，如果确有证据证明行为人不具有非法占有目的，即使行为人使用欺骗手段获取贷款后到期不能归还贷款，也不能以贷款诈骗罪认定，行为人可构成骗取贷款罪。如果行为人具有非法占有目的，又采用了欺骗手段获取贷款且到期不归还，则可以贷款诈骗罪论处。

总之，对于事后故意不归还贷款行为的定性，关键在于行为人是否具有非法占有目的，不管这种非法占有目的产生在贷款之前还是贷款之后，只要行为人具有非法占有目的，均可构成贷款诈骗罪。如果行为人不具有非法占有目的，则即使使用欺诈手段获取贷款也不构成贷款诈骗罪，只能构成其他犯罪（如骗取贷款罪）。

六、以骗取担保的形式骗取贷款行为的定性

对于通过欺骗担保人为自己提供担保再进行贷款诈骗的案件，实践中存在不同观点。有的观点认为，通过骗取他人担保再进行贷款诈骗的案件中，行为人仅成立一个对担保人的（合同）诈骗罪，对金融机构的贷款诈骗属于不可罚的事后行为；[①] 有的观点认为，对行为人的行为应根据受损方确定罪名，如果最终受损方为金融机构，则以贷款诈骗罪定罪，如果最终受损方为担保人，则以合同诈骗罪定罪；有的观点认为，对行为人的行为根据受损方确定罪名是可行的，但是不应以最终受损方为依据，因为在案件侦破和审判过程中，要确定最终受损方只能通过推理，而这种推理是不确定的，应将案件侦破和审判时损失所停留的当事人认定为损失方。[②] 司法机关的处理也存在明显分歧，有的法院认为欺骗担保人为自己提供担保的行为成立诈骗犯罪，而进行贷款诈骗的行为不构成犯罪；有的法院认为欺骗担保人为自己提供担保的行为不构成犯罪，而进行贷款诈骗的行为构成贷

---

① 陈兴良：《合同诈骗罪的特殊类型之两头骗——以欺骗不动产担保后骗取银行贷款为例》，载《法学家》2017 年第 4 期。

② 任卫华：《当前刑事审判工作中若干重大法律适用问题解读》，载《上海审判实践》2007 年第 7 期。

款诈骗罪；有的法院认为欺骗担保人为自己提供担保的行为和进行贷款诈骗的行为均成立诈骗犯罪，两行为之间存在手段与目的的牵连关系，从一重罪处罚；有的法院认为欺骗担保人为自己提供担保的行为和进行贷款诈骗的行为均成立诈骗犯罪，实行数罪并罚。

笔者认为，对于这类案件定罪的关键在于确认犯罪行为的被害人：如果被害人只是贷款人，那么行为人的行为构成贷款诈骗罪，如果被害人只是担保人，那么行为人的行为构成（合同）诈骗罪，如果贷款人和担保人都是被害人，那么行为人的行为同时构成贷款诈骗罪与（合同）诈骗罪。通过欺骗担保人为自己提供担保再进行贷款诈骗的行为，对于担保人来说，其承担了还本付息的债务，担保人当然是被害人；对于金融机构来说，即使其事后可以行使担保权利，也是由于其遭受了贷款损失而行使权利，因此金融机构也是被害人。因此，对于这类案件，行为人的行为同时构成贷款诈骗罪和（合同）诈骗罪，行为人欺骗他人为自己的贷款诈骗提供担保是一种手段行为，而贷款诈骗则是目的行为，二者之间具有牵连关系，按照牵连犯原理，对行为人从一重罪处罚。

【办案依据】

一、刑法规定

第一百九十三条 有下列情形之一，以非法占有为目的，诈骗银行或者其他金融机构的贷款，数额较大的，处五年以下有期徒刑或者拘役，并处二万元以上二十万元以下罚金；数额巨大或者有其他严重情节的，处五年以上十年以下有期徒刑，并处五万元以上五十万元以下罚金；数额特别巨大或者有其他特别严重情节的，处十年以上有期徒刑或者无期徒刑，并处五万元以上五十万元以下罚金或者没收财产：

（一）编造引进资金、项目等虚假理由的；

（二）使用虚假的经济合同的；

（三）使用虚假的证明文件的；

（四）使用虚假的产权证明作担保或者超出抵押物价值重复担保的；

（五）以其他方法诈骗贷款的。

二、司法文件

《最高人民检察院、公安部关于公安机关管辖的刑事案件立案追诉标准的规定（二）》（2022年4月6日）

第四十五条 【贷款诈骗案（刑法第一百九十三条）】以非法占有为目的，诈骗银行或者其他金融机构的贷款，数额在五万元以上的，应予立案追诉。

三、会议纪要

（一）《最高人民检察院关于办理涉互联网金融犯罪案件有关问题座谈会纪要》（2017年6月2日 高检诉〔2017〕14号）

14. 以非法占有为目的，使用诈骗方法非法集资，是集资诈骗罪的本质特征。是否具有非法占有目的，是区分非法吸收公众存款罪和集资诈骗罪的关键要件，对此要重点围绕融资项目真实性、资金去向、归还能力等事实进行综合判断。犯罪嫌疑人存在以下情形之一的，原则上可以认定具有非法占有目的：

（1）大部分资金未用于生产经营活动，或名义上投入生产经营但又通过各种方式抽逃转移资金的；

（2）资金使用成本过高，生产经营活动的盈利能力不具有支付全部本息的现实可能性的；

（3）对资金使用的决策极度不负责任或肆意挥霍造成资金缺口较大的；

（4）归还本息主要通过借新还旧来实现的；

（5）其他依照有关司法解释可以认定为非法占有目的的情形。

15. 对于共同犯罪或单位犯罪案件中，不同层级的犯罪嫌疑人之间存在犯罪目的发生转化或者犯罪目的明显不同的，应当根据犯罪嫌疑人的犯罪目的分别认定。

（1）注意区分犯罪目的发生转变的时间节点。犯罪嫌疑人在初始阶段仅具有非法吸收公众存款的故意，不具有非法占有目的，但在发生经营失败、资金链断裂等问题后，明知没有归还能力仍然继续吸收公众存款的，这一时间节点之后的行为应当认定为集资诈骗罪，此前的行为应当认定为非法吸收公众存款罪。

（2）注意区分犯罪嫌疑人的犯罪目的的差异。在共同犯罪或单位犯罪中，犯罪嫌疑人由于层级、职责分工、获取收益方式、对全部犯罪事实的知情程度等不同，其犯罪目的也存在不同。在非法集资犯罪中，有的犯罪嫌疑人具有非法占有的目的，有的则不具有非法占有目的，对此，应当分别认定为集资诈骗罪和非法吸收公众存款罪。

16. 证明主观上是否具有非法占有目的，可以重点收集、运用以下客观证据：

（1）与实施集资诈骗整体行为模式相关的证据：投资合同、宣传资料、培训内容等；

（2）与资金使用相关的证据：资金往来记录、会计账簿和会计凭证、资金使用成本（包括利息和佣金等）、资金决策使用过程、资金主要用途、财产转移情况等；

（3）与归还能力相关的证据：吸收资金所投资项目内容、投资实际经营情况、盈利能力、归还本息资金的主要来源、负债情况、是否存在虚构业绩等虚假宣传行为等；

（4）其他涉及欺诈等方面的证据：虚构融资项目进行宣传、隐瞒资金实际用途、隐匿销毁账簿；等等。司法会计鉴定机构对相关数据进行鉴定时，办案部门可以根据查证犯罪事实的需要提出重点鉴定的项目，保证司法会计鉴定意见与待证的构成要件事实之间的关联性。

17. 集资诈骗的数额，应当以犯罪嫌疑人实际骗取的金额计算。犯罪嫌疑人为吸收公众资金制造还本付息的假象，在诈骗的同时对部分投资人还本付息的，集资诈骗的金额以案发时实际未兑付的金额计算。案发后，犯罪嫌疑人主动退还集资款项的，不能从集资诈骗的金额中扣除，但可以作为量刑情节考虑。

（二）《全国法院审理金融犯罪案件工作座谈会纪要》（2001年1月21日 法〔2001〕8号）

贷款诈骗罪的认定和处理。贷款诈骗犯罪是目前案发较多的金融诈骗犯罪之一。审理贷款诈骗犯罪案件，应当注意以下两个问题：

一是单位不能构成贷款诈骗罪。根据刑法第三十条和第一百九十三条的规定，单位不构成贷款诈骗罪。对于单位实施的贷款诈骗行为，不能以贷款诈骗罪定罪处罚，也不能以贷款诈骗罪追究直接负责的主管人员和其他直接责任人员的刑事责任。但是，在司法实践中，对于单位十分明显地以非法占有为目的，利用签订、履行借款合同诈骗银行或其他金融机构贷款，符合刑法第二百二十四条规定的合同诈骗罪构成要件的，应当以合同诈骗罪定罪处罚。

二是要严格区分贷款诈骗与贷款纠纷的界限。对于合法取得贷款后，没有按规定的用途使用贷款，到期没有归还贷款的，不能以贷款诈骗罪定罪处罚；对于确有证据证明行为人不具有非法占有的目的，因不具备贷款的条件而采取了欺骗手段获取贷款，案发时有能力履行还贷义务，或者案发时不能归还贷款是因为意志以外的原因，如因经营不善、被骗、市场风险等，不应以贷款诈骗罪定罪处罚。

第三章　票据诈骗罪

【立案追诉标准】

票据诈骗案（刑法第194条第1款）

进行金融票据诈骗活动，数额在五万元以上的，应予立案追诉。

《最高人民检察院、公安部关于公安机关管辖的刑事案件立案追诉标准的规定（二）》（2022年4月6日）

【犯罪构成及刑事责任】

票据诈骗罪是指以非法占有为目的，进行金融票据诈骗活动，数额较大的行为。构成本罪需要具备以下四个要件：

1. 客体要件。本罪侵犯的客体是国家的票据管理制度和公私财产的所有权。

2. 客观要件。客观方面表现为明知是伪造、变造的汇票、本票、支票而使用，或者明知是作废的汇票、本票、支票而使用，或者冒用他人的汇票、本票、支票，或者签发空头支票或者与其预留印鉴不符的支票，骗取财物，或者汇票、本票的出票人签发无资金保证的汇票、本票或者在出票时作虚假记载，骗取财物，数额较大的行为。

3. 主体要件。本罪主体是达到法定刑事责任年龄且具备刑事责任能力的自然人和单位。

4. 主观要件。本罪在主观方面是故意，且必须是以非法占有为目的。

根据刑法第194条第1款的规定，有下列情形之一，进行金融票据诈骗活动，数额较大的，处5年以下有期徒刑或者拘役，并处2万元以上20万元以下罚金；数额巨大或者有其他严重情节的，处5年以上10年以下有期徒刑，并处5万元以上50万元以下罚金；数额特别巨大或者有其他特别严重情节的，处10年以上有期徒刑或者无期徒刑，并处5万元以上50万元以下罚金或者没收财产：（1）明知是伪造、变造的汇票、本票、支票而使用的；（2）明知是作废的汇票、本票、支票而使用的；（3）冒用他人的汇票、本票、支票的；（4）签发空头支票或者与其预留印鉴不符的支票，骗取财物的；（5）汇票、本票的出票人签发无资金保证的汇票、本票或者在出票时作虚假记载，骗取财物的。

【疑难指导】

1979年刑法对利用票据进行诈骗的并无规定，只在第123条规定了伪造有价证券罪，当时利用票据进行诈骗的行为，多以伪造有价证券罪和诈骗罪处罚。为打击日益严重的金融犯罪，维护金融秩序，1995年全国人大常委会通过《关于惩治破坏金融秩序犯罪的决定》，在票据法的基础上，首次将票据诈骗罪通过特别立法的形式加以规定。1997年修订后的刑法第194条明确将票据诈骗罪独立设罪，并参照了1995年的决定所列举的五种票据诈骗行为，对量刑幅度和单位犯罪作了一些调整，刑罚有所缓和，但保留了死刑处罚。2011年刑法修正案（八）废除了票据诈骗罪死刑的法定刑设置，同时在金融犯罪司法实践中减少死刑的应用。

一、客观方面的认定

（一）明知是伪造、变造的汇票、本票、支票而使用

使用明知是伪造、变造的汇票、本票、支票是票据诈骗罪常见的表现形式。伪造票据假冒他人名义而为的票据行为，有狭义和广义之分，狭义的伪造票据是专指假冒出票人名义签发票据，而背书、承兑、保证等附属票据行为中的伪造，不属于伪造票据，只是对出票人后手票据当事人签名的伪造。广义的伪造票据是指假冒他人在票据上为一定行为的票据行为，包括出票、背书、承兑和保证行为等。变造票据是指无更改权的人不法变更票据上签章之外的事项，如持票人擅自更改票据上记载的金额、改写到期日等。

此处的“使用”是以能够实现法定的票据功能、用途的方式使用的行为，包

括出示、交付、兑现、转让、提示承兑、收取付款或者指令划账等。对于该罪中“使用”是否包括间接使用存在不同观点。有观点认为，此处的使用是指以非法占有他人资金或者财物为目的，以伪造、变造的票据冒充真实票据，进行诈骗活动的行为。从理论上说，这种使用既包括直接利用伪造、变造的票据骗取他人资金或财物，也包括利用伪造、变造的票据作为担保骗取他人财物。[①] 也有观点认为，在本罪的立法以及其他金融诈骗罪的立法都缺乏明确性的情况下，本罪所谓使用的行为应通过立法解释限定在直接使用的犯罪内。[②] 笔者认为，票据诈骗罪侵犯的主要客体是票据管理秩序，因而只有直接对票据管理秩序造成侵犯的行为才构成票据诈骗罪。但以伪造、变造的票据作虚假担保等行为并不涉及票据关系和票据权利，该行为侵犯的是被担保的经济关系，而非票据管理秩序，因而不能构成票据诈骗罪。对于以伪造、变造的票据作虚假担保的行为，可以根据具体内容以贷款诈骗罪、合同诈骗罪等论处。

（二）明知是作废的汇票、本票、支票而使用

对于作废的票据的犯罪，理论上也存在不同观点。有观点认为，作废的票据是指根据法律和有关规定不能使用的金融票据，既包括票据法规定的过期票据，也包括无效和依法宣布作废的票据。[③] 也有观点认为，作废的票据是指按照票据法律法规规定不能使用的票据，包括已经实现付款请求权的票据、票据法规定的无效票据、银行宣布停止使用的票据和超过票据权利时效的过期票据四类。[④] 还有观点认为作废的票据主要包括五类：一是无效的票据；二是过期的票据；三是破产、倒闭、解散或被依法撤销的企业的本应及时上缴或销毁，但因种种原因未被及时上缴或销毁，继续存留在有关人员手中的支票等票据；四是银行等金融机构根据国家规定予以作废的票据，如国家规定更换票据版本，而不得再使用的旧的票据；

---

① 马克昌主编：《经济犯罪新论》，武汉大学出版社1998年版，第262页。

② 刘生荣、但伟：《破坏市场经济秩序犯罪的理论与实践》，中国方正出版社2001年版，第168页。

③ 孙军工：《金融诈骗罪》，中国人民公安大学出版社1999年版，第74页。

④ 刘华：《票据犯罪研究》，中国检察出版社2001年版，第174页。

五是依民事诉讼法中的公示催告程序作出除权判决的票据。[①] 笔者认为，从语义上看，作废是从有效到失效的发展变化过程，如果自始至终均无法律效力，则无所谓作废的问题。因此，作废的票据包括付款请求权已经实现的票据、过期的票据和依法被宣布作废的票据。无效票据不能成为作废的票据。我国票据法虽未明确规定无效票据的具体含义，但一般来说无效票据是指不能发生法律效力的票据，其自始无效，因而无效票据不是作废票据。行为人如果使用此类票据进行诈骗活动，不构成票据诈骗罪，可以诈骗罪定罪处罚。

付款请求权已经实现的票据是指持票人或者收款人的票据权利已经得到实现，票据所代表的债权债务关系在法律上宣告消灭的票据。

对于过期的票据，根据票据法规定主要为超过以下期限的票据：（1）持票人对票据的出票人和承兑人的权利，自票据到期日起 2 年。见票即付的汇票、本票，自出票日起 2 年。（2）持票人对支票出票人的权利，自出票日起 6 个月。（3）持票人对前手的追索权，自被拒绝承兑或者被拒绝付款之日起 6 个月。（4）持票人对前手的再追索权，自清偿日或者被提起诉讼之日起 3 个月。

被依法宣布作废的票据，主要包括以下三种：一是破产、解散或被依法撤销的企业的本应及时上缴或销毁，但因种种原因而未被及时上缴或销毁，继续存留在有关人员手中的支票等票据。二是银行等金融机构根据国家规定予以作废的票据。如国家规定更换票据版本，而因版本陈旧不得再行使用的票据就是作废的票据。三是依民事诉讼法中的公示催告程序作出除权判决的票据。

（三）冒用他人的汇票、本票、支票

1. “冒用”的内涵。关于冒用的内涵，有学者认为，冒用他人票据，是指行为人擅自以合法持票人的名义，支配、使用、转让自己无权支配的合法持票人的票据的行为。“冒用”通常表现为以下几种情况：一是行为人以非法手段获得票据而使用，如以欺诈、偷盗、胁迫等手段取得的票据，或者明知是以上述手段取得的票据而加以使用进行欺诈的行为；二是没有代理权而以代理人的名义使用他人的票据或代理人超越代理权而使用被代理人的票据进行欺诈的行为；三是擅自使

① 王作富主编：《刑法分则实务研究（上）》，中国方正出版社 2001 年版，第 570 页。

用他人委托代为保管的票据或者使用拾得的他人的票据进行诈骗的行为。[①] 也有学者认为，冒用是指无权利人在缺乏法律依据或者没有得到他人授权的情况下，利用真正票据权利人的票据，骗取票据资金和商品等财物。[②] 以上观点均强调冒用的特征在于假冒票据权利人的身份和擅用权利人的名义，但在“用”的看法上意见不同。由于票据诈骗罪区别普通诈骗罪和其他金融诈骗罪的实质在于是否侵犯了权利人的票据权利，因而“冒用”中的“用”应理解为“行使票据权利”，冒用的本质特征在于假冒权利人行使票据权利，表现为两种形式：一是假冒票据权利人行使票据权利；二是假冒票据权利的代理人行使票据权利。

2. 冒用的对象为他人汇票、本票、支票，是仅限于合法有效的票据，还是包括伪造的、作废的票据，存在不同观点。多数学者认为，冒用的对象应是真实、有效的票据，虚假的票据、作废的票据不是冒用的对象。如果行为人使用的是他人伪造、变造的票据，或者是他人过期的作废的票据，分别属于票据诈骗罪的其他行为样态，而不构成冒用他人票据行为。[③] 笔者认为，冒用型票据诈骗罪中的票据只能是真实有效的票据，不能包括虚假的或者作废的票据在内，否则，有悖于票据权利的基本原理。当然，真实有效的票据是行为人的主观认识而非实际情况，只要行为人主观上认为票据真实有效并实施了冒用行为，即使票据实际上是伪造、变造的票据，也可构成冒用型票据诈骗罪。

（四）签发空头支票或者与其预留印鉴不符的支票，骗取财物

1. 签发空头支票

票据法规定，出票人签发的支票金额超过其付款时在付款人处实有的存款金额的，为空头支票。认定空头支票不能以出票时为标准，应以付款时为标准，即出票时虽无资金但在付款时资金充足的，不是空头支票。空头支票主要包括以下三种：一是没有存款的空头支票。即出票人账户内没有存款余额，付款银行又未答应垫付而签发的支票。二是超过存款的空头支票。即出票人签发的票面金额超

---

① 曾月英：《金融票证犯罪研究》，中国人民大学出版社 2001 年版，第 138~139 页。

② 杨春洗等：《我国当前经济犯罪研究》，北京大学出版社 1996 年版，第 425 页。

③ 刘华：《票据犯罪研究》，中国检察出版社 2001 年版，第 177 页。

过账户存款金额的支票，或者签发的支票金额超过付款银行允许垫付的余额的支票。三是提回存款的空头支票。即出票人签发支票后提走付款银行内的支票账户存款使支票不能支付的支票。[①]

按照刑法规定，构成签发空头支票型票据诈骗罪，不仅要求行为人实施了签发空头支票的行为，而且要求行为人利用签发的空头支票实际骗取了他人财物或者其他经济利益。如果行为人在签发支票时明知银行账户没有资金或者资金不足，但是只要出票人在事后补足存款使持票人在法定的付款期内获得票面所载的金额，票据权利义务关系没有遭到破坏，不能认定为票据诈骗罪。

2. 签发与其预留印鉴不符的支票

票据法规定，开立支票存款账户，申请人应当预留其本名的签名式样和印鉴。《票据管理实施办法》规定，支票上的出票人的签章，出票人为单位的，为与该单位在银行预留签章一致的财务专用章或者公章加其法定代表人或者其授权的代理人的签名或者盖章；出票人为个人的，为与该个人在银行预留签章一致的签名或者盖章。支票上的签名必须是出票人的本名，亦即身份证件上的姓名。票据的签章包括三种形式：一是签名；二是盖章；三是签名加盖章。出票人可以根据自己的情况，选择上述三种形式之一。“签发与其预留印鉴不符的支票”是指票据签发人在其签发的支票上加盖的与其预留于银行或者其他金融机构处的印鉴不一致的财务公章或者支票签发人的名章。“与其预留印鉴不符”，可以是与其预留的某一个印鉴不符，也可以是与所有预留印鉴不符。出票人预留在开户银行的签名或印鉴是银行审核支票付款的依据，如果出现不一致的情形，支票将遭拒付。

对于行为人签发支票后，故意更改预留印鉴的行为，如同对空头支票的认定应以付款时的情形而不是单纯的出票时的情形作为判断的标准一样，对签发与其预留印鉴不符的支票进行诈骗的认定，认定支票上的所载印鉴是否与持票人在付款人处的预留印鉴相一致，应以持票人要求付款时的印鉴为准。如果行为人所签发的支票上的印鉴与持票人要求付款时其在付款人处的预留印鉴相一致（包括自始一致和出票时不一致但经变更后在持票人要求付款时一致两种情形），则不存在

① 刘华：《票据犯罪研究》，中国检察出版社 2001 年版，第 198 页。

票据诈骗的问题；反之，如果行为人所签发的支票的印鉴与付款时其在付款人处的预留印鉴不一致（包括出票时一致，但经变更后在持票人要求付款时不一致两种情形），都应定性为票据诈骗。[①]

票据法规定支票的出票人不得签发与其预留本名的签名式样或者印鉴不符的支票。无论是签发与其预留印鉴不符的支票，还是签发与其预留签名式样不符的支票，都是票据诈骗行为，刑法规定了签发与其预留印鉴不符的支票的行为构成票据诈骗罪，但未规定签发与其预留签名不符的行为构成票据诈骗罪。按照罪刑法定原则，签发与其预留签名不符的行为因刑法无明文规定而不能认定为票据诈骗罪，对此可根据具体情况按照普通诈骗或者合同诈骗罪论处。

（五）汇票、本票的出票人签发无资金保证的汇票、本票或者在出票时作虚假记载，骗取财物

1.“无资金保证”的认定

有无资金保证是认定此类票据诈骗罪的关键。对于“资金保证”，我国刑法学界通行的观点是，指票据的出票人在承兑汇票本票时具有按票据支付的能力；所谓无资金保证，即在承兑汇票本票时不具有按票据支付的能力。[②] 但有学者主张，所谓资金保证是指票据的出票人在汇票本票付款时具有按票据支付的能力；所谓无资金保证，是指在汇票本票付款时不具有按票据支付的能力。[③] 这两种观点都认为资金保证的核心在于支付能力，不同在于对支付能力的时间认定标准上，前一种观点主张以承兑环节为认定标准，后一种观点则主张以付款时的情况进行认定。另外还有学者主张，对于支付能力的时间不能简单地以承兑环节或者以付款时为标准，而应区分不同的票据来确定支付能力的时间标准。对于远期汇票来说，承兑是认定出票人是否具有支付能力的关键，对于见票即付的汇票和本票的出票人

---

① 田宏杰：《票据诈骗罪客观行为特征研究》，载《中国人民公安大学学报》2003 年第 3 期。

② 马克昌主编：《经济犯罪新论——破坏社会主义市场经济秩序罪研究》，武汉大学出版社 1998 年版，第 362 页；王作富：《刑法分则实务研究（上）》，中国方正出版社 2001 年版，第 574 页。

③ 刘华：《票据犯罪研究》，中国检察出版社 2001 年版，第 205 页。

的支付能力应以付款时为标准。[①]

笔者认为，以付款时的情况认定有无资金保证较为合理。票据诈骗罪的立法宗旨在于惩治损害票据信用、破坏正常的票据秩序的行为，维护持票人的合法票据权利，而票据权利实现的最终环节是付款。只要票据最终得到支付，持票人的票据权利没有受到侵害，就不可能发生票据诈骗的问题。而票据是否实际得到支付，关键取决于出票人在票据行为的最后环节即付款时的资金情况。因此，以付款时的情况认定有无资金保证较为合理。

2. 出票时作虚假记载

票据法规定，票据上的记载事项应当真实，不得伪造、变造。

其不仅要求记载事项在形式上符合票据法的规定，而且要求其内容与实际情况相一致。实质上虚假的记载，不仅记载无效，而且也破坏了票据信用关系，以此骗取他人财物的，即成立虚假记载型的票据诈骗行为。作虚假记载骗取财物构成票据诈骗罪的，仅限于汇票、本票的出票环节，不包括票据背书、提示承兑、付款以及保证环节。

根据记载事项的不同效力，票据法上的记载事项可以分为必要记载事项、任意记载事项、不得记载事项以及记载后不生票据法上效力的事项。其中，必要记载事项是指依据票据法的规定必须记载的事项；依效力不同又有绝对必要记载事项和相对必要记载事项之分。绝对必要记载事项是指必须在票据上记载的事项，欠缺此类事项之一的，票据无效；相对必要记载事项，则是指某些事项虽然票据法规定应予记载，但如果票据上不作记载，法律另有补充规定，票据不因此而无效。所谓任意记载事项，是指记载可由票据当事人自由选择，但是一经记载，即发生票据法上的效力。所谓不得记载事项，是指票据法禁止行为人在票据上记载的事项。根据违反禁令仍为记载所产生的不同后果，可将不得记载的事项分为记载无效的事项和使票据无效的事项。前者是指行为人虽然作了记载，但此项记载本身无效，票据法上视作未记载，但是票据的效力并不因此受到影响；后者则是

① 秦法果、杨宏勇：《票据诈骗罪客观方面疑难问题探讨》，载《河南师范大学学报（哲学社会科学版）》2003 年第 5 期。

指行为人记载了此类事项，不仅记载本身无效，而且使整个票据无效。至于不生票据法上效力的事项，则是指在形式上类同于任意记载事项，即是否记载可由票据当事人自由选择，但是在实质上二者却迥然不同。任意记载事项一经记载，即发生票据法上的效力，而此类事项记载后不发生票据法上的效力。① 刑法上的虚假记载事项一般是必要记载事项和任意记载事项，而对于不影响票据效力的虚假记载，由于不具备票据诈骗罪的客观特征，因此不构成票据诈骗罪（根据具体情况可成立其他犯罪）。

二、非法补记空白支票从而非法取得他人财物行为的定性

对于行为人非法补记空白支票从而非法取得他人财物的行为，究竟如何定性，刑法学界存在不同观点。第一种观点认为，这一行为并不符合票据诈骗罪构成特征，其不构成票据诈骗罪，应该认定为侵占罪或者贪污罪。出票人授权代填人代管空白支票，等于将授权内的支票金额交与代填人保管，这笔资金实际处于代填人的控制之下，当代填人违背出票人授权，未将支票金额用于所授权的业务，而是占为己有，显然是一种侵占或者贪污行为，视其身份及单位性质而定。② 第二种观点认为，应当根据非法补记的不同情形以及被害人的类别，分别确定为不同的犯罪。行为人非法补记的数额没有超过付款人处实有的存款金额的，出票人为被害人，此时应认定为盗窃罪。行为人在明知的情形下，非法补记的数额超过付款人处实有的存款金额的，被害人为付款人或者出票人以外的其他人的，应认定为诈骗罪。由于非法补记不属于伪造、变造支票，也不符合票据诈骗罪的其他类型。所以，行为人在明知的情形下，非法补记的数额超过付款人处实有的存款金额，欺骗付款人或者其他人，使之处分财产的，符合普通诈骗罪的构成要件。③

在空白支票流通过程中，存在两种不同的非法补记空白支票的情形：一是出票人授权代填但行为人并不取得票据权利的情形（可称为非票据权利的代填人）；二是出票人授权行为人代填，行为人取得票据权利的情形（可称为票据权利的代填人）。非法补记空白支票从而非法取得他人财物的行为有两类：一是行为人非法

① 范健主编：《商法学》，高等教育出版社、北京大学出版社 2001 年版，第 196 页。

② 刘华：《票据犯罪研究》，中国检察出版社 2001 年版，第 219~220 页。

③ 张明楷：《诈骗罪与金融诈骗罪研究》，清华大学出版社 2006 年版，第 588~589 页。

补记空白支票非法取得财物后据为己有；二是行为人非法补记空白支票欺骗他人进而骗取他人财物。

对于行为人非法补记空白支票取得财物后据为己有的行为，如果是非票据权利的代填人，如其取出财物金额超出授权范围，据为己有拒不归还的，可以成立侵占罪或贪污罪。如果是票据权利的代填人，其取得了票据权利，但不意味着其合法持有他人的财产，没有合法持有他人财产的可能性，就没有成立侵占或贪污的可能性，此时行为人如果采取秘密窃取手段而窃取属于他人财物的，应成立盗窃罪。

对于行为人非法补记空白支票欺骗他人进而骗取他人财物的行为，如果是非票据权利的代填人，其违反出票人的意思表示，超越所授权限，滥用填充权，并用此票据进行诈骗，从而骗取其他人财物的，由于其并不取得票据权利，则其行为属于票据诈骗罪中的“无权利人在缺乏法律依据或者没有得到他人授权的情况下，利用真正票据权利人的票据骗取票据资金和商品等财物”的冒用他人的票据行为，如果构成犯罪的，应成立票据诈骗罪。如果是票据权利的代填人，其非法补记并用以骗取他人财物的，由于票据权利人本身取得了票据权利，则其不存在冒用他人票据进行诈骗的情形，又由于其非法补记不属于伪造、变造支票行为，也不属于签发空头支票等票据诈骗罪的其他构成要件行为类型，故其不可能构成票据诈骗罪而可能成立普通诈骗罪。

三、罪数的认定

票据诈骗罪发生在票据的使用、流通过程中，行为人为了达到犯罪目的，往往需要伪造、变造票据或者伪造、变造他人印章，这些伪造、变造行为本身往往也构成了刑法规定的独立罪名，对其如何定罪处罚，需要根据具体情况确定。

对于使用者与伪造、变造者为同一人，或者在共同故意下的不同人的票据犯罪中，伪造、变造行为与使用行为之间是方法行为和目的行为的牵连关系，符合刑法理论上的牵连犯特征，不实行数罪并罚，而按照从一重罪处断原则追究行为人的刑事责任。

刑法第 194 条规定了票据诈骗罪和金融凭证诈骗罪两种罪名，实践中同一案件的行为人往往既实施了票据诈骗行为又实施了金融凭证诈骗行为。对于这类案件的处理，首先判断两种行为之间有无牵连关系。如果存在牵连关系，则不实行数罪并罚，而以其中的一重罪从重处罚；如果没有牵连关系，两种行为是相互独立的，则应实行数罪并罚。

对于行为人盗窃他人印签齐全的空白支票后填上一定的数额，并冒充支票合法持有人骗取财物的行为，有几种不同处理意见：第一种意见认为，若一人实施上述两种行为，由于两种行为之间的密切联系，后面的冒用行为失去独立意义，故不应实行数罪并罚，只按盗窃罪一罪处罚。第二种意见认为，盗窃支票是方法行为，冒用他人支票是目的行为，两者存在牵连关系，应以一重罪，即票据诈骗罪定罪处罚。第三种意见认为，行为人为了冒用他人支票而盗窃他人空白支票，然后再以他人名义骗取财物的，属于牵连犯，应择一重罪从重处罚，即以票据诈骗罪从重处罚；行为人以盗窃财物为目的，在盗得他人财物后发现里面有印签齐全的空白支票，才萌生冒用他人支票去骗取财物的故意的，由于空白支票可以成为盗窃罪的对象，而盗窃行为与冒用支票行为相对独立，故应以盗窃罪和票据诈骗罪数罪并罚。笔者认为，对于盗窃他人支票后没有使用的，其所代表的财产关系不会有任何变化，因而不应以犯罪论处；对于盗窃支票未作任何伪造、变造而直接使用的，应以盗窃罪论处；对盗得的支票进行伪造、变造后再予以使用的，成立伪造、变造金融票证罪与票据诈骗罪的牵连犯，以票据诈骗罪从重处罚。

四、与相关犯罪的界限

（一）票据诈骗罪与诈骗罪的界限

诈骗罪是指以非法占有为目的，使用虚构事实或者隐瞒真相的方法，骗取数额较大的公私财物的行为。票据诈骗罪与诈骗罪是特殊与普通的从属关系，二者之间存在许多相同之处，如两行为都侵犯了公私财产的所有权，都采取了虚构假象或隐瞒真相的手段。但二者之间的区别也非常明显。

一是犯罪客体不同。票据诈骗罪的犯罪客体是金融票据管理秩序和公私财产的所有权；而诈骗罪侵犯的是公私财产的所有权，其犯罪客体仅是公私财产的所有权。

二是客观方面的表现不同。票据诈骗罪是金融诈骗犯罪的一种，只能发生在票据交易活动中，其犯罪行为在客观方面具体表现为使用非法或不符合法律规定的票据，使他人产生错误认识，从而骗取财物；而诈骗罪发生的领域以及其行为方式则没有具体的限定，即只要行为人虚构事实或者隐瞒真实情况即可。

三是犯罪主体不同。票据诈骗罪的犯罪主体包括具有刑事责任能力的自然人和单位；而诈骗罪的主体只能是自然人，单位不能成为诈骗罪的犯罪主体。

实践中对两罪界限的司法认定，应根据案件的具体情况予以区分：一是行为人以非法或者不符合法律规定的票据为手段，骗取他人财物，其行为涉及票据交易关系的，按照票据诈骗罪处理。二是行为人以票据为手段骗取他人财物，其行为没有涉及票据交易关系的，按诈骗罪处理。

（二）票据诈骗罪与合同诈骗罪

合同诈骗罪是指以非法占有为目的，在合同的签订或履行过程中，采用法定形式，骗取对方当事人财物，数额较大的行为。两罪均属特殊诈骗罪，实践中票据诈骗行为也常常与合同的签订或履行有关，因而区别两罪很有必要。

一是犯罪客体不同。两罪的客体尽管都是复杂客体但票据诈骗罪侵犯的直接客体是票据的正常管理秩序和公私财产的所有权；而合同诈骗罪侵犯的直接客体是合同管理制度和公私财产的所有权。此外，票据诈骗罪的同类客体是国家对金融活动的正常管理秩序；而合同诈骗罪的同类客体是国家对市场的管理秩序。

二是犯罪客观方面的表现形式不同。票据诈骗行为发生在票据交易活动中，具体表现为法定的以下五种形式：明知是伪造、变造的汇票、本票、支票而使用的；明知是作废的汇票、本票、支票而使用的；冒用他人的汇票、本票、支票的；签发空头支票或者与其预留印鉴不符的支票，骗取财物的；汇票、本票的出票人签发无资金保证的汇票、本票或者在出票时作虚假记载，骗取财物的；而合同诈骗罪则发生在合同的签订和履行过程中，具体表现为法定的以下五种情形，即以虚构的单位或者冒用他人名义签订合同的；以伪造、变造、作废的票据或者其他虚假的产权证明作担保的；没有实际履行能力，以先履行小额合同或者部分履行合同的方法，诱骗对方当事人继续签订和履行合同的；收受对方当事人给付的货物、货款、预付款或者担保财产后逃匿的；以其他方法骗取对方当事人财物的。

司法实践中，对于上述两罪的界限，应根据案件的具体情况予以鉴别。一是以签订合同为手段骗取他人真实票据的，应当按合同诈骗罪处理。在此种情形下，骗取他人真实票据的行为不符合票据诈骗罪“使用非法或者不符合法律规定的票据骗取他人财物”的特征，所以应当按合同诈骗罪论处。二是为了促使与对方达成合同，以非法或无效票据作为合同担保的，应当按合同诈骗罪处理。在此种情形下，虽然行为人使用了非法或者无效票据，但是由于以票据作为担保的行为只是改变了票据的实际占有人，并没有引起票据权利的转让，所以此时当事人之间的行为并没有介入票据交易关系，不会引起票据管理秩序的破坏。正是基于此，以非法或无效票据作为合同担保的，不构成票据诈骗罪，而应当按照合同诈骗罪论处。

【办案依据】

一、刑法规定

第一百九十四条第一款 有下列情形之一，进行金融票据诈骗活动，数额较大的，处五年以下有期徒刑或者拘役，并处二万元以上二十万元以下罚金；数额巨大或者有其他严重情节的，处五年以上十年以下有期徒刑，并处五万元以上五十万元以下罚金；数额特别巨大或者有其他特别严重情节的，处十年以上有期徒刑或者无期徒刑，并处五万元以上五十万元以下罚金或者没收财产：

（一）明知是伪造、变造的汇票、本票、支票而使用的；

（二）明知是作废的汇票、本票、支票而使用的；

（三）冒用他人的汇票、本票、支票的；

（四）签发空头支票或者与其预留印鉴不符的支票，骗取财物的；

（五）汇票、本票的出票人签发无资金保证的汇票、本票或者在出票时作虚假记载，骗取财物的。

二、司法文件

《最高人民检察院、公安部关于公安机关管辖的刑事案件立案追诉标准的规定（二）》（2022年4月6日）

第四十六条 【票据诈骗案（刑法第一百九十四条第一款）】 进行金融票据诈骗活动，数额在五万元以上的，应予立案追诉。

第四章　金融凭证诈骗罪

【立案追诉标准】

金融凭证诈骗案（刑法第 194 条第 2 款）

使用伪造、变造的委托收款凭证、汇款凭证、银行存单等其他银行结算凭证进行诈骗活动，数额在五万元以上的，应予立案追诉。

《最高人民检察院、公安部关于公安机关管辖的刑事案件立案追诉标准的规定（二）》（2022 年 4 月 6 日）

【犯罪构成及刑事责任】

金融凭证诈骗罪是指以非法占有为目的，使用伪造、变造的委托收款凭证、汇款凭证、银行存单等其他银行结算凭证骗取财物，数额较大的行为。构成本罪需要具备以下四个要件：

1. 客体要件。本罪侵犯的客体是国家有关金融凭证的管理制度和公私财产的所有权。

2. 客观要件。客观方面表现为使用伪造、变造的委托收款凭证、汇款凭证、银行存单及其他银行结算凭证骗取财物，数额较大的行为。

3. 主体要件。本罪主体是达到法定刑事责任年龄且具备刑事责任能力的自然人和单位。

4. 主观要件。本罪在主观方面是故意，且必须是以非法占有为目的。

根据刑法第 194 条第 2 款的规定，使用伪造、变造的委托收款凭证、汇款凭证、银行存单等其他银行结算凭证的，依照前款的规定处罚（前款的处罚规定为：数额较大的，处5年以下有期徒刑或者拘役，并处2万元以上20万元以下罚金；数额巨大或者有其他严重情节的，处5年以上10年以下有期徒刑，并处5万元以上50万元以下罚金；数额特别巨大或者有其他特别严重情节的，处10年以上有期徒刑或者无期徒刑，并处5万元以上50万元以下罚金或者没收财产）。

【疑难指导】

一、伪造、变造的金融凭证范围

本罪中的金融凭证是指银行结算凭证，是银行专门用以结算的凭证，是银行、单位和个人用以记载账务的会计凭证，也是办理支付结算的重要依据。刑法第194条第2款列举了委托收款凭证、汇款凭证和银行存单三种银行结算凭证。委托收款是指收款人委托银行向付款人收取款项的结算方式，委托收款时所需的凭证即为委托收款凭证。汇款凭证是指汇款人委托银行将其款项支付给收款人所需的凭证，包括信汇凭证和电汇凭证。银行存单包括银行存折，不限于银行出具的存单，还包括邮政储蓄机构等具有吸收存款资格的金融机构出具的存单。除此之外，拨款凭证、银行进账存单、托收承付凭证等均属于银行结算凭证。

对于伪造，理论上存在有形伪造与无形伪造两种方式，有形伪造是指无制作权限人非法制作文书的行为，而无形伪造是指有文书制作权限的人，制作内容违反真实性的行为。有形伪造属于刑法中的伪造并无争议，但无形伪造是否属于刑法中的伪造存在不同观点，肯定说认为包括无形伪造，这是广义的伪造；否定说认为不包括无形伪造，这是狭义的伪造。伪造行为本质特征是虚假和违法，无形伪造完全符合伪造行为的上述两个本质特征，且无形伪造的金融凭证比有形伪造的金融凭证更具有欺骗性，利用无形伪造的金融票证骗取财产的危害性更大，因此没有理由将无形伪造排除在伪造概念之外。因此，使用银行或其他金融机构工作人员无形伪造的银行结算凭证骗取财物的，也构成金融凭证诈骗罪。

对于伪造、变造的银行结算凭证，有观点认为，通过事先购买的真实的空白凭证上偷盖“借款方”真实的印鉴章的手段取得他人款项，不能认定为使用伪造的金融凭证取得财物，若将这种手段行为理解为伪造金融凭证，明显超出了刑法用语的应有含义，有违罪刑法定原则。[①] 对此笔者有不同意见，空白凭证虽然是真实的，但其只有经过必要的填写签章之后，才能成为金融凭证，因而行为人在空白金融凭证用纸上偷盖借款人印鉴的，也是伪造金融凭证的行为，行为人利用这种金融凭证骗取财物的，同时触犯了伪造金融票证罪和金融凭证诈骗罪，应从一重罪处罚。也就是说，即使金融凭证形式要件完全真实，但系无制作权人非法制作的或有制作权人违反规定制作且内容是虚假的金融凭证，都属于伪造的金融凭证，利用这些金融凭证骗取财物的，可成立金融凭证诈骗罪。

二、“使用”的理解

对于“使用”的理解，理论和司法实践中存在不同意见。实践中有观点认为，金融凭证诈骗犯罪中的“使用伪造、变造的委托收款凭证、汇款凭证、银行存单等其他银行结算凭证”，应限于行为人用这些伪造、变造的金融凭证向银行等金融机构要求兑现凭证上的权利，或者将上述凭证交付他人，作为合同关系的对价，使对方有可能持假凭证直接要求金融机构兑付。对于虽然利用了伪造的金融凭证，但合同对方根本无法直接要求金融机构兑现的情况，金融票证的管理制度及金融秩序在客观上并未受到侵害，则行为不构成金融凭证诈骗罪，仅成立合同诈骗罪。[②] 笔者同意上述观点，认为金融凭证诈骗罪中的“使用”应当是将伪造、变造的金融凭证投入金融流通领域，即应当利用金融凭证所具有的兑付、信用等特殊功能来达到骗取财物的目的。行为人只有将伪造、变造的金融凭证实际投入金融流通领域，利用金融凭证的支付、汇兑、信用等功能实施的诈骗活动，才能对金融结算活动造成侵害；单纯的出示、展示和收藏等行为，由于伪造、变造的金融凭证并没有进入金融流转程序，不可能侵犯国家有关清算的金融管理秩序，因而不可能构成金融凭证诈骗罪。

三、冒用真实有效的金融凭证骗取财物行为的定性

对于捡拾、代为保管、无因管理、不当得利等得到他人真实有效金融凭证而

---

① 李文燕主编：《金融诈骗犯罪研究》，中国人民公安大学出版社 2002 年版，第 188 页。
② 陈清真：《金融凭证诈骗还是合同诈骗》，载《人民法院报》2001 年 8 月 6 日，第 3 版。

使用的行为，尽管行为人得到他人金融凭证行为不属于刑法评价行为，但行为人明知不属于自己的凭证还冒用获财，侵犯了他人财产所有权，达到一定数额的应给予刑罚惩处是共识。但刑法规定只有使用伪造、变造的金融凭证才构成本罪，冒用真实有效的金融凭证不能定本罪，司法实践中有定诈骗罪的，也有定盗窃罪、侵占罪的。笔者认为，冒用真实有效金融凭证取财并非通过财物控制人不知的方式秘密取财，行为人得到财物是财产控制人受骗而自愿处分的结果，不符合盗窃罪的本质特征。将冒用代为保管的金融凭证骗取财物定侵占罪也不妥，因行为人尽管触犯了侵占罪，但其冒用获财行为同时也触犯了诈骗罪，刑法评价的是冒用行为，行为人只有一行为，一行为触犯数罪名，系想象竞合犯，应从一重罪定处，故此种冒用应以诈骗罪定处。

四、使用作废的金融凭证骗取财物行为的定性

根据刑法第 194 条第 1 款的规定，使用作废的票据骗取财物的行为，与使用伪造、变造的票据骗取财物的行为性质相同，成立票据诈骗罪；刑法第 195 条规定，使用作废的信用证骗取财物的行为，与使用伪造、变造的信用证骗取财物的行为性质相同，成立信用证诈骗罪。使用作废的金融凭证骗取财物的行为，与使用伪造、变造的金融凭证骗取财物的行为性质也相同，但使用作废的金融凭证骗取财物的，不能成立金融凭证诈骗罪。因为刑法第 194 条第 2 款仅规定了使用伪造、变造的金融凭证骗取财物的行为成立金融凭证诈骗罪，而作废的金融凭证不能被伪造、变造的金融凭证涵括，按罪刑法定原则要求，使用作废的金融凭证骗取财物的不能成立金融凭证诈骗罪。但是，使用作废的金融凭证骗取财物的行为，依然符合（合同）诈骗罪的构成要件，可以认定为（合同）诈骗罪。另外，如果行为人在作废的金融凭证上进行涂改或者添加有关内容然后骗取财物的，对作废的金融凭证进行涂改或者添加有关内容，是伪造金融凭证行为，使用这种金融凭证骗取财物，成立金融凭证诈骗罪。

前述使用作废的金融凭证的定性是在得到作废的金融凭证的行为手段不违法基础上讨论的，如行为人捡拾明知作废的金融凭证而使用，或受他人委托使用明知是作废的金融凭证。如果行为人明知是作废的金融凭证而盗窃、抢劫、抢夺并使用，行为人并不触犯盗窃、抢劫、抢夺罪，因作废的金融凭证并不属于具体财物或财产性利益，行为人只是想用其作道具诈骗财物，只应评价后面的诈骗财物行为。

五、与相关犯罪的界限

（一）金融凭证诈骗罪与诈骗罪的界限

一是侵犯的客体不同。金融凭证诈骗罪侵犯的是复杂客体，包括国家对有关金融凭证的管理制度和公私财产的所有权，诈骗罪的客体只是公私财产的所有权。

二是客观表现不同。金融凭证诈骗罪是通过使用伪造、变造的委托收款凭证等其他银行结算凭证这一金融道具实施的；后者是使用法律没有明文规定的道具实施的。另外，金融凭证诈骗罪只能发生在金融活动中，诈骗罪可以发生在非金融活动中。

三是犯罪主体不同。单位有可能构成金融凭证诈骗罪，但不可能构成诈骗罪。

（二）金融凭证诈骗罪与票据诈骗罪、信用证诈骗罪的界限

一是犯罪的直接客体不同。金融凭证诈骗罪侵犯的是国家对其他银行结算凭证的管理制度和公私财产的所有权；票据诈骗罪、信用证诈骗罪侵犯的分别是国家对金融票据、信用证的管理制度和公私财产的所有权。

二是犯罪对象不同。金融凭证诈骗罪的犯罪对象只能是伪造、变造的其他银行结算凭证；而票据诈骗罪、信用证诈骗罪的犯罪对象是票据、信用卡或信用证，可以是伪造、变造的，也可以是失效的，还可以是真实的。

三是客观方面不同。金融凭证诈骗罪的客观方面只有使用伪造、变造的金融凭证一种行为；而票据诈骗罪、信用证诈骗罪除使用行为外，还包括其他行为方式，如签发空头支票或无资金保证的汇票、本票，骗取信用证或其他方法的等。

【办案依据】

一、刑法规定

第一百九十四条第二款 使用伪造、变造的委托收款凭证、汇款凭证、银行存单等其他银行结算凭证的，依照前款的规定处罚。

二、司法文件

《最高人民检察院、公安部关于公安机关管辖的刑事案件立案追诉标准的规定（二）》（2022年4月6日）

第四十七条　【金融凭证诈骗案（刑法第一百九十四条第二款）】使用伪造、变造的委托收款凭证、汇款凭证、银行存单等其他银行结算凭证进行诈骗活动，数额在五万元以上的，应予立案追诉。

第五章　信用证诈骗罪

【立案追诉标准】

信用证诈骗案（刑法第 195 条）

进行信用证诈骗活动，涉嫌下列情形之一的，应予立案追诉：

（一）使用伪造、变造的信用证或者附随的单据、文件的；

（二）使用作废的信用证的；

（三）骗取信用证的；

（四）以其他方法进行信用证诈骗活动的。

《最高人民检察院、公安部关于公安机关管辖的刑事案件立案追诉标准的规定（二）》（2022 年 4 月 6 日）

【犯罪构成及刑事责任】

信用证诈骗罪是指以非法占有为目的，使用伪造、变造的信用证或者附随的单据、文件，使用作废的信用证，骗取信用证，或者以其他方法进行信用证诈骗活动的行为。构成本罪需要具备以下四个要件：

1. 客体要件。本罪侵犯的客体是国家的信用证管理制度和公私财产的所有权。

2. 客观要件。本罪在客观方面表现为使用伪造、变造的信用证或者附随的单据、文件，使用作废的信用证，骗取信用证，或者以其他方法进行信用证诈骗活动的行为。

3. 主体要件。本罪主体是达到法定刑事责任年龄且具备刑事责任能力的自然人和单位。

4. 主观要件。本罪在主观方面是故意。

根据刑法第195条的规定，有下列情形之一，进行信用证诈骗活动的，处5年以下有期徒刑或者拘役，并处2万元以上20万元以下罚金；数额巨大或者有其他严重情节的，处5年以上10年以下有期徒刑，并处5万元以上50万元以下罚金；数额特别巨大或者有其他特别严重情节的，处10年以上有期徒刑或者无期徒刑，并处5万元以上50万元以下罚金或者没收财产：（1）使用伪造、变造的信用证或者附随的单据、文件的；（2）使用作废的信用证的；（3）骗取信用证的；（4）以其他方法进行信用证诈骗活动的。

【疑难指导】

一、客观行为的理解

（一）使用伪造、变造的信用证或者附随的单据、文件

1. 使用伪造、变造的信用证。伪造信用证即行为人仿照信用证的形状、格式、内容等，采用印刷、描绘、复制、拓印等各种方法，将非信用证的物质制作成假信用证，或者冒用银行的名义开出假信用证的行为。伪造的信用证，既可以是从格式到内容全部伪造的信用证，也可以是单纯内容伪造的信用证，还可以是对开证行的伪造。变造的信用证是指在真实信用证基础上，采用涂改、剪贴、挖补等方法，改变原信用证的内容和主要条款。

使用伪造、变造的信用证骗取财物，既包括使用自己伪造、变造的信用证骗取财物，也包括使用他人伪造、变造的信用证骗取财物。在行为人使用自己伪造、变造的信用证骗取财物的情况下，由于行为人明知所使用的信用证是伪造、变造的，其行为触犯了伪造、变造金融票证罪和信用证诈骗罪，从一重罪处断。

2. 使用伪造、变造的信用证附随的单据、文件。信用证按照其使用时是否需要附随必要的单据、文件，分为跟单信用证和光票信用证。国际贸易结算一般使用跟单信用证，对于跟单信用证，银行在付款时，只审核有关单据，不对货物负责，只要单据与信用证条款表面相符就向受益人付款。使用伪造、变造的信用证附随的单据、文件，是指使用信用证时，伪造或者变造提单等运输单据、保险单

据、商业发票以及信用证内规定必须附随的产地证、检验说明书、出口许可证、产品质量证明书等文件，用以诈骗信用证项下款项的行为。

（二）使用作废的信用证

使用作废的信用证，是指明知是作废的信用证而使用，骗取他人财物的行为。信用证都有一定的期限，信用证的日期包括开证日、通知日、装船日、提示日、到期日等，有效日期是指受益人提示汇票的单据，请求付款、承兑、议付的最后日期。逾期信用证失效，对银行不再具有约束力。作废的信用证包括过期的信用证，使用过的信用证，因开证失误，如笔误、内容条款与申请人要求不相符合等原因而导致作废的信用证，被撤销的信用证，法院发出止付令的信用证，被拒付且超过有效期的信用证等。

（三）骗取信用证

所谓骗取信用证，是指以虚构事实或隐瞒真相的方法，欺骗银行或开证申请人，使其开出信用证的行为。骗取信用证不同于使用作废的信用证，骗取信用证中的信用证是真实有效的，只是开证行是在不明真相的情况下开出了信用证。从欺骗对象来看，既可能是开证申请人，有时银行和开证申请人会同时成为被骗对象。实践中的骗取信用证多表现为两种情形：一是行为人虚构事实，隐瞒真相，欺骗开证银行为其开具信用证；二是虚构事实，隐瞒真相，欺骗他人如开证申请人为其开具信用证。

对于行为人仅实施了骗取信用证的行为是否构成信用证诈骗罪，理论上存在两种截然不同的观点：有观点认为，骗取信用证并加以使用是骗取行为密不可分的两个行为阶段，单纯的骗取信用证行为本身只能说是一种普通诈骗行为，而不是严格意义上的信用证诈骗行为。[①] 另有观点认为，行为人出于直接故意，虚构事实、隐瞒真相骗取信用证，并不要求对其使用，即构成本罪，对于骗取信用证后又使用的，当然构成该罪，且认为情节严重。[②] 笔者认为，因骗取信用证构成信用

① 叶良芳：《信用证诈骗罪探讨》，载《新千年刑法热点问题研究与适用（下）》，中国检察出版社 2001 年版，第 1304 页。

② 陈琴：《信用证诈骗罪的若干问题研究》，载《新千年刑法热点问题研究与适用（下）》，中国检察出版社 2001 年版，第 1317 页。

证诈骗罪的，行为人理应具有使用行为，从刑法规定的立法原意看，任何信用证诈骗行为均离不开使用行为，只有通过使用行为，才能有信用证诈骗活动。单纯骗取信用证的行为，如果没有加以使用，仅为一般的欺诈行为，不能构成信用证诈骗罪。

（四）以其他方法进行信用证诈骗活动

以其他方法进行信用证诈骗活动是指在信用证业务中，使用前述三种行为以外的，虚构事实或者隐瞒真相的欺骗手段，骗取他人财产的行为。以其他方法进行信用证诈骗活动的行为主要有：一是利用"软条款"进行信用证诈骗活动；二是利用远期信用证"先取货后付款"的特点，在信用证到期前的期间转移、隐匿财产，骗取进出口货物；三是利用转让信用证进行信用证诈骗活动，即通过中间商以转让国外原开证银行信用证的方式骗取财物。[①] 还有的行为是进口商与银行勾结，在信用证到期付款之前，将银行资金转移，宣告资不抵债；还有的开证行其本身的资金就少于信用证的金额，仍为进口商开立信用证，待进口商取得货物或服务后，宣告资不抵债。

二、利用"软条款"进行信用证欺诈行为的定性

"软条款"信用证又称为"陷阱"信用证，是指开证人或者开证行在开立信用证时，故意设置一些隐蔽性的条款，使开证人或开证行具有单方面随时解除付款责任，"软条款"信用证实际上是一种变相的可撤销信用证。实践中应当区分开立"软条款"行为与利用"软条款"进行信用证诈骗犯罪活动。

开立"软条款"信用证的原因很多，有可能是买方欺诈，骗取受益人财物，即开证申请人开立信用证的目的在于骗取受益人的信任，从而使受益人向开证申请人或者其指定的人支付佣金、保证金等，或者使受益人交付货物等，在这种情形下，由于买方有非法占有他人财物的目的，又实施了利用信用证进行诈骗活动的行为，因此可构成犯罪。

开立"软条款"信用证的原因也可能是保护申请人的利益，在此情形下，开证申请人并不是以骗取受益人的财物为目的，而是使开证申请人在信用证交易中

---

① 刘远：《金融诈骗罪研究》，中国检察出版社2002年版，第415~416页。

处于主动地位，如开证申请人（买方）在开立信用证时规定“客检证条款”（必须由开证申请人授权的人出具货物合格的检验证书，并且签字样本在开证行存档），这就是典型的“软条款”，当买方不想要货时，就故意不派人验货或者以委派的人不符合信用证的要求，使受益人无法取得信用证要求的客检证。这种行为也属于信用证欺诈行为，但是由于开证申请人没有非法占有受益人财物的目的，不能成立信用证诈骗罪。

在判断开立“软条款”是否构成犯罪时，应坚持主客观相统一的原则，从开证人是否具有非法占有的目的，客观上是否侵占他人预付款、保证金或非法占有其他财物等方面入手，划清一般民事欺诈行为与利用“软条款”进行信用证诈骗的界限。

三、利用“打包贷款”进行信用证诈骗行为的定性

根据《中国工商银行信用证项下出口打包放款暂行办法》，“打包贷款”是指借款人收到进口商所在地银行开具的信用证后，以信用证正本作抵押向银行申请的贷款，用于该信用证项下出口商品的进货、备料、生产和装运。贷款金额一般为信用证金额的50%，贷款期限一般不超过信用证有效期，通常在3个月以内，最长不超过6个月，贷款用途仅限于规定事项，如出口商品的备货和装运等。

对于使用伪造、变造的信用证或者附随的单据、文件或者作废的信用证作担保，诈骗打包贷款行为的定性，理论上有不同观点，第一种观点认为，这种行为既触犯了贷款诈骗罪，又符合信用证诈骗罪的特征，在刑法理论上属于法条竞合，应选择一个最相适应的法条作为定罪量刑的依据，即按照重法优于轻法的原则，以信用证诈骗罪论处。[①] 第二种观点认为，信用证诈骗罪是一般法条规定之罪，而使用伪造、变造的信用证或者附随的单据、文件或者作废的信用证做担保，诈骗银行贷款的，属于特别法条规定之罪，按照特别法优于一般法的原则，对于这种情形应该以贷款诈骗罪论处。[②] 第三种观点认为，上述行为没有使被骗银行进入信用证关系成为信用证当事人或主体，故不符合信用证诈骗罪的特征，实际上仅触

① 薛瑞麟：《论信用证诈骗罪》，载《政法论坛》2000年第4期。

② 李文燕主编：《金融诈骗犯罪研究》，中国人民公安大学出版社2002年版，第259页。

犯了贷款诈骗罪。[①] 第四种观点认为，信用证诈骗罪第一种行为类型中的使用，是指利用假信用证骗取其项下的款项，故上述行为仅成立贷款诈骗罪。[②] 对此，笔者认为上述行为不成立信用证诈骗罪，仅成立贷款诈骗罪，上述行为与使用伪造、变造的票据作抵押骗取银行贷款属于相同类型，此处不再赘述。

对于合法取得信用证后，产生诈骗打包贷款的故意，进而实施该行为的，由于信用证是合法取得的，其后的贷款行为与合法取得的信用证没有关系，这种情况下排除了构成信用证诈骗罪的可能。如果行为人用合法取得的信用证作担保取得贷款，没有非法占有贷款的目的，也没有其他欺骗行为，则不构成任何犯罪。如果行为人以非法占有为目的，使用合法取得的信用证作担保骗取金融机构贷款，或者用其他欺骗手段骗取金融机构贷款且其他手段并不独立构成犯罪的，则应以贷款诈骗罪对行为人的行为定性。

对于为诈骗打包贷款而先骗取信用证，并以此为担保诈骗银行的行为，由于行为人实施了两个行为，即骗取信用证并加以使用的行为和诈骗金融机构贷款的行为，由于骗取信用证并加以使用的行为是手段行为，而诈骗金融机构贷款的行为是目的行为，属于刑法上的牵连犯，所以对行为人的行为应当按照从一重罪处断的原则定罪。

四、与相关犯罪的界限

（一）信用证诈骗罪与诈骗罪的界限

信用证诈骗罪是诈骗罪的一种特殊类型，两罪形成特别法与普通法之间的法条竞合关系。因而两罪有很多相似之处，如在客观上都是采取虚构事实、隐瞒真相的方法骗取他人财物，在主观上都具有非法占有他人财物的故意和目的。两罪的区别如下：

一是犯罪客体不同。信用证诈骗罪是复杂客体，侵犯了国家的信用证管理制度和公私财产的所有权；而诈骗罪的犯罪客体是简单客体，即行为人侵犯了公私

---

① 刘远：《金融诈骗犯罪研究》，中国检察出版社 2002 年版，第 422 页。

② 马克昌主编：《经济犯罪新论——破坏社会主义市场经济秩序罪研究》，武汉大学出版社 1998 年版，第 372 页。

财物的所有权。

二是犯罪客观方面不同。信用证诈骗罪的客观方面表现为使用伪造、变造的信用证或者附随的单据、文件，使用作废的信用证，骗取信用证，或者以其他方法，虚构事实或隐瞒真相，进行信用证诈骗活动的行为；而诈骗罪的客观方面为虚构事实、隐瞒真相的各种方法。

三是犯罪主体不同。信用证诈骗罪的主体既可以是自然人也可以是单位；而诈骗罪的主体只能是自然人。

在司法实践中，刑法规定了四种信用证诈骗行为，除此之外的利用信用证诈骗的行为可能与成立诈骗罪相混淆，如行为人只是向他人展示信用证，以信用证取得他人信任，使对方信以为真并陷入错误认识，基于此种错误认识实施处分财产的行为，从而使行为人得以骗取他人的货款、材料费等财物的，这种行为没有侵害金融秩序，不构成信用证诈骗罪，构成普通诈骗罪。

（二）信用证诈骗罪与贷款诈骗罪的界限

贷款诈骗罪，是指行为人以非法占有为目的，采取各种手段虚构事实、隐瞒真相，诈骗银行或者其他金融机构的贷款、数额较大的行为。贷款诈骗罪与信用证诈骗罪同属于金融诈骗罪，两罪在主观方面都有诈骗的故意并具有非法占有财物的目的，区别如下：

一是犯罪客体不同。信用证诈骗罪侵犯的客体是国家的信用证管理制度和公私财产的所有权；而贷款诈骗罪侵犯的是国家对金融机构贷款的管理秩序和金融机构的贷款所有权。

二是客观方面不同。信用证诈骗罪的行为方式是使用伪造、变造的信用证或者附随的单据、文件，使用作废的信用证，骗取信用证，或者以其他方法进行信用证诈骗活动；而贷款诈骗罪的行为方式有五种，即编造引进资金、项目等虚假理由，使用虚假的经济合同，使用虚假的证明文件，使用虚假的产权证明作担保或者超出抵押物价值重复担保，以及以其他方法诈骗银行或者其他金融机构的贷款。

司法实践中，对于以上两罪存在较大争议的是利用信用证诈骗“打包贷款”的行为。对此，本章第三部分已有论述，此处不再赘述。

（三）信用证诈骗罪与合同诈骗罪的界限

合同诈骗罪，是指在签订、履行合同过程中，行为人以非法占有为目的，虚构事实或隐瞒真相骗取对方数额较大财物的行为。两罪的不同之处在于：

一是犯罪客体不同。信用证诈骗罪侵犯的客体是国家的信用证管理制度和公私财产的所有权；而合同诈骗罪侵犯了公私财产的所有权和市场交易的安全秩序。

二是犯罪客观方面不同。信用证诈骗罪的行为方式见上一问题“信用证诈骗罪与贷款诈骗罪的界限”；而合同诈骗罪行为方式包括以虚构的单位或者冒用他人名义签订合同的；以伪造、变造、作废的票据或者其他虚假的产权证明作担保的；没有实际履行能力，以先履行小额合同或者部分履行合同的方法，诱骗对方当事人继续签订和履行合同的；收受对方当事人给付的货物、货款、预付款或者担保财产后逃匿的；以其他方法骗取对方当事人财物的。而本罪的行为方式是使用非法信用证或者附随的单据、文件进行诈骗活动的行为。

【办案依据】

一、刑法规定

第一百九十五条 有下列情形之一，进行信用证诈骗活动的，处五年以下有期徒刑或者拘役，并处二万元以上二十万元以下罚金；数额巨大或者有其他严重情节的，处五年以上十年以下有期徒刑，并处五万元以上五十万元以下罚金；数额特别巨大或者有其他特别严重情节的，处十年以上有期徒刑或者无期徒刑，并处五万元以上五十万元以下罚金或者没收财产：

（一）使用伪造、变造的信用证或者附随的单据、文件的；

（二）使用作废的信用证的；

（三）骗取信用证的；

（四）以其他方法进行信用证诈骗活动的。

二、司法文件

《最高人民检察院、公安部关于公安机关管辖的刑事案件立案追诉标准的规定（二）》（2022年4月6日）

第四十八条 【信用证诈骗案（刑法第一百九十五条）】 进行信用证诈骗活

动，涉嫌下列情形之一的，应予立案追诉：

（一）使用伪造、变造的信用证或者附随的单据、文件的；

（二）使用作废的信用证的；

（三）骗取信用证的；

（四）以其他方法进行信用证诈骗活动的。

第六章　信用卡诈骗罪

【立案追诉标准】

信用卡诈骗案（刑法第196条）

进行信用卡诈骗活动，涉嫌下列情形之一的，应予立案追诉：

（一）使用伪造的信用卡、以虚假的身份证明骗领的信用卡、作废的信用卡或者冒用他人信用卡，进行诈骗活动，数额在五千元以上的；

（二）恶意透支，数额在五万元以上的。

本条规定的“恶意透支”，是指持卡人以非法占有为目的，超过规定限额或者规定期限透支，经发卡银行两次有效催收后超过三个月仍不归还的。

恶意透支的数额，是指公安机关刑事立案时尚未归还的实际透支的本金数额，不包括利息、复利、滞纳金、手续费等发卡银行收取的费用。归还或者支付的数额，应当认定为归还实际透支的本金。

恶意透支，数额在五万元以上不满五十万元的，在提起公诉前全部归还或者具有其他情节轻微情形的，可以不起诉。但是，因信用卡诈骗受过二次以上处罚的除外。

《最高人民检察院、公安部关于公安机关管辖的刑事案件立案追诉标准的规定（二）》（2022年4月6日）

【犯罪构成及刑事责任】

信用卡诈骗罪是指以非法占有为目的，进行信用卡诈骗活动，数额较大的行为。构成本罪需要具备以下四个要件：

1. 客体要件。本罪侵犯的客体是信用卡管理秩序和公私财产的所有权。

2. 客观要件。客观方面表现为使用伪造的信用卡，或者使用以虚假的身份证明骗领的信用卡，使用作废的信用卡，冒用他人信用卡的，恶意透支，数额较大的行为。

3. 主体要件。本罪主体是一般主体，任何达到刑事责任年龄且具备刑事责任能力的自然人均可以构成。

4. 主观要件。本罪在主观方面是故意。

根据刑法第196条的规定，有下列情形之一，进行信用卡诈骗活动，数额较大的，处5年以下有期徒刑或者拘役，并处2万元以上20万元以下罚金；数额巨大或者有其他严重情节的，处5年以上10年以下有期徒刑，并处5万元以上50万元以下罚金；数额特别巨大或者有其他特别严重情节的，处10年以上有期徒刑或者无期徒刑，并处5万元以上50万元以下罚金或者没收财产：（1）使用伪造的信用卡，或者使用以虚假的身份证明骗领的信用卡的；（2）使用作废的信用卡的；（3）冒用他人信用卡的；（4）恶意透支的。前款所称恶意透支，是指持卡人以非法占有为目的，超过规定限额或者规定期限透支，并且经发卡银行催收后仍不归还的行为。盗窃信用卡并使用的，依照本法第264条的规定定罪处罚。

【疑难指导】

一、刑法中“信用卡”的含义

中国人民银行1999年发布的《银行卡业务管理办法》规定，我国的银行卡包括信用卡和借记卡两种，其中信用卡包括贷记卡和准贷记卡，因而一般意义上理解的信用卡是指具有透支功能的电子支付卡，不包括借记卡，信用卡和借记卡的区别在于，信用卡具有透支功能，而借记卡不具有透支功能。

全国人大常委会于2004年12月29日对刑法有关信用卡规定的含义作出立法解释：刑法规定的信用卡，是指商业银行或者其他金融机构发行的具有消费、信用贷款、转账结算、存取现金等全部功能或者部分功能的电子支付卡。这一解释，将借记卡纳入信用卡犯罪的处罚范围，其内涵和外延实质上相当于银行卡，消除了刑法中信用卡范围理解上的争议和混乱。

二、"使用伪造的信用卡"的理解和认定

使用伪造的信用卡是指将伪造的信用卡冒充真实有效的信用卡，按照信用卡的通常功能使用的行为。

对于"使用"需要把握两点：一是使用是指依照信用卡的通常功能利用的行为，如用信用卡在特约商户购买商品，在银行或柜员机处支取现金，以及接受用信用卡进行支付结算的各种服务。对于伪造信用卡后出售给他人，或者送给他人的行为，是否属于"使用"则存有争议。有观点认为，伪造信用卡后，不论是伪造者自己使用，还是出售给他人或送给他人使用，对伪造者而言，都属于"使用"。另一种观点则认为，伪造后又出售伪造的信用卡的，只属于"伪造"，而不属于"使用"行为。[①] 笔者认为，出售伪造的信用卡也是利用的行为，行为人也具有获利的目的，但这不是信用卡通常功能利用的行为。因此，不能视为"使用"，行为人不构成信用卡诈骗罪。但需要注意区分共同犯罪的情况，如行为人与他人有共谋的情况下，行为人伪造信用卡后出售或赠与他人进行信用卡诈骗，行为人和他人具有进行信用卡诈骗的共同故意，成立信用卡诈骗罪的共同犯罪。二是使用伪造的信用卡构成信用卡诈骗罪，要求行为人明知所使用的是伪造的信用卡。如果行为人使用自己伪造的信用卡骗取财物时，行为人对信用卡是伪造的主观明知可以肯定，但行为人使用他人提供的伪造的信用卡时，则需要通过具体事实进行合理判断，证明行为人是否明知是伪造的信用卡而使用。

对于行为人既有伪造信用卡行为又有使用信用卡行为的定性，应根据具体情况确定：一是如果出于自己使用的目的伪造了信用卡并使用，具有牵连关系，由于伪造金融票证罪和信用卡诈骗罪的法定刑相同，若处于同一量刑档次的，则以牵连犯中的结果行为即以信用卡诈骗罪处罚；若处于不同量刑档次的，以较重的量刑档次的罪名定罪处罚。二是如果行为人为了出售伪造了信用卡，但因为一些原因没有出售，行为人又产生新的犯意，使用该伪造的信用卡进行诈骗，由于前后两个行为不是出于同一个犯罪目的，不构成牵连犯罪，则应按信用卡诈骗罪和

---

① 游伟、肖晚祥：《信用卡诈骗罪的理论界定与司法适用》，载《人民检察》2001 年第 2 期。

伪造金融票证罪数罪并罚。三是如果行为人既伪造了信用卡，又使用了他人伪造的信用卡，则应以伪造金融票证罪和信用卡诈骗罪数罪并罚。

三、“冒用他人信用卡”的理解和认定

冒用他人的信用卡是指非持卡人未经持卡人同意或者授权，擅自以持卡人的名义使用信用卡，进行信用卡业务内的购物、消费、提取现金等诈骗行为。对于“他人信用卡”是否包括“伪造的信用卡”或“作废的信用卡”，理论上有不同的观点：有观点认为，冒用他人的信用卡也可能是冒用作废的信用卡，如有论者指出，冒用他人信用卡，通常是指冒用他人真实有效的信用卡，但从解释论的角度来说，没有必要进行这样的限定，即只要行为人使用的不是自己名义的信用卡，客观上就符合冒用他人信用卡的条件。[①] 另一种观点认为，冒用他人的信用卡不能包括冒用作废的信用卡，对于冒用作废的信用卡应视为“使用作废的信用卡”，理由是事实上从刑法条文中使用“冒用”一词中，就可以看出“冒用他人信用卡”中的“他人信用卡”只能是他人真实有效的信用卡，也即既然是“冒用”，就应该是他人真实有效的信用卡，如果是他人作废的信用卡也就不会有所谓“冒用”问题，而应该只有“使用”问题。同时，由于刑法条文中规定的“使用作废的信用卡”中并没有排除“他人作废的信用卡”，因而，将使用他人作废的信用卡归入刑法规定“使用作废的信用卡”中是符合立法原意的。[②] 笔者同意后一种观点，冒用他人的信用卡仅指冒用他人的合法信用卡，而不包括伪造的、作废的信用卡。如果行为人明知是伪造或者作废的信用卡而冒用的，应属于使用伪造的或者作废的信用卡行为。

根据司法解释的规定，“冒用他人信用卡”包括以下情形：（1）拾得他人信用卡并使用的；（2）骗取他人信用卡并使用的；（3）窃取、收买、骗取或者以其他非法方式获取他人信用卡信息资料，并通过互联网、通讯终端等使用的；（4）其他冒用他人信用卡的情形。当下手机银行、网上银行、第三方支付等金融工具越来越发达，信用卡往往和个人移动终端特别是手机终端绑定，互联网支付手段越

---

① 张明楷：《诈骗犯罪论》，法律出版社2021年版，第808页。

② 刘宪权：《信用卡诈骗罪的司法认定》，载《政法论坛》2003年第3期。

来越普及。在这种情况下，窃取、收买、骗取或者以其他非法方式获取他人信用卡信息资料，并通过互联网、通讯终端等使用的，是对信用卡较为广泛的一种冒用形式。信用卡信息资料是指发卡银行在发卡时使用专用设备写入信用卡磁条中的，作为POS机、ATM机等终端机识别合法用户的数据，是一组有关发卡行代码、持卡人账户、账号、密码等内容的加密电子数据。① 在第三方支付飞速发展的今天，支付手段日新月异，将第三方支付账户与银行卡进行关联即绑定，开通快捷支付，只要输入第三方支付的密码而无须输入银行卡密码，就可通过第三方支付平台将银行卡内的资金进行网上消费和转账。对于通过互联网、通讯终端直接利用这些信息资料的使用行为构成信用卡诈骗罪没有争议，但对利用他人原先使用的手机号码与第三方支付账户、银行卡的绑定关系，通过重置第三方支付账户密码的方式控制他人的第三方支付账户，进而通过第三方支付平台使用他人的银行卡进行网上消费、转账的行为，是否构成信用卡诈骗罪有不同看法。笔者认为，未经许可重置他人第三方支付密码，或者通过其他非法方式获取他人第三方支付密码，进行网上消费和转账，这种行为实质是行为人冒用持卡人身份向相关银行发出支付指令，银行在接到指令后，错误地认为系持卡人发出指令而予以同意支付，因而构成信用卡诈骗罪。

四、“恶意透支”行为的理解和认定

信用卡透支包括善意透支和恶意透支。而善意透支可分为完全合法的善意透支和不当透支。完全合法的善意透支，是指持卡人完全遵循信用卡章程和发卡约定，在约定或规定的额度、期限内行使透支权，并如期归还的行为。不当透支，是指持卡人违反了信用卡章程和发卡约定，超过约定或规定的额度、期限进行透支，但经发卡银行催收后及时归还或者自动归还的行为。完全合法的善意透支与不当透支的相同之处是行为人均没有非法占有的目的。其界限在于，是否遵守了信用卡章程和发卡约定。不当透支实质上是一种违约行为，应承担相应的民事责任。恶意透支可分为一般违法性的恶意透支和犯罪性的恶意透支。一般违法性的恶意透支，是指行为人以非法占有为目的，故意违反信用卡章程与发卡约定进行

---

① 黄太云：《立法解读：刑法修正案及刑法立法解释》，人民法院出版社2006年版，第91页。

透支，逾期不还，但诈骗金额较小的行为。一般违法性的恶意透支是行政违法行为，应承担相应的行政责任和民事责任，由于其社会危害性较小，不构成犯罪。犯罪性的恶意透支是指持卡人以非法占有为目的，超过规定限额或者规定期限透支，并且经发卡银行催收后仍拒不归还的行为。一般违法性的恶意透支和犯罪性的恶意透支相同之处在于行为人均有非法占有的目的，不同之处在于是否达到了犯罪程度，实践中以是否达到了司法解释的数额为标准。[①] 刑法第196条规定，恶意透支，是指持卡人以非法占有为目的，超过规定限额或者规定期限透支，并且经发卡银行催收后仍不归还的行为。构成“恶意透支”型信用卡诈骗罪需要满足以下几个条件。

一是行为人为合法持卡人。理论上对恶意透支的主体是否限于合法持卡人存在不同观点：一种观点认为，恶意透支的主体只能是合法持卡人，这与银行信用卡章程有关恶意透支的规定相一致，非法持卡人利用所持信用卡透支，不能以恶意透支的罪名认定。[②] 另一种观点认为，恶意透支型诈骗的犯罪主要有两种形式：一是持卡人以非法占有为目的，进行恶意透支；二是持卡人在申领信用卡时弄虚作假，私刻公章，伪造保函、证明，伪造身份证件或者使用他人的身份证件等，骗得银行工作人员信任后，办理信用卡，然后进行大量透支。[③] 笔者认为，“恶意透支”应限于合法持卡人利用有效真卡进行透支的行为，如果行为人利用作废的信用卡或者使用以虚假的身份证明骗领的信用卡进行恶意透支的，实际上已经不是违反透支规定的问题，而是“使用作废的信用卡”“使用以虚假的身份证明骗领的信用卡”形式的信用卡诈骗。

二是行为人在主观方面具有恶意。行为人的主观罪过形式是故意，包括对规定限额、规定期限的明知和非法占有目的。行为人的非法占有目的一般基于对其行为的推定，但在实践中要避免客观归罪倾向，不能简单地将持卡人超额透支或逾期还款，经银行两次有效催收后超过3个月未还的客观事实，等同于具有非法占有目的，要严格按照《最高人民法院、最高人民检察院关于办理妨害信用卡管

① 梁华仁、郭亚：《信用卡诈骗罪若干问题研究》，载《政法论坛》2004年第1期。

② 刘华：《信用卡诈骗犯罪若干疑难问题探讨》，载《法学》1996年第2期。

③ 孙军工：《金融诈骗罪》，中国人民公安大学出版社1999年版，第170页。

理刑事案件具体应用法律若干问题的解释》规定，对于是否以非法占有为目的，综合持卡人信用记录、还款能力和意愿、申领和透支信用卡的状况、透支资金的用途、透支后的表现、未按规定还款的原因等情节作出判断。不得单纯依据持卡人未按规定还款的事实认定非法占有目的，若持卡人在透支时经济状况良好，具有合理的可期待收入和还款能力，只是因经济状况突然恶化，则应认定其在主观上无法预见未来会无力还款，一般不宜认定具有非法占有目的。

具有以下情形之一的，应当认定为刑法第196条第2款规定的“以非法占有为目的”，但有证据证明持卡人确实不具有非法占有目的的除外：（1）明知没有还款能力而大量透支，无法归还的；（2）使用虚假资信证明申领信用卡后透支，无法归还的；（3）透支后通过逃匿、改变联系方式等手段，逃避银行催收的；（4）抽逃、转移资金，隐匿财产，逃避还款的；（5）使用透支的资金进行犯罪活动的；（6）其他非法占有资金，拒不归还的情形。

三是行为人超过规定限额或者规定期限透支。超过规定限额是指超过信用卡章程和申领信用卡协议明确规定的透支限额，超过规定期限是指超过信用卡章程和申领信用卡协议允许的透支期限。

四是行为人经发卡银行催收后仍不归还。构成恶意透支，还需满足经发卡银行两次有效催收后超过三个月仍不归还这一条件，也即行为人虽然违反了有关透支的规定，但只要经发卡银行催收后归还的，就不构成恶意透支。另外司法解释对有效催收作出了明确规定，必须同时符合下列条件：一是催收要在透支超过规定限额或者规定期限后进行；二是催收应当采用能够确认持卡人收悉的方式，但持卡人故意逃避催收的除外；三是两次催收至少间隔30日；四是符合催收的有关规定或者约定。对于是否属于有效催收，应当根据发卡银行提供的电话录音、信息送达记录、信函送达回执、电子邮件送达记录、持卡人或者其家属签字以及其他催收原始证据材料作出判断。发卡银行提供的相关证据材料，应当有银行工作人员签名和银行公章。

恶意透支型信用卡诈骗与前三种信用卡诈骗形式（使用伪造的信用卡，或者使用以虚假的身份证明骗领的信用卡的；使用作废的信用卡的；冒用他人信用卡的）有本质区别。对这类行为以信用卡诈骗罪论处本身已招致不少反对，一些学者认为恶意透支型信用卡诈骗的持卡人是合法持卡人，其和银行之间具有真实合法的合同关系，恶意透支型信用卡诈骗行为不符合诈骗罪的基本构造，是公权力对银行利益的过度保护。基于此，刑法和司法解释对恶意透支型信用卡诈骗罪进行了严格限定，其量刑数额是其他几种法定情形数额标准的10倍，体现了对恶意透支型信用卡诈骗的区别对待。

对于恶意透支的数额，《最高人民法院、最高人民检察院关于办理妨害信用卡管理刑事案件具体应用法律若干问题的解释》予以明确：一是明确计算恶意透支数额的时间节点为“公安机关刑事立案时”，鼓励持卡人还款；二是明确恶意透支的数额是指“实际透支的本金数额”，即恶意透支的数额是指公安机关刑事立案时尚未归还的实际透支的本金数额，不包括利息、复利、滞纳金、手续费等发卡银行收取的费用；三是明确“归还或者支付的数额，应当认定为归还实际透支的本金”，即不论按照发卡银行的计算方法，持卡人是“还本”还是“付息”，都应当视为归还本金，以解决实践中的争议。

对于检察机关、审判机关对恶意透支数额的审查认定问题，司法解释明确规定，检察机关在审查起诉、提起公诉时，应当根据发卡银行提供的交易明细、分类账单（透支账单、还款账单）等证据材料，结合犯罪嫌疑人、被告人及其辩护人所提辩解、辩护意见及相关证据材料，审查认定恶意透支的数额；恶意透支的数额难以确定的，应当依据司法会计、审计报告，结合其他证据材料审查认定。人民法院在审判过程中，应当在对上述证据材料查证属实的基础上，对恶意透支的数额作出认定。

对于恶意透支相关证据材料的形式要求，司法解释也作出了明确规定，即发卡银行提供的相关证据材料，应当有银行工作人员签名和银行公章。

另外，司法解释还对恶意透支型信用卡诈骗罪的从宽处理作出规定，即恶意透支数额较大，在提起公诉前全部归还或者具有其他情节轻微情形的，可以不起诉；在一审判决前全部归还或者具有其他情节轻微情形的，可以免予刑事处罚。但是，曾因信用卡诈骗受过两次以上处罚的除外。

五、以其他非法方法获取信用卡并使用行为的定性

行为人获取他人信用卡并使用行为的定性，获取方法不同行为定性不同。如对于行为人盗窃信用卡并使用的行为，刑法理论和实践中曾有不同看法，刑法第196条第3款明确规定，盗窃信用卡并使用的，依照盗窃罪的规定定罪处罚。对于拾得他人信用卡并在ATM上加以使用行为的定性，司法实践中对于此类行为的定性也存在争议，相关司法文件对此也予以明确，《最高人民检察院关于拾得他人信用卡并在自动柜员机（ATM机）上使用的行为如何定性问题的批复》规定，拾得他人信用卡并在自动柜员机（ATM机）上使用的行为，属于刑法第196条第1款第3项规定的“冒用他人信用卡”的情形，构成犯罪的，以信用卡诈骗罪追究刑事责任。

实践中对于行为人以欺骗、抢夺、侵占、抢劫等方式获取他人信用卡并使用的行为的定性，也存在不少争议。有观点认为按照刑法第196条第3款盗窃信用卡并使用的以盗窃罪定罪处罚的立法精神，对于上述行为应将行为人的先前行为作为定罪的依据。笔者不同意这种观点，盗窃信用卡并使用以盗窃罪定罪处罚这一立法规定在理论上仍有探讨的空间，更不能简单地套用于其他行为之中，否则会出现罪刑不相适应的结果。

对于以欺骗、抢夺或者侵占的方式获取他人信用卡并使用的行为，应该以信用卡诈骗罪定性。首先，以欺骗、抢夺或者侵占方式获得他人信用卡并使用的行为，都是冒用他人信用卡的行为，刑法规定冒用他人信用卡的，以信用卡诈骗罪定性，因此上述行为可以成立信用卡诈骗罪。其次，刑法规定的诈骗罪、抢夺罪和侵占罪的法定刑低于信用卡诈骗罪，如果对欺骗、抢夺或者侵占他人信用卡并使用的行为以诈骗罪或者侵占罪定性，不符合刑法基本原理。

对于以抢劫方式获取他人信用卡并使用的行为，与欺骗、抢夺或者侵占不同，抢劫罪的成立不以数额较大为要件，因而抢劫信用卡并使用的行为，由于抢劫罪的法定刑明显高于信用卡诈骗罪，对于以抢劫方式获取他人信用卡并使用的行为应以抢劫罪定性。

【办案依据】

一、刑法规定

第一百九十六条 有下列情形之一，进行信用卡诈骗活动，数额较大的，处五年以下有期徒刑或者拘役，并处二万元以上二十万元以下罚金；数额巨大或者有其他严重情节的，处五年以上十年以下有期徒刑，并处五万元以上五十万元以下罚金；数额特别巨大或者有其他特别严重情节的，处十年以上有期徒刑或者无期徒刑，并处五万元以上五十万元以下罚金或者没收财产：

（一）使用伪造的信用卡，或者使用以虚假的身份证明骗领的信用卡的；

（二）使用作废的信用卡的；

（三）冒用他人信用卡的；

（四）恶意透支的。

前款所称恶意透支，是指持卡人以非法占有为目的，超过规定限额或者规定期限透支，并且经发卡银行催收后仍不归还的行为。

盗窃信用卡并使用的，依照本法第二百六十四条的规定定罪处罚。

二、立法解释

《全国人民代表大会常务委员会关于〈中华人民共和国刑法〉有关信用卡规定的解释》（2004 年 12 月 29 日，第十届全国人民代表大会常务委员会第十三次会议通过）

刑法规定的“信用卡”，是指由商业银行或者其他金融机构发行的具有消费支付、信用贷款、转账结算、存取现金等全部功能或者部分功能的电子支付卡。

三、司法解释

（一）《最高人民法院、最高人民检察院关于办理妨害信用卡管理刑事案件具体应用法律若干问题的解释》（2018 年 11 月 28 日　法释〔2018〕19 号）

第五条　使用伪造的信用卡、以虚假的身份证明骗领的信用卡、作废的信用卡或者冒用他人信用卡，进行信用卡诈骗活动，数额在五千元以上不满五万元的，应当认定为刑法第一百九十六条规定的“数额较大”；数额在五万元以上不满五十万元的，应当认定为刑法第一百九十六条规定的“数额巨大”；数额在五十万元以上的，应当认定为刑法第一百九十六条规定的“数额特别巨大”。

刑法第一百九十六条第一款第三项所称“冒用他人信用卡”，包括以下情形：

（一）拾得他人信用卡并使用的；

（二）骗取他人信用卡并使用的；

（三）窃取、收买、骗取或者以其他非法方式获取他人信用卡信息资料，并通过互联网、通讯终端等使用的；

（四）其他冒用他人信用卡的情形。

第六条 持卡人以非法占有为目的，超过规定限额或者规定期限透支，经发卡银行两次有效催收后超过三个月仍不归还的，应当认定为刑法第一百九十六条规定的“恶意透支”。

对于是否以非法占有为目的，应当综合持卡人信用记录、还款能力和意愿、申领和透支信用卡的状况、透支资金的用途、透支后的表现、未按规定还款的原因等情节作出判断。不得单纯依据持卡人未按规定还款的事实认定非法占有目的。

具有以下情形之一的，应当认定为刑法第一百九十六条第二款规定的“以非法占有为目的”，但有证据证明持卡人确实不具有非法占有目的的除外：

（一）明知没有还款能力而大量透支，无法归还的；

（二）使用虚假资信证明申领信用卡后透支，无法归还的；

（三）透支后通过逃匿、改变联系方式等手段，逃避银行催收的；

（四）抽逃、转移资金，隐匿财产，逃避还款的；

（五）使用透支的资金进行犯罪活动的；

（六）其他非法占有资金，拒不归还的情形。

第七条 催收同时符合下列条件的，应当认定为本解释第六条规定的“有效催收”：

（一）在透支超过规定限额或者规定期限后进行；

（二）催收应当采用能够确认持卡人收悉的方式，但持卡人故意逃避催收的除外；

（三）两次催收至少间隔三十日；

（四）符合催收的有关规定或者约定。

对于是否属于有效催收，应当根据发卡银行提供的电话录音、信息送达记录、信函送达回执、电子邮件送达记录、持卡人或者其家属签字以及其他催收原始证据材料作出判断。

发卡银行提供的相关证据材料，应当有银行工作人员签名和银行公章。

第八条 恶意透支，数额在五万元以上不满五十万元的，应当认定为刑法第一百九十六条规定的“数额较大”；数额在五十万元以上不满五百万元的，应当认定为刑法第一百九十六条规定的“数额巨大”；数额在五百万元以上的，应当认定为刑法第一百九十六条规定的“数额特别巨大”。

第九条 恶意透支的数额，是指公安机关刑事立案时尚未归还的实际透支的本金数额，不包括利息、复利、滞纳金、手续费等发卡银行收取的费用。归还或者支付的数额，应当认定为归还实际透支的本金。

检察机关在审查起诉、提起公诉时，应当根据发卡银行提供的交易明细、分类账单（透支账单、还款账单）等证据材料，结合犯罪嫌疑人、被告人及其辩护人所提辩解、辩护意见及相关证据材料，审查认定恶意透支的数额；恶意透支的数额难以确定的，应当依据司法会计、审计报告，结合其他证据材料审查认定。人民法院在审判过程中，应当在对上述证据材料查证属实的基础上，对恶意透支的数额作出认定。

发卡银行提供的相关证据材料，应当有银行工作人员签名和银行公章。

第十条 恶意透支数额较大，在提起公诉前全部归还或者具有其他情节轻微情形的，可以不起诉；在一审判决前全部归还或者具有其他情节轻微情形的，可以免予刑事处罚。但是，曾因信用卡诈骗受过两次以上处罚的除外。

第十一条 发卡银行违规以信用卡透支形式变相发放贷款，持卡人未按规定归还的，不适用刑法第一百九十六条“恶意透支”的规定。构成其他犯罪的，以其他犯罪论处。

第十二条 违反国家规定，使用销售点终端机具（POS 机）等方法，以虚构交易、虚开价格、现金退货等方式向信用卡持卡人直接支付现金，情节严重的，应当依据刑法第二百二十五条的规定，以非法经营罪定罪处罚。

实施前款行为，数额在一百万元以上的，或者造成金融机构资金二十万元以上逾期未还的，或者造成金融机构经济损失十万元以上的，应当认定为刑法第二百二十五条规定的“情节严重”；数额在五百万元以上的，或者造成金融机构资金一百万元以上逾期未还的，或者造成金融机构经济损失五十万元以上的，应当认定为刑法第二百二十五条规定的“情节特别严重”。

持卡人以非法占有为目的，采用上述方式恶意透支，应当追究刑事责任的，依照刑法第一百九十六条的规定，以信用卡诈骗罪定罪处罚。

第十三条 单位实施本解释规定的行为，适用本解释规定的相应自然人犯罪的定罪量刑标准。

（二）《最高人民检察院关于拾得他人信用卡并在自动柜员机（ATM 机）上使用的行为如何定性问题的批复》（2008 年 5 月 7 日 高检发释字〔2008〕1 号）

拾得他人信用卡并在自动柜员机（ATM 机）上使用的行为，属于刑法第一百九十六条第一款第（三）项规定的“冒用他人信用卡”的情形，构成犯罪的，以信用卡诈骗罪追究刑事责任。

四、司法文件

（一）《最高人民检察院、公安部关于公安机关管辖的刑事案件立案追诉标准的规定（二）》（2022 年 4 月 6 日）

第四十九条 【信用卡诈骗案（刑法第一百九十六条）】 进行信用卡诈骗活动，涉嫌下列情形之一的，应予立案追诉：

（一）使用伪造的信用卡、以虚假的身份证明骗领的信用卡、作废的信用卡或者冒用他人信用卡，进行诈骗活动，数额在五千元以上的；

（二）恶意透支，数额在五万元以上的。

本条规定的“恶意透支”，是指持卡人以非法占有为目的，超过规定限额或者规定期限透支，经发卡银行两次有效催收后超过三个月仍不归还的。

恶意透支的数额，是指公安机关刑事立案时尚未归还的实际透支的本金数额，不包括利息、复利、滞纳金、手续费等发卡银行收取的费用。归还或者支付的数额，应当认定为归还实际透支的本金。

恶意透支，数额在五万元以上不满五十万元的，在提起公诉前全部归还或者具有其他情节轻微情形的，可以不起诉。但是，因信用卡诈骗受过二次以上处罚的除外。

（二）《最高人民法院、最高人民检察院、公安部关于信用卡诈骗犯罪管辖有关问题的通知》（2011 年 8 月 8 日 公通字〔2011〕29 号）

近年来，信用卡诈骗流窜作案逐年增多，受害人在甲地申领的信用卡，被犯罪嫌疑人在乙地盗取了信用卡信息，并在丙地被提现或消费。犯罪嫌疑人企图通过空间的转换逃避刑事打击。为及时有效打击此类犯罪，现就有关案件管辖问题通知如下：

对以窃取、收买等手段非法获取他人信用卡信息资料后在异地使用的信用卡诈骗犯罪案件，持卡人信用卡申领地的公安机关、人民检察院、人民法院可以依法立案侦查、起诉、审判。

第七章 有价证券诈骗罪

【立案追诉标准】

有价证券诈骗案（刑法第 197 条）

使用伪造、变造的国库券或者国家发行的其他有价证券进行诈骗活动，数额在五万元以上的，应予立案追诉。

《最高人民检察院、公安部关于公安机关管辖的刑事案件立案追诉标准的规定（二）》（2022 年 4 月 6 日）

【犯罪构成及刑事责任】

有价证券诈骗罪是指行为人以非法占有为目的，使用伪造、变造的国库券或者国家发行的其他有价证券，进行诈骗活动，数额较大的行为。构成本罪需要具备以下四个要件：

1. 客体要件。本罪侵犯的客体是国家的有价证券管理制度和公私财产的所有权。

2. 客观要件。客观方面表现为使用伪造、变造的国库券或者国家发行的其他有价证券，进行诈骗活动，数额较大的行为。

3. 主体要件。本罪主体是一般主体，任何达到法定刑事责任年龄且具备刑事责任能力的自然人均可构成本罪。

4. 主观要件。本罪在主观方面是故意，且必须是以非法占有为目的。

根据刑法第 197 条的规定，使用伪造、变造的国库券或者国家发行的其他有价证券，进行诈骗活动，数额较大的，处5年以下有期徒刑或者拘役，并处2万元以上20万元以下罚金；数额巨大或者有其他严重情节的，处5年以上10年以下有期徒刑，并处5万元以上50万元以下罚金；数额特别巨大或者有其他特别严重情节的，处10年以上有期徒刑或者无期徒刑，并处5万元以上50万元以下罚金或者没收财产。

【疑难指导】

一、国家发行的有价证券的范围

金融法中的有价证券，是指标有票面金额，代表一定财产所有权或债券的书面凭证。它证明并代表持券人的财产权益，即拥有一定财产所有权或债权，如国库券、公债券、公司债券、股票、提单、仓单、汇票、本票、支票等。这类证券本身没有价值，但由于它代表着一定量的财产权利，持有者可以凭借其直接取得一定量的商品、货币或利息、股息收入，因而客观上也就具有交易价格，可以进入金融市场流通转让。[①] 根据其经济功能，有价证券分为财产证券、货币证券和资本证券。财产证券是表示财产权利的有价证券，包括仓单、提单等；货币证券是表示一定金额支付的金钱证券，如汇票、本票、支票等；资本证券是代表一定投资权利的有价证券，如股票、债券等。

本罪中的有价证券并非金融法上的有价证券，而是限于国库券或者国家发行的其他有价证券。也就是说，仓单、提单等财产证券和汇票、本票、支票等货币证券都不属于本罪规定的有价证券，资本证券中的股票也不是本罪中的有价证券。对于债券，有的是国家发行的，有的是公司、企业发行的，公司、企业发行的债券也不是本罪中的有价证券。本罪中的犯罪之物有两类：一类是伪造、变造的国库券，另一类是伪造、变造的国家发行的其他有价证券。对于国家发行的其他有价证券，主要为国家发行的债券，详见本书第十四章第一部分，此处不再赘述。本罪成立要求行为人使用的是伪造、变造的国家发行的有价证券，此处的国家仅指中国，不包括外国。对于使用伪造、变造的外国有价证券诈骗财物的，以诈骗罪论处即可。

---

① 强力：《金融法》，法律出版社1997年版，第460页。

对于行为人捏造根本不存在的国家有价证券或明知是他人捏造的不存在的国家有价证券而予以使用，进行诈骗活动的，其行为只是单纯侵犯了公私财产所有关系，并没有破坏国家的证券管理秩序，因而不构成有价证券诈骗罪，应以诈骗罪论处。

对于使用作废、无效的国家发行的有价证券，如果行为人明知所持有价证券是作废、无效的，而冒充真实、有效的国家有价证券进行诈骗的，应以诈骗罪论处；如果行为人不知所持有价证券是作废、无效的而予以使用的，则不构成犯罪。如果行为人对作废、无效的国家有价证券进行加工、修改，或明知是经他人加工、修改过的作废、无效的国家有价证券而予以使用，进行诈骗活动的，属于使用伪造的国家有价证券进行诈骗活动，应以有价证券诈骗罪论处；如果行为人不知是经他人加工、修改过的作废、无效的国家有价证券而予以使用的，则不应以犯罪论处。

二、以伪造、变造的有价证券作为权利质押进行诈骗的定性

有价证券诈骗罪中的使用伪造、变造的国库券及国家发行的其他有价证券进行诈骗活动，一般表现为行为人以伪造、变造的国家发行的有价证券向银行等金融机构兑付，或者用作抵销自己或他人的债务，或者购买一定物品，或者获得一定服务，直接取得虚假的有价证券所代表的财产利益。司法实践中对这些行为以有价证券诈骗罪论处，认识上不会产生分歧。对于行为人使用虚假的有价证券，不是直接获取该有价证券所代表的财产利益，而是作为权利质押，获取其他财产利益的，理论上存在不同的观点。第一种观点认为，伪造、变造的有价证券，本身并不合法地代表任何财产利益，作为犯罪工具，无论是骗取该工具本身所虚拟的财产利益，还是用于获取其他财产利益，其本质没有任何的不同。就其侵害的客体而言，将国库券或者国家发行的其他有价证券用作质押，符合法律规定，受法律保护。只要行为人用于骗取财物的工具是以国家发行的有价证券形式出现的，不论是进入流通领域，还是用于质押，都不仅仅侵犯了财产所有关系，而且同时侵犯了国家对有价证券的管理制度。因此，以伪造、变造的国库券或者国家发行的其他有价证券作质押进行诈骗的，完全符合有价证券诈骗罪的构成特征。在将伪造、变造的国家发行的有价证券用于质押，诈骗银行等金融机构贷款的场合，只是由于有价证券诈骗罪与贷款诈骗罪的法定刑基本一致，考虑到这种情形的目的行为是诈骗贷款，故而以贷款诈骗罪论处更能准确反映这种行为的全部特征。[①] 第二种观点认为，将伪造、变造的国库券等国家有价证券用于抵押或者质押骗取他人财物的，成立有价证券诈骗罪。使用伪造的国库券作质押骗取金融机构贷款的，属于一个行为触犯两种罪名（贷款诈骗罪与有价证券诈骗罪），按想象竞合犯从一重罪论处。[②] 笔者认为，上述行为不成立有价证券诈骗罪，仅成立贷款诈骗罪，上述行为与使用伪造、变造的票据作抵押骗取银行贷款属于相同类型，此处不再赘述。

三、买卖伪造、变造的有价证券行为的定性

买卖伪造、变造的有价证券是指为了获取非法利益，买卖双方明知是伪造、变造的国库券或国家发行的其他有价证券而进行买卖交易的行为。对于这种行为的定性也存在不同观点，有观点认为，根据罪刑法定原则，这种行为不构成犯罪。[③] 也有学者进一步分析认为，“使用”一词的内涵十分丰富，贩卖也是一种使用，这种行为不构成犯罪不是因为缺乏使用行为，而是因为无论是互换还是贩卖，前提都是双方当事人对交易对象的性质是明知的，这就使得这种行为缺乏构成有价证券诈骗罪所不可或缺的欺骗性。只有使用伪造、变造的国库券或者国家发行的其他有价证券进行交易，使交易的对方上当受骗，从而不法取得相对人财产性利益的，才能构成有价证券诈骗罪。关于出售、购买伪造的货币，刑法规定了专门的罪名，而对出售、购买伪造的有价证券，刑法则无明文规定。在司法实践中，有人提出对此种行为应以非法经营罪论处。这种看法也不十分妥当。非法经营罪的行为对象是法律、法规规定限制买卖的物品以及买卖进出口许可证等，侵害的客体是市场管理秩序，不包括伪造、变造的物品。所以，在刑法增设出售、购买伪造的有价证券罪之前，对这种行为不宜作为犯罪处理，必要时可作行政、经济处罚。[④] 另一种观点认为，“使用”一词在不同的条文中具有不同的含义，就伪造的货币而言，出售、购买不属于使用，这不仅是因为刑法明文将使用假币与出售、

---

① 王晨：《有价证券诈骗罪定性问题研究》，载《人民司法》2002 年第 11 期。
② 张明楷：《有价证券诈骗罪的疑难问题探讨》，载《政法论坛》2004 年第 6 期。
③ 薛瑞麟主编：《金融犯罪研究》，中国政法大学出版社 2000 年版，第 383 页。
④ 王晨：《有价证券诈骗罪定性问题研究》，载《人民司法》2002 年第 11 期。

购买假币分开规定，而且因为货币的特点决定了只有将货币置于流通才属于使用。有价证券不同于货币，不需要像货币的情形那样将其置于流通。鉴于出售伪造的有价证券行为的严重法益侵害性，出于刑法的法益保护目的，考虑到刑法用语的相对性，对于出售伪造的有价证券的行为，可以认定为倒卖伪造的有价票证罪。[①]笔者同意最后一种观点，倒卖伪造的有价票证罪中的有价票证应当理解为由有关国家机关、公司、企业、事业单位依法印制，并向社会公众发放、销售，具有一定票面金额，可以在一定范围内流通或者使用，能够证明持票人享有要求发票人或者收票人支付一定数额的财物或者提供特定服务的权利，或者能够证明其已履行了相关法律义务的书面凭证。有价票证的范围广泛，有价证券是具有金融性质的特殊有价票证，对于出售伪造的有价证券的行为，在刑法没有单设特殊罪名时，可以认定为倒卖伪造的有价票证罪。

【办案依据】

一、刑法规定

第一百九十七条 使用伪造、变造的国库券或者国家发行的其他有价证券，进行诈骗活动，数额较大的，处五年以下有期徒刑或者拘役，并处二万元以上二十万元以下罚金；数额巨大或者有其他严重情节的，处五年以上十年以下有期徒刑，并处五万元以上五十万元以下罚金；数额特别巨大或者有其他特别严重情节的，处十年以上有期徒刑或者无期徒刑，并处五万元以上五十万元以下罚金或者没收财产。

二、司法文件

《最高人民检察院、公安部关于公安机关管辖的刑事案件立案追诉标准的规定（二）》（2022 年 4 月 6 日）

第五十条 【有价证券诈骗案（刑法第一百九十七条）】使用伪造、变造的国库券或者国家发行的其他有价证券进行诈骗活动，数额在五万元以上的，应予立案追诉。

---

① 张明楷：《有价证券诈骗罪的疑难问题探讨》，载《政法论坛》2004 年第 6 期。

第八章 保险诈骗罪

【立案追诉标准】

保险诈骗案（刑法第 198 条）

进行保险诈骗活动，数额在五万元以上的，应予立案追诉。

《最高人民检察院、公安部关于公安机关管辖的刑事案件立案追诉标准的规定（二）》（2022 年 4 月 6 日）

【犯罪构成及刑事责任】

保险诈骗罪是指投保人、被保险人或者受益人，违反保险法律法规，用虚构事实或者隐瞒真相的方法，骗取保险金，数额较大的行为。构成本罪需要具备以下四个要件：

1. 客体要件。本罪侵犯的客体是国家的保险制度和保险人的财产所有权。

2. 客观要件。客观方面表现为违反保险法律法规，用虚构事实或者隐瞒真相的方法，骗取保险金，数额较大的行为。

3. 主体要件。本罪主体是特殊主体，即投保人、被保险人和受益人。

4. 主观要件。本罪在主观方面是故意。

根据刑法第 198 条的规定，有下列情形之一，进行保险诈骗活动，数额较大的，处 5 年以下有期徒刑或者拘役，并处 1 万元以上 10 万元以下罚金；数额巨大或者有其他严重情节的，处 5 年以上 10 年以下有期徒刑，并处 2 万元以上 20 万元以下罚金；数额特别巨大或者有其他特别严重情节的，处 10 年以上有期徒刑，并处2万元以上20万元以下罚金或者没收财产：（1）投保人故意虚构保险标的，骗取保险金的；（2）投保人、被保险人或者受益人对发生的保险事故编造虚假的原因或者夸大损失的程度，骗取保险金的；（3）投保人、被保险人或者受益人编造未曾发生的保险事故，骗取保险金的；（4）投保人、被保险人故意造成财产损失的保险事故，骗取保险金的；（5）投保人、受益人故意造成被保险人死亡、伤残或者疾病，骗取保险金的。有前款第四项、第五项所列行为，同时构成其他犯罪的，依照数罪并罚的规定处罚。单位犯第一款罪的，对单位判处罚金，并对其直接负责的主管人员和其他直接责任人员，处5年以下有期徒刑或者拘役；数额巨大或者有其他严重情节的，处5年以上10年以下有期徒刑；数额特别巨大或者有其他特别严重情节的，处10年以上有期徒刑。保险事故的鉴定人、证明人、财产评估人故意提供虚假的证明文件，为他人诈骗提供条件的，以保险诈骗的共犯论处。

【疑难指导】

一、虚构保险标的的理解及相关行为的定性

根据保险法的规定，人身保险是以人的寿命和身体为保险标的的保险。财产保险是以财产及其有关利益为保险标的的保险。因此，保险标的是指作为保险对象的人的寿命和身体、财产及其有关利益。虚构保险标的有狭义说和广义说之分，狭义说认为虚构保险标的仅指虚构根本不存在的保险对象与保险人订立保险合同虚构保险。广义说则认为，虚构保险标的既可以是虚构保险标的的整体，也可以是虚构保险标的的一部分，如有论者指出，虚构保险标的，一般表现为：原本不存在保险标的，却谎称存在保险标的，与保险人签订保险合同；恶意超值（超额）投保；以不合格的保险标的冒充合格的保险标的；将非保险标的冒充保险标的投保；等等。[①] 笔者认同广义说，诈骗罪客观行为的特征是虚构事实、隐瞒真相，保险诈骗罪中的“虚构保险标的”也应该体现虚构事实、隐瞒真相的行为特征，既包括编造完全不存在的标的，也包括编造与实际存在内容不一致的标的。

---

① 张明楷：《保险诈骗罪的基本问题探究》，载《法学》2001年第1期。

1. 事后投保骗取保险金行为的定性

事后投保即先出险后投保，是指投保人并未与保险人就保险对象订立保险合同，但在特定事故发生后，才以投保人的身份隐瞒事故真相向保险人投保，从而骗取保险金。对于事后投保骗取保险金的行为是否属于虚构保险标的构成保险诈骗罪存在否定说和肯定说。否定说认为此种情形不属故意虚构保险标的，应当以合同诈骗罪定罪。理由是刑法第198条所列举的5种保险诈骗的法定行为方式均以保险合同的成立为先决条件，且并未设置以其他方式骗取保险金的兜底条款，属完全列举的立法方式，说明对以事后投保方式骗取保险金的行为并未进行明确性的规制，属法无明文规定。如果将事后投保纳入故意虚构保险标的之中，属类推解释，违反罪刑法定原则。事后投保将双方并未建立合同关系虚构为已经建立了合同关系，从而骗取数额较大保险金的，只能以合同诈骗罪定罪。肯定说认为对故意虚构保险标的应当作宽泛的理解，它不仅只是狭义上所指的诈骗人为骗取保险金，虚构一个根本不存在的保险标的与保险人订立保险合同的情形，而且可以在此基础上紧扣虚构一词的含义，作广义上的扩张解释，即将所有以保险标的为内容无中生有的情形涵盖在内。具体来说，所谓故意虚构保险标的，既可以表现为将并不存在的保险标的虚构为已经存在的保险标的，也可以表现为将价值较小的保险标的虚构为价值较大的保险标的，还可以表现为将并不符合保险合同的保险标的虚构为符合保险合同的保险标的，从而骗取保险金的行为。[①] 目前理论和实务界已逐渐形成共识，认为对事后投保骗取保险标的可以构成保险诈骗罪，有争议的是将这种行为归入"虚构保险标的"行为还是"编造未曾发生的保险事故"行为中，但无论如何均不影响这种行为构成保险诈骗罪的认定。

2. 恶意重复保险和隐瞒保险危险骗取保险金行为的定性

保险领域的复保险是指投保人对于同一个保险利益、同一保险事故在同一时期向数个保险人分别订立数个合同的保险。如果复保险的各保险金额的总数没有超过保险标的的价值，而且投保人将复保险的情况告知各保险人的，通常是正常的保险活动，因被法律所允许而不构成犯罪。但如果超过保险标的的价值，对保

① 郭庆茂、顾尧：《事后投保骗取保险金构成保险诈骗罪》，载《人民司法》2008年第22期。

险人隐瞒复保险的事实，以取得双倍或更多的赔偿为目的进行保险，则属于恶意的复保险，为法律所禁止。隐瞒保险危险骗取保险金是指行为隐瞒已经存在的危险，与保险人签订保险合同，从而骗取保险金的行为，如行为人隐瞒自身的严重疾病与保险人签订健康保险合同，然后向保险公司通知病情骗取保险金。

对于恶意重复保险和隐瞒保险危险骗取保险金行为是否属于“故意虚构保险标的，骗取保险金”构成保险诈骗罪存在不同观点，一种观点认为，“虚构”是将“无”说成“有”，而“隐瞒”是将“有”说成“无”，上述两种行为虽然都是欺骗行为，但行为特征却截然相反，恶意重复保险和隐瞒保险危险都是隐瞒型诈骗行为，不能将其解释为虚构保险标的。[①] 这种观点是对虚构保险标的持狭义理解，认为恶意重复保险和隐瞒保险危险骗取保险金行为都不构成保险诈骗罪。另一种观点认为，属于“故意虚构保险标的，骗取保险金”的构成保险诈骗罪，这是目前多数学者所持观点。[②] 笔者同意第二种观点，没有理由将“虚构”作狭义理解，恶意重复保险和隐瞒保险危险骗取保险金的行为，都符合保险诈骗罪的构造，可以成立保险诈骗罪。

二、冒名骗赔行为的定性

冒名骗赔是行为人没有参加投保，设法冒用已参加投保的单位或个人的户名向保险公司骗赔的情况。对于这种冒名骗赔行为的定性，理论上存在不同观点。有观点认为，刑法中虽然没有将这种情况列入保险诈骗行为中，但这种冒名骗赔行为与刑法中所列举的几种行为，在性质上是相同的，所以完全可以按保险诈骗罪定性处罚。这种行为也是利用金融交易关系主要侵犯保险市场秩序并同时侵犯公私财产所有权的行为，可以通过司法解释将其纳入保险诈骗罪中。[③] 另一种观点认为，构成保险诈骗罪的核心要素是虚构保险标的或者编造、夸大保险事故，或者故意造成保险事故或者被保险人死亡、伤残或者疾病，从而骗取保险金，根据罪刑法定原则，此种行为在保险诈骗罪中并没有列出，因而就不能以保险诈骗罪

---

① 柴华等：《试论保险诈骗罪》，载《商洛师范专科学校学报》2006 年第 2 期。

② 张明楷：《保险诈骗罪的基本问题探究》，载《法学》2001 年第 1 期；刘宪权：《保险诈骗罪疑难问题的司法认定》，载《浙江大学学报（人文社会科学版）》2008 年第 4 期。

③ 高铭暄主编：《新型经济犯罪研究》，中国方正出版社 2000 年版，第 964 页。

定罪处罚。还有观点认为，由于法律规定保险诈骗罪的主体仅限于投保人、被保险人和受益人等，这就说明构成保险诈骗罪必须以行为人与被诈骗的保险人之间已经存在的保险合同关系为前提，才能构成本罪，否则就不能产生保险诈骗犯罪行为。但是，冒名骗赔的行为人事实上并未与保险人存在所谓的保险合同，因而在主体上与刑法规定构成保险诈骗罪的主体要求完全不相符，所以不宜以保险诈骗罪处罚。但是由于行为人毕竟实施了诈骗行为，且完全符合诈骗罪的有关构成要件，因此，对冒名骗赔者可以诈骗罪定性处罚。①

笔者认为，对于冒名骗赔行为的定性应具体问题具体分析：首先，冒名骗赔者不能单独成立保险诈骗罪。如果冒名者以欺骗方法骗得被冒名者有关文件、证明等，单独去保险公司实施骗赔行为，虽然这种行为具有诈骗性质，但其并未被保险诈骗罪所列五种行为类型所涵摄，冒名者与保险公司之间也不存在保险合同关系，其身份不符合保险诈骗罪主体的要求，根据罪刑法定原则对冒名者不能以保险诈骗罪定性处罚，如符合诈骗罪构成要件的，可以按诈骗罪定性处罚。其次，冒名者可以和“被冒名者”构成保险诈骗罪共犯。如果冒名者与“被冒名者”具有共同骗赔的意图，冒名者的骗赔行为是依靠“被冒名者”与保险人之间的保险合同关系进行，而实施帮助、配合等行为的“被冒名者”符合保险诈骗罪的主体要求，冒名者和“被冒名者”构成保险诈骗罪共犯。

三、保险诈骗罪的共犯问题

对于保险诈骗罪的共犯问题，最有争议的问题主要有两个：一是对刑法第 198 条第 4 款规定的理解；二是对有身份者与无身份者共同实施保险诈骗的定性。

（一）对刑法第 198 条第 4 款规定的理解

刑法第 198 条第 4 款规定，保险事故的鉴定人、证明人、财产评估人故意提供虚假的证明文件，为他人诈骗提供条件的，以保险诈骗的共犯论处。对于该规定的理解，存在两种观点：一种观点认为，这一规定是注意规定。如有论者指出，本款属于注意规定，而非特别规定，理由在于：注意规定是在刑法已有相关规定

① 曾宪义总主编：《中国民法·刑法案例与学理研究：破坏社会主义市场经济秩序罪（下）》，法律出版社 2001 年版，第 128 页。

的前提下，提示司法人员注意，以免司法人员忽略的规定；注意规定的设置并没有改变相关规定的内容，只是对相关规定内容的重申或者具体化；即使没有注意规定，也存在相应的法律适用根据。特别规定则不同，它指明即使某种行为不符合普通规定，但在特殊条件下也必须按照基本规定论处，如果没有特别规定，意味着对该行为不能按照基本规定论处。将某种规定视为特别规定还是注意规定，会导致适用条件的不同，形成不同的认识结论；也会导致对相关条文的理解不同。如果认为刑法第198条第4款属于特别规定，那就只能得出以下两个结论：第一，其他行为即使符合刑法总则规定的共犯成立条件的，也不能以保险诈骗罪的共犯论处。例如，可能认为一般人教唆他人实施保险诈骗行为的，也不得认定为保险诈骗罪的共犯。第二，在类似的条文中，如关于金融诈骗的其他条文，没有设立与本款类似规定的，即使行为人故意提供虚假证明文件，为他人诈骗提供条件的，也不得以共犯论处。①

另一种观点认为，这一规定是特别规定，如有论者指出，刑法第198条第4款属于保险诈骗罪共犯的特别规定，而非一般注意规定，理由在于：其一，该款是对片面共犯的特别规定，突破了刑法总则共同犯罪要求有共同故意的原有规定。其二，不能基于该款与刑法第229条（中介组织的人员故意提供虚假证明文件）之间的竞合关系来认定其属于注意规定，因为该款是针对保险事故的鉴定人、证明人、财产评估人而规定的，虽然鉴定人、财产评估人可能属于“中介组织人员”，但是“证明人”却并不一定是中介组织人员。其三，将该款定位为特别规定，既不妨碍对保险诈骗罪其他共犯的处罚，也不排斥在其他金融诈骗犯罪中对故意提供虚假证明文件的行为以相应犯罪的共犯论处。因为该款规定不是关于保险诈骗罪共犯的排他性规定，保险诈骗罪的其他共同犯罪形式（如教唆、帮助实施保险诈骗等），依然可以依照刑法共同犯罪基本理论来处理。其四，将该款视为特别规定，更能表现出其独特立法价值，更符合其立法原意。②

笔者认为，不能将注意规定与特别规定完全对立起来，刑法第198条第4款规

① 张明楷：《保险诈骗罪的基本问题探究》，载《法学》2001年第1期。

② 阴建锋：《保险诈骗罪的共犯问题研究》，载《河南大学学报（社会科学版）》2013年第2期。

定强调保险事故的鉴定人、证明人、财产评估人故意提供虚假的证明文件，为他人诈骗提供条件的，以保险诈骗罪的共犯论处，意味着对于没有通谋情况的单方面合意者也可以保险诈骗罪共犯论处，部分增加了保险诈骗罪共同犯罪成立的范围，一定意义上规定了保险诈骗罪的片面共犯。

（二）投保人、被保险人、受益人与保险公司的工作人员相勾结骗取保险金行为的定性

对于投保人、被保险人、受益人与保险公司的工作人员相勾结骗取保险金行为的定性，理论上存在不同观点：第一种观点主张以主犯的行为性质决定犯罪的性质。如有论者指出，如果保险公司工作人员是保险诈骗的主犯，由其发起组织实施犯罪，而投保人等处于从属地位，则按贪污罪或职务侵占罪处罚；如果投保人等是保险诈骗罪的主犯，而保险公司工作人员处于从属地位，只起次要作用，则按保险诈骗罪处罚。[①] 第二种观点主张以保险诈骗罪定罪处罚，如有论者指出，如果保险公司工作人员与诈骗犯罪人相互勾结，共同诈骗保险人的保险金的成立保险诈骗罪的共犯，依共同犯罪处罚。[②] 第三种观点主张投保人等与保方人员共同故意实施诈骗保险金的行为，如果保方人员没有利用职务之便，构成保险诈骗罪的共犯；如果利用职务之便，共同故意实施保险诈骗行为，在保方人员是国家工作人员时，构成贪污罪，在保方人员不是国家工作人员时，构成职务侵占罪。[③] 第四种观点主张对内外勾结骗取保险金的案件，除考虑实行犯的犯罪性质外，还要考虑各行为人的行为所触犯的罪名，考察共同犯罪中的核心角色从而确定共同犯罪的性质，再比较法定刑的轻重（至于应否考虑各共犯人的法定量刑情节，尚需研究），进而决定是否分别定罪。具体而言，在保险公司工作人员与投保人等相互勾结，共同非法骗取保险金的案件中，如果投保人等为了骗取保险金而与保险公司工作人员相勾结时，投保人为核心角色，首先在保险诈骗罪的范围内成立共犯，在此限度内，投保人是实行犯，保险公司的工作人员是帮助犯，但由于保险公司

---

① 李忠诚：《论保险诈骗罪》，载《现代法学》1996年第2期。

② 马克昌：《经济犯罪新论——破坏社会主义市场经济秩序罪研究》，武汉大学出版社1998年版，第392页。

③ 黄河：《论保险诈骗罪的共犯问题》，载《法学杂志》2001年第2期。

的工作人员另外触犯了职务侵占罪或贪污罪，故需要比较法定刑的轻重，如果保险公司的工作人员只触犯职务侵占罪，而保险诈骗罪的法定刑重于职务侵占罪，对保险公司的工作人员以保险诈骗罪的共犯论处较为合适。如果保险公司的工作人员触犯的是贪污罪，而贪污罪的法定刑重于保险诈骗罪的法定刑，在此情形下，对保险公司的工作人员以贪污罪论处较为合适，反过来也可以得出相似结论。[①]

笔者认为，主犯决定说已被我国司法人员广泛接受，同时司法解释在认定有身份者与无身份者共同实施犯罪时也持主犯决定说的立场，如《最高人民法院关于审理贪污、职务侵占案件如何认定共同犯罪几个问题的解释》第 3 条规定，公司、企业或者其他单位中，不具有国家工作人员身份的人与国家工作人员勾结，分别利用各自的职务便利，共同将本单位财物非法占为己有的，按照主犯的犯罪性质定罪。因此，对于投保人、被保险人、受益人与保险公司内部人员相互勾结共同实施的保险诈骗行为的定性，可以根据具体情况不同分别认定：

第一，对于保险公司工作人员并未利用其职务之便，与投保人、被保险人、受益人共同故意实施刑法第 198 条规定的行为骗取保险金的，这时保险公司工作人员相当于无身份者，对这种共同犯罪只能以保险诈骗罪定性处罚。

第二，对于保险公司工作人员利用其职务之便，与投保人、被保险人、受益人共同故意实施刑法第 198 条规定的行为骗取保险金的，根据主犯决定说，如果保险公司工作人员起主要作用，且为国家工作人员的，其与投保人、被保险人、受益人共同构成贪污罪；如果保险公司工作人员起主要作用，且为非国家工作人员的，其与投保人、被保险人、受益人共同构成职务侵占罪；如果投保人、被保险人、受益人起主要作用，与保险公司的工作人员共同故意实施刑法第 198 条规定的行为骗取保险金的，构成保险诈骗罪共同犯罪。

四、保险诈骗罪的罪数问题

行为人在实施保险诈骗犯罪过程中，经常在行为方式上触犯刑法中的其他罪名，因而产生了一罪与数罪的认定问题。对此，有观点认为，由于刑法第 198 条第 2 款规定，“有前款第四项、第五项所列行为，同时构成其他犯罪的，依照数罪

---

① 张明楷：《保险诈骗罪的基本问题探究》，载《法学》2001 年第 1 期。

并罚的规定处罚”，因此凡是投保人、被保险人为了骗取保险金而故意造成财产损失保险事故的，或者投保人、受益人为了骗取保险金而故意造成被保险人死亡、伤残或疾病的，均应当按照故意毁坏财物罪与保险诈骗罪或故意杀人罪、故意伤害罪与保险诈骗罪数罪并罚；而对于刑法第 198 条第 1 款第 1~3 项规定的保险诈骗行为涉及的其他犯罪，则按照处理牵连犯的原则处理。[①] 另外，还有学者在此基础上认为，从刑法理论上来说，刑法第 198 条第 1 款第 4 项、第 5 项规定的两种情形实际上属于牵连犯，即为了骗取保险金，而犯罪的手段或方法又触犯了其他罪名，理论上一般认为从一重罪处断。但是，既然刑法明文规定对此行为实行数罪并罚，显然是因为制造保险事故的行为本身已经严重侵犯了法益，构成了独立的犯罪，而骗取保险金便是利用制造的保险事故实施的另一个犯罪行为，理当以数罪论处。另外，从目的解释的角度来看，投保人、受益人故意造成被保险人死亡、伤残或者疾病，从而骗取保险金的，对行为人只实施了制造保险事故但还没有向保险人提出索赔的行为不应实行数罪并罚。[②]

笔者认为，刑法第 198 条第 1 款第 4 项、第 5 项规定的两种情形，虽然行为人的诈骗行为和杀人等行为之间具有一定的联系，但是杀人等行为无法被诈骗行为“虚构事实、隐瞒真相”的特征所包含，诈骗行为和杀人等行为之间没有包含关系，因而不符合牵连犯的构成。对于保险诈骗罪的罪数问题，应当坚持罪刑法定原则，刑法已经明确规定作数罪并罚处理的，应当严格按照刑法规定实行数罪并罚，对符合牵连犯构成的，按照择一重罪处罚的原则处理。

【办案依据】

一、刑法规定

第一百九十八条　有下列情形之一，进行保险诈骗活动，数额较大的，处五年以下有期徒刑或者拘役，并处一万元以上十万元以下罚金；数额巨大或者有其他严重情节的，处五年以上十年以下有期徒刑，并处二万元以上二十万元以下罚

① 林荫茂：《保险诈骗犯罪定性问题研究》，载《政治与法律》2002 年第 2 期。

② 于改之：《保险诈骗罪的司法认定》，载《法律适用》2003 年第 7 期。

金；数额特别巨大或者有其他特别严重情节的，处十年以上有期徒刑，并处二万元以上二十万元以下罚金或者没收财产：

（一）投保人故意虚构保险标的，骗取保险金的；

（二）投保人、被保险人或者受益人对发生的保险事故编造虚假的原因或者夸大损失的程度，骗取保险金的；

（三）投保人、被保险人或者受益人编造未曾发生的保险事故，骗取保险金的；

（四）投保人、被保险人故意造成财产损失的保险事故，骗取保险金的；

（五）投保人、受益人故意造成被保险人死亡、伤残或者疾病，骗取保险金的。

有前款第四项、第五项所列行为，同时构成其他犯罪的，依照数罪并罚的规定处罚。

单位犯第一款罪的，对单位判处罚金，并对其直接负责的主管人员和其他直接责任人员，处五年以下有期徒刑或者拘役；数额巨大或者有其他严重情节的，处五年以上十年以下有期徒刑；数额特别巨大或者有其他特别严重情节的，处十年以上有期徒刑。

保险事故的鉴定人、证明人、财产评估人故意提供虚假的证明文件，为他人诈骗提供条件的，以保险诈骗的共犯论处。

二、司法文件

《最高人民检察院、公安部关于公安机关管辖的刑事案件立案追诉标准的规定（二）》（2022年4月6日）

第五十一条　【保险诈骗案（刑法第一百九十八条）】进行保险诈骗活动，数额在五万元以上的，应予立案追诉。

主要参考文献

一、著作类

1. 张明楷：《诈骗犯罪论》，法律出版社 2021 年版。

2. 许永安主编：《刑法修正案（十一）解读》，中国法制出版社 2021 年版。

3. 白永媛：《刑事案件管辖规定与立案追诉标准》，中国法制出版社 2021 年版。

4. 刘志伟：《刑法规范总整理（第十二版）》，法律出版社 2021 年版。

5. 刘宪权：《涉信用卡犯罪研究》，上海人民出版社 2020 年版。

6. 张朝霞主编：《金融犯罪办案一本通》，中国检察出版社 2019 年版。

7. 王新主编：《北大金融犯罪司法实务 15 讲》，法律出版社 2019 年版。

8. 李玉萍：《金融领域刑事犯罪案件裁判规则》，法律出版社 2019 年版。

9. 陈伶俐、于同志、鲍艳：《金融犯罪前沿问题审判实务》，中国法制出版社 2014 年版。

10. 刘宪权：《金融犯罪刑法学新论》，上海人民出版社 2014 年版。

11. 周道鸾、张军主编：《刑法罪名精释（上）（第四版）》，人民法院出版社 2013 年版。

12. 刘宪权、谢杰：《证券期货犯罪刑法理论与实务》，上海人民出版社 2012 年版。

13. 黄太云：《刑法修正案解读全编——根据刑法修正案（八）全新阐释》，人民法院出版社 2011 年版。

14. 高铭暄、马克昌主编：《刑法学》，北京大学出版社、高等教育出版社 2011 年版。

15. 刘宪权主编：《金融犯罪案例研究》，上海人民出版社 2011 年版。

16. 黄晓亮、许成磊：《破坏金融管理秩序罪立案追诉标准与司法认定实务》，中国人民公安大学出版社2010年版。

17. 刘宪权：《金融犯罪刑法学专论》，北京大学出版社2010年版。

18. 李睿：《信用卡犯罪研究》，上海社会科学院出版社2009年版。

19. 最高人民法院刑事审判第一、二、三、四、五庭主办：《刑事审判参考》（第3集，总第62集），法律出版社2008年版。

20. 刘宪权：《金融犯罪刑法理论与实践》，北京大学出版社2008年版。

21. 张明楷：《诈骗罪与金融诈骗罪研究》，清华大学出版社2006年版。

22. 黄太云：《立法解读：刑法修正案及刑法立法解释》，人民法院出版社2006年版。

23. 孙国祥、魏昌东：《经济刑法研究》，法律出版社2005年版。

24. 丁天球主编：《破坏社会主义市场经济秩序罪重点疑点难点问题判解研究》，人民法院出版社2005年版。

25. 郑丽萍：《货币犯罪研究》，中国方正出版社2004年版。

26. 刘德法：《我国银行运营中的犯罪研究》，郑州大学出版社2004年版。

27. 张军主编：《破坏金融管理秩序罪》，中国人民公安大学出版社2003年版。

28. 曲新久：《金融与金融犯罪》，中信出版社2003年版。

29. 马松建：《证券期货犯罪研究》，郑州大学出版社2003年版。

30. 宫厚军：《经济犯罪与经济刑法研究》，中国方正出版社2003年版。

31. 谷福生、胡耀民、杨振祥：《金融、税务、工商移送涉嫌犯罪案件标准及认定界限》，中国检察出版社2003年版。

32. 胡启忠：《金融刑法适用论》，中国检察出版社2003年版。

33. 李文燕主编：《金融诈骗犯罪研究》，中国人民公安大学出版社2002年版。

34. 刘远：《金融诈骗罪研究》，中国检察出版社2002年版。

35. 刘生荣、但伟：《破坏市场经济秩序犯罪的理论与实践》，中国方正出版社2001年版。

36. 刘华：《票据犯罪研究》，中国检察出版社2001年版。

37. 王作富主编：《刑法分则实务研究》，中国方正出版社2001年版。

38. 胡启忠等：《金融犯罪论》，西南财经大学出版社 2001 年版。

39. 曾月英：《金融票证犯罪研究》，中国人民大学出版社 2001 年版。

40. 范健主编：《商法学》，高等教育出版社、北京大学出版社 2001 年版。

41. 蒋勇主编：《破坏社会主义市场经济秩序罪》，法律出版社 2000 年版。

42. 高铭暄主编：《新型经济犯罪研究》，中国方正出版社 2000 年版。

43. 薛瑞麟主编：《金融犯罪研究》，中国政法大学出版社 2000 年版。

44. 陈兴良：《罪名指南（上册）》，中国政法大学出版社 1999 年版。

45. 黄京平主编：《破坏市场经济秩序罪研究》，中国人民大学出版社 1999 年版。

46. 苏长青、章志祥：《新刑法导论》，中国人民大学出版社 1999 年版。

47. 孙军工：《金融诈骗罪》，中国人民公安大学出版社 1999 年版。

48. 吴大华等：《新刑法典罪名及司法解释要义》，中国人民公安大学出版社 1998 年版。

49. 周振想主编：《金融犯罪的理论与实务》，中国人民公安大学出版社 1998 年版。

50. 王新：《金融刑法导论》，北京大学出版社 1998 年版。

51. 陈正云：《金融欺诈及其防治》，法律出版社 1998 年版。

52. 马克昌主编：《经济犯罪新论——破坏社会主义市场经济秩序罪研究》，武汉大学出版社 1998 年版。

53. 高铭暄主编：《新编中国刑法学》，中国人民大学出版社 1998 年版。

54. 刘宪权：《金融风险防范与犯罪惩治》，立信会计出版社 1998 年版。

55. 丁慕英主编：《刑法实施中的重点难点问题研究》，法律出版社 1998 年版。

56. 苏惠渔主编：《刑法学（修订版）》，中国政法大学出版社 1997 年版。

57. 陈兴良：《刑法疏议》，中国人民公安大学出版社 1997 年版。

58. 张明楷：《刑法学》，法律出版社 1997 年版。

59. 张穹主编：《修订刑法条文实用解说》，中国检察出版社 1997 年版。

60. 胡康生、李福成主编：《中华人民共和国刑法释义》，法律出版社 1997 年版。

61. 陈泽宪主编:《新刑法单位犯罪的认定与处理——法人犯罪新论》,中国检察出版社 1997 年版。

62. 舒慧明主编:《中国金融刑法学》,中国人民公安大学出版社 1997 年版。

63. 刘家琛主编:《新刑法条文释义》,人民法院出版社 1997 年版。

64. 周道鸾等主编:《刑法的修改与适用》,人民法院出版社 1997 年版。

65. 强力:《金融法》,法律出版社 1997 年版。

66. 徐汉明等:《经济刑法新论》,中国检察出版社 1996 年版。

67. 杨春洗等:《我国当前经济犯罪研究》,北京大学出版社 1996 年版。

68. 郎胜主编:《〈关于惩治破坏金融秩序犯罪决定〉释义》,中国计划出版社 1995 年版。

69. 陈兴良:《共同犯罪论》,中国社会科学出版社 1992 年版。

70. 甘雨沛、何鹏:《外国刑法(下册)》,北京大学出版社 1985 年版。

二、论文类

1. 刘艳红:《洗钱罪删除〈明知〉要件后的理解与适用》,载《当代法学》2021 年第 4 期。

2. 王新:《洗钱罪入罪的意义与司法适用》,载《检察日报》2021 年 3 月 25 日。

3. 陈胜涛、王钰楠:《违法运用资金罪的情节认定——陈某等人违法运用资金案》,载《法律适用》2020 年第 12 期。

4. 姜永义、陈学永、王尚明:《〈关于办理利用未公开信息交易刑事案件适用法律若干问题的解释〉的理解与适用》,载《人民法院报》2020 年 4 月 30 日。

5. 刘宪权:《操纵证券、期货市场罪司法解释的法理解读》,载《法商研究》2020 年第 1 期。

6. 顾佳:《证券犯罪案件的若干实务问题——以指导性案例为视角》,载杨迎泽等主编:《刑事检察实务培训讲义》,中国检察出版社 2019 年版。

7. 张建、俞小海:《擅自设立金融机构罪的司法认定》,载《中国检察官》2017 年第 20 期。

8. 彭志娟、胡向远:《全面把握骗取贷款罪中欺骗手段的严重程度》,载《检察日报》2016年5月9日。

9. 陈兴良：《合同诈骗罪的特殊类型之两头骗——以欺骗不动产担保后骗取银行贷款为例》，载《法学家》2017年第4期。

10. 肖中华：《内幕交易、泄露内幕信息罪之规范解释》，载《法治研究》2016年第4期。

11. 孙谦：《援引法定刑的刑法解释——以马某利用未公开信息交易案为例》，载《法学研究》2016年第1期。

12. 刘宪权：《操纵证券、期货市场罪兜底条款解释规则的建构与应用——抢帽子交易刑法属性辨正》，载《中外法学》2013年第6期。

13. 卢勤忠：《信用卡信息安全的刑法保护——以窃取、收买、非法提供信用卡信息罪为例的分析》，载《中州学刊》2013年第3期。

14. 阴建锋：《保险诈骗罪的共犯问题研究》，载《河南大学学报（社会科学版）》2013年第2期。

15. 肖中华、马渊杰：《内幕交易、泄露内幕信息罪认定的若干问题——以"两高"司法解释和证监会规章的比较为视角》，载《贵州大学学报（社会科学版）》2013年第1期。

16. 胡昊、梅佳：《转牟利目的产生时间不影响高利转贷罪构成》，载《检察日报》2012年10月8日。

17. 陈国庆、韩耀元、王文利：《〈最高人民法院、最高人民检察院关于办理内幕交易、泄露内幕信息刑事案件具体应用法律若干问题的解释〉解读》，载《人民检察》2012年第11期。

18. 蒋毅：《变造货币罪应纳入伪造货币罪范畴》，载《重庆文理学院学报（社会科学版）》2011年第4期。

19. 刘宪权、周舟：《违法运用资金罪的刑法分析》，载《法学杂志》2010年第9期。

20. 张小宁：《论内幕交易罪中内幕信息的界定》，载《昆明理工大学学报（社会科学版）》2009年第3期。

21. 郭庆茂、顾尧：《事后投保骗取保险金构成保险诈骗罪》，载《人民司法》

2008 年第 22 期。

22. 顾肖荣：《论我国刑法中的背信类犯罪及其立法完善》，载《社会科学》2008 年第 10 期。

23. 赖正直：《论背信运用受托财产罪的若干基本问题》，载《社科纵横》2008 年第 4 期。

24. 刘宪权：《保险诈骗罪疑难问题的司法认定》，载《浙江大学学报（人文社会科学版）》2008 年第 4 期。

25. 刘宪权：《高利转贷罪疑难问题的司法认定》，载《华东政法大学学报》2008 年第 3 期。

26. 刘宪权：《妨害信用卡管理罪疑难问题刑法探析》，载《政法论坛》2008 年第 2 期。

27. 刘宪权：《伪造、变造金融票证罪疑难问题刑法分析》，载《法学》2008 年第 2 期。

28. 任卫华：《当前刑事审判工作中若干重大法律适用问题解读》，载《上海审判实践》2007 年第 7 期。

29. 黄太云：《〈刑法修正案（六）〉的理解与适用（下）》，载《人民检察》2006 年第 15 期。

30. 柴华等：《试论保险诈骗罪》，载《商洛师范专科学校学报》2006 年第 2 期。

31. 肖乾利：《妨害信用卡管理罪若干问题之探讨——对刑法修正案（五）第一条第一款之解读》，载《云南行政学院学报》2006 年第 1 期。

32. 喻海松：《变造货币罪之司法适用探析》，载《广州市公安管理干部学院学报》2006 年第 3 期。

33. 刘艳红、许强：《论〈刑法修正案（五）〉对信用卡犯罪的立法完善》，载《法学评论》2006 年第 1 期。

34. 利子平、樊宏涛：《窃取、收买、非法提供信用卡信息资料罪刍议》，载《河北法学》2005 年第 11 期。

35. 刘杰：《窃取、收买、非法提供信用卡信息资料罪及其立法完善》，载

《行政与法》2005 年第 11 期。

36. 张明楷：《有价证券诈骗罪的疑难问题探讨》，载《政法论坛》2004 年第 6 期。

37. 法博士：《未办保险过户手续，车出险获赔偿的行为该如何定性》，载《人民公安》2004 年第 3 期。

38. 郑丽萍：《金融工作人员购买假币、以假币换取货币罪疑难问题研究》，载《法学评论》2004 年第 1 期。

39. 于改之：《保险诈骗罪的司法认定》，载《法律适用》2003 年第 7 期。

40. 应悦：《洗钱罪的上游犯罪问题研究》，载《上海大学学报（社会科学版）》2003 年第 6 期。

41. 秦法果、杨宏勇：《票据诈骗罪客观方面疑难问题探讨》，载《河南师范大学学报（哲学社会科学版）》2003 年第 5 期。

42. 田宏杰：《票据诈骗罪客观行为特征研究》，载《中国人民公安大学学报》2003 年第 3 期。

43. 刘宪权：《信用卡诈骗罪的司法认定》，载《政法论坛》2003 年第 3 期。

44. 刘娅林、林凉虹：《潘某、王某职务侵占、虚报注册资本、贷款诈骗案——以非法侵占物进行抵押贷款、逾期不还贷行为的定性》，载最高人民法院刑事审判第一、二、三、四、五庭：《刑事审判参考》（总第 27 集），法律出版社 2002 年版。

45. 王玉珏、杨坚研：《对高利转贷的刑法分析》，载《上海商业》2002 年第 11 期。

46. 王晨：《有价证券诈骗罪定性问题研究》，载《人民司法》2002 年第 11 期。

47. 陈清真：《金融凭证诈骗还是合同诈骗》，载《人民法院报》2001 年 8 月 6 日。

48. 刘航、刘远：《论贷款诈骗罪的认定》，载《河北法学》2002 年第 5 期。

49. 侯国云、陈丽华：《金融诈骗罪认定的几个问题》，载《中国刑事法杂志》2001 年第 5 期。

50. 吴占英:《变造货币罪研究》,载《武汉冶金管理干部学院学报》2001年第3期。

51. 林荫茂:《保险诈骗犯罪定性问题研究》,载《政治与法律》2002年第2期。

52. 游伟、肖晚祥:《信用卡诈骗罪的理论界定与司法适用》,载《人民检察》2001年第2期。

53. 林亚刚:《论持有、使用假币罪的若干问题》,载《中国刑事法杂志》2001年第2期。

54. 黄河:《论保险诈骗罪的共犯问题》,载《法学杂志》2001年第2期。

55. 张明楷:《保险诈骗罪的基本问题探究》,载《法学》2001年第1期。

56. 刘华:《票据犯罪若干问题研究》,载《法学研究》2000年第6期。

57. 薛瑞麟:《论信用证诈骗罪》,载《政法论坛》2000年第4期。

58. 薛瑞麟、陈吉双:《高利转贷罪认定中的几个问题》,载《国家检察官学院学报》2000年第2期。

59. 张相军:《骗购外汇罪的认定与处理》,载《刑事司法指南》2000年第1辑,法律出版社2000年版。

60. 张惠芳:《高利转贷罪有关问题浅析》,载《河北法学》2000年第1期。

61. 宋茂荣、张庆国:《略论操纵证券交易价格罪》,载《云南法学》1998年第2期。

62. 李忠诚:《论保险诈骗罪》,载《现代法学》1996年第2期。

图书在版编目（CIP）数据

破坏金融管理秩序罪·金融诈骗罪立案追诉标准与疑难指导／李哲著；国家检察官学院职务犯罪研究所编.—北京：中国法制出版社，2022.8

刑法常见罪名立案追诉标准与疑难指导／缪树权主编

ISBN 978-7-5216-2719-0

Ⅰ.①破… Ⅱ.①李… ②国… Ⅲ.①破坏社会经济秩序罪-立案-标准-中国②金融诈骗罪-立案-标准-中国 Ⅳ.①D924.334

中国版本图书馆 CIP 数据核字（2022）第 098807 号

策划编辑：陈兴　谢雯　　责任编辑：谢雯　　封面设计：周黎明

破坏金融管理秩序罪·金融诈骗罪立案追诉标准与疑难指导

POHUAI JINRONG GUANLI ZHIXUZUI · JINRONG ZHAPIANZUI LI'AN ZHUISU BIAOZHUN YU YINAN ZHIDAO

著者/李哲
编者/国家检察官学院职务犯罪研究所
经销/新华书店
印刷/三河市紫恒印装有限公司
开本/730 毫米×1030 毫米　16 开　　印张/ 28　字数/ 360 千
版次/2022 年 8 月第 1 版　　2022 年 8 月第 1 次印刷

中国法制出版社出版
书号 ISBN 978-7-5216-2719-0　　定价：98.00 元

北京市西城区西便门西里甲 16 号西便门办公区
邮政编码：100053　　传真：010-63141600
网址：http：//www.zgfzs.com　　**编辑部电话：010-63141792**
市场营销部电话：010-63141612　　**印务部电话：010-63141606**

（如有印装质量问题，请与本社印务部联系。）